*CONCOURS D'ENTRÉE AUX GRANDES ÉCOLES SCIENTIFIQUES*
*2022-2023*

# Le travail

## Virgile, *Les Géorgiques*

## Weil, *La Condition ouvrière*

## Vinaver, *Par-dessus bord*


**Nathalie Cros**
*Professeure en classes préparatoires scientifiques et littéraires*
*Ancienne élève de l'ENS Fontenay/Saint-Cloud*
*Agrégée de lettres modernes et docteure en langues et littératures anciennes*

**Sylvain Ledda**
*Professeur de littérature française*

**Raïssa Maillard**
*Agrégée de philosophie*

**Jean-Damien Mazaré**
*Professeur en classes préparatoires scientifiques et littéraires*
*Agrégé de lettres classiques*

**Didier Pourquié**
*Professeur en classes préparatoires scientifiques*
*Agrégé de lettres modernes*

**Nadia Taïbi**
*Agrégée et docteure en philosophie*

**Corinne von Kymmel**
*Professeure en classes préparatoires scientifiques*
*Agrégée de lettres modernes et docteure en littérature et langue française*



GF Flammarion

Les éditions auxquelles nous renvoyons dans ce volume sont les suivantes :

— VIRGILE, *Les Géorgiques*, traduction et notes de Maurice Rat, présentation et dossier de Sylvie Laigneau-Fontaine, GF-Flammarion, 2022.

— WEIL Simone, *La Condition ouvrière*, édition de Raphaël Ehrsam, GF-Flammarion, 2022.

— VINAVER Michel, *Par-dessus bord. Forme hyper-brève*, Actes Sud, « Babel », 2022.


ISBN : 978-2-0802-8291-0

# SOMMAIRE

## INTRODUCTION AU THÈME
## LE TRAVAIL



## PREMIÈRE PARTIE
## VIRGILE



## DEUXIÈME PARTIE
## WEIL

## TROISIÈME PARTIE
## VINAVER



## QUATRIÈME PARTIE
## LE TRAVAIL DANS LES ŒUVRES AU PROGRAMME



## CINQUIÈME PARTIE
## MÉTHODOLOGIE



## SIXIÈME PARTIE
## CORRIGÉS DE DISSERTATIONS ET DE RÉSUMÉS

# INTRODUCTION AU THÈME

## Le travail

*par Raïssa Maillard*

*Comment faire pour ne rien faire ? Je ne sais rien au monde de plus difficile. C'est un travail d'Hercule, un tracas de tous les instants*[1].

*La plus grande jouissance sensible, qui ne se mêle d'aucun dégoût, consiste, quand on est en pleine santé, à se reposer après le travail*[2].

## PRÉAMBULE

Qu'il soit un sujet de réflexion, un objet esthétique ou une réalité très concrète, le travail semble être au cœur de nos préoccupations sur le plan individuel ou collectif : rien de surprenant, puisque le travail est à la fois une nécessité pour l'être humain et une injonction sociale permanente. Ainsi, la notion de travail et les questions auxquelles elle renvoie occupent régulièrement le débat public : on évoque alors la « valeur travail », on questionne l'allongement du temps de travail et du départ à la retraite, on discute de l'augmentation des salaires et de la lutte contre un chômage endémique qui semble s'être installé tel un fléau nouveau de nos sociétés.

On parle souvent du travail comme s'il s'agissait d'une réalité simple et intuitivement comprise de tous. Cependant, le concept de travail n'est pas univoque et recouvre plusieurs réalités hétérogènes. Aussi disons-nous du chômeur qu'il cherche un travail, que le sportif travaille ses abdominaux et le pianiste ses gammes ; on se dit fier de son travail lorsqu'on voit le résultat émerger sous ses yeux ; Freud parle du travail de l'inconscient ; on évoque le travail du bois ou du métal… Quels sont les points communs de ces différents usages du mot ? L'étymologie peut nous donner une piste de réponse. Car, même contestée, elle est instructive : le terme « travail » viendrait du latin *tri-palium*, qui désignait un instrument de torture formé par « trois pieux » pour attacher les bêtes durant le labour de la terre. Cette étymologie place d'emblée le travail du côté de la souffrance et de la contrainte. Pourtant, travailler est aussi un moyen d'atteindre nos fins propres ; il permet de nous définir et de donner sens à notre existence. Ainsi, tout travail est-il forcément contraint et source de déplaisir ? Ne peut-il au contraire être librement choisi, voire accompli avec passion pour le plus grand épanouissement de l'individu ? Par ailleurs, le terme « travail » ne devient une catégorie centrale qu'au XVIII^e^ siècle, avec la naissance de l'économie politique : peut-on penser alors qu'il ne serait pas tant une donnée anthropologique qu'une construction historique, et existe-t-il des sociétés sans travail ?

---

1. Paul Valéry, *L'Idée fixe ou deux hommes à la mer*, Les Laboratoires Martinet, 1932, p. 6.
2. Emmanuel Kant, *Anthropologie d'un point de vue pragmatique* [1798], § 85, trad. M. Foucault, Vrin, 1970, p. 87.

On peut proposer trois sens du terme afin de mieux saisir l'unité de la notion. Tout d'abord, le travail désigne de manière large l'activité de production de l'homme, par laquelle il modifie son environnement pour se donner les moyens de subvenir à ses besoins – ainsi dit-on que le travail est consubstantiel à l'espèce humaine. Dans le travail se joue alors notre rapport à la nature et à son exploitation, au progrès technique et à ses dangers, et à la transformation de notre nature par l'évolution du progrès historique.

Par dérivation, le travail désigne toute activité humaine, manuelle ou intellectuelle, par laquelle l'homme fournit un effort prolongé. Cet effort individuel peut être épanouissant et formateur ou aliénant et destructeur pour l'individu, mais pour quelles raisons ? Est-ce dû à la nature du travail lui-même ou à ses conditions d'exercice ? Le fait de faire un effort en vue d'obtenir un résultat est peut-être le point d'unité du concept.

Enfin, le travail devient synonyme de « métier », c'est-à-dire d'activité rétribuée, effectuée en vue d'un gain (« avoir un travail »). À ce sujet, on peut se demander quelles sont les similitudes et les différences entre les multiples métiers et ce qui justifie les écarts de salaire : journalistes, politiques, artisans, paysans, ouvriers, cadres, avocats, artistes, sportifs, médecins, chercheurs… On peut aussi s'interroger sur toutes les activités qui ne se rangent pas vraiment dans la catégorie de travail mais qui s'en rapprochent : peut-on dire d'une personne qui cultive son jardin qu'elle travaille ? D'un YouTubeur qu'il exerce un métier ? Et que faire du travail clandestin ou, pire, de l'exploitation des enfants ? Peut-on soutenir qu'une femme au foyer devrait toucher un salaire ? Que dire du travail de l'artiste ou de l'amateur qui peint des toiles pour son plaisir ?

Dans un premier temps, le travail a pu apparaître comme singularisant l'espèce humaine et initie le progrès historique. Plus encore, dans une deuxième partie, le travail traduit certes un rapport émancipateur à soi mais aussi un rapport à la société tout entière dans laquelle nous inscrivons notre existence. De ce fait, et ce sera l'objet de notre troisième partie, le monde du travail engageant des rapports sociaux hiérarchiques et inégalitaires peut être le lieu d'injustices et de luttes. Enfin, nous nous demanderons quelles sont les formes modernes du travail et les maux contemporains associés aux grands changements historiques – machinisme, mondialisation, numérisation –, ce qui nous amènera à nous interroger sur la juste place du travail.

# I. TRAVAIL, NATURE HUMAINE ET PROGRÈS HISTORIQUE

## A. Le travail au fondement de l'humanité

### 1. Le travail : une nécessité de la vie humaine

S'il est possible de postuler que le travail est une activité essentielle à l'humanité, c'est avant tout parce que l'être humain est contraint logiquement de travailler pour subvenir à ses besoins, mais surtout parce que le travail constitue la marque première de la condition humaine. Pour quelles raisons en effet ne disons-nous pas d'un animal qu'il travaille quand il cherche et trouve sa nourriture, chasse sa proie ou construit son habitat ? Quelles sont les différences entre le travail proprement humain et l'activité de l'animal qui pourrait sembler s'en rapprocher ?

Le mythe de Prométhée, appelé aussi mythe de Protagoras dans le dialogue platonicien du même nom, nous dévoile de manière remarquable ce que représente le travail pour l'espèce humaine. Retraçant l'origine des espèces mortelles, ce mythe raconte comment les dieux chargent le Titan Épiméthée (qui signifie en grec ancien « celui qui oublie ») de distribuer les attributs physiques et les facultés aux différentes espèces : crocs, fourrure, cornes, venin sont autant d'instruments et de moyens pour la survie de chacune. Or, dans sa précipitation, le Titan oublie les hommes, laissés démunis. Son frère, Prométhée (« celui qui anticipe »), ne peut se résoudre à laisser l'« homme nu, sans chaussure, sans couverture, sans arme [1] ». Il décide alors de voler l'« habileté artiste » et le feu aux dieux pour le transmettre aux hommes, en guise de compensation. Symboliquement, ce mythe signifie que, certes, l'homme peut sembler l'être vivant le plus démuni dans la nature, le moins adapté à son environnement, mais, par le travail et la technique, il dispose à son gré des moyens nécessaires à sa survie et surpasse ainsi toutes les autres espèces. Alors que l'animal est réduit à son instinct, au sein d'une nature figée et fixée une fois pour toutes, le propre de l'être humain consiste précisément à pouvoir étendre à tout moment le champ des possibles en se perfectionnant à l'infini par le travail.

Ainsi, tout humain se voit contraint d'engager ses forces dans le travail s'il veut survivre et s'il veut rendre habitable un environnement d'abord hostile. C'est ce qu'invite à penser le philosophe d'origine allemande Herbert Marcuse (1898-1979) lorsqu'il rappelle que, contrairement à l'animal, « l'homme [...] se trouve toujours, vis-à-vis de lui-même et de

1. Platon, *Protagoras* [IVe siècle av. J.-C], trad. F. Ildefonse, GF-Flammarion, 1997, p. 85.

son univers, confronté à une situation qui n'est pas, dès l'abord, immédiatement sienne [1] ». Même si c'est la nature qui prodigue à l'être humain ses premiers matériaux, ce dernier doit produire un travail de transformation considérable pour parvenir à ses fins, c'est-à-dire se doter des moyens propices à une existence digne et de plus en plus confortable.

## 2. Par le travail, l'homme devient un être historique

Si la fourmi laborieuse ou encore l'abeille qui construit sa ruche ne « travaillent » pas, à proprement parler, c'est parce qu'elles se contentent de suivre leur instinct, ce qui entérine une première différence fondamentale entre l'homme et l'animal. L'animal qui chasse ou qui construit son habitat n'a pas besoin de se représenter son action avant d'agir ; il l'accomplit mécaniquement, alors que l'être humain manifeste par son travail sa capacité à imaginer librement de nouvelles techniques et conçoit le plan qu'il va ensuite élaborer et adopter. C'est ce que soutient Karl Marx (1818-1883) dans ce passage célèbre :

> Notre point de départ, c'est le travail sous une forme qui appartient exclusivement à l'homme. Une araignée fait des opérations qui ressemblent à celles du tisserand, et l'abeille confond par la structure de ses cellules de cire l'habileté de plus d'un architecte. Mais ce qui distingue dès l'abord le plus mauvais architecte de l'abeille la plus experte, c'est qu'il a construit la cellule dans sa tête avant de la construire dans la ruche. Le résultat auquel le travail aboutit préexiste idéalement dans l'imagination du travailleur. Ce n'est pas qu'il opère seulement un changement de forme dans les matières naturelles ; il y réalise du même coup son propre but dont il a conscience, qui détermine comme loi son mode d'action, et auquel il doit subordonner sa volonté [2].

Du point de vue subjectif, le travailleur doit être capable de se projeter. Il acquiert par là une conscience du temps qui passe. Aussi, pour maîtriser la culture des champs, il a fallu comprendre le cycle des saisons et être en mesure d'accomplir une action qui ne portera ses fruits que des mois plus tard. Le travail humain est par conséquent la matérialisation d'un projet, et d'ailleurs l'objet réalisé porte dans sa forme même la marque de la volonté humaine. C'est pourquoi il est possible de reconnaître dans l'objet fabriqué l'intention initiale de son auteur et ainsi deviner sa fonction.

Du point de vue de l'espèce, le travail inscrit également l'humanité dans une temporalité. Les espèces animales, qui n'ont ni le travail ni la

---

1. Herbert Marcuse, « Les fondements philosophiques du concept économique de travail », in *Culture et société*, trad. G. Billy, D. Bresson, J.-B. Grasset, Les Éditions de Minuit, 1970, p. 33.
2. Karl Marx, *Le Capital* [1867], trad. J. Roy, Éditions sociales, 1977, livre I, chap. VII, p. 136-137.

Gustave Courbet, *Les Cribleuses de blé*, 1855.


*Les Cribleuses de blé* est une toile à dimension paysage que le peintre et sculpteur français Gustave Courbet (1819-1877) réalise entre 1854 et 1855. S'inscrivant dans la tradition réaliste qui immortalise des scènes de la vie paysanne, le choix de ce tableau peint à Ornans témoigne à la fois de l'importance de la culture du blé dans le Doubs du milieu du XIX<sup>e</sup> siècle et de la transition que le monde agricole est en train de vivre, proposant ainsi une « allégorie réelle ». On observe en effet plusieurs scènes de gauche à droite : à gauche, la séparation manuelle des grains, technique datée et peu efficace ; au milieu, un début de progrès avec l'emploi du van pour cribler le blé ; à droite, les débuts de la mécanisation grâce au tarare qu'observe un enfant – le tarare étant la machine destinée à remplacer le van. Par ce tableau, le peintre cherche aussi à mettre en lumière l'importance du travail des femmes à cette époque, alors que toute la famille est mise à contribution afin d'accéder à des revenus suffisants. Le personnage central, dont le modèle a sans doute été la sœur du peintre, représente une femme de dos, qui, de manière énergique, passe au crible les grains de blé étalés sur la toile. Son corps en tension, revêtu d'une robe rouge, occupe tout l'espace et dégage en même temps force et sensualité. La femme assise à gauche semble sur le point de s'assoupir, tant son travail manuel, sans l'aide d'outil, est fastidieux. Peut-être figure-t-elle une certaine paresse, en écho avec le chat roux qui dort sur une chaise, et par contraste avec sa compagne de travail dont la puissance et l'application à la tâche sont soulignées par le peintre. Difficile de savoir si l'enfant, à droite, qui représente certainement l'enfant naturel de Courbet, est occupé à examiner la machine ou s'il est lui aussi au travail, mais, cette fois, en accompagnant simplement le mouvement de la machine.

technique, n'ont pas d'histoire ; elles sont presque en tout point identiques de génération en génération. À l'opposé, le travail et le progrès technique qui en découle font de l'être humain un être historique et l'arrachent au temps cyclique. L'homme tel qu'il apparaît aujourd'hui n'est pas tel qu'il est sorti des mains de la nature, pour reprendre l'expression de Jean-Jacques Rousseau (1712-1778) dans le *Discours sur l'origine et les fondements de l'inégalité parmi les hommes* : il est profondément transformé, précisément par les grandes révolutions amenées par le travail et le progrès technique.

## B. Travail manuel et travail intellectuel

### 1. Travail et loisir dans l'Antiquité

On chercherait en vain un terme grec qui soit l'équivalent du mot « travail ». Cela est révélateur de la conception antique : l'absence de concept unifié reflète l'étanchéité totale entre les différentes activités. Chez les Grecs et les Latins, tous les métiers et tâches qui ont pour but de subvenir aux besoins matériels sont largement dénigrés, car ils renvoient tous au labeur de celui qui n'a d'autre choix que d'être soumis à la nécessité de la matière et de ses lois propres : c'est le travail de l'esclave, de l'artisan ou du commerçant. Ce type de travail, manuel, technique ou utilitaire, est forcément contraint, car il correspond à un ensemble de fonctions qui, rattachées à la conservation de notre vie seulement biologique et animale, ne sont pas épanouissantes et ne peuvent pas prétendre l'être puisqu'elles nous empêchent de réaliser notre véritable nature. Il n'est qu'à rappeler à cet égard la dévalorisation du travail manuel que l'on trouve sous la plume du stoïcien Cicéron (106-43 av. J.-C.) : « Tous les ouvriers en général exercent une profession vile et sordide. Rien de noble n'est jamais sorti ni ne sortira d'un atelier [1] ! » Au contraire, la vie proprement humaine, la plus noble et la plus heureuse, consiste à s'adonner au « loisir », *skholè* en grec ancien, terme qui ne recouvre pas exactement le sens moderne : il signifie « étude » et désigne les activités les plus hautes du citoyen libre, à savoir la connaissance, la philosophie, la politique. Comme le souligne bien la philosophe allemande Hannah Arendt (1906-1975), il ne faut pas se tromper sur les causes de la dépréciation antique du travail manuel :

> Dire que le travail et l'artisanat étaient méprisés dans l'Antiquité parce qu'ils étaient réservés aux esclaves, c'est un préjugé des historiens modernes. Les Anciens faisaient le raisonnement inverse : ils jugeaient qu'il fallait avoir des esclaves à cause de la nature servile de toutes les occupations qui pourvoyaient aux besoins de la vie. [...] Travailler, c'était l'asservissement à la

1. Cicéron, *Traité des offices*, I, 42.

## Outil, machine, robot

Si l'invention et l'emploi d'outils caractérisent le travail humain, et si, comme le disait Benjamin Franklin, « l'homme est un animal fabricateur d'outils », ces derniers n'ont cessé de se perfectionner. Simple outil, machine plus complexe ou robot très performant : on peut se demander à quel point ils sont au service du travailleur ou peuvent devenir une menace.

L'outil est un instrument artificiel fonctionnant comme le prolongement de la main. L'ethnologue André Leroi-Gourhan (1911-1986) rappelle, dans *Le Geste et la Parole*, l'importance de la fabrication des outils, qui, conjointement avec la station debout et l'apparition du langage, a marqué le passage des grands singes aux premiers hommes. La machine, du grec *mêchanê* (« la ruse »), est une forme élaborée combinant plusieurs mécanismes. Il existe différentes catégories de machines, des plus simples (poulies, machines à coudre) aux plus complexes, comme les machines automatiques (grue, voiture automatique) qui sont capables de se contrôler elles-mêmes. On parle alors de robot quand la machine gagne encore en autonomie jusqu'à être dotée, de nos jours, d'une intelligence artificielle. Tandis que l'outil ne doit ses mouvements qu'à la main de l'artisan, la machine tend à imposer son rythme à l'ouvrier, rythme dont la cadence peut devenir infernale. En outre, la machine, censée faciliter la tâche de l'ouvrier, la réduit à une succession de gestes répétitifs, dénuant parfois le travail de son sens, comme le décrit Marx : « En même temps que le travail mécanique fatigue à l'extrême le système nerveux, il supprime le jeu varié des muscles et tue toute libre activité physique et intellectuelle. Même la facilité plus grande du travail devient un moyen de torture puisque la machine ne dispense pas l'ouvrier du travail, mais enlève à celui-ci son intérêt [1]. »

Au début du XX^e^ siècle, le fordisme et le taylorisme (du patron Henry Ford et de l'ingénieur Frederick Winslow Taylor) renvoient chacun à un mode d'organisation du travail qui a vu le jour avec les nouvelles formes de production industrielle. Le fordisme désigne une modalité de la division du travail dans un univers mécanisé où chacun se tient à un poste en suivant la cadence imposée par la machine, tandis que le taylorisme spécifie les cadres d'organisation du temps de travail selon des rapports horizontaux (chaîne) et verticaux (hiérarchie). Certes, ces méthodes très codifiées à prétention scientifique permettent d'accroître la productivité horaire des ouvriers spécialisés, mais elles peuvent aussi pousser l'aliénation à son degré ultime, l'ouvrier devenant un pur exécutant sans initiative, soumis à la cadence des machines et aux ordres de son supérieur. Employé dans l'usine automobile Citroën de Choisy entre 1968 et 1969, Robert Linhart raconte, dans *L'Établi* [2], l'organisation du travail sur une chaîne de production. Enfin, le développement de la robotisation promet une nouvelle révolution, mais pose la question de la disparition d'emplois, qu'il s'agisse de métiers peu qualifiés, comme éboueur ou agent d'entretien, ou au contraire très qualifiés, comme chirurgien [3].

1. Karl Marx, *Le Capital*, livre I, chap. XV, p. 183.
2. Robert Linhart, *L'Établi*, Éditions de Minuit, 1978.
3. Voir à ce sujet l'épisode 4 « Métro, robot, dodo : vers l'automatisation des travailleurs », de la série *Le Travail, les nouvelles conditions*, émission *Cultures Monde* de Florian Delorme, diffusée sur France Culture le 11 juin 2019.

> nécessité et cet asservissement était inhérent aux conditions de la vie humaine. Les hommes étant soumis aux nécessités de la vie ne pouvaient se libérer qu'en dominant ceux qu'ils soumettaient de force à la nécessité [1].

Ainsi, le citoyen libre est le seul à pouvoir réaliser pleinement son humanité, sa « vertu », c'est-à-dire l'excellence de sa nature, selon les mots d'Aristote (384-322 av. J.-C.) ; or il ne peut le faire que parce qu'il possède des esclaves qui travaillent pour lui, sans oublier le rôle des femmes qui s'occupent de l'*oïkia*, la maison. En réalité, il arrive souvent que le citoyen grec ou romain « travaille » aux côtés de ses esclaves, en gérant ses affaires domestiques et en distribuant les tâches, et inversement il n'est pas absolument interdit à l'esclave de philosopher [2]. Mais ce qu'il faut retenir est cette importante dichotomie qui traverse l'époque : d'un côté, le travail, synonyme de servilité ; de l'autre, le loisir, activité libre de la pensée et participation politique.

## 2. « Homo faber » ou « homo sapiens » ?

Le travail et la fabrication d'outils représentent une forme fondamentale de la rationalité : la capacité de trouver des moyens pour parvenir à certaines fins. Lorsqu'on a voulu traverser les mers, il nous a fallu inventer un moyen technique, concevoir et mener à bien la construction d'un navire, par exemple. Se pose alors la question du rapport entre savoir scientifique et invention technique, entre savoir et savoir-faire. Aristote reconnaît que manier des outils repose avant tout sur l'agilité de la main autant que sur l'intelligence, mais il démontre que, si l'être humain sait se servir de ses mains avec une telle habileté, c'est avant tout parce qu'il est intelligent : « ce n'est pas du fait de ses mains que l'être humain est le plus intelligent, mais du fait qu'il est le plus intelligent des animaux qu'il a des mains [3] ». Ainsi, le travail du technicien comme celui du scientifique s'appuient sur leur capacité de réflexion, à cette différence près que le seul savoir ne suffit pas pour l'artisan ou le technicien, et qu'il faut passer par l'expérience pratique et par l'acquisition des compétences manuelles. Pour manier un outil ou pour utiliser une machine, il faut savoir comment les manipuler, et nous pouvons faire le même constat pour celui qui invente la machine. Cependant, en raison de la dichotomie antique entre le travail servile de l'esclave et l'activité libérale du citoyen libre, un grand inventeur comme Archimède (287-212 av. J.-C.) ne juge pas pertinent de laisser une trace écrite de ses inventions, alors qu'il le

---

1. Hannah Arendt, *Condition de l'homme moderne* [1958], trad. G. Fradier, Calmann-Lévy, 1983, p. 127-128.

2. Mis à part chez Aristote, l'esclave ne serait pas, par nature, incapable d'accéder à la connaissance et à la quête intellectuelle ; il n'en a simplement pas l'opportunité par sa condition.

3. Aristote, *Les Parties des animaux* [IV^e^ siècle av. J.-C.], trad. P. Pellegrin, GF-Flammarion, 2011, p. 429.

fit pour les « choses dont la beauté et subtilité ne fut aucunement mêlé avec nécessité [1] », à savoir la géométrie.

Il faudra attendre le XVIIIe siècle pour que les arts dits « mécaniques » soient réhabilités face aux arts « libéraux » sous la plume de Diderot et de d'Alembert. Celui-ci, dans son *Discours préliminaire de l'Encyclopédie*, publié en 1763, écrit : « c'est peut-être chez les artisans qu'il faut aller chercher les preuves les plus admirables de la sagacité de l'esprit, de sa patience et de ses ressources ». Les arts mécaniques ont un avantage certain, leur utilité, mais surtout ils témoignent, autant que la résolution des problèmes des sciences théoriques, de capacités inventives et d'une ingéniosité dignes des plus grandes réalisations de l'esprit humain. Les inventions techniques peuvent même stimuler la réflexion scientifique : par exemple, l'invention de la roue a eu lieu bien avant la découverte des principes de la mécanique ; l'invention de l'arc a précédé les principes de la balistique. L'affinité entre intelligence et travail technique est telle que le philosophe français Henri Bergson (1859-1941) a proposé de renverser la représentation aristotélicienne, dans ce passage de *L'Évolution créatrice* :

> En ce qui concerne l'intelligence humaine, on n'a pas assez remarqué que l'invention mécanique a d'abord été sa démarche essentielle, qu'aujourd'hui encore notre vie sociale gravite autour de la fabrication et de l'utilisation d'instruments artificiels, que les inventions qui jalonnent la route du progrès en ont aussi tracé la direction. Nous avons de la peine à nous en apercevoir, parce que […] les effets profonds d'une invention se font remarquer lorsque nous en avons déjà perdu de vue la nouveauté. Un siècle a passé depuis l'invention de la machine à vapeur, et nous commençons seulement à ressentir la secousse profonde qu'elle nous a donnée [2].

Notre espèce ne devrait donc pas s'appeler *homo sapiens* (« l'homme savant », caractérisé par son savoir et sa sagesse), mais *homo faber*, qui signifie en latin « l'homme fabricateur », tant il est vrai que notre intelligence serait pratique avant d'être théorique, et notre vie sociale tout entière façonnée par les avancées techniques.

## C. Le travail, marque de la finitude humaine

### 1. Le christianisme ou le travail comme rédemption

Ce sont les religions monothéistes qui vont contribuer à réhabiliter le travail manuel et à façonner durablement notre rapport au travail. Dans le christianisme pourtant, le travail est à l'origine synonyme de contrainte

1. Plutarque, *Vies des hommes illustres* [I[e] siècle], XXVII, Gallimard, « Bibliothèque de la Pléiade », t. I, p. 683.
2. Henri Bergson, *L'Évolution créatrice* [1907], PUF, 1941, p. 139-140.

pénible, et même de malédiction. Le récit adamique révèle le châtiment terrible de Dieu à l'encontre d'Adam et Ève, chassés du Paradis après avoir commis ce qu'Augustin nomme le péché originel. Devenus irrémédiablement mortels, ils sont du même coup destinés à une vie de dur labeur et de souffrances : ce n'est pas tant l'introduction d'une activité qui marque leur finitude – car Adam et Ève étaient chargés de prendre soin du jardin d'Éden –, mais c'est le fait qu'ils vont souffrir en travaillant. Plus précisément, il est établi dans la Genèse une division genrée du travail : l'homme est condamné à cultiver un sol ingrat, tandis que la femme est vouée à souffrir en enfantant – il n'est pas anodin de dire d'une femme qui va accoucher qu'elle est « en travail » :

> [Dieu dit à Ève :] J'augmenterai la souffrance de tes grossesses, tu enfanteras avec douleur.
>
> [Et à Adam :] Le sol sera maudit à cause de toi. C'est à force de peine que tu en tireras ta nourriture tous les jours de ta vie, il te produira des épines et des ronces, et tu mangeras de l'herbe des champs. C'est à la sueur de ton visage que tu mangeras ton pain, jusqu'à ce que tu retournes dans la terre [1].

Cependant, le travail est en même temps l'unique moyen de racheter le péché et constitue donc, avec la prière, le premier pilier de l'existence humaine [2]. Il devient alors le seul chemin possible vers la rédemption, et en ce sens il entre dans une nouvelle catégorie, celle du devoir et de la dette sociale. Celui qui ne travaille pas ne devrait pas non plus avoir droit de cité, car il s'excepterait par son oisiveté de la société, oisiveté qui peut dès lors être désignée comme « mère de tous les vices ». Dans la société des trois ordres, même ceux qui sont assignés à la prière peuvent décider de travailler en plus, comme les moines dominicains qui, par la culture de la terre et le travail manuel, font preuve d'humilité : le travail devient le trait d'union entre le spirituel et le temporel. Enfin, on assiste avec le christianisme à une revalorisation du travail comme activité créatrice. À la Renaissance, on commence en effet à associer de manière analogique Dieu, auteur de la Création, et l'artiste, créateur d'une œuvre imitant la beauté de la nature.

Toutefois, les activités chrématistiques (commerce d'argent et prêt à intérêt) demeurent, comme dans l'Antiquité, synonymes de bassesse, car elles consistent à faire fructifier le temps – aussi dit-on « faire travailler le temps » –, pour en tirer un gain non mérité. Il faudra attendre la modernité, et un certain renouvellement du protestantisme par exemple, pour que ces activités deviennent louables : comme le montre le sociologue allemand Max Weber (1864-1920) dans *L'Éthique protestante et l'Esprit du capitalisme*, la simple réussite sociale sera alors considérée comme une preuve d'élection divine.

---

1. Genèse 3, 16-17, trad. L. Segond, 1880.
2. *Ora et labora !* (« Prie et travaille ! ») : tel est le commandement des moines bénédictins.

## 2. Travail et progrès technique

Comme nous l'avons vu, grâce au travail, l'histoire de l'humanité semble suivre un progrès extraordinaire de maîtrise et d'appropriation de la nature, donnant accès à une existence digne et confortable à un nombre toujours plus important. Il est à noter que, rapidement, le travail humain va permettre de passer d'un mode de vie restreint à la satisfaction des simples besoins, à une existence proprement humaine faite de désirs et de leurs réalisations. Dès le XVII^e siècle, le philosophe français René Descartes (1596-1650) fait preuve d'une conscience visionnaire, en ce qu'il voit dans l'association de la science et des techniques par le passage de l'artisanat à l'ingénierie un espoir immense pour l'homme de devenir « comme maîtr[e] et possesseu[r] de la nature [1] ». Les progrès conjoints de la science physique et des techniques permettront l'avènement d'une société d'abondance, où l'on « jouirait sans aucune peine des fruits de la terre [2] », et surtout où l'on s'assurerait de la conservation de la santé et de la disparition des maladies. À ce propos, Descartes participe activement aux progrès de la médecine en pratiquant de nombreuses dissections et contribue notamment à expliciter le mécanisme de la circulation sanguine. À la même époque, Rembrandt (1606-1669) figure pour la première fois une scène de dissection humaine très réaliste dans *La Leçon d'anatomie du docteur Tulp* (1632).

Cependant, si le travail permet à l'être humain de se doter d'un pouvoir immense sur la nature et sur les autres, il a aussi pour revers d'être à l'origine d'une *hybris* proprement humaine, d'une démesure dangereuse pour l'individu et pour l'espèce. C'est ce que remarque déjà le dramaturge grec Sophocle (495-406 av. J.-C.) : dans le stasimon I d'*Antigone*, il fait dire au Chœur, à propos du pouvoir de la technique, qu'il est *deinon*, c'est-à-dire à la fois génial et terrifiant, et que par lui l'homme, « riche d'une intelligence incroyablement féconde,/ du mal comme du bien il subit l'attirance [3] ». C'est ce que révélait déjà le mythe de Prométhée : parce que l'être humain est contraint d'inventer sans cesse les moyens de son existence par le travail, il va créer des déséquilibres. C'est pourquoi, en même temps que le feu, les hommes ont reçu l'art politique, qui contient deux vertus, la pudeur et la justice, essentielles pour régler selon une juste mesure les relations des hommes entre eux. Ainsi, le travail doit être repensé sous un rapport politique et éthique, car il n'est pas en soi bénéfique : il doit être subordonné à une réflexion axiologique sur l'art de vivre ensemble.

---

1. René Descartes, *Discours de la méthode* [1637], GF-Flammarion, 2016, p. 99.
2. *Ibid.*
3. Sophocle, *Antigone* [441 av. J.-C.], trad. R. Pignarre, GF-Flammarion, 2007, p. 57.

## La représentation du travail dans la littérature réaliste du XIXe siècle

La naissance, en littérature comme en peinture, du courant réaliste, puis naturaliste, qui s'attache à rendre compte du réel tel qu'il est, s'accompagne d'un intérêt accru pour la représentation des travailleurs, quelle que soit leur classe sociale. Ainsi, paysans (*Les Paysans*, Balzac ; *La Terre*, Zola), ouvriers (*Au Bonheur des Dames*, *L'Assommoir*, Zola), mineurs (*Germinal*, Zola), domestiques (*Un cœur simple*, Flaubert), prostituées (*Nana*, Zola), mais aussi hommes politiques (*Le Rouge et le Noir*, Stendhal), médecins (*Le Médecin de campagne*, Balzac ; *Madame Bovary*, Flaubert), savants (*La Recherche de l'absolu*, Balzac ; *Le Docteur Pascal*, Zola), artistes (*Le Chef-d'œuvre inconnu*, Balzac) sont décrits dans leur activité professionnelle et deviennent même des personnages centraux sous la plume des plus grands écrivains du XIXe siècle.

Considéré parfois comme le père du réalisme, Honoré de Balzac (1799-1850) explicite son projet monumental dans l'avant-propos de *La Comédie humaine* : il veut écrire l'histoire oubliée par les historiens, recenser toutes « les espèces sociales » et les individus qui les composent, comme le zoologiste Buffon l'a fait des espèces vivantes. Il dénonce la misère ouvrière au début de *La Fille aux yeux d'or* et les rapports médiatisés par l'argent entre les classes sociales dans *Le Père Goriot*. Dans son roman *Un médecin de campagne*, les progrès des techniques agricoles et l'essor des petits commerces transforment un bourg misérable en une petite ville prospère.

Le réalisme de Gustave Flaubert (1821-1880), reconnaissable par son ironie mordante et par ses descriptions où aucun détail n'est laissé au hasard, s'attache notamment à dépeindre la misère ouvrière de sa Normandie natale. On peut retenir son attention particulière aux destins brisés de femmes domestiques, toutes dévouées aux autres. Ainsi, dans la nouvelle *Un cœur simple*, Flaubert raconte la vie de dévotion et de misère d'une servante, Félicité, dont la dignité est annihilée par ses souffrances au travail et la cruauté des autres : « À vingt-cinq ans, on lui en donnait quarante. Dès la cinquantaine, elle ne marqua plus aucun âge ; – et, toujours silencieuse, la taille droite et les gestes mesurés, semblait une femme en bois, fonctionnant d'une manière automatique [1]. » Ce personnage de « sainte » en rappelle un autre, Catherine Leroux dans *Madame Bovary*, dont le corps est si meurtri par les heures de labeur, qu'il y a gagné une hébétude animale : « La poussière des granges, la potasse des lessives et le suint des laines les avaient si bien encroûtées [ses mains], éraillées, durcies, qu'elles semblaient sales quoiqu'elles fussent rincées d'eau claire ; et, à force d'avoir servi, elles restaient entrouvertes, comme pour présenter d'elles-mêmes l'humble témoignage de tant de souffrances subies. Quelque chose d'une rigidité monacale relevait l'expression de sa figure. Rien de triste ou d'attendri n'amollissait ce regard pâle. Dans la fréquentation des animaux, elle avait pris leur mutisme et leur placidité. [...] Ainsi se tenait, devant ces bourgeois épanouis, ce demi-siècle de servitude [2]. »

1. Gustave Flaubert, *Un cœur simple*, in *Trois Contes* [1877], GF-Flammarion, 2009 ; rééd. 2021, p. 45.
2. Gustave Flaubert, *Madame Bovary* [1857], GF-Flammarion, 2018, p. 236-237.

Dans plusieurs de ses romans, Émile Zola (1840-1902) cherche à rendre compte des transformations socio-économiques qu'entraîne la révolution industrielle. Ainsi, dans *Germinal*, il analyse de manière minutieuse les conditions de travail désastreuses des ouvriers affectés aux mines de charbon. Il dépeint longuement les mineurs contraints à une tâche répétitive, épuisés par l'effort, vieillis avant l'âge, et assimile la mine à un monstre « avalant » les hommes : « le puits avalait des hommes par bouchées de vingt et de trente, et d'un coup de gosier si facile, qu'il semblait ne pas les sentir passer [1] ». Dans *La Bête humaine*, le romancier offre une description de la machine à vapeur comme d'un être vivant, une « bête humaine », nommée « la Lison » : « La Lison, renversée sur les reins, le ventre ouvert, perdait sa vapeur, par les robinets arrachés, les tuyaux crevés, en des souffles qui grondaient, pareils à des râles furieux de géante. [...] la Lison montrait ses bielles tordues, ses cylindres cassés, ses tiroirs et leurs excentriques écrasés, toute une affreuse plaie bâillant au plein air, par où l'âme continuait de sortir, avec un fracas d'enragé désespoir [2]. »

Retenons enfin, chez Maupassant (1850-1893), la nouvelle originale *Le Vagabond* [3], dans laquelle on suit les péripéties de Jacques Randel, compagnon charpentier, qui ne trouve plus de travail et finit par être arrêté pour mendicité.

1. Émile Zola, *Germinal* [1885], GF-Flammarion, 2008 ; rééd. 2017, p. 70.
2. Émile Zola, *La Bête humaine* [1890], GF-Flammarion, 2007 ; rééd. 2018, p. 324-325.
3. Guy de Maupassant, *Le Vagabond*, in *Le Horla*, 1887.

## II. L'INDIVIDU AU TRAVAIL : ENTRE RÉALISATION DE SOI ET ORGANISATION DE LA SOCIÉTÉ

### A. La dialectique du maître et de l'esclave : travail et liberté

#### 1. Le premier stade de la conscience de soi : la lutte pour la reconnaissance

On ne saurait faire l'économie d'un des plus grands textes de philosophie qui aient été écrits sur le travail et son rôle fondateur pour la conscience de soi et la liberté : il s'agit d'une partie de la *Phénoménologie de l'esprit* du philosophe allemand Hegel (1770-1831) intitulée « La dialectique du maître et de l'esclave ». Ce texte, qui semble faire le récit d'un esclave devenant le maître de son maître par le travail, pourrait renvoyer à différentes révoltes d'esclaves, comme celle de Spartacus au Ier siècle avant notre ère ou celle de Saint-Domingue en 1791. Il pourrait également faire écho à la pièce de Marivaux, *L'Île des esclaves*, publiée en 1725, dans laquelle le dramaturge met en scène des esclaves qui jubilent de prendre le rôle des maîtres, tandis que leurs maîtres, endossant des habits d'esclaves, prennent conscience de l'injustice de leur conduite passée. Mais, à la différence de ces exemples, le texte de Hegel n'a pas vocation à décrire un moment précis de l'histoire ni même une situation concrète. Il retrace, à travers une fiction théorique et symbolique, le processus subjectif qui conduit à l'émancipation de la conscience. Il vise à rendre compte, sur un plan abstrait, de deux moments fondateurs par lesquels une conscience de soi advient et se perçoit comme libre.

Le premier moment de la conscience de soi libre provient de la rencontre de deux subjectivités et de la lutte pour la reconnaissance qui en résulte. Deux sujets se font face ; chacun veut être reconnu par l'autre comme sujet, c'est-à-dire comme ne pouvant être réduit à un objet. S'ensuit nécessairement une lutte à mort. Celui qui gagne le combat est celui qui a su mettre sa vie en jeu jusqu'au bout, prenant en même temps conscience de sa liberté. La subjectivité qui s'effraie face à la mort et préfère sa simple vie biologique devient esclave de celle qui a triomphé de sa peur, et elle la reconnaît alors comme supérieure. Dans cette optique, l'esclave va devoir travailler pour le maître et se retrouve nié comme conscience de soi libre. Il n'est rien d'autre que l'instrument par lequel la volonté du maître se réalise.

## 2. Le deuxième stade de la conscience de soi : la liberté par le travail

C'est à ce stade, dans la réflexion hégélienne, que le travail en vient à bouleverser le rapport maître/esclave et rend l'esclave maître du maître. Ainsi, par le travail, l'esclave se met en situation de prendre conscience de sa liberté. Pourtant, le travail n'était-il pas initialement le signe de la soumission de l'esclave à la matière et à la volonté du maître ? Comment expliquer ce renversement ? Hegel donne au moins trois raisons à cela.

Tout d'abord, le maître, soumis à ses désirs qu'il peut réaliser en commandant à l'esclave, risque alors de devenir esclave de ses pulsions. Au contraire, l'esclave apprend à réfréner la réalisation de ses désirs parce qu'il apprend qu'il existe un temps d'effort incompressible, de travail, entre la formation du désir et sa réalisation. C'est ce que dit Hegel par cette célèbre phrase : « Le travail est [...] désir *réfréné*, disparition *retardée*, le travail *forme*[1]. » Le travail nous rend donc libres en ce qu'il nous apprend à contrôler nos désirs et à maîtriser les conditions de leur réalisation.

Ensuite, le travail confère à l'esclave une double maîtrise : sur ses propres facultés – en travaillant, non seulement il apprend à contrôler ses désirs mais surtout il se forme et acquiert des savoir-faire – et sur la nature – en travaillant, il apprend à contrôler son milieu de vie et à y trouver de quoi subsister. L'esclave devient maître de lui-même et de son milieu, alors même que le maître accroît sa dépendance à l'égard de son esclave.

Le dernier argument consiste à déduire qu'en travaillant l'esclave prend conscience de lui-même à travers ses œuvres et ses réalisations : « c'est par la médiation du travail que la conscience vient à soi-même[2] ». En effet, en mettant sa marque dans les choses par son travail, l'esclave se voit à travers son œuvre. Il mesure sa puissance et son identité même à travers ce qu'il produit par son effort. Le monde matériel qu'il a transformé devient donc le reflet de lui-même : « Cet être-pour-soi[3], dans le travail, s'extériorise lui-même et passe dans l'élément de la permanence ; la conscience travaillante en vient alors à l'intuition de l'être indépendant, comme intuition de soi-même[4]. » En produisant un objet, le travailleur va inscrire sa volonté dans la matière, dans un objet qui perdure, et transforme sa propre conscience en se percevant comme indépendant. Au contraire, le maître n'a pas ce miroir de lui-même ; il n'est personne sans son esclave. Cela conduit à renverser le premier moment de la conscience de soi libre : ce n'est plus le maître qui domine, mais l'esclave

---

1. Georg Wilhelm Friedrich Hegel, *Phénoménologie de l'esprit* [1807], trad. J. Hyppolite, Aubier-Montaigne, 1941, p. 164-165.
2. *Ibid.*
3. Cette formule désigne le sujet en tant qu'il est conscient de lui-même, par opposition aux objets qui sont des êtres-en-soi, qui n'ont pas conscience de leur existence.
4. Georg Wilhelm Friedrich Hegel, *Phénoménologie de l'esprit*, *op. cit.*, p. 165.

qui devient maître du maître. Hegel analyse ainsi un trait fondateur du travail, qui est une contrainte libératrice et formatrice.

## 3. Travail et identité personnelle

Le mythe de Pygmalion peut illustrer, sans doute de façon exacerbée, l'idée hégélienne selon laquelle le sujet met une part de lui dans la matière qu'il travaille et peut alors se reconnaître dans ses œuvres et ses réalisations, de sorte que le travail constitue son identité personnelle : je suis ce que je produis en travaillant. Ce mythe a plusieurs significations. En plus de porter sur la nature narcissique de l'amour – Pygmalion, insatisfait des femmes qu'il rencontre, finit par tomber amoureux de la statue qu'il a sculptée –, il évoque aussi le rapport de l'artiste à son travail. En effet, l'artiste investit tout son désir et son idéal de perfection, de sorte que ce qu'il produit est l'expression matérielle de son identité profonde, dans laquelle il se voit et se retrouve. Le récit qu'en fait Ovide (43 av. J.-C.-17 apr. J.-C.) dans *Les Métamorphoses* joue sur cette ambiguïté :

> Pygmalion déteste et fuit un sexe enclin par sa nature au vice. Il rejette les lois de l'hymen, et n'a point de compagne qui partage sa couche. Cependant son ciseau forme une statue d'ivoire. Elle représente une femme si belle que nul objet créé ne saurait l'égaler. Bientôt il aime éperdument l'ouvrage de ses mains [1].

À l'opposé, le roman de Balzac (1799-1850) intitulé *La Peau de chagrin* peut être considéré comme une illustration inversée de la conception hégélienne du travail. Le héros, Raphaël de Valentin, qui s'adonnait à l'écriture d'une « Théorie de la volonté » en remettant au lendemain la réalisation de ses désirs, évoque son activité laborieuse en ces termes : « ce sacrifice de tous les jours, ce travail de ver à soie inconnu au monde et dont la seule récompense est peut-être dans le travail même. Depuis l'âge de raison jusqu'au jour où j'eus terminé ma théorie, j'ai observé, appris, écrit, lu sans relâche, et ma vie fut comme un long pensum [2] ».

Toutefois, en acquérant un objet magique chez un antiquaire, la « peau de chagrin », Raphaël devient capable de réaliser tous ses désirs sans efforts et peut vivre la vie oisive que lui recommandait Rastignac, un ami rencontré à Paris. Il cesse alors de travailler et vit de plaisirs. Mais la « peau de chagrin » diminue au fur et à mesure de la réalisation de ses souhaits. Bien qu'il sache que la disparition de la peau le fera mourir, Raphaël peine à s'empêcher d'avoir de nouvelles envies. Loin de se réaliser, la formule de Rastignac, « Toi, tu travailles ?... eh bien, tu ne feras jamais rien [3] », montre sa vacuité. Certes, le travail est un renoncement

1. Ovide, *Les Métamorphoses* [Ier siècle], trad. G. T. Villenave, 1806.
2. Honoré de Balzac, *La Peau de chagrin* [1831], GF-Flammarion, 2013, p. 192.
3. *Ibid.*, p. 201.

à la satisfaction immédiate de nos désirs, mais, dans cette mesure, il est réalisation de soi, tandis que la tyrannie du désir signifie la perte de soi. Ainsi, seul le travail nous fait prendre conscience de qui nous sommes par ce que nous avons été capables de réaliser grâce à notre effort personnel, tout ce dont est précisément privé Raphaël, qui meurt vidé de sa substance.

## B. La division du travail

### 1. La division des tâches et l'avènement du travail

À travers la dialectique du maître et de l'esclave, Hegel interprète le travail d'abord comme un rapport à soi, en ce qu'il permet au sujet de prendre conscience de sa liberté et de son identité, mais aussi comme un rapport aux autres, puisqu'il émancipe l'individu de la domination. Pourtant, le travail n'est-il pas, le plus souvent, vécu comme une contrainte sociale parce qu'il s'insère dans des cadres sociaux qui imposent à chacun de se mettre au service d'autrui pour gagner sa vie ? Dans le *Discours sur l'origine et les fondements de l'inégalité parmi les hommes*, Rousseau considère qu'il existe une rupture entre deux périodes de l'histoire hypothétique dont il fait le récit. Dans un premier temps, il imagine que les êtres humains vivaient de leur activité propre sans dépendre des autres parce qu'ils se consacraient à des tâches qu'un seul pouvait réaliser isolément (construire des cabanes, pêcher, chasser, etc.). Mais dès lors qu'ils commencèrent à avoir besoin d'un autre pour accomplir leurs activités, ils devinrent dépendants les uns des autres, et c'est alors que « le travail devint nécessaire, et les vastes forêts se changèrent en des campagnes riantes qu'il fallut arroser de la sueur des hommes, et dans lesquelles on vit bientôt l'esclavage et la misère germer et croître avec les moissons [1] ». Dans ce tableau ambigu, Rousseau décrit l'enchaînement fatal du travail et des rapports de domination qu'il instaure entre les individus.

L'interdépendance qui a rendu le travail nécessaire s'explique principalement par la division du travail social. Il y a comme un cercle vicieux : chacun doit se spécialiser toujours davantage dans son activité pour produire en surplus des marchandises utiles aux autres qu'il pourra échanger contre des marchandises qu'il ne produit pas lui-même et dont il manque. Ainsi, « la métallurgie et l'agriculture furent les deux arts dont l'invention produisit cette grande révolution [2] ». Le forgeron produit des outils au-delà de ce dont il a besoin pour les échanger contre le blé du paysan, qui lui est indispensable pour se nourrir. Inversement, le paysan

1. Jean-Jacques Rousseau, *Discours sur l'origine et les fondements de l'inégalité parmi les hommes* [1755], GF-Flammarion, 1992, p. 232.
2. *Ibid.*

Fernand Léger, *Les Constructeurs*, 1951.


Fernand Léger (1881-1955) est un peintre, sculpteur et dessinateur français d'inspiration cubiste. D'origine modeste, il s'attache notamment, dans son œuvre, à représenter les corps au travail, comme dans son tableau *Le Cirque Médrano* (1918), où il peint la mécanique des corps enchevêtrés des acrobates et des clowns du cirque. Dans les années 1950, il réalise une série intitulée *Les Constructeurs*. La toile ci-dessus en est la version la plus aboutie. On y voit, représentés dans des couleurs franches et vives, des ouvriers du bâtiment qui évoluent, tels des acrobates, sur des échafaudages, semblant flotter avec aisance. Les quatre ouvriers du premier plan portent d'un même élan une poutre dont on devine le poids imposant : les corps musculeux se touchent, formant comme un seul homme, témoignant en cela de leur solidarité. Leurs visages sont paisibles, mais leurs bras et leurs mains sont disproportionnés, afin de souligner leur compétence mais aussi le fait que leur corps est devenu un outil, tout comme l'outil est le prolongement du corps. Le personnage du milieu du tableau – peut-être le contremaître – surplombe les autres, mais semble prêt à bondir pour aider ses collègues. La composition est quadrillée par des poutres qui ne se rejoignent dans aucun point de fuite, ce qui renforce le sentiment d'imbrication à l'infini des corps et du métal. Tout est fait cependant pour montrer le contraste entre les corps et l'échafaudage métallique, contraste qui est aussi mis en valeur par la fausse perspective, obtenue par le jeu des couleurs et de la géométrie des formes. La souche de bois au premier plan, qui paraît sortir du tableau, rappelle la nature dont s'est éloigné le travailleur moderne. Fernand Léger revendique de peindre pour le peuple, et il tiendra à accrocher sa toile dans la cantine des usines Renault, suscitant l'intérêt surpris des ouvriers qui observent la toile entre deux bouchées.

produit plus de blé que ce qu'il lui faut pour vivre afin de l'échanger contre les outils du forgeron, qui lui sont nécessaires pour améliorer sa productivité. Mais alors que chacun s'est spécialisé, tous sont plus vulnérables et plus dépendants des autres pour acquérir de quoi vivre. Nous sommes loin de l'activité libre et indépendante de l'homme des premiers temps : l'interdépendance et la division des tâches marquent l'avènement du travail.

## 2. La division sociale du travail

Émile Durkheim (1858-1917), l'un des premiers sociologues français, théorise précisément ce dernier point, qui n'était encore chez Rousseau qu'une intuition, dans son ouvrage *De la division du travail social.* Dans ce livre, il définit la solidarité sociale, c'est-à-dire ce qui forme le lien entre les membres d'une même société, de deux manières. Il y aurait deux types de liens : la solidarité mécanique, propre aux sociétés traditionnelles dont les membres sont liés entre eux par la ressemblance ou la similarité – ils ont les mêmes langues, cultes, rituels –, et la solidarité organique, propre aux sociétés où le lien provient du travail ou de la fonction différenciée que chacun prend en charge dans la société. Ainsi, dans les sociétés façonnées par la solidarité organique, ce n'est pas la similarité qui relie les individus mais leur différenciation. Chacun doit, en effet, se spécialiser dans sa tâche, se différencier des autres, et c'est alors que chacun devient nécessaire aux autres et que les autres lui deviennent nécessaires. Chaque individu endossant un métier – qu'il soit boulanger, juge, enseignant, banquier, directeur d'usine, ouvrier, paysan – se spécialise et dépend des autres pour satisfaire des besoins auxquels il ne peut plus pourvoir par lui-même.

Ces sociétés au sein desquelles le travail social est très divisé ont besoin que les individus ne se ressemblent pas, au contraire des sociétés traditionnelles et des sociétés agraires ; elles ont besoin qu'ils s'individualisent autant que possible pour trouver leur place spécifique dans la société :

> Il faut donc que la conscience collective laisse découverte une partie de la conscience individuelle, pour que s'y établissent ces fonctions spéciales qu'elle ne peut pas réglementer ; et plus cette région est étendue, plus est forte la cohésion qui résulte de cette solidarité. En effet, d'une part, chacun dépend d'autant plus étroitement de la société que le travail est plus divisé, et, d'autre part, l'activité de chacun est d'autant plus personnelle qu'elle est plus spécialisée [1].

C'est pourquoi nos sociétés modernes tiennent tant à valoriser le travail comme vocation, fondée sur l'individualité et les choix personnels, à

---

1. Émile Durkheim, *De la division du travail social* [1893], PUF, 1998, p. 208.

rebours des sociétés traditionnelles où le poids des valeurs du groupe reste prééminent.

## 3. Le travail, au fondement d'un nouveau lien social

La spécialisation de nos tâches renforce notre lien aux autres en les rendant indispensables à la satisfaction de nos propres besoins. Se noue alors un lien nouveau et indéfectible fondé non pas sur l'attachement à l'autre, mais sur l'égoïsme, comme l'écrivait déjà Adam Smith (1723-1790) dans *La Richesse des nations* :

> Ce n'est pas de la bienveillance du boucher, du brasseur ou du boulanger que nous attendons notre dîner, mais plutôt du soin qu'ils apportent à la recherche de leur propre intérêt. Nous ne nous en remettons pas à leur humanité, mais à leur égoïsme [1].

Quand nous avons besoin les uns des autres du fait de la spécialisation mutuelle de nos tâches au sein de la société, nous ne sommes plus mutuellement liés par nos ressemblances et par les sentiments de fraternité, mais par notre intérêt individuel et le rapport instrumental que l'on a à autrui. Puisque chacun est un instrument du bien-être des autres, parce qu'il travaille au profit de tous, alors tous lui sont attachés. C'est un phénomène que l'on observe moins dans les sociétés agraires traditionnelles, où chacun mène une activité plus ou moins indépendante des autres et parvient largement à vivre des fruits de sa propre activité.

Cette société où les individus sont liés entre eux par le travail fait qu'ils participent tous à l'enrichissement de la société et qu'ils dépendent fortement les uns des autres pour satisfaire leurs besoins. Saint-Simon (1760-1825), important penseur socialiste français, l'appelle la *société industrielle* et y voit une grande rupture avec l'Ancien Régime. De manière prioritaire, les êtres humains vont être liés par la coopération laborieuse plutôt que par une hiérarchie due au hasard de la naissance. Il invente le terme « industriel » pour désigner ingénieurs, banquiers, commerçants, agriculteurs, ouvriers, artisans, artistes et savants qui fournissent, chacun à leur manière, des ressources essentielles à la vie de toute la société. Dans *Du système industriel*, il montre qu'il est impératif de donner un prolongement politique à cette transformation de la société. Ce dernier consiste à se débarrasser des bourdons représentant l'ancienne aristocratie et le clergé, qui se nourrissent du travail des abeilles. Les industriels laborieux qui font véritablement vivre la ruche doivent prendre le pouvoir politique. Ce que le philosophe Miguel Abensour (1939-2017) nomme « la triade utopique classique » du XIX^e siècle, à savoir Saint-Simon, Charles Fourier (1772-1837) ou

1. Adam Smith, *La Richesse des nations* [1776], trad. G. Garnier, GF-Flammarion, 1991, t. I, p. 82.

encore le Britannique Robert Owen (1771-1858), repense la vie sociale et économique à partir d'une nouvelle organisation du travail. Saint-Simon « propose de substituer le principe suivant à celui de l'Évangile : *L'homme doit travailler.* L'homme le plus heureux est celui qui travaille [1] ». Inspiré par la théorie de l'attraction universelle de Newton appliquée aux passions, Fourier suggère quant à lui de créer des phalanstères où la pénibilité du travail laisse place au plaisir et à l'enthousiasme. Le phalanstère inspire Zola (1840-1902) qui, dans son roman *Travail*, imagine l'expérience inouïe d'une Cité idéale, rêvée, « la Cité du travail réorganisé, rendu à sa noblesse [2] » où se conjoignent les forces « du capital, du travail et de l'intelligence [3] ». L'utopie du phalanstère de Fourier se concrétise surtout grâce à l'entrepreneur Jean-Baptiste Godin qui fait construire, à partir de 1853, le familistère de Guise.

## C. Conditions et formes du travail

### 1. La division du travail améliore la productivité

Au début de *La Richesse des nations* d'Adam Smith, ouvrage souvent considéré comme fondateur de l'économie classique, l'auteur anglais fait référence à la division du travail au sein des manufactures qui naissent et se développent au XVIII^e^ siècle. Il y analyse comment la manufacture puis l'usine sont intrinsèquement liées à la transformation des conditions de travail. La division du travail au sein de la manufacture doit être distinguée de la division du travail social dont nous avons parlé précédemment. Elle renvoie à la spécialisation des métiers au sein de l'usine, dont la justification principale, pour Smith, est qu'elle permet d'accroître la productivité, la disponibilité globale des marchandises et la baisse de leur prix par unité :

> Dans chaque art, la division du travail, aussi loin qu'elle peut y être portée, donne lieu à un accroissement proportionnel dans la puissance productive du travail. C'est cet avantage qui paraît avoir donné naissance à la séparation des divers emplois et métiers [4].

Smith décrit alors la réalité de la division du travail au sein d'une fabrique d'épingles, objet le plus simple du monde mais où l'on a néanmoins trouvé le moyen de spécialiser les différentes tâches pour améliorer le rendement : un ouvrier lie le fil à la bobine, un autre le dresse, un troisième coupe le fil redressé, un quatrième façonne la pointe, un autre

1. Saint-Simon, *Introduction aux travaux scientifiques du dix-neuvième siècle*, t. I, 1808.
2. Émile Zola, *Travail*, Fasquelle, 1901, p. 380-382.
3. *Ibid.*
4. Adam Smith, *La Richesse des nations*, *op. cit.*, p. 73.

affine le bout qui va recevoir la tête d'épingle, tandis que le façonnage et le montage de la tête d'épingle demandent encore l'intervention de différentes tâches spécialisées. Au bout du compte, Smith explique que la fabrication d'une épingle se divise en dix-huit opérations distinctes. De cette manière, la production collective est bien supérieure à ce que chacun des ouvriers pourrait produire s'il s'avisait de réaliser isolément ces dix-huit opérations.

Cette nouvelle organisation introduit alors une rupture franche entre le travail agricole, qui se trouve protégé de la division du travail et reste très largement artisanal, et le travail ouvrier, qui tend à se transformer à mesure qu'il se parcellise, donnant naissance à une nouvelle sociologie principalement urbaine. Ainsi, les ouvriers des manufactures aux côtés des mineurs et des travailleurs des forges forment, au XIX^e^ siècle, une nouvelle classe que Marx appelle le « prolétariat », classe sociale de ceux qui n'ont que leur force de travail à vendre et qui se substituent progressivement aux corporations d'artisans de l'Ancien Régime, créant ainsi la possibilité d'un nouveau mouvement politique.

## 2. Le productivisme et la détérioration des conditions de travail

On assiste alors au passage de l'artisanat, qui permettait à un seul individu de réaliser l'intégralité d'une tâche par lui-même, à l'organisation du travail parcellisé et hiérarchisé au sein de l'usine entre les ouvriers, diversement spécialisés dans des tâches fragmentées, les contremaîtres, chargés de coordonner le travail et de vérifier les cadences, et les ingénieurs, chargés de planifier le travail et de concevoir les produits et les processus de production. Ce qui, dans le cas de l'artisan, se faisait par un seul homme – concevoir, gérer le travail et le réaliser – est maintenant réparti en une multiplicité de personnes, chacune spécialisée dans une fonction précise. Ce changement a eu des conséquences délétères sur les conditions de travail.

La recherche par principe de l'accroissement de la production, que l'on appelle le « productivisme », a pu conduire à rationaliser le travail en le soumettant à des processus de production rigides et à des cadences déshumanisantes. On peut penser aux différentes formes d'organisation du travail ouvrier au début du XX^e^ siècle, en particulier dans l'industrie automobile : le taylorisme, le fordisme ou le toyotisme étaient chacun une manière de penser une organisation du travail capable de tirer toujours plus de productivité du travail humain.

Ce sont ces conditions déshumanisantes que Marx s'était déjà employé à analyser et à dénoncer tout au long de son œuvre. Renonçant à une vie bourgeoise, il vit dans une grande pauvreté aux côtés des ouvriers dans les faubourgs de Londres et montre ce que le travail fait au corps et à l'esprit des prolétaires. Fidèle à Hegel sur ce point, Marx considère que le travail est pour tout individu le grand moyen de réalisation de soi et de l'humanité en soi, mais il démontre que le système capitaliste a perversement renversé le travail en son contraire. Il en fait une source d'aliénation en ce qu'il porte atteinte à la condition humaine [1] et dépossède l'ouvrier du sens de son travail :

> […] dans son travail, l'ouvrier ne s'affirme pas, mais se nie ; il ne s'y sent pas satisfait, mais malheureux ; il n'y déploie pas une libre énergie physique et intellectuelle, mais mortifie son corps et ruine son esprit. C'est pourquoi l'ouvrier n'a le sentiment d'être à soi qu'en dehors du travail ; dans le travail, il se sent extérieur à lui-même. […] Le travail aliéné, le travail dans lequel l'homme se dépossède, est sacrifice de soi, mortification [2].

Nous avons tous en mémoire le film de Chaplin *Les Temps modernes* (1936), qui raconte les périples de Charlot embauché dans une usine après la naissance du fordisme : si la mécanique du corps qui tourne à vide crée un effet comique, Chaplin dénonce ici les conditions de travail des ouvriers. Non seulement le travail écrase, mais il dénature et déshumanise au fur et à mesure de sa mécanisation. L'ouvrier n'est plus valorisé pour ses compétences, il n'est qu'un rouage dans un mécanisme qui le dépasse et il doit simplement répéter les mêmes gestes à l'infini, à l'image du corps de Charlot qui, sorti de l'usine, continue de mimer les gestes qu'il a accomplis durant sa journée de travail. Plus récemment, l'écrivain français Joseph Ponthus (1978-2021) raconte, dans *À la ligne – Feuillets d'usine* [3], son expérience d'ouvrier dans une conserverie de poissons : il choisit la forme littéraire d'un long poème en vers libres, car, explique-t-il, l'usine « a donné le rythme : sur une ligne de production, tout s'enchaîne très vite. Il n'y a pas le temps de mettre de jolies subordonnées. Les gestes sont machinaux et les pensées vont à la ligne [4] ».

Ainsi, en plus des effets de la division sociale du travail, les conditions matérielles de travail auxquelles les travailleurs ont dû s'adapter sont aussi très profondément transformées par le productivisme et le machinisme.

---

1. C'est un risque qu'Adam Smith lui-même avait entrevu. Condorcet (1743-1794), lecteur d'Adam Smith, note ainsi cette difficulté dans ses *Mémoires sur l'instruction publique* : « M. Smith a remarqué que plus les professions mécaniques se divisaient, plus le peuple était disposé à contracter cette stupidité naturelle aux hommes formés à un petit nombre d'idée du même genre. »
2. Karl Marx, *Manuscrits de 1844* [1932], trad. J.-P. Gougeon, Flammarion, 1990, p. 112.
3. Joseph Ponthus, *À la ligne – Feuillets d'usine*, La Table ronde, 2019.
4. Joseph Ponthus, entretien dans *Libération*, 19 janvier 2019.

### Le travail en dates : de la Révolution française au XXI$^{e}$ siècle

**14 juin 1791 :** La loi Le Chapelier interdit les corporations pour rompre avec l'organisation du travail de l'Ancien Régime et émanciper le travail des carcans anciens. Mais elle rendra impossible l'organisation des travailleurs pour la défense de leurs intérêts.

**4 février 1794 :** Premier décret d'abolition de l'esclavage en France. Il sera rétabli en 1802 par Napoléon Bonaparte.

**1803 :** Création du livret ouvrier, passeport permettant aux forces de l'ordre et aux employeurs de contrôler l'identité et la situation de chaque employé.

**22 mars 1841 :** Interdiction du travail des enfants de moins de huit ans.

**24-27 février 1848 :** Révolution dite « de Février », largement menée par les ouvriers parisiens ; instauration de la II$^{e}$ République ; deuxième abolition de l'esclavage ; création des « Ateliers nationaux » pour employer les chômeurs au nom du « droit au travail ».

**25 mai 1864 :** La loi Ollivier reconnaît le droit de grève.

**1874 :** Loi réduisant la durée de la journée de travail des enfants (6 heures pour les enfants de moins de douze ans et 12 heures pour les enfants de plus de douze ans). Interdiction de faire travailler les enfants de moins de douze ans dans les manufactures.

**16 juin 1881 :** Les lois Jules-Ferry, rendant l'enseignement primaire obligatoire et gratuit pour les enfants de six à treize ans, auront pour effet de protéger les plus jeunes du travail et de favoriser la mobilité sociale et l'accès de tous à des carrières.

**21 mars 1884 :** La loi Waldeck-Rousseau autorise les syndicats.

**Juillet 1889 :** Fondation de la Seconde Internationale ouvrière.

**1$^{er}$ mai 1891 :** Fusillade de Fourmies : l'armée ouvre le feu sur des grévistes revendiquant la journée de 8 heures, faisant neuf morts, dont deux enfants.

**23 septembre 1895 :** Fondation du premier syndicat ouvrier, la Confédération générale du travail (CGT).

**13 juillet 1906 :** Loi garantissant un repos hebdomadaire.

**25 octobre 1906 :** Création du premier ministère du Travail et de la Prévoyance sociale, dont le premier titulaire est René Viviani.

**8 mars 1907 :** Une loi autorise les femmes mariées à disposer de leur salaire.

**5 avril 1910 :** Instauration du système des retraites ouvrières et paysannes avec un âge de départ à soixante-cinq ans.

**26 novembre 1912 :** Loi promulguant le deuxième livre du code du travail portant sur la réglementation du travail.

**20 août 1914 :** Création d'un fonds national de chômage.

**5 avril 1928 :** Loi sur les assurances sociales.

**1936 :** La scolarité est rendue obligatoire jusqu'à quatorze ans.

**21 juin 1936 :** Du fait d'une très forte mobilisation populaire (3 millions de grévistes sont recensés), le Front populaire, gouvernement d'union de la gauche de Léon Blum, fait voter la journée de 40 heures, ainsi que deux semaines de congés payés.

**11 février 1950 :** Décret sur le salaire minimum interprofessionnel garanti (SMIG).

**1956 :** Introduction de la troisième semaine de congés payés. Code de la famille et de l'aide sociale.

**1958 :** Convention qui établit les allocations spéciales pour les travailleurs sans emploi dans l'industrie et le commerce. C'est le premier revenu de remplacement pour le chômeur.

**20 novembre 1959 :** Charte des droits de l'enfant adoptée par l'ONU, dont l'article 32 reconnaît à tout enfant le droit d'être protégé contre l'exploitation économique, et de n'être astreint à aucun travail comportant des risques pour sa santé mentale et physique. En France, instauration de la scolarité obligatoire jusqu'à seize ans.

**Mai 1968 :** Les accords de Grenelle prévoient l'augmentation du SMIG et permettent aux syndicats de se constituer en sections avec des délégués au sein des entreprises, à la suite des grandes grèves ayant vu converger le mouvement étudiant et ouvrier avec des occupations d'universités et d'usines.

**1970 :** Création du salaire minimum interprofessionnel de croissance (SMIC), désormais indexé sur la hausse des prix et du salaire moyen.

**1982 :** Deux ordonnances instaurent la semaine de 39 heures, la cinquième semaine de congés payés et l'abaissement de l'âge de départ à la retraite à soixante ans. Promulgation des quatre lois Auroux, qui vont modifier d'un tiers le code du travail, en mettant l'accent sur les négociations entre les différents acteurs sociaux (syndicats, chef d'entreprise, salariés), en instaurant le droit d'expression du salarié sur ses conditions de travail et en créant le comité d'hygiène, de sécurité et des conditions de travail (CHSCT). Droit de retrait du salarié en situation de danger grave.

**1988 :** Création du Revenu minimum d'insertion (RMI).

**2009 :** Fondation d'Uber ; début de l'« ubérisation » du travail.

**4 mars 2020 :** Un travailleur Uber voit son activité en tant que travailleur indépendant requalifiée en contrat de travail.

## III. Travail et justice

### A. Penser le travail, penser la justice

#### 1. La valeur morale du travail

Outre son impact considérable sur l'organisation de la société et sur l'existence individuelle, le travail joue également un rôle dans la définition de la justice. Ne considère-t-on pas que chaque individu mérite de jouir des fruits de son travail ? Tout se passe alors comme si le fait de travailler avait une valeur en soi qu'il s'agit de récompenser et surtout comme si l'idée qu'une vie oisive était une vie moralement inférieure à la vie laborieuse.

La place du travail pour justifier la part de ce qui revient à chacun est relativement récente, même si, comme nous l'avons vu plus haut, elle semble avoir des racines anciennes avec la condamnation divine formulée dans l'Ancien Testament. Dans la société romaine, il suffisait d'avoir un domaine, d'être un maître (*dominus*), pour profiter d'un train de vie confortable et des avantages de la vie civile. Durant l'Ancien Régime, c'est souvent grâce à la naissance que l'on pouvait identifier ce qui revenait à chacun. En outre, dans ces deux formes de société du passé, l'oisiveté n'était pas frappée d'indignité morale. Au contraire, elle permettait de s'élever à des tâches de plus grande valeur et elle était le propre de l'aristocratie, alors que le travail était laissé aux classes serviles ou aux basses catégories sociales.

L'idée que le travail est une valeur en soi et que tout ce que chacun possède devrait directement ou indirectement en dériver est finalement assez récente. Max Weber associe à l'esprit protestant la propension au labeur. Il analyse notamment l'éthique puritaine de l'Anglais Richard Baxter (1615-1691), qui, dans son ouvrage *A Christian Directory*, montre qu'être oisif, c'est perdre son temps, et qu'il vaut mieux une vie ascétique façonnée par le travail : « Une exhortation toujours recommencée et parfois presque pathétique à *travailler* durement et sans relâche, qu'il s'agisse d'un travail physique ou intellectuel, traverse ainsi le grand livre de Baxter [1]. » Ainsi, cette éthique du travail comme clé du mérite est sans doute l'un des éléments essentiels pour comprendre l'ascétisme protestant et l'« éthique du capitalisme » qui lui est associée. Nous pouvons dès lors nous demander comment cette idée peut relever d'un inconscient collectif et tend à transparaître à travers les discours ambiants de défense de la méritocratie et du modèle du *self-made man*. Se cache là le préjugé que celui qui a réussi le mériterait pleinement, parce qu'il a gagné son

1. Max Weber, *L'Éthique protestante et l'Esprit du capitalisme* [1904-1905], trad. I. Kalinowski, Flammarion, « Champs », 2000, p. 258.

pain à la sueur de son front mais aussi parce qu'il serait d'une plus haute exigence et valeur morales, alors que le pauvre reste pauvre par sa faute, par faiblesse de la volonté et insuffisance morale.

Cette dernière idée est à mettre en lien avec le fondement de la valeur d'échange des marchandises par le travail qui y a été investi. On parle souvent de « valeur travail » pour désigner cette thèse. C'est ce qui conduit Marx à développer l'idée du « fétichisme » de la marchandise dans *Le Capital* : la marchandise est comme un fétiche, c'est-à-dire un objet rituel au travers duquel on est en contact avec la divinité car on verrait, au travers de la marchandise, le travail humain qu'il a fallu pour la produire. En effet, ce qui nous incite en partie à donner une grande valeur à certaines œuvres d'art, c'est que l'on voit en elles tout le travail que l'artiste y a mis. Si ce mécanisme est moins visible pour des objets du quotidien ou de grande production, c'est, pour Marx, le même phénomène qui opère.

## 2. Le travail comme fondement de ce qui est à chacun

C'est sous la plume de l'empiriste anglais John Locke (1632-1704) que la thèse précédemment évoquée selon laquelle nous méritons les fruits de notre travail trouve une justification philosophique. Au chapitre V du *Traité du gouvernement civil*, Locke procède à une démonstration originale du fondement du droit de propriété par le travail et par le corps. Selon lui, notre corps et tout ce qui en émane nous appartient. Par conséquent, si nous mettons notre travail dans une chose qui n'est à personne, un champ par exemple, nous y transférons une part de ce qui est à nous, à savoir notre corps, et par là nous interdisons à quiconque de nous le prendre sans violer la loi de la nature. Le travail justifie donc l'accaparement des ressources naturelles :

> Bien que la terre et toutes les créatures inférieures appartiennent en commun à tous les hommes, chacun garde la propriété de sa propre personne. Aucun autre que lui-même ne possède un droit sur elle. Le travail de son corps et l'ouvrage de ses mains, pouvons-nous dire, lui appartiennent en propre. Il mêle son travail à tout ce qu'il fait sortir de l'état dans lequel la nature l'a fourni et laissé, et il y joint quelque chose qui est sien ; par là, il en fait sa propriété [1].

Locke complète son idée dans la ligne du protestantisme en montrant que tout être raisonnable doit faire ce qu'il faut pour conserver la vie que Dieu lui a donnée et pour participer à la mise en valeur de la Création – et c'est évidemment par le travail qu'il y parvient. La propriété récompense alors aussi le mérite moral du travailleur. C'est ce qui explique

1. John Locke, *Traité du gouvernement civil* [1689], trad. J.-F. Spitz, PUF, 1994, p. 22-23.

pourquoi, dans son ouvrage *Que faire des pauvres ?* de 1696, Locke est très dur envers les pauvres qui restent oisifs et vivent de la mendicité, alors qu'ils auraient les moyens de se mettre au travail. Il recommande donc de les envoyer aux galères et suggère que leurs enfants soient placés dans des écoles payées par les fruits de leur propre travail en vue d'éviter qu'ils ne tombent eux-mêmes dans le vice de l'oisiveté.

## 3. Le travail et la reconnaissance

Le travail est considéré comme ayant une valeur en soi, mais il est également constitutif du sentiment que nous avons de notre propre valeur. Comme nous l'avons vu, nous sommes souvent fiers en contemplant le résultat de notre labeur, parce que nous y reconnaissons une partie de nous-mêmes et de nos compétences. C'est pour cette raison que le chômage est si mal vécu, car il peut conduire à ressentir un déclassement social mais aussi de la honte, le sentiment d'être inutile et de ne rien valoir. C'est ce qu'éprouve le personnage principal du film de Ken Loach, *Moi, Daniel Blake* (voir illustration, p. 41). Dans le même temps, être maltraité au travail peut mener à des formes de déni de reconnaissance extrêmement coûteuses pour le salarié.

Se tisse donc un lien essentiel entre travail et reconnaissance. Le philosophe allemand Axel Honneth (né en 1949) distingue plusieurs formes de reconnaissance. D'abord, il évoque la reconnaissance parentale, l'amour de la mère en particulier, qui est constitutive de la confiance en soi de l'individu. Vient ensuite la dignité morale, qui provient du fait qu'autrui nous reconnaît en nous respectant moralement. Enfin, nous trouvons la reconnaissance comme sens de notre propre valeur qui, selon Honneth, s'acquiert dans et par le travail [1]. Quand nous travaillons, autrui accorde une valeur à ce que nous produisons, et c'est ainsi que nous ressentons que nous valons quelque chose. Au contraire, si notre travail est méprisé ou que nous perdons notre travail, il s'agit d'un déni de reconnaissance qui affecte en profondeur la représentation que nous nous faisons de nous-mêmes.

L'exemple du personnage de Gervaise, dans *L'Assommoir* de Zola, est particulièrement éloquent en la matière. Ainsi, quand elle perd la blanchisserie qui faisait sa fierté, Gervaise ne perd pas seulement les ressources nécessaires à sa subsistance, mais elle perd tout sentiment de sa valeur et finit même dramatiquement par se laisser mourir : « on ne sut jamais au juste de quoi elle était morte. On parla d'un froid et chaud. Mais la vérité était qu'elle s'en allait de misère, des ordures et des fatigues de sa vie gâtée. Elle creva d'avachissement, selon le mot des Lorilleux [2] ».

1. Axel Honneth, « Reconnaissance », in M. Canto-Sperber (dir.), *Dictionnaire d'éthique et de philosophie morale*, PUF, 2004, p. 1645.
2. Émile Zola, *L'Assommoir* [1877], GF-Flammarion, 2008, p. 524.

Ken Loach, *Moi, Daniel Blake*, 2016.
© Les Films du Fleuve / Sixteen Films / BBQ_DFY / Aurimages

Dans un style naturaliste, Ken Loach s'emploie à brosser la vie des plus précaires, ceux appartenant à la classe ouvrière d'une Angleterre que le système ne peut plus intégrer et qu'il n'a pas intérêt à épargner. *Moi, Daniel Blake*, drame social sorti en 2016, a reçu la Palme d'or au Festival de Cannes, ainsi que le César du meilleur film étranger. Ken Loach raconte de manière réaliste et sobre le périple d'un menuisier anglais de 59 ans, Daniel Blake, qui est contraint, pour la première fois de sa vie, de faire appel à l'aide sociale à la suite de problèmes cardiaques. Cependant, bien que ses médecins lui aient interdit de travailler, il se retrouve dans l'obligation de chercher un emploi sous peine de sanction. Au cours de ses rendez-vous réguliers au job center, Daniel va croiser la route de Katie Morgan, mère célibataire de deux enfants qui se voit forcée d'accepter un logement à 450 kilomètres de chez elle sous peine d'être placée en foyer. Le film montre que la façon dont le chômage est géré par l'administration conduit l'individu à perdre le sens de sa propre valeur. On rencontre Daniel Blake alors qu'il a encore une certaine estime de lui-même, parce qu'il exerçait un métier exigeant des qualifications, et l'on assiste à son impuissance face à une administration qui exige de lui qu'il accepte n'importe quel travail. Ce déni de reconnaissance conduit à un long processus de dévalorisation. On lui fait bien comprendre qu'il n'est rien, à tel point qu'il s'exclamera devant le tribunal : « Je suis un homme, pas un chien ! Un citoyen – rien de moins et rien de plus. » L'autre personnage en détresse dans le film, Katie, ne trouve pas d'emploi et se laisse tenter par la prostitution pour subvenir aux besoins de ses enfants. Daniel, atterré, s'efforce de lui éviter cette extrémité. La situation de Katie repose ainsi à une autre échelle la question de la perte de la dignité dans un travail dégradant. Le film montre enfin de manière bouleversante que la solidarité entre les individus et les luttes en termes de droits sont les derniers remparts contre la violence du monde du travail et de la société capitaliste.

On peut également ajouter que le collectif auquel nous avons accès par le travail fait entièrement partie de la vie sociale de l'être humain et qu'il est constitutif du sens qu'il donne à sa propre vie et à sa propre activité. L'accès au travail est donc, en même temps, l'accès à une sociabilité spécifique essentielle à l'accomplissement humain. Il participe donc des droits essentiels qui figurent dans notre Constitution : « Chacun a le devoir de travailler et le droit d'obtenir un emploi [1]. »

## B. Les injustices du travail

### 1. Le scandale du rentier

L'une des explications de la Révolution française tient à l'émergence d'une classe bourgeoise qui voit dans le travail la seule justification de la richesse. Ainsi, la noblesse et le clergé sont de plus en plus mal considérés parce qu'ils vivent sans travailler du fait simplement de s'être « donné la peine de naître », selon le mot de Beaumarchais dans *Le Mariage de Figaro* (1778) : c'est ce que le valet Figaro fait insolemment remarquer au comte Almaviva, qui ne doit son pouvoir et son train de vie qu'à sa naissance.

Cependant, la société bourgeoise du XIX^e^ siècle n'a pas permis d'empêcher l'existence de riches oisifs, comme le montrent bien les romans de Balzac qui pointent l'importance du phénomène de la rente. Par exemple, le père Goriot, personnage éponyme du roman, est un rentier, c'est-à-dire quelqu'un qui peut vivre richement sans travailler, du seul fait d'avoir certaines propriétés dont il tire un revenu. Ainsi, la veuve qui tient la pension Vauquer, où vit le père Goriot, « se demand[e] pourquoi ce négociant, riche de sept à huit mille livres de rente, qui poss[ède] une argenterie superbe et des bijoux aussi beaux que ceux d'une fille entretenue, demeur[e] chez elle, en lui payant une pension si modique relativement à sa fortune [2] ».

Face au travail ingrat, rude et sous-payé du monde ouvrier, beaucoup se scandalisent que le non-travail permette l'enrichissement. Certains auteurs, comme le philosophe anarchiste français Pierre-Joseph Proudhon (1809-1865) dans son livre *Qu'est-ce que la propriété ?*, se sont ainsi dressés contre l'injustice du non-travail. Considérant que la richesse doit découler du travail individuel, il s'étonne de voir que les rentiers peuvent s'enrichir sans travailler au seul motif qu'ils sont propriétaires. C'est ce qu'il appelle le droit d'aubaine, et c'est en ce sens qu'il assène son affirmation célèbre : « La propriété, c'est le vol ! »

1. Préambule de la Constitution du 27 octobre 1946, art. 5.
2. Honoré de Balzac, *Le Père Goriot* [1835], GF-Flammarion, 2006, p. 65.

Vivian Maier, *New York*, NY, 1954.
© Estate of Vivian Maier, Courtesy Maloof Collection and Howard Greenberg Gallery, New York

La vie et l'œuvre de la photographe américaine Vivian Maier (1926-2009) sont entourées de mystère. Exerçant le métier de *nanny*, nourrice à domicile, cette photographe et cinéaste amateur prend un nombre incalculable de clichés qui ne seront découverts et ne deviendront célèbres qu'après sa mort. Parmi ces clichés, beaucoup figurent des enfants des rues de New York ou de Chicago. La photographie ci-dessus a été prise à New York en 1954, à une époque où la ségrégation bat son plein : on y voit un enfant noir cirer les chaussures d'un enfant blanc. L'enfant cireur de chaussures est accroupi, au milieu de ses instruments de travail, aux pieds de l'autre enfant, assis, qui trône sur son siège avec un air d'agacement sur le visage. On peut deviner à l'attitude légèrement menaçante de l'enfant blanc à l'égard de la photographe – et donc du spectateur – qu'il n'apprécie pas d'être photographié. Ce qui rend cette photographie poignante, c'est la situation saisie sur le vif de cette cruelle injustice entre ces deux enfants, l'un au travail à un âge où l'on devrait ne se soucier que de jouer et d'apprendre, l'autre déjà dans un rapport de domination vis-à-vis de son semblable. Ce dernier point est renforcé par la présence, en arrière-plan, de la même scène qui se joue avec un adulte : un cireur de chaussures, dont on peine à identifier l'âge, travaille aux pieds de son client aux jambes croisées, qui regarde dans notre direction.

## 2. L'injustice de l'exploitation du travail

Se pose alors une question : qui produit la richesse et à qui doit-elle revenir ? Est-ce aux propriétaires des moyens de production ou bien à ceux qui travaillent ? Pour répondre à ce problème, Marx, dans *Le Capital*, forge le concept d'« exploitation ». Ce concept désigne le fait qu'en achetant la force de travail des ouvriers, les propriétaires des moyens de production la subordonnent à la réalisation de leurs fins propres. Autrement dit, l'exploitation implique une subordination hiérarchique du travail ouvrier aux seules fins du capitaliste, c'est-à-dire une forme de soumission qui se traduit dans la chaîne de commandement de l'usine. L'ouvrier n'est donc pas un travailleur libre ; il est nié dans sa liberté comme instrument des objectifs du capitaliste.

L'exploitation du travail ouvrier implique également que le travailleur ne soit pas propriétaire des fruits de son travail : en achetant sa force de travail, le capitaliste a acheté le droit de garder le produit de son labeur. Il ne verse à l'ouvrier que la plus petite part nécessaire à la reproduction de sa force de travail et essaie de garder pour lui la part la plus grande de la valeur produite, ce qu'on appelle la « plus-value ».

Dès lors, l'exploitation du travail est une double injustice, une double violence : d'une part, elle nie la liberté du travailleur en faisant de lui l'instrument des objectifs du capitaliste à travers le lien de subordination ; d'autre part, elle dépossède concrètement l'ouvrier de la plus grande partie des fruits de son travail. Il est en effet frappant qu'au XIX^e^ siècle le travail ouvrier soit journalier : chaque jour, le travailleur se rend devant l'usine pour voir s'il y a du travail et reçoit sa rémunération au jour le jour. Son salaire est tel qu'il ne lui reste plus rien une fois qu'il a payé ses traites et nourri sa famille ; il est donc forcé de revenir travailler le lendemain dans des conditions parfois extrêmement rudes. On comprend alors ce qui a rapidement conduit le prolétariat à développer une conscience de classe contre les capitalistes : il s'agissait soit de les exproprier – « exproprier les expropriateurs », comme l'écrivent Marx et Engels –, soit de les contraindre à diminuer leurs profits pour les distribuer aux véritables producteurs de la valeur, à savoir les travailleurs.

## 3. L'arbitraire de la hiérarchie des métiers et des revenus

L'idée que le travail apprend la discipline et qu'il est le seul fondement du mérite contribue à structurer nos représentations de la société et à justifier les inégalités sociales. Ainsi, nous justifions souvent les grandes fortunes par le travail qu'il a fallu pour les constituer. Chacun mériterait donc de profiter des fruits de son travail sans entrave. Mais les inégalités sont-elles méritées ? Les plus désavantagés de la société doivent-ils véritablement leur destin social à leur manque de travail ?

Pour répondre à cette question, le sociologue français Pierre Bourdieu (1930-2002) a montré que la part de l'initiative individuelle dans la réussite sociale était mince et que, pour l'essentiel, on observe un phénomène de « reproduction [1] ». La reproduction est le contraire de la mobilité sociale : elle désigne le fait que nous avons de fortes chances de rester dans la même classe sociale que celle de nos parents. Nous avons tous un destin social qui dépend très largement de notre héritage et du capital que nous recevons à la naissance : un capital financier, un capital culturel et un capital social. La part du travail est donc mince par rapport à celle de l'héritage : si nous sommes héritiers, au sens large et sociologique, nous avons toutes les chances de réussir, contrairement à ce qui se produit si nous faisons partie des déshérités.

En outre, ce que chacun gagne n'est pas seulement le fruit de son travail isolé mais celui de la coopération de tous. Ainsi, nous profitons en permanence de ce que nous apportent les autres et de leur collaboration : un exemple flagrant est la formation que nous recevons de nos éducateurs. Déjà au XIX$^{e}$ siècle, Proudhon, à travers l'exemple de l'obélisque de Louxor, illustre le fait que le collectif produit plus que ce que chacun peut faire par son seul travail isolé : l'obélisque a pu être érigé en une journée par cent soldats, mais un soldat en cent jours n'aurait jamais réussi à accomplir cette prouesse. C'est la preuve que l'association est productive et que, dans ce que l'on produit, il y a une part qui revient à l'individu et une part qui est attribuable au collectif de travailleurs.

Les auteurs solidaristes ont, de leur côté, montré que chacun est en mesure de produire par les savoirs qu'il a reçus des autres, par les opportunités qu'ils lui donnent et par les échanges qu'il pratique avec eux. Personne ne doit ce qu'il a à son seul et unique travail isolé, comme le véhicule le mythe du *self-made man*. C'est pourquoi Léon Bourgeois (1851-1925), philosophe et président du Conseil de la III$^{e}$ République, considère dans son livre *Solidarité* que nous avons tous une dette sociale, qui augmente à mesure que nous bénéficions davantage de la vie en société, c'est-à-dire à mesure que nous sommes plus riches.

Comment alors définir la part qui revient au travail de chacun ? Certains estiment qu'il y a des métiers plus méritoires que d'autres et qui justifient un plus haut niveau de rémunération. Le problème est qu'il est très difficile de s'entendre sur le fait, par exemple, qu'être un grand joueur de football est plus méritoire que d'être une grande violoniste ou une grande poétesse. Et si l'on admet une hiérarchie, nous ne nous entendrons jamais sur le niveau de rémunération correspondant. Le mérite est donc une notion discutable et relative. Ne devrait-on pas considérer que, tous les métiers étant nécessaires au bon fonctionnement de la société, ils ont tous une égale importance ? Ainsi, beaucoup de

---

1. Pierre Bourdieu et Jean-Claude Passeron, *La Reproduction*, Les Éditions de Minuit, 1970.

## LE TRAVAIL DES FEMMES

Il serait faux et caricatural de se représenter que le travail des femmes aurait fait son apparition récemment dans l'histoire, et que, tandis que l'homme travaillerait pour nourrir sa famille, la femme serait cantonnée au modeste rôle d'entretien du foyer. Cette croyance exprime un stéréotype véhiculé par le modèle patriarcal de la famille, structuré autour de la domination dite naturelle de l'homme sur la femme. Les femmes ont en réalité toujours travaillé, à toutes les époques et dans tous les pays : souvent, elles effectuent des activités productives aux côtés des hommes, dans les ateliers, aux champs, dans les commerces ; seulement, la plupart du temps, elles ne sont pas rémunérées pour cela, ou bien beaucoup moins que les hommes.

En revanche, il est vrai que la femme a en charge le foyer, depuis l'Antiquité, où elle gère l'*oïkia*, la maison ; ainsi, elle s'occupe en général seule de l'éducation des enfants, du ménage, de l'achat et de la préparation de la nourriture. Si elle a la chance d'être issue d'un milieu aisé, elle a certes des domestiques pour accomplir ces tâches (qui peuvent d'ailleurs être des hommes), mais elle n'en gère pas moins l'organisation et la bonne tenue de la maison. Au XIX^e^ et au XX^e^ siècle, les femmes éduquées vont même apprendre à l'école à bien tenir leur foyer (cours de couture, de cuisine et de bonne tenue, comptabilité et gestion des affaires domestiques). Dans le roman de Tolstoï *Anna Karénine* (1878), le personnage de Daria représente l'enfermement de l'épouse soumise et résignée, qui s'épuise dans les tâches de la vie quotidienne tandis que son mari volage s'épanouit à l'extérieur du foyer.

En conséquence, on pourrait presque affirmer que les femmes ont toujours travaillé autant que les hommes, voire davantage, et qu'elles ont vécu trop souvent et vivent encore ce qu'on appelle « la double journée de travail », c'est-à-dire la gestion du foyer en plus d'un métier. La séparation de la sphère privée dévolue aux femmes et de la sphère publique qui est le monde réservé à la gent masculine se trouve renforcée au XIX^e^ siècle, selon l'historienne Manuela Martini [1] : d'une part, les règles d'hygiène sont introduites, exigeant de la part des femmes une attention particulière portée au ménage et aux soins des enfants. D'autre part, avec l'industrialisation, les femmes se retrouvent exclues du monde du travail, de certains métiers d'usine, alors qu'elles étaient actives auparavant dans les champs et dans les ateliers. Elles doivent désormais rester à la maison afin de garantir le bien-être de l'homme quand il rentre du travail. Émerge l'idée que le monde de l'usine est un territoire dangereux pour les femmes, tout comme la femme serait un danger pour l'ouvrier puisqu'elle pourrait prendre son travail. Cette analyse est cependant à nuancer, car on trouve de nombreuses usines qui emploient des femmes, notamment dans le textile, et la misère ouvrière force toute la famille à travailler, y compris les enfants. Toujours est-il que les tâches domestiques sont encore plus invisibilisées et exclues du marché du travail, à mesure que le travail est de plus en plus pensé comme une activité productive. On le voit encore de nos jours : les chômeurs sont considérés comme une partie de la population active, alors que les femmes « au foyer » sont jugées inactives. Cela permet de mettre en perspective la lutte que mènent différents courants féministes ou politiques pour une véritable reconnaissance du travail domestique et de la valeur de ce travail féminin qu'il faut quantifier. C'est pourquoi la sociologue et féministe française Christine Delphy, née en 1941, revendique l'instauration d'un salaire de la

1. Manuela Martini est chercheuse en histoire contemporaine, spécialiste de la question de la différence des sexes dans le travail.

femme au foyer [1], ce qui signifie lui donner une valeur et une reconnaissance sociale. Reste la difficulté de différencier les obligations que l'on se donne par amour, par pur don, et celles qui relèvent de tâches partageables entre l'homme et la femme au sein d'un même foyer.

La division sociale du travail s'est toujours doublée d'une division genrée du travail, avec des métiers réservés aux hommes. Il est à noter que les métiers « féminins » sont toujours les moins valorisés et les moins bien payés. Un exemple typique est criant de cette injustice : dans les manufactures textiles, ceux qui sont « à la coupe » pour confectionner les vêtements sont des hommes, jugés qualifiés, alors que la couture est réservée aux femmes et est désignée comme un travail non qualifié. Cette distribution genrée du travail ainsi que les inégalités salariales ont fait l'objet dans l'histoire de nombreuses revendications afin de faire progresser l'égalité entre les hommes et les femmes. En outre, les métiers du soin, de garde d'enfants, d'assistance aux personnes fragiles, sont traditionnellement féminins et vus comme tels. L'un des enjeux des théories du *care*, dont l'une des initiatrices est la psychologue américaine Carol Gilligan (née en 1936), est de redonner toute sa valeur sociale à ce que l'historienne Pascale Molinier appelle « le travail du *care* [2] » et de le sortir de l'invisibilité.

Le travail est aussi, paradoxalement, ce qui peut sortir les femmes de la dépendance, comme on peut le lire sous la plume de Simone de Beauvoir dans *Le Deuxième Sexe* (1949) : « C'est par le travail que la femme a en grande partie franchi la distance qui la séparait du mâle ; c'est le travail qui peut seul lui garantir une liberté concrète [3]. » Alors qu'en 1804, le code civil plaçait la femme sous l'autorité maritale et faisait d'elle une mineure juridique jusqu'en 1938, ce n'est que depuis 1907 qu'elle dispose librement de son salaire et depuis 1965 qu'elle peut avoir son propre compte en banque. Dans sa pièce de théâtre *Une maison de poupée*, le dramaturge norvégien Henrik Ibsen (1828-1906) met en scène le personnage de Nora, épouse dévouée qui se voit contrainte de faire un faux en écriture pour régler les dépenses de la famille. Elle sera enfermée pour ce délit, avant de prendre conscience de sa condition de femme et de sa réduction au rôle de « poupée ». Ces progrès juridiques permettent aux femmes d'acquérir une indépendance financière par le travail et d'échapper à la tutelle de leur mari.

Ces évolutions de la société s'expliquent par le fait que les femmes vont peu à peu accéder aux métiers réservés aux hommes. Pendant la Première Guerre mondiale en particulier, les femmes vivent une mobilisation au travail sans précédent, remplaçant les hommes partis au front. Dans les usines d'armement, elles sont employées sur les chaînes pour fabriquer des munitions, ou comme soutien à l'arrière en tant qu'infirmières ou personnel administratif. Elles participent ainsi activement à l'effort de guerre et endossent même des fonctions à responsabilités et à commandement, prenant par là conscience de leur valeur. Le même phénomène se produit pendant la Seconde Guerre mondiale, comme en témoignent les affiches américaines de propagande célébrant Rosie la Riveteuse. Les femmes ne seront pas prêtes à renoncer à ces changements historiques et revendiqueront les mêmes droits que les hommes. De nos jours, le combat pour l'égalité salariale et pour la parité est loin d'être terminé, quand on voit que les jeunes filles obtiennent les meilleurs résultats scolaires, mais se dirigent ensuite vers les carrières les moins ambitieuses et les métiers les moins rémunérés.

---

1. Christine Delphy, « Par où attaquer le partage inégal du travail ménager ? », in *Nouvelles questions féministes*, vol. 22, 2003, p. 47-71. Voir aussi son livre co-écrit avec Diana Leonard, *L'Exploitation domestique*, Syllepse, 2019.
2. Pascale Molinier, *Le Travail du care*, La Dispute, 2013.
3. Simone de Beauvoir, *Le Deuxième Sexe* [1949], vol. 2, chap. XIV, Gallimard, « Folio Essais », 1986, p. 587.

penseurs du mouvement ouvrier étaient en partie égalitaristes et considéraient que chacun devait contribuer par son travail à la production générale selon ses moyens et qu'il devait ensuite recevoir selon ses besoins. On peut aussi penser, comme Léon Bourgeois a tenté de le faire valoir, que taxer les fruits du travail à travers un impôt sur le revenu progressif, c'est-à-dire dont la proportion augmente à mesure des tranches de richesse, permet d'obliger les plus avantagés à honorer leur dette envers le reste de la société.

## C. L'émergence du droit du travail

### 1. Le mouvement ouvrier

En France, dans la première moitié du XIX^e^ siècle, les artisans organisés en corporations sont progressivement remplacés par des ouvriers qui cherchent à faire face aux propriétaires des manufactures, des mines et des forges. La situation du monde ouvrier décrit par Karl Marx est en effet très précaire : le travailleur est rémunéré au jour le jour avec un salaire juste suffisant pour nourrir sa famille et payer ses traites. Il est même fréquent que toute la famille travaille, y compris les enfants. En outre, la hiérarchie est parfois violente, les journées de travail sont très longues (couramment plus de 10 heures), il n'y a pas de jour de repos dans la semaine, les salaires ne sont pas normalisés et varient si le travailleur est un enfant ou une femme, et il n'y a pas non plus de salaire minimum. Le temps de repos ne laisse pas de place aux loisirs : il est seulement le temps nécessaire à la reconstitution de la « force de travail » du prolétariat. Cela explique pourquoi apparaît une « conscience de classe » des ouvriers qui sentent la nécessité d'établir un rapport de force, que Marx appelle « lutte des classes ». À ce titre, le *Manifeste du parti communiste*, publié par Marx et Engels en 1848, est fondateur. Il se conclut par cet appel : « Prolétaires de tous les pays, unissez-vous ! »

De nombreuses grèves s'organisent pour protester contre la rudesse des conditions de travail, en particulier dans les mines, comme le décrivent des passages célèbres de *Germinal* (1885) de Zola. L'armée est parfois sollicitée et peut être amenée à tirer sur les grévistes, comme à Aubin, où quatorze mineurs furent tués par balle en 1869. À partir de 1884, grâce à la promulgation de la loi « Waldeck-Rousseau », fruit de huit années de débats parlementaires, le monde ouvrier peut s'organiser en syndicats pour défendre ses intérêts. L'un des premiers syndicats ouvriers, la CGT (Confédération générale du travail), est fondé en 1895. L'idée d'une Internationale ouvrière émerge alors. Fondée en 1864, l'Association internationale des travailleurs se partage principalement entre une sensibilité marxiste, qui souhaite un pilotage centralisé du mouvement ouvrier, et une tendance libertaire inspirée par Michel

Bakounine (1814-1876). Ce dernier en est exclu en 1872 et fonde avec ses camarades l'Internationale antiautoritaire. En 1889, Friedrich Engels, compagnon de route de Marx, fonde la Seconde Internationale, l'Internationale socialiste.

Rappelons que le terme « socialiste » dans son usage moderne, cher au mouvement ouvrier, est inventé par Pierre Leroux en 1834. Mais il faut se garder de l'impression d'unité qu'il véhicule. En réalité, il existe un grand nombre de partis politiques communistes ou socialistes ainsi que de nombreux *leaders* aux voix divergentes dans la seconde moitié du XIXe siècle. En 1878 se constitue une structure socialiste unitaire, la Fédération du parti des travailleurs socialistes de France, avec de fortes divergences internes. C'est en 1905 que le mouvement ouvrier s'unifie véritablement sur un plan politique sous l'égide de la SFIO (Section française de l'Internationale ouvrière).

## 2. Le droit du travail

Sous l'impulsion de ces mouvements ouvriers, le droit du travail va progressivement s'affirmer. En 1841, le travail des enfants de moins de huit ans est interdit, suivi, en 1874, de celui des moins de douze ans. Mais ce n'est qu'avec l'école obligatoire, imposée en 1882 par les lois de Jules Ferry, que le travail des enfants de six à treize ans diminue. En 1892, la durée maximale du travail est de 10 heures par jour à treize ans. En 1936, la scolarité devient obligatoire jusqu'à quatorze ans puis jusqu'à seize ans en 1959, ce qui rend impossible le travail des enfants de moins de seize ans.

Durant tout le XIXe siècle, on ne parle pas de contrat de travail, mais de louage de la force de travail. Le louage du travail au jour le jour conduisait à une grande précarité. Ce « louage d'ouvrage » est défini à l'article 1710 du code civil de 1804 : « Le louage d'ouvrage est un contrat par lequel l'une des parties s'engage à faire quelque chose pour l'autre, moyennant un prix convenu entre elles. » Ce n'est qu'en 1898 qu'une proposition de code du travail est soumise à la Chambre ; le code du travail est adopté par le Sénat entre 1910 et 1927. Le contrat de travail est alors défini : il permet de « dépasser la segmentation des activités productives en une multitude d'ouvrages, pour cerner l'ensemble de ceux qui, en contribuant à la réalisation d'une marchandise ou, plus largement d'un produit, se trouvent liés par un contrat de travail à celui que l'on va nommer employeur [1] ». À partir de là, le patron devient l'employeur et le salarié est considéré comme subordonné à l'employeur, ce qui donne à ce dernier des obligations réglementaires vis-à-vis du

1. Claude Didry, « Salariat. Genèse et développements du salariat : une socio histoire globale », in D. Mercure et M. Vultur (dirs), *Dix concepts pour penser le nouveau monde du travail*, Presses de l'université de Laval, 2019.

premier. Ce contrat de travail s'agrémente également d'un code du travail qui réglemente les devoirs et les obligations mutuelles de l'employeur et de son employé. Il contribue à modifier les relations de travail bien au-delà du monde ouvrier.

Parmi les droits qui protègent le salarié et obligent l'employeur vis-à-vis de lui, le salaire minimum a vu le jour en 1950 sous la forme d'un « salaire minimum interprofessionnel garanti » (SMIG). Mais le versement des salaires n'est pas encore normalisé. C'est entre 1969 et 1978 que la mensualisation est mise en œuvre. Pour diminuer l'arbitraire du traitement, des grilles nationales de classification sont instaurées afin de reconnaître et de rétribuer le travailleur selon ses qualifications. En parallèle de ces droits et de l'organisation du monde du travail visant à protéger les salariés contre l'arbitraire patronal, se met en place depuis le début du XX^e^ siècle une protection sociale, avec les retraites ouvrières et paysannes en 1910. En outre, il existe depuis 1898 un régime d'indemnisation des accidents du travail, et les premières assurances sociales voient le jour entre 1928 et 1930. La création de la sécurité sociale par les ordonnances de 1945 permet de systématiser, d'unifier et de consolider la protection sociale des travailleurs en organisant la protection de quatre risques sociaux : la maladie, les accidents du travail, la famille et la vieillesse.

À côté du travail émerge aussi la question du droit au repos et au loisir, la possibilité d'une vie soulagée de l'effort laborieux. La loi du 13 juillet 1906 impose le repos hebdomadaire obligatoire. C'est sous le Front populaire qu'est introduite la mesure des quinze jours de congés payés ; la troisième semaine de congés payés est imposée en 1956, jusqu'à la cinquième semaine, obtenue en 1982. Auparavant, seuls les plus aisés pouvaient prendre des vacances. Avec l'introduction des congés payés, elles se popularisent et les bords de mer, par exemple, accueillent un tourisme plus populaire, comme en témoignent certains exemples cinématographiques. Ainsi, *Les Vacances de M. Hulot* de Jacques Tati, sorti en 1953, illustre bien la popularisation des séjours en bord de mer chez les catégories sociales modestes. On pourrait alors penser que le temps de travail suivrait une lente diminution en faveur du temps libre, et nous passerions tendanciellement d'une société du travail à une société de loisir. Mais il n'en est rien : le travail fait toujours l'objet d'une survalorisation, tandis que les formes modernes du travail reflètent des maux nouveaux, parfois même des régressions en termes de droit du travail.

# IV. Les formes modernes du travail

## A. Les dangers de la « glorification » du travail

### 1. Un moyen de contrôle des individus

Le philosophe allemand Friedrich Nietzsche (1844-1900) est l'un des premiers à théoriser ce qu'il appelle la « glorification » du travail dans le monde moderne, c'est-à-dire la manière dont on voue littéralement un culte absurde au travail et à la cohorte des « fausses idoles » qui l'accompagne : culte de l'argent, de la sécurité, de la propriété. À l'instar du poète Charles Baudelaire (1821-1867), Nietzsche rejette la vie petite-bourgeoise, qui étouffe la créativité et l'individualité. De manière étonnante, la modernité, en mettant le travail au centre de son système de valeurs, loin d'encourager l'expression du développement personnel et des capacités individuelles, bride et soumet l'individualité à la masse et fait du travail « la meilleure des polices » :

> Dans la glorification du « travail », dans les infatigables discours sur la « bénédiction du travail », je vois la même arrière-pensée que dans les louanges adressées aux actes impersonnels et utiles à tous : à savoir la peur de tout ce qui est individuel. Au fond, on sent aujourd'hui, à la vue du travail – on vise toujours sous ce nom le dur labeur du matin au soir –, qu'un tel travail constitue la meilleure des polices, qu'il tient chacun en bride et s'entend à entraver puissamment le développement de la raison, des désirs, du goût de l'indépendance. Car il consume une extraordinaire quantité de force nerveuse et la soustrait à la réflexion, à la méditation, à la rêverie, aux soucis, à l'amour et à la haine, il présente constamment à la vue un but mesquin et assure des satisfactions faciles et régulières [1].

Difficile de ne pas entendre, dans cette analyse au vitriol de Nietzsche, un écho aux nombreuses critiques de la fuite en avant que constitue la société de consommation. Nulle contradiction avec l'apparente montée de l'individualisme : le consommateur n'est plus qu'un individu noyé dans la masse, il forge ses désirs sur ce qu'on lui dit de désirer, il travaille pour consommer et, ce faisant, consume son être véritable. À cet égard, il n'est qu'à étudier le rapport au travail dans la société sud-coréenne, où se mêlent confucianisme et *management* : le « nous » est plus important que le « je » ; la charge de travail écrase l'individu et nie sa vie privée. À tel point que l'État coréen a dû récemment instaurer des vacances forcées et que certaines entreprises proposent désormais des stages surprenants d'individualisation (l'individu est emprisonné seul face à lui-même pour retrouver confiance en lui). Le film *Parasite* de Bong Joon-ho, Palme

1. Friedrich Nietzsche, *Aurore* [1880], trad. J. Hervier, Gallimard, 1970, p. 181-182.

Fritz Lang, *Metropolis*, 1927.


Fritz Lang, l'un des réalisateurs les plus célèbres de l'expressionnisme allemand, naît à Vienne en 1890 et meurt à Los Angeles en 1976. Après des études d'architecture qu'il mène entre 1905 et 1908, il s'oriente vers la peinture. De nombreux voyages le conduisent de l'Afrique au Japon avant son installation à Paris. En 1914, il s'engage dans l'armée prussienne. Blessé à plusieurs reprises, il profite de sa convalescence à Vienne pour écrire ses premiers scénarios et fait la connaissance du producteur Erich Pommer. Celui-ci l'invite à Berlin, où il devient un scénariste prolifique et le cinéaste allemand le plus renommé. En 1927, Lang tourne un récit d'anticipation, *Metropolis*, dont l'argument sera malheureusement mésinterprété et repris au compte des nazis. Metropolis est une mégapole se divisant en deux parties : la ville haute habitée par les classes dirigeantes éduquées, qui vivent dans le luxe et l'oisiveté, et la ville basse occupée par les travailleurs exploités. Un savant fou, hybride, décide alors de construire un androïde à l'apparence féminine, programmé pour exhorter les travailleurs à se rebeller contre le maître de la cité. Une séquence marquante du film est le moment où le fils du dirigeant de Metropolis assiste dans la ville basse au spectacle tragique d'un ouvrier presque mort d'épuisement sur la machine « M ». L'image ci-dessus montre la succession des travailleurs se rendant à l'usine, tête baissée, sur le point de remplacer la cohorte de ceux qui en sortent, renforçant par là le sentiment de déshumanisation des ouvriers. Ce film témoigne de l'importance des utopies ou des dystopies pour penser le rôle des rapports sociaux dans le travail, dont les conditions émanent de volontés politiques et de choix sociétaux.

d'or au Festival de Cannes en 2019, analyse bien l'exclusion sociale et le mépris de classe que peut subir un chômeur en Corée du Sud.

## 2. L'oubli de la vie contemplative

La position de Nietzsche est cependant à nuancer. En réalité, il veut opposer au travail moderne, asservi à la nécessité de gagner sa vie, un retour à l'activité noble de réalisation de soi dans la *skholè* antique, ou plutôt dans la *praxis* : on travaillerait non pour le gain mais pour le travail lui-même. Comme il l'écrit dans le paragraphe 42 du *Gai Savoir*, intitulé « Travail et ennui », « Chercher du travail en vue du salaire, voilà en quoi presque tous les hommes sont égaux dans les pays civilisés, pour eux tout le travail n'est qu'un moyen, non pas le but en soi [1] ». Ainsi, on pense la montre en main, on vit pour la chasse au profit, et si l'on prend encore plaisir aux arts, c'est « un plaisir comme s'en organisent des esclaves épuisés à force de travail ». Au contraire, Nietzsche prend pour modèle le travail créateur de l'artiste : comme pour le loisir grec, l'œuvre produite constitue par elle-même le gain, et il n'y a pas de rupture une fois le travail achevé car au moment où je ne travaille pas, je ne suis pas en rupture avec l'œuvre, je suis encore habité par elle. Comme le fera Hannah Arendt un siècle plus tard, Nietzsche prône un retour à *la vita contemplativa*, une existence consacrée à un désœuvrement méditatif, comme celui d'une promenade réflexive avec des amis.

On peut lire à ce sujet un ouvrage audacieux, *Contre le travail*, du philosophe et avocat italien Giuseppe Rensi (1871-1941), qui imagine une fiction révélatrice, selon lui, de l'absurdité de notre rapport au travail :

> Imaginons qu'un coquillage pensant émerge pour la première fois des profondeurs océaniques et offre ses valves à la lumière. Supposons qu'il sache ne pouvoir rester que peu de temps au sein de l'univers immense et bigarré et qu'il devra bientôt retourner à jamais au cœur des abysses obscurs de la mer. [...] comment pourrait-on louer la grandeur morale de ce coquillage et lui reconnaître une spiritualité supérieure s'il dédiait ce bref moment au travail et non à la contemplation ? Or, l'homme n'est pas différent de ce coquillage [2].

Pour Rensi, notre civilisation capitaliste est malade car elle nous a conduits à désapprendre l'oisiveté salvatrice et essentielle à notre destinée. C'est pourquoi il serait urgent de remettre le travail à sa juste place.

1. Friedrich Nietzsche, *Le Gai Savoir* [1882], trad. P. Wotling, GF-Flammarion, 2007, p. 98.
2. Giuseppe Rensi, *Contre le travail* [1923], Éditions Allia, 2017, p. 56-57.

### 3. Désenchanter le travail

C'est ce qu'appelle de ses vœux la sociologue Dominique Méda (née en 1962) lorsqu'elle montre que nos sociétés sont « obsédées » par le travail, et que le lien social ainsi que l'estime des individus dépendent uniquement du travail. Or, pour elle, il faudrait réduire la place donnée au travail dans la société et s'assurer que le travail puisse être partagé.

> Nous devrions cesser d'appeler travail ce « je-ne-sais-quoi » censé être notre essence, et bien plutôt nous demander par quel autre moyen nous pourrions permettre aux individus d'avoir accès à la sociabilité, l'utilité sociale, l'intégration, toutes choses que le travail a pu et pourra encore sans doute donner, mais certainement plus de manière exclusive [1].

Désenchanter le travail, c'est-à-dire le désacraliser et ne plus y placer ses attentes principales, mais aussi le réorganiser en une obligation également répartie afin de libérer davantage de temps libre pour tous, permettrait de créer un « espace véritablement public [2] ». Travailler moins individuellement permettrait en effet de faire travailler tout le monde, et par là de dégager pour chacun un temps nécessaire à la vie publique. Multiplier le temps associatif, qu'il soit politique ou non, voilà ce que valorisait déjà le philosophe français Tocqueville (1805-1859), dans *De la démocratie en Amérique*, afin de renforcer les engagements individuels pour l'intérêt commun.

## B. Les nouvelles formes du travail dans les sociétés libérales

### 1. Le *management* contemporain

Le *management* désigne l'art de diriger ses employés. La façon dont on le conçoit agit sensiblement sur les conditions de travail : depuis le *management* scientifique, qui ne laissait aucune place à l'initiative individuelle, jusqu'au *management* démocratique, les manières de *manager* les subalternes se sont profondément transformées. Si l'on remonte d'abord aux origines du *management*, l'incontournable Frederick W. Taylor (1856-1915) en propose une vision scientifique et hiérarchique. Il estime que l'organisation du travail doit être structurée selon une verticalité stricte et que le *manager* doit s'assurer que les salariés exécutent simplement et rigoureusement les ordres, presque selon le modèle militaire du

---

1. Dominique Méda, *Le Travail, une valeur en voie de disparition ?*, Flammarion, « Champs », 1998, p. 292-294.
2. *Ibid.*

commandement. Ce *management* classique, qui nie l'autonomie des salariés et les réifie, est dénoncé dans le cinéma social du XX^e siècle. Pensons, par exemple, au film de Ken Loach *It's a Free World* (2008), dans lequel le personnage d'Angie, ne supportant plus de recevoir des ordres, finit par quitter son travail et, ouvrant son agence, se retrouve dans la position de donner elle-même des ordres, comme si le monde du travail nous enfermait fatalement dans cette violence hiérarchique.

Par opposition à cette manière d'organiser le travail s'est développé un courant appelé *néomanagement* qui cherche à faire en sorte que les salariés s'engagent volontairement dans leur travail. On tente alors de gommer les hiérarchies pour favoriser l'autonomie. Les subalternes sont appelés des collaborateurs, on met en place du *team-building*, on favorise la codécision et on multiplie les réunions courtes, parfois debout, pour solliciter l'avis de l'équipe et résoudre les problèmes. Ce type de *management* peut même aller jusqu'à la suppression réelle des hiérarchies, comme le proposent les partisans de la « holacratie », qui prônent la gouvernance par les salariés eux-mêmes, ou jusqu'à la prise en compte avancée du bien-être du salarié. Ainsi, des entreprises comme Google ou Spotify sont connues pour offrir des conditions de travail exceptionnelles en permettant au salarié d'organiser comme il le souhaite son emploi du temps et d'y inclure ses projets personnels, en développant par ailleurs des lieux de convivialité au sein même de l'entreprise. Ce *néomanagement* n'est pas généralisé : il ne concerne que les salariés qualifiés, dont on estime qu'ils sont capables d'organiser eux-mêmes leur travail, ce qui témoigne d'une forme de mépris pour le salariat moins qualifié, qui continue souvent à subir des conditions de travail très rudes. De plus, malgré la pertinence de certains aspects de ce *néomanagement*, il faut se garder de toute naïveté : il a pour but de conserver les meilleurs et d'en tirer le plus de profit possible. Luc Boltanski et Ève Chiapello ont montré, dans *Le Nouvel Esprit du capitalisme* (1999), que ce nouveau *management* qui valorise « l'autonomie, la spontanéité, la mobilité, la capacité rhizomatique, la pluricompétence, la convivialité, l'ouverture aux autres et aux nouveautés, la disponibilité, la créativité, l'intuition, la sensibilité, l'informel [1] », vise, en réalité, à accroître le profit en s'appuyant non sur une autorité contraignante mais sur l'initiative et la participation spontanée des travailleurs. Il ne s'agit pas d'une révolution mais d'une simple transformation du capitalisme. En outre, ces valeurs étant inauthentiques, car promues pour obtenir le meilleur rendement salarié, elles peuvent également conduire à des formes de mal-être.

## 2. Les nouvelles formes de l'aliénation à l'ère du numérique

La dislocation des formes traditionnelles du travail s'est considérablement accrue du fait de l'instabilité croissante de l'économie et de la place

1. Luc Boltanski et Ève Chiapello, *Le Nouvel Esprit du capitalisme*, Gallimard, 1999, p. 150.

de plus en plus importante du numérique qui rend possibles le travail à distance et la délocalisation, tout en raréfiant l'assurance d'un emploi pérenne. Bien loin d'un progrès sans faille du monde du travail, les générations actuelles ne sont pas plus protégées qu'avant et restent marquées par le précariat. Les nouvelles formes d'exploitation du travail que sont les plateformes en ligne, qui paient très peu et parviennent à échapper aux cadres habituels du droit du travail, à l'image des plateformes de livraison de repas, donnent au travailleur un faux sentiment de liberté. En réalité, ce que l'on appelle l'« ubérisation » (du nom de la plateforme Uber) du travail est loin de l'émancipation du travail. Les conditions d'utilisation de la plateforme, le chronométrage des courses, le pistage GPS, l'évaluation permanente renforcent encore la subordination du travailleur précaire et façonnent un nouveau type de rapport à l'emploi de la génération actuelle, atomisée et très loin de la mémoire des luttes ouvrières, comme le montre Patrick Cingolani dans *Un travail sans limite ?*[1]. Certains parlent alors de « travail en miettes » et de « nouveau prolétariat », à la suite de Georges Friedmann (1902-1977). Dans *Le Travail en miettes*, ce dernier montre que le temps hors du travail, même s'il est installé dans un confort de consommation, est en réalité menacé par une fatigue qui pèse jusqu'à annihiler la capacité de se divertir et de se réparer : « Son rôle de consommateur standardisé des produits du système dont il est un rouage accroît son bien-être matériel, mais ne fait qu'accentuer chez lui le déséquilibre, les tensions entre la vie de travail et l'existence hors du travail[2]. »

Les technologies modernes de contrôle rendent également possibles de nouvelles formes aliénantes de *management*. Celles-ci ont pu s'intensifier avec des méthodes de chronométrage, de pointage et de contrôle numérique, notamment dans les entrepôts d'Amazon, où les conditions de travail sont souvent dénoncées comme déshumanisantes.

Enfin, le numérique engendre aussi des formes de travail invisible et donc d'exploitation qui ne dit pas son nom. L'Américain Yochai Benkler (né en 1964) parle de « *digital labor* » pour désigner le fait que toutes les données que nous produisons au quotidien sont exploitées privativement par des sociétés qui valorisent les data sans en rétribuer les producteurs que nous sommes. Ajoutons à cela qu'Internet rend possibles des modes d'exploitation (en termes de transmission des injonctions et de conditions de travail) très éloignés de l'usine : par exemple, certaines personnes très peu payées passent leurs journées à identifier des images pour aider les intelligences artificielles de reconnaissance. C'est une nouvelle forme de subordination non plus à la machine mais aux algorithmes.

1. Patrick Cingolani, *Un travail sans limite ? Subordination, tensions, résistances*, Éditions Érès, 2012.
2. Georges Friedmann, *Le Travail en miettes*, Gallimard, 1964, p. 200.

### 3. Les nouveaux visages de la souffrance au travail

Les nouvelles formes d'organisation du travail n'ont pas supprimé « la mortification des corps » dont parlait Marx. De ce point de vue, il est même possible de penser que les progrès sont peu conséquents depuis le siècle dernier. La mondialisation a simplement déplacé à l'échelle mondiale l'exploitation du prolétaire par le patron, qui s'est transformée en une exploitation des pays pauvres par les pays riches. Des documentaires comme celui de Jean-Robert Viallet, *La Mise à mort du travail*, sorti en 2009, nous aident à comprendre la situation à l'échelle de notre pays. Le premier volet, intitulé « La destruction », analyse l'augmentation de la souffrance au travail, dont sont victimes un quart des hommes et un tiers des femmes dans les pays européens, et l'apparition d'un mal nouveau, les troubles musculo-squelettiques.

D'autres maux sont spécifiques aux nouvelles formes de travail, à la suite du remplacement des salariés par des machines. Ainsi, deux nouvelles catégories émergent, le *burn-out* et le *bore-out*. Le terme *burn-out* a été employé pour la première fois en 1974 par le psychiatre américain Herbert Freudenberger dans son article « Staff burnout ». Défini comme une « brûlure interne », il s'agit d'« une usure à petit feu qui trouve sa source dans le cadre professionnel », explique Catherine Vasey, psychologue et auteure de *Burn-out : le détecter et le prévenir* [1]. Cela proviendrait du stress chronique que nous sommes nombreux à subir au travail. Quant au terme *bore-out*, il a été introduit dans une étude anglaise, réalisée en 2010 par Annie Britton et Martin J. Shipley, portant sur 7 500 membres du service public en Angleterre. Elle montre que les travailleurs sont rongés par l'ennui au travail et l'absence de sens des tâches qu'ils doivent effectuer. Ces conclusions rejoignent les analyses de l'anthropologue américain David Graeber (1961-2020), qui invente l'expression *bullshit job* (« job à la con ») dans son article « On the Phenomenon of Bullshit Jobs : A Work Rant » (2013) :

> Dans les années 1930, John Maynard Keynes avait prédit que, à la fin du siècle, les technologies seraient suffisamment avancées pour que des pays comme le Royaume-Uni ou les États-Unis envisagent des temps de travail de 15 heures par semaine. Il y a toutes les raisons de penser qu'il avait vu juste. Et pourtant cela n'est pas arrivé. Au lieu de cela, la technologie a été manipulée pour trouver des moyens de nous faire travailler plus. Pour y arriver, des emplois ont dû être créés, qui sont, par définition, inutiles. Les nuisances morales et spirituelles qui accompagnent cette situation sont profondes. C'est une cicatrice qui balafre notre âme collective. Et pourtant personne n'en parle. […] C'est ce que je vous propose d'appeler des « jobs à la con ». C'est comme si quelqu'un inventait des emplois sans intérêt, juste pour nous tenir tous occupés. Et c'est ici que réside tout le mystère. Dans un système capitaliste, c'est précisément ce qui n'est pas censé arriver [2].

1. Catherine Vasey, *Burn-out : le détecter et le prévenir*, Éditions Jouvence, 2012.
2. Nous traduisons.

On ne peut que s'étonner du constat paradoxal dressé par David Graeber. On aurait pu attendre que le progrès s'accompagne de l'allègement de la charge de travail, mais au lieu de cela, loin de nous libérer, on a su créer de nouveaux métiers inutiles pour nous faire travailler toujours plus de façon insensée.

## Conclusion

Les ouvriers du XIX^e^ siècle craignaient que les machines ne prennent leur travail. Aujourd'hui, on se plaît à croire que les robots, l'automatisation et les intelligences artificielles vont permettre à l'homme de s'affranchir du labeur et déboucher sur une ère où travailler ne fera plus partie de la condition humaine. Mais le progrès vers un monde sans travail ne se fait pas sans tensions ni paradoxes ; il conduit à l'oisiveté malheureuse des chômeurs et à un inquiétant avenir pour des travailleurs précarisés ou pressurisés :

> L'introduction des technologies économisant à la fois la main-d'œuvre et le temps a permis aux entreprises d'éliminer massivement des travailleurs et de créer ainsi une armée de chômeurs qui pâtissent d'une oisiveté forcée au lieu de jouir de leur temps libre. Ceux qui ont encore leur travail sont obligés de travailler plus longtemps en partie pour compenser la baisse de leur salaire et de leurs prestations [1].

On doit néanmoins prendre une distance avec ce tableau sombre. Car on peut voir dans l'évolution du monde du travail des modifications qui nous offriront peut-être un jour l'opportunité de jouir du droit à la paresse, dont l'anarchiste Paul Lafargue (1842-1911) faisait l'éloge. En effet, la condition humaine ne se résume pas seulement au travail, et il est sans doute essentiel que l'homme sache renoncer à sa passion aveuglante pour celui-ci afin de renouer avec des aspirations peut-être plus essentielles à sa nature :

> Pour qu'il parvienne à la conscience de sa force, il faut que le prolétariat foule aux pieds les préjugés de la morale chrétienne, économique, libre-penseuse ; il faut qu'il retourne à ses instincts naturels, qu'il proclame les Droits de la Paresse, mille et mille fois plus sacrés que les phtisiques Droits de l'Homme concoctés par les avocats métaphysiques de la révolution bourgeoise ; qu'il se contraigne à ne travailler que trois heures par jour, à fainéanter et bombancer le reste de la journée et de la nuit [2].

1. Jeremy Rifkin, *La Fin du travail*, trad. P. Rouve, La Découverte, 1996, p. 297-298.
2. Paul Lafargue, *Le Droit à la paresse* [1880], Mille et Une Nuits, 2021, p. 28.

## ORIENTATIONS BIBLIOGRAPHIQUES

**Références philosophiques et historiographiques**

ARENDT Hannah, *Condition de l'homme moderne* [1958], trad. G. Fradier, Calmann-Lévy, 1983.

BEAUVOIR Simone DE, *Le Deuxième Sexe* [1949], Gallimard, « Folio Essais », 1986.

BERGSON Henri, *L'Évolution créatrice* [1907], PUF, 1941 ; *Les Deux Sources de la morale et de la religion* [1932], PUF, 1992.

DURKHEIM Émile, *De la division du travail social* [1893], PUF, 1998.

FRIEDMANN Georges, *Le Travail en miettes*, Gallimard, 1964.

GORZ André, *Métamorphoses du travail* [1988], Gallimard, 2004.

HEGEL Georg Wilhelm Friedrich, *Phénoménologie de l'esprit* [1807], trad. J.-P. Lefebvre, GF-Flammarion, 2012.

HONNETH Axel, *La Société du mépris*, La Découverte, 2006.

LAFARGUE Paul, *Le Droit à la paresse* [1880], La Découverte, 2010.

LOCKE John, *Traité du gouvernement civil* [1689], trad. J.-F. Spitz, PUF, 1994.

MARX Karl, *Le Capital* [1867], trad. J. Roy, Éditions sociales, 1977 ; *Manuscrits de 1844*, trad. J.-P. Gougeon, Flammarion, 1999.

MÉDA Dominique, *Le Travail, une valeur en voie de disparition ?*, Flammarion, « Champs », 1998.

NIETZSCHE Friedrich, *Aurore* [1880], trad. J. Hervier, Gallimard, 1970 ; *Le Gai Savoir* [1882], trad. P. Wotling, GF-Flammarion, 2007.

PLATON, *Protagoras*, trad. F. Ildefonse, GF-Flammarion, 1997.

ROUSSEAU Jean-Jacques, *Discours sur l'origine et les fondements de l'inégalité parmi les hommes* [1755], GF-Flammarion, 2012.

SMITH Adam, *La Richesse des nations* [1776], trad. G. Garnier, GF-Flammarion, 1991.

WEBER Max, *L'Éthique protestante et l'Esprit du capitalisme*, trad. I. Kalinowski, Flammarion, « Champs », 2000.

**Références littéraires**

BALZAC Honoré DE, *La Peau de chagrin* [1831], GF-Flammarion, 2013 ; *La Recherche de l'absolu* [1834], GF-Flammarion, 1994 ; *Le Père Goriot* [1842], GF-Flammarion, 2006 ; *Les Paysans* [1855], Gallimard, « Folio », 1995.

ETCHERELLI Claire, *Élise ou la vraie vie* [1967], Gallimard, « Folio », 1982.

FLAUBERT Gustave, *Madame Bovary* [1857], GF-Flammarion, 1993 ; *Un cœur simple*, in *Trois Contes* [1877], GF-Flammarion, 2021.

LINHART Robert, *L'Établi*, Les Éditions de Minuit, 1978.

MARIVAUX, *L'Île des esclaves* [1725], GF-Flammarion, 2020.

MAUPASSANT Guy DE, *Le Vagabond*, in *Le Horla* [1887].

PONTHUS Joseph, *À la ligne – Feuillets d'usine*, La Table ronde, 2019.

SAND George, *La Mare au diable* [1846], GF-Flammarion, 1964.
ZOLA Émile, *L'Assommoir* [1877], GF-Flammarion, 2008 ; *Au Bonheur des Dames* [1883], GF-Flammarion, 2018 ; *Germinal* [1885], GF-Flammarion, 2017 ; *La Terre* [1887], GF-Flammarion, 1973 ; *La Bête humaine* [1890], GF-Flammarion, 2018.

**Filmographie**

LANG Fritz, *Metropolis*, 1927.
CHAPLIN Charlie, *Les Temps modernes*, 1936.
FORD John, *Les Raisins de la colère*, 1940.
CANTET Laurent, *Ressources humaines*, 1999.
TRIER Lars VON, *Dancer in the Dark*, 2000.
CARLES Pierre, COELLO Christophe et GOXE Stéphane, *Attention danger travail*, 2003.
MOUTOUT Jean-Marc, *Violence des échanges en milieu tempéré*, 2004.
COSTA-GAVRAS, *Le Couperet*, 2005.
VIALLET Jean-Robert, *La Mise à mort du travail*, 2009.
BRIZÉ Stéphane, *La Loi du marché*, 2015.
LOACH Ken, *Moi, Daniel Blake*, 2016 ; *Sorry We Missed You*, 2019.

# PREMIÈRE PARTIE

## Virgile

### *Les Géorgiques*

*par Nathalie Cros*

# Vie de Virgile

**70 av. J.-C. : Naissance de Publius Vergilius Maro le 15 octobre dans le bourg d'Andes, près de Mantoue.** Pompée et Crassus sont alors consuls pour la première fois. Mécène naît vers la même année.

**65 :** Naissance d'Horace.

**63 :** Naissance d'Octave, petit-neveu de César et futur Auguste. Consulat de Cicéron. Conjuration de Catilina.

**59 :** Consulat de Jules César.

**58 :** Premières études à Crémone. Jules César commence la guerre en Gaule.

**55 : Virgile revêt la toge virile.**

**54 :** Virgile poursuit ses études à Milan puis à Rome.

**52 :** Échec romain devant Gergovie. Défaite gauloise à Alésia et reddition de Vercingétorix.

**49 :** César franchit le Rubicon, donnant ainsi le signal de la deuxième guerre civile contre Pompée. **Virgile se rend à Naples pour y suivre l'enseignement du philosophe épicurien Siron.**

**9 août 48 :** Bataille de Pharsale ; victoire de César.

**6 avril 46 :** Victoire de César à Thapsus ; triomphe à Rome.

**17 mars 45 :** César, victorieux à Munda, est nommé dictateur pour dix ans ; moins d'un an plus tard, il est nommé dictateur à vie.

**15 mars 44 :** Assassinat de Jules César par des républicains. Octave, futur Auguste, est son héritier. Marc Antoine déclare la guerre à Brutus et à Cassius, assassins de César. Virgile retourne dans sa province natale où il intègre le groupe d'hommes de lettres réunis autour du gouverneur Pollion.

**43 :** Victoires d'Octave devant Modène. Marche sur Rome. Constitution du triumvirat avec Antoine et Lépide. Mort de Cicéron, assassiné par les sbires d'Antoine.

**23 octobre 42 :** Victoire décisive d'Octave et Marc Antoine au cours de la bataille de Philippes.

**42 :** Divinisation de Jules César. **Début de la rédaction des *Bucoliques*, publiées en 38.**

**41 :** Des distributions de terres sont décidées en faveur des vétérans. Une partie de Mantoue est concernée par l'expropriation des paysans.

**40 :** Paix de Brindes entre Octave et Antoine.

**39 :** Antoine part pour l'Égypte où il retrouve Cléopâtre.

**37 à 30 : Rédaction des *Géorgiques*.** Rencontre de Tarente : le triumvirat est renouvelé pour cinq ans.

**2 septembre 31 :** Bataille d'Actium et victoire définitive d'Octave sur Antoine.

**29 :** Octave revient en triomphateur à Rome. Lecture des *Géorgiques* à Octave dans sa villa d'Atella. **Début de la rédaction de l'*Énéide*.**

**27 :** Le Sénat attribue à Octave le titre d'Auguste.

**27 ou 26 :** Disgrâce et suicide du préfet d'Égypte Cornelius Gallus.

**19 av. J.-C. :** Virgile entreprend un voyage en Grèce pour préciser sa documentation sur les voyages d'Énée. **Pris d'un malaise près de Mégare, il meurt à Brindes le 21 septembre, laissant l'*Énéide* inachevée.**

## Introduction

Le travail est inscrit dans le titre même des *Géorgiques*, littéralement « poèmes sur l'agriculture ». Le terme est en effet la translittération d'un mot grec, *geōrgikos* (γεωργικός), lui-même composé de *gê* (γῆ), « la terre », et de *ergon* (ἔργον), « le travail », « l'acte ». L'œuvre associe la poésie à l'agriculture, et le travail à la célébration de la terre, la terre italienne plus précisément, et plus encore la campagne mantouane dont les doux paysages ont nourri l'enfance et l'imaginaire de Virgile. Nombre de peintres et de poètes ont fait écho, dans les siècles qui ont suivi et jusqu'à nos jours, à son inspiration. Le sujet, riche en lui-même, ouvre de nombreuses pistes de réflexion, tant la question du travail renvoie à celle de l'activité humaine, et à celle, par conséquent, de la place de l'humanité dans le monde, entre la vitalité de la nature et la présence diffuse des dieux. Œuvre sans véritable équivalent, tant il est difficile de lui assigner un genre littéraire défini, *Les Géorgiques* puisent dans une riche tradition poétique, héritée notamment d'Hésiode, sans jamais se couler tout à fait dans un moule ou un cadre, sans jamais se réduire à une unique signification didactique ou politique, comme si le travail, que ce soit celui du poète ou du paysan, dépassait toujours son objet premier.

## I. Présentation des *Géorgiques*

### A. Le contexte de l'œuvre

La vie de Virgile coïncide avec une période particulièrement troublée de l'histoire romaine, et son œuvre poétique reflète les soubresauts qui ont ébranlé la République avant l'établissement d'un nouveau régime, sous l'autorité d'Octave Auguste. L'Italie chantée dans *Les Géorgiques* a connu alors bien des bouleversements.

#### 1. Des origines terriennes et paysannes : de la terre au chant de la terre

Les sources antiques insistent, en exagérant sans doute, sur la modestie des origines de Virgile, faisant de lui un poète paysan, ou un paysan devenu poète. Le grammairien Donat, au début de sa *Vie de Virgile*, établit le double lien qui unit Virgile à la terre autant qu'à la gloire poétique en rapportant un songe que sa mère aurait eu juste avant de le mettre au monde :

> Pendant qu'elle l'attendait, sa mère rêva qu'elle mettait au monde un rameau de laurier et qu'au contact du sol il avait pris racine et grandi instantanément pour ressembler à un arbre adulte et couvert de fleurs et de fruits variés [1].

Le songe annonce l'immortelle gloire du poète, symbolisée par le laurier, et un attachement à la terre italienne qui est moins politique que viscéralement affectif. En effet, Virgile est né dans une région qui ne dépend pas encore de l'Italie au regard de l'administration romaine. Mantoue et ses environs font alors partie de la province de Gaule cisalpine, au nord du Pô. À sa naissance, Virgile n'a donc pas encore la pleine citoyenneté romaine : ce n'est qu'en 42 que la Gaule cisalpine est intégrée à l'Italie.

Il reçoit l'éducation traditionnelle des jeunes Romains auprès des rhéteurs : éloquence politique et judiciaire, étude du droit. Il apprend aussi les mathématiques, l'astronomie et la médecine. On trouvera les traces et l'influence de ces connaissances dans *Les Géorgiques*. En principe la formation à la rhétorique prépare à la vie publique, mais ce n'est pas comme orateur que Virgile souhaite s'illustrer. Il ne se sent pas fait pour cela, l'agitation du forum le rebute, et il se sent très tôt attiré par la poésie. D'ailleurs, la modestie de ses origines familiales ne lui permet pas d'aspirer aux magistratures importantes, généralement réservées à une élite sociale. Il n'a pas non plus de goût pour les fonctions militaires, qui sont un passage obligé pour faire une carrière politique.

Il quitte donc Rome et ses troubles, peut-être au moment où éclate la deuxième guerre civile, et se rend à Naples, où il suit l'enseignement du philosophe épicurien Siron, qui tenait école dans un petit domaine non loin de la mer, appelé aujourd'hui « Pausilippe », c'est-à-dire « là où finit le chagrin », un nom prometteur. Pourtant, ce refuge n'est pas assez sûr pour protéger tout à fait le paisible Virgile des bouleversements contemporains, dont les secousses finissent par l'atteindre. On n'a pas de certitude sur les raisons qui l'arrachèrent à cet heureux séjour, mais les menaces pesant sur la propriété familiale ont sans doute joué un rôle, ainsi que l'inquiétude liée à la reprise des violences. Les triumvirs, Antoine, Octave et Lépide, qui ont reçu mission de réorganiser Rome après les conflits consécutifs à l'assassinat de César, décident de récompenser les soldats qui se sont battus à leurs côtés en leur assignant des terres. Pour cela, des expropriations sont décrétées, notamment dans le nord de l'Italie où se situe le domaine familial de Virgile, domaine qui a déjà été menacé de confiscation dans les années 42-41. *Les Bucoliques* font allusion à ces événements, notamment la première et la neuvième églogue [2]. De puissants amis lui permettent de sauver son domaine, et

1. Donat, *Vie de Virgile*, 3, in Virgile, *Œuvres complètes*, trad. Ph. Heuzé, Gallimard, « Bibliothèque de la Pléiade », 2015, p. 1049.

2. *Les Bucoliques* comptent dix poèmes qu'on appelle « églogues », c'est-à-dire « morceaux choisis » : ce sont des pièces relativement courtes (entre 63 et 111 vers), formant un tout et assemblées en recueil.

*Virgile et les Muses*, mosaïque d'Hadrumète, IIIe siècle.


Cette mosaïque découverte à Sousse (sur le site de l'ancienne Hadrumète) constitue le plus ancien portrait de Virgile qui nous soit parvenu (IIIe siècle de notre ère). Le poète, qu'une inscription permet d'identifier, est assis, revêtu d'une toge. Il tient sur ses genoux un *uolumen* où sont inscrits les premiers mots du huitième vers de l'*Énéide* : « Muse, rappelle-moi les causes, pour quelle offense à sa divinité… » (*Musa, mihi causas memora, quo numine laeso, quidue…*). De part et d'autre de Virgile se tiennent deux figures féminines, debout, posant sur lui un regard attentif et bienveillant. Leurs attributs permettent de reconnaître deux Muses, divinités de l'inspiration : à gauche Clio, muse de l'histoire, tenant un *uolumen,* à droite Melpomène, muse de la tragédie, revêtue d'un costume tragique, chaussée de cothurnes, et un masque à la main. C'est en quelque sorte un portrait du poète en majesté, mais l'on peut également voir que les traits de Virgile correspondent assez à l'image du poète « rustique » que la tradition nous transmet, comme l'a montré Pierre Grimal [1] : ses cheveux sont coupés court, son front est large, et son visage long présente des traits accusés, pommettes saillantes, arc des sourcils très dessiné. Cette représentation tranche par exemple avec celle des jeunes gens pétris d'hellénisme, qui adoptaient volontiers les cheveux souples et flottant sur les épaules, à l'imitation des représentations d'Apollon.

1. Pierre Grimal, *Virgile ou la Seconde Naissance de Rome*, Arthaud, 1985, p. 35.

sans doute l'intervention d'Octave lui-même, reconnaissant de ce que Virgile a célébré dans un poème l'apothéose de César, accroissant ainsi le prestige du jeune « fils de dieu ». Introduit dans les cercles lettrés à la faveur du succès des *Bucoliques*, et en particulier dans l'entourage du compagnon d'Octave et protecteur des arts, Mécène, Virgile reçoit de lui des ordres sans mollesse, *haud mollia iussa*, des ordres qui « ne sont pas faciles à exécuter » (III, 41), parce qu'ils appellent au travail, pour célébrer le travail. Tel est, d'après le poète lui-même, l'élan qui le pousse à composer *Les Géorgiques*.

## 2. Des travaux guerriers à la refondation de Rome : l'ombre des guerres civiles

Virgile est contemporain des troubles qui ont provoqué la fin de la République et l'établissement d'un nouveau régime sous l'égide d'Octave Auguste : le principat.

Il a environ vingt ans et réside à Naples lorsque Jules César, traversant le Rubicon, qui marquait la limite du territoire soumis à son autorité (*imperium*), déclenche la deuxième guerre civile et suscite la panique en Italie. Pompée quitte Rome et s'enfuit en Macédoine où César le poursuit. Après la bataille décisive de Pharsale, le 9 août 48, Pompée se réfugie en Égypte où il est assassiné.

Rien ne semble devoir arrêter César, qui vole alors de victoire en victoire. Au sommet de sa réussite, et alors qu'il vient d'être nommé dictateur [1] à vie, il est assassiné à la suite d'une conjuration de sénateurs parmi lesquels figurent Cassius et Brutus, son fils adoptif. Antoine, alors consul, parvient à retourner la situation contre les assassins de César, qui se présentaient comme des libérateurs et des sauveurs de la République. Mais un autre duel se prépare : la deuxième guerre civile contenait les germes de la troisième, entre Antoine, qui s'estime le successeur du dictateur assassiné, et Octave, dont César a fait son héritier par testament. Le conflit n'éclate cependant pas tout de suite : le triumvirat, gouvernement partagé entre Octave, Antoine et Lépide, le retarde, et Cicéron, qui a violemment attaqué Antoine dans une série de discours, les *Philippiques*, périt, victime de cette réconciliation provisoire.

Les troubles ressurgissent rapidement, se cristallisant autour de la rivalité croissante entre Antoine, engagé en Orient, et Octave, l'homme fort de l'Occident. La composition des *Géorgiques* est commencée pendant une accalmie de courte durée, et se poursuit tout au long des affrontements décisifs qui verront la défaite définitive d'Antoine et le triomphe

1. La dictature est une magistrature exceptionnelle prévue par les institutions de la République, dans les cas où une grave menace pèse sur l'État. Le dictateur est nommé pour six mois avec les pleins pouvoirs. L'extension dans le temps de cette fonction constitue une rupture institutionnelle.

d'Octave. Deux ans plus tard, celui-ci reçoit du Sénat le titre d'Auguste, surnom emprunté au vocabulaire religieux qui lui confère un caractère sacré et lie sa personne au destin de Rome. Sous couvert de restaurer les institutions, de sauver la République et de rétablir la paix, Auguste instaure ainsi un nouveau régime de type monarchique : le principat.

Il faut dire que les guerres civiles ont infligé aux Romains un véritable traumatisme : à la réalité des massacres se superpose la symbolique insupportable d'une guerre qui met aux prises non pas des ennemis, mais des concitoyens, ce qui constitue un sacrilège à la hauteur des crimes familiaux des grandes dynasties mythologiques. Il importe donc, une fois le calme rétabli, de refonder la Ville sur tous les plans : politique, moral et social, urbanistique. Virgile cherche, lui, dans le passé mythologique, le matériau de son grand poème épique à la gloire de Rome, de son ancêtre lointain et héroïque, et de celui qui en incarne le renouveau : il travaille alors à l'*Énéide*, dont la composition répond à la demande du vainqueur d'Actium.

### 3. L'influence de la philosophie épicurienne

Dans une période aussi bouleversée, un courant spirituel et philosophique trouve particulièrement à se développer : l'épicurisme, doctrine d'Épicure (341-270 av. J.-C.), qui promeut le loisir et la retraite. À Naples, le milieu épicurien gravite autour de Philodème de Gadara et de Siron. Selon cette doctrine, le souverain bien, assimilé au « plaisir » et à la sérénité (ataraxie), est le fruit d'une ascèse se fondant sur la prise de conscience qu'il existe des besoins naturels et des désirs superflus dont il faut se détacher. Virgile a une vingtaine d'années quand le poème de Lucrèce *De la nature des choses* (*De rerum natura*) fait l'éloge d'Épicure et transmet son enseignement. Même s'il prend parfois quelques distances avec elle, Virgile reste attaché, dans *Les Géorgiques*, à cette pensée qui s'accorde assez naturellement avec son caractère, et dont il a été imprégné, notamment lors de son séjour à Naples. Il exprime d'ailleurs la nostalgie de cette cité à la fin des *Géorgiques*. Il y a sans aucun doute vécu des temps heureux, quelques années d'une vie simple d'où étaient bannis tout luxe inutile, mais aussi toute crainte et tout espoir détournant de la jouissance du temps présent.

En principe les épicuriens considèrent la poésie comme une activité superflue, voire nuisible, car susceptible d'exciter les passions. C'est surtout le recours aux mythes, sources de préjugés et de superstitions propres à troubler le jugement, qu'Épicure condamne dans cet art. Mais une personnalité influente comme Philodème, auteur lui aussi de poésie, a pu montrer à Virgile que la sagesse et l'amour des Muses n'étaient pas incompatibles. Le philosophe, en célébrant la capacité de la poésie à calmer l'âme et à lui faire retrouver la sérénité, ne trahit donc pas l'esprit de la doctrine. Lucrèce lui-même n'a-t-il pas composé un long poème en hexamètres dactyliques, mètre de l'épopée, à la gloire d'un héros qui n'est ni Achille ni Ulysse, mais Épicure ?

En outre, la physique épicurienne est matérialiste et atomiste : elle postule que la matière est formée de particules infiniment petites, solides et insécables, qui s'assemblent pour constituer les éléments de la matière liquide, solide ou gazeuse, et qui circulent dans des canaux ou passages permettant le mouvement et donc la vie. La physiologie des plantes et de la terre, dans *Les Géorgiques,* obéit aux lois de cette physique. Virgile est cependant assez éclectique en matière de philosophie, et toute sa pensée ne peut se ramener à une doctrine unique : nous pouvons voir par exemple que les dieux sont très présents dans le poème et qu'ils interviennent dans la vie des hommes. La piété des *Géorgiques* reste une piété traditionnelle, associée à des divinités rustiques et à un mode de vie compatible avec la sérénité épicurienne.

### 4. Le milieu littéraire : les *poetæ noui*

À Rome, Virgile fréquente les poètes modernes ou *poetæ noui,* qui pratiquent un art virtuose et savant inspiré de la poésie hellénistique ou alexandrine. Ce courant littéraire, qui s'épanouit en particulier à Alexandrie aux II et III^e^ siècles av. J.-C., est notamment représenté par Callimaque, Lycophron, Aratos, Apollonios de Rhodes et Théocrite. L'érudition mythologique, le raffinement de la forme s'associent à une inspiration plus personnelle, offrant une place importante à l'expression du sentiment amoureux : de cette influence naîtra en particulier l'élégie romaine, dont Cornelius Gallus fut un initiateur. Cette esthétique contribue très largement au renouvellement de la poésie latine, initié par Catulle, originaire comme Virgile de Gaule cisalpine. Ces poètes cultivent l'amitié et l'*otium,* le « loisir » se mettant volontairement en marge des affaires et de la vie publique, désignées en latin par un mot négatif : *negotium* (absence de loisir, ce qui pourrait constituer une définition, par la négative, du travail). Précisons tout de même qu'il s'agit d'un loisir fécond, puisqu'il est propre à la création poétique et qu'il se nourrit de connaissances savantes... Virgile connaît bien l'œuvre de Catulle, composée au moment où il était encore enfant, mais aussi celle de ses inspirateurs alexandrins. Il est du reste bilingue, comme tout Romain cultivé, et lit aussi bien le latin que le grec.

L'influence de Lucrèce est autant poétique que philosophique : la tradition veut que Virgile ait revêtu la toge virile (cérémonie de sortie de l'enfance) le jour même de la mort de Lucrèce. L'exactitude historique de cette coïncidence importe moins que sa portée symbolique : Virgile est appelé à poursuivre, et même à dépasser l'œuvre de son illustre aîné. Lucrèce écrit un long poème sur la nature, dont le héros est Épicure. À la fin du livre I, il justifie son choix d'exposer la philosophie épicurienne et le système du monde (« la nature des choses », *rerum natura*) sous une forme poétique en recourant à une célèbre analogie : pour présenter une matière parfois aride (notamment la physique atomiste, héritée du matérialisme de Démocrite [1]), il adopte une stratégie pédagogique comparable à celle des médecins qui enduisent de miel les bords de la coupe contenant un remède amer destiné aux enfants. Cette ruse révèle en outre un enthousiasme poétique réel, d'autant plus que la forme est celle de la poésie épique, genre qui traditionnellement célèbre les héros et leurs exploits : or, quel héros est plus grand qu'Épicure, qui a rétabli l'humanité dans sa dignité première, en la libérant de la vaine crainte de la religion [2] ? Les références à Lucrèce sont nombreuses dans *Les Géorgiques,* et le cadre didactique du poème les souligne. Ainsi l'épisode de l'épizootie du Norique, sur lequel s'achève le livre III, rappelle-t-il l'évocation de la peste d'Athènes qui clôture le *De rerum natura.*

Ces influences littéraires ne constituent pas une allégeance de la part de Virgile, qui établit plutôt un dialogue avec ses prédécesseurs. Avec *Les Géorgiques,* il prend ainsi quelques distances avec les *poetæ noui,* plus soucieux de virtuosité raffinée que d'engagement idéologique, et avec la doctrine épicurienne qui conseille au sage de ne pas se mêler des affaires de la cité. Il faut dire qu'à Rome, les généraux sont aussi poètes et amateurs de poésie. Asinius Pollion, qui encouragea la composition des *Bucoliques,* gouverna la Cisalpine entre 43 et 40, ce qui ne l'empêcha pas d'écrire lui aussi des poèmes. Cornelius Gallus, intime d'Octave et gouverneur d'Égypte jusqu'à sa disgrâce et son suicide en 27 ou 26, était considéré comme le fondateur de l'élégie romaine, genre poétique qui s'inspire de la poésie alexandrine, mais se déploit principalement dans le registre amoureux.

## B. Situation des *Géorgiques* dans l'œuvre de Virgile

> Mantoue m'a mis au monde, la Calabre m'en a ravi, à présent
> Parthénopé me garde. J'ai chanté les pâturages, les campagnes, les héros.

On peut lire ce distique en forme d'épitaphe, attribué à Virgile lui-même, à l'entrée d'une grotte qui abrite, selon la tradition, le tombeau du poète. Le second vers résume, en quatre mots, son œuvre majeure : « J'ai chanté les pâturages » (*Cecini pascua*), « les campagnes » (*rura*), « les héros » (*duces*). Les œuvres de jeunesse de Virgile constituent l'« Appendice à Virgile ». Composée alors que Virgile a entre 16 et 20 ans, cette première production s'achève autour de l'année 49. Virgile ne se remet à composer de la poésie que sept ans plus tard (après, sans doute, une interruption due à sa retraite épicurienne).

1. Démocrite d'Abdère (460-370 av. J.-C.) conçoit l'univers comme étant constitué d'atomes – donc de matière – et de vide.
2. Lucrèce, *De la nature des choses*, I, v. 62-79 et 921-950.

## 1. *Cecini pascua* : *Les Bucoliques*

*Les Bucoliques*, « chants des bouviers », signalent dès leur titre grec leur inspiration alexandrine : le modèle de Virgile est plus précisément le poète sicilien Théocrite et ses *Idylles*. L'ouvrage se compose de dix pièces en vers ou « églogues », de longueur moyenne, célébrant l'amour, la vie pastorale, les plaisirs d'une vie simple. Les héros en sont des bergers, c'est-à-dire des gens appartenant à une catégorie sociale réputée pour avoir, à la différence des cultivateurs, beaucoup plus de temps à consacrer au loisir qu'au travail, et donc particulièrement disponible pour la poésie et la musique.

Le décor de ces chants est l'Arcadie, qui emprunte son nom à une région réelle du Péloponnèse ; mais c'est une terre largement imaginaire, un refuge contre le monde urbain, son agitation et ses violences. L'amour, la nature, la musique y règnent en harmonie, et l'on trouve aussi, dans ce paysage poétique, des souvenirs de la campagne mantouane, patrie du poète. Mais pour être idéalisée, cette Arcadie virgilienne n'est pas pour autant d'une totale irréalité. D'après les commentateurs antiques, l'un des buts de Virgile dans les poèmes des *Bucoliques* aurait été de célébrer ses bienfaiteurs : Asinius Pollion, Alfenus Varus, Cornelius Gallus, et bien sûr Octave [1]. Le poète chante en effet le rétablissement de la paix après les atrocités des guerres civiles et le retour de l'âge d'or originel. De fait, citoyen de fraîche date, Virgile n'en est pas moins attaché au bien commun et aux affaires romaines. Ainsi, dans la cinquième églogue (composée en 42), l'apothéose du dieu des bergers, Daphnis, peut être comprise comme une célébration de la divinisation de César, conformément à la doctrine épicurienne héritée d'Évhémère [2], selon laquelle la religion traditionnelle célèbre en réalité dans les divinités les bienfaiteurs de l'humanité : César serait donc à Virgile ce qu'Épicure lui-même est à Lucrèce dans le *De rerum natura*. Son œuvre, poursuivie par ses successeurs et en particulier par son fils adoptif, est de ramener la paix, condition du bonheur, en Italie. Ainsi, même si Virgile célèbre avec les césariens les personnages influents qui l'ont protégé de la spoliation, l'œuvre échappe à la poésie courtisane et de circonstance, en prenant une dimension idéologique et philosophique.

*Les Bucoliques*, composées pendant des temps de troubles, expriment donc déjà l'amour de la terre et de la vie rustique qui suffit à apporter le bonheur aux hommes, et annoncent en ce sens *Les Géorgiques*. Mais le cadre en est encore la terre pastorale des origines, idéalisée, un monde où les hommes et les dieux vivent en harmonie.

---

1. Donat, *Vie de Virgile*, *op. cit.*, p. 1052.
2. Mythographe grec qui vécut au IIIe siècle avant notre ère.

## 2. *Rura* : *Les Géorgiques*

C'est la terre contemporaine, la terre bien réelle soumise au cycle des saisons et au travail du paysan, que Virgile chante dans *Les Géorgiques,* répondant ainsi à une commande de Mécène, dont Virgile est devenu proche depuis la publication des *Bucoliques.* C'est à l'ami et compagnon d'Octave que l'œuvre est adressée, le poète affirme au début du livre II qu'il lui doit sa renommée :

> Et toi, viens à mon aide et parcours avec moi la carrière commencée, ô ma gloire, ô toi à qui je dois la plus grande part de ma renommée, Mécène, déploie nos voiles et vole sur la mer libre.
>
> (II, p. 75)

La métaphore du vent qui gonfle les voiles fait de Mécène une figure de l'inspiration, et justifie que, par antonomase, son nom désigne désormais dans la langue courante un protecteur des arts et des lettres. Tant il est vrai que Mécène, homme politique et familier d'Auguste, a surtout marqué les mémoires par son talent pour s'entourer de poètes et d'auteurs qu'il a protégés et promus. Mais la nature de sa commande pose question. Dès l'Antiquité s'est forgée l'hypothèse d'un premier recueil des *Géorgiques,* constitué des deux premiers livres, et complété dans un second temps par les livres III et IV, dont la composition a été initiée par la ferme invitation (*haud mollia iussa*) de Mécène [1]. L'idée originelle du poème a donc pu naître dans l'esprit de Virgile, puis être infléchie sous l'influence de son protecteur. La longueur de la période (sept ou huit années) sur laquelle s'étend la composition des *Géorgiques,* tout comme la présence, au début du livre III, d'une sorte de nouveau prologue qui relance l'inspiration du poète, semble plaider en faveur de cette hypothèse. Dans ce même début du livre III, Virgile s'adresse aussi au vainqueur d'Actium, Octave, qu'il appelle César, de son titre d'autorité, en lui témoignant une déférence dénuée de démonstrations affectives personnelles.

Les commentateurs anciens font également état d'une modification importante du poème à la suite de la disgrâce de Gallus, poète, ami de Virgile et favori d'Octave, poussé au suicide alors qu'il occupait la très importante fonction de préfet d'Égypte. *Les Géorgiques* se seraient initialement achevées par un éloge de Gallus [2], que Virgile a dû supprimer et à la place duquel il aurait composé l'épisode d'Aristée et d'Orphée. L'hypothèse reste discutée, mais invite à lire dans cette fin du livre IV une évocation, prudente et voilée, du poète disgracié [3].

Le contexte d'écriture explique en partie l'orientation idéologique des *Géorgiques* : dans un monde fraîchement pacifié, et épuisé par les guerres

---

1. Pierre Grimal, *Virgile ou la Seconde Naissance de Rome, op. cit.*, p. 116.
2. Le dernier poème des *Bucoliques* était explicitement dédié à Gallus.
3. Pierre Grimal, *Virgile ou la Seconde Naissance de Rome, op. cit.*, p. 151-155.

civiles, il est bon et souhaitable de retourner à la terre, de célébrer les travaux des champs et de montrer comment les mener. La convergence de vues entre le poète et le nouvel homme fort de Rome apparaît dans un épisode célèbre : au printemps ou à l'été de 29, Virgile, relayé par Mécène quand la voix lui manque, donne devant Octave une lecture des *Géorgiques*, dans une villa de Campanie (région de Naples), pendant quatre jours d'affilée. À ce moment, il a déjà commencé à travailler sur l'*Énéide*.

### 3. *Duces* : l'*Énéide*

L'intention majeure de l'*Énéide* est de célébrer la grandeur de Rome et la gloire d'Auguste, en remontant aux origines héroïques de la Ville. Virgile s'inspire d'une tradition héritée des Grecs, et enrichie par la suite, qui faisait des Romains les successeurs des Troyens, en rattachant la fondation de Rome à des descendants du prince Énée qui avait fui Troie en flammes après la victoire des Grecs. Transportant en Italie les Pénates [1] de Troie, Énée est destiné à perpétuer la race troyenne : son fils Iule Ascagne est le fondateur d'Albe tandis que Romulus, descendant d'Iule, fondera Rome. C'est donc Homère que Virgile prend pour modèle, avec un poème épique en douze chants, présentant d'abord, dans une nouvelle *Odyssée*, les aventures d'Énée, de Troie jusqu'aux rivages de l'Italie, en passant par Carthage et la cour de la reine Didon, puis, après une descente aux Enfers, dans une nouvelle *Iliade*, les combats sur le sol italien. Fils de Vénus, et illustre ancêtre de la famille *Iulia* (famille de Jules César et donc d'Auguste), Énée ancre le présent de Rome dans le temps mythique, et contribue à faire de l'histoire de Rome un destin, à un moment où, la paix rétablie et le pouvoir affermi, la Ville peut se croire éternelle. Plus qu'un héros guerrier (*dux*), Énée est un héros pieux, et sa *pietas* (vertu que l'on peut définir comme le respect des devoirs dus aux dieux et aux hommes) purifie par avance Rome de ses crimes. On comprend qu'Octave, devenu Auguste, attende avec impatience la réalisation de cette œuvre et se fasse donner lecture du travail en cours.

L'unité de l'œuvre virgilienne apparaît notamment dans l'entrelacement de ces deux grands poèmes : Virgile s'attelle à l'*Énéide* alors qu'il n'a pas encore achevé *Les Géorgiques*, et évoque peut-être la grande épopée à venir dans le prologue du troisième livre (p. 113).

## C. Les genres de l'œuvre

Il est impossible d'assigner un genre littéraire précis aux *Géorgiques*. Certes, le modèle affiché et revendiqué, dès l'adresse initiale, est celui de

1. Les Pénates de Troie sont les divinités de la cité. En les emportant avec lui, Énée assure la continuité de Troie malgré sa mise à sac par les Grecs.

la poésie didactique, mais une intertextualité [1] complexe vient enrichir considérablement cette œuvre poétique singulière.

## I. Le modèle hésiodique et la littérature didactique



Le plan des *Géorgiques,* annoncé très méthodiquement au début du livre I, semble en faire d'abord un manuel d'agriculture, dans lequel le poète entend dispenser des connaissances et des conseils. Une invocation aux dieux et à Octave pose dans les vers immédiatement consécutifs l'enjeu de l'inspiration du poète. La frontière, qui nous paraît aujourd'hui peut-être un peu trop évidente, entre les sciences et les lettres, n'est pas toujours allée de soi, et l'idée que la poésie peut transmettre des connaissances est au contraire bien ancrée dans la tradition littéraire antique. Si étonnant que cela puisse paraître à un lecteur moderne, la littérature didactique, dont l'objectif est de transmettre un savoir, fut d'abord composée en vers, et même en hexamètres dactyliques, le mètre de l'épopée. La source principale de Virgile, pour *Les Géorgiques,* est l'œuvre du Grec Hésiode, *Les Travaux et les Jours,* composée autour de 700 av. J.-C. Le poète originaire d'Ascra, en Béotie, compose à l'attention de son frère un vaste poème de plus de huit cents vers, dans lequel il allie descriptions des travaux agricoles au fil des saisons, récits de mythes et réflexions d'ordre moral. Les deux valeurs principales sur lesquelles s'appuie le texte sont la Justice et le Travail, auxquels d'assez longs développements sont consacrés [2]. Virgile affirme et revendique cette inspiration dans le livre II, en concluant son éloge de l'Italie par une référence très explicite au lieu de naissance d'Hésiode, dont il se présente comme le continuateur :

> Salut, grande mère de récoltes, terre de Saturne, grande mère de héros ! C'est pour toi que j'entreprends de célébrer l'art antique qui a fait ta gloire, osant rouvrir les fontaines sacrées, et que je chante le poème d'Ascra par les villes romaines.
>
> (II, p. 84)

Entre Hésiode et Virgile, des poètes de la période hellénistique ont pu assurer la transition entre la Grèce archaïque et les villes romaines : ainsi, les *Phénomènes,* poème astronomique d'Aratos de Soles (310-239 av. J.-C.), ont rencontré un immense succès auprès du public romain, et inspiré Virgile en particulier pour ce qui concerne la recherche de l'élégance stylistique [3]. Il faut enfin, bien sûr, ajouter Lucrèce aux poètes en lesquels l'auteur des *Géorgiques* reconnaît d'illustres prédécesseurs.

---

1. L'intertextualité désigne l'ensemble des relations qu'un texte littéraire entretient avec d'autres textes.
2. Hésiode, *Les Travaux et les Jours,* v. 202-269 (sur la Justice) ; v. 286-319 (sur le Travail).
3. Les vers 351-392 du livre I des *Géorgiques,* par exemple, sont imités d'Aratos (p. 59-61) : la précision de la description, associée à l'expressivité des images visuelles et sonores, ainsi qu'un mouvement d'amplification, contribuent à rendre sensible la levée des vents d'hiver qui s'emparent progressivement de tout l'univers.

Virgile propose cependant un tableau plus vaste et plus complet du monde paysan qu'Hésiode. Les « travaux » et les « jours » concernent spécifiquement le premier livre, la suite du plan s'inspire de celui des *Res rusticæ* de Varron, traité en prose qui fait partie des ouvrages d'agronomie encouragés à l'époque, et qui paraît justement vers 37. Le souci d'exactitude technique entraîne des précisions réalistes loin de toute idéalisation : le poète évoque la maladie, la mort, la pourriture, la propreté des étables. Cette préoccupation est toutefois subordonnée à l'exigence esthétique et morale : il n'est pas question, par exemple, du prix des denrées, et parmi les animaux évoqués, ceux qui paraissent indignes, comme les volailles, ou impurs, comme les porcs, sont laissés de côté. Si les connaissances agricoles et l'édification morale, autre objet d'enseignement, sont au cœur de la composition du poème, l'ouvrage ne saurait donc se réduire à sa composante didactique et technique.

## 2. L'épopée

Sur le plan thématique et générique, l'épopée se présente comme un récit d'une vaste étendue, célébrant les hauts faits de héros, aidés ou contrariés par les dieux. Une communauté humaine peut y reconnaître les valeurs qui la fondent et dans lesquelles ses membres se retrouvent. Telles sont l'*Iliade* et l'*Odyssée*, telle sera l'*Énéide*. Le genre épique se caractérise en outre par l'emploi d'un mètre spécifique, l'hexamètre dactylique, fondé selon les règles de la métrique gréco-latine sur une mesure constituée d'une succession d'une syllabe longue et de deux brèves (le dactyle), mesure à laquelle peut se substituer une succession de deux syllabes longues (le spondée). Six mesures composent l'hexamètre et, si aucune traduction française ne peut rendre exactement la stricte forme poétique, on peut évoquer l'*allegretto* de la *Symphonie en la* de Beethoven [1] : le mouvement se déploie en effet sur un motif rythmique qui donnera au lecteur non spécialiste une idée de la marche du vers épique.

Or *Les Géorgiques* ont un caractère épique plus affirmé que *Les Bucoliques*, bien que le mètre employé soit le même dans les deux œuvres. Le motif architectural d'un poème-temple, que l'on trouve au début du livre III (p. 110), renvoie très clairement à l'épopée. Les soins à apporter aux chevaux peuvent aisément amener la mention des guerriers héroïques ou divins : Pollux, Achille, Mars (p. 116). De nombreuses références à Homère jalonnent en outre le texte, en particulier dans le livre IV et l'épisode d'Aristée, dans lequel se rejouent les plaintes d'Achille (p. 163-164) [2] ou l'affrontement de Ménélas avec Protée (p. 170-175) [3]. On peut également

1. Francisque Greif, « Études sur la musique antique », *Revue des Études grecques*, t. XXVII, fascicule 121, 1914, p. 26.

2. Le dialogue rappelle les plaintes d'Achille à sa mère Thétis après la mort de Patrocle et la prise de ses armes par les Troyens (*Iliade*, XVIII, v. 79-93).

3. Homère, *Odyssée*, IV, v. 351-569 : dans l'île de Pharos, Ménélas raconte comment, en suivant les conseils de la nymphe Idothée, fille de Protée, il est parvenu à faire parler Protée.

remarquer un traitement épique des réalités agricoles : la présence des dieux sature le monde paysan, si l'on considère que les constellations et les astres sont aussi des divinités, et que les éléments en général sont à la fois ce qu'ils sont (la terre, la mer, un fleuve) mais aussi des personnages mythologiques intervenant dans la vie des hommes.



## 3. La poésie alexandrine

Ces jeux d'intertextualité, reposant volontiers sur des effets de dimension (amplification et miniaturisation), renvoient notamment à la littérature alexandrine dont *Les Géorgiques* s'inspirent également. Plusieurs passages, comme l'*ekphrasis* [1] des portes du temple de marbre dont l'édification est annoncée au début du livre III, relèvent de cette esthétique. Le plus évident est sans doute l'*épyllion* qui clôt le livre IV : ce terme grec désigne une sorte d'épopée en miniature, souvent enchâssée dans une structure qui l'englobe, avec une prédilection pour le thème de l'amour. Il s'agit dans le poème virgilien de l'épisode d'Aristée introduisant l'histoire d'Orphée et Eurydice. La référence à la poésie alexandrine est en outre renforcée par le caractère étiologique [2] du récit, puisqu'il est au service de l'explication de la pratique de la bougonie [3]. L'abondance des noms grecs, par exemple, dans le livre II, signale la dette du poète envers la littérature alexandrine. Parmi ces très nombreuses et complexes références, remarquons par exemple le *proemium* [4] du livre III, qui s'ouvre sur une invocation à Palès, divinité des troupeaux, et renvoie donc à un univers pastoral qui était déjà celui des *Bucoliques*. Les sujets mythologiques qui suivent (Eurysthée, Busiris, Hylas ou Hippodamie...) ont été traités par les poètes alexandrins Théocrite, Callimaque, Nicandre ou Apollonios de Rhodes. Mais ces sujets sont en même temps cités et rejetés, conformément à un *topos* emprunté, justement, aux poètes alexandrins, et auquel les Romains donnent le nom de *recusatio* : le poète convoque ce qu'il ne chantera pas, tout en le chantant puisqu'il l'évoque...

---

1. On appelle *ekphrasis* la description d'une œuvre d'art, réelle ou fictive. Ce morceau de bravoure rhétorique forme souvent une digression à l'intérieur d'un récit. Parmi les exemples les plus célèbres, on peut citer la description du bouclier d'Achille au chant XVIII de l'*Iliade*, ou celle du bouclier d'Énée au chant VIII de l'*Énéide*. Les poètes alexandrins se sont emparés de l'*ekphrasis*, qui offre une belle occasion de déployer une virtuosité savante. Chez les Romains, Catulle a composé une célèbre description d'une tapisserie représentant le destin d'Ariane dans son poème 64, consacré aux noces de Thétis et Pélée.

2. L'étiologie, c'est-à-dire l'étude et l'explication des causes, est l'une des thématiques privilégiées des poètes alexandrins. Callimaque, par exemple, est l'auteur d'un recueil de poèmes explorant les origines des noms, rites ou usages, et intitulé *Aitia* (« Causes »).

3. La bougonie, littéralement « engendrement à partir d'un bœuf », désigne la naissance d'un essaim à partir d'un cadavre d'animal décomposé.

4. « Préface » ou « prélude ».

## La question de la traduction

Virgile écrit en latin et en vers, c'est-à-dire dans une langue et dans une forme qui sont largement inaccessibles au plus grand nombre des lecteurs d'aujourd'hui. Le texte latin est établi par les éditeurs modernes de la première moitié du XXe siècle, à partir de manuscrits dont les plus anciens remontent aux IVe et Ve siècles de notre ère. Traduire le texte, c'est donc à la fois le rendre disponible et le perdre en partie. Significativement, le titre est moins traduit que translittéré. Mais ce qui est possible pour un mot ne l'est pas, évidemment, pour la totalité de l'œuvre.

Les traductions françaises, dont la plus ancienne remonte au XVIe siècle, ont été élaborées en suivant des choix différents. On peut distinguer trois options principales : la première consiste à transposer la forme poétique latine, en la coulant dans les cadres de la versification française. Au XVIIIe siècle, l'abbé Jacques Delille compose une traduction en alexandrins rimés qui est encore éditée aujourd'hui. L'alexandrin est en effet traditionnellement tenu pour le meilleur équivalent de l'hexamètre, d'abord parce qu'il est le vers de la « grande » poésie, et ensuite parce que ses deux hémistiches de six syllabes semblent offrir une correspondance approximative avec les six mesures du vers latin. Voici la traduction versifiée des quatre premiers vers des *Géorgiques* :

> Je chante les moissons : je dirai sous quel signe
> Il faut ouvrir la terre et marier la vigne ;
> Les soins industrieux que l'on doit aux troupeaux ;
> Et l'abeille économe, et ses sages travaux.

Cette traduction a entre autres mérites ceux de la concision et de l'harmonie. Elle contraint cependant à omettre une partie du texte original, et notamment l'adresse à Mécène. Maurice Rat, auteur de la traduction au programme, fait le choix de la prose pour une traduction plus proche, grammaticalement, du texte original, au prix de la forme poétique :

> Quel art fait les grasses moissons ; sous quel astre, Mécène, il convient de retourner la terre et de marier aux ormeaux les vignes ; quels soins il faut donner aux bœufs, quelle sollicitude apporter à l'élevage du troupeau ; quelle expérience à celle des abeilles économes, voilà ce que maintenant je vais chanter.

Frédéric Boyer [1] a quant à lui exploré une troisième voie dans une traduction toute récente des *Géorgiques*. Il a trouvé, pour le titre, une formule qui fait apparaître de façon lumineuse les enjeux contemporains du poème : *Le Souci de la terre*.

1. Virgile, *Le Souci de la terre. Nouvelle traduction des Géorgiques*, Gallimard, « Blanche », 2019.

Quoi faire pour le bonheur des champs
Sous quelle étoile la terre retourner, Mécène
Et aux ormeaux attacher les vignes comme il faut
Quel souci des vaches
Quel entretien pour obtenir des troupeaux
Et pour les abeilles rares quelle expérience
C'est ici mon chant qui commence

Le choix est ici celui d'une forme poétique nouvelle, souple et moderne, soucieuse de marier les cadences du texte latin et celles de la langue française. Le traducteur revendique en effet la création d'un « chant écrit », composé de brefs poèmes à l'intérieur du texte original, avec une attention particulière à la restitution orale. Dans les vers cités, l'ordre des mots traduits suit pour l'essentiel l'ordre des mots latins, ce qui bouleverse un peu la syntaxe française. D'un autre côté, les échos sonores (« comme il faut »/« troupeaux » ; « expérience »/« commence ») sont propres à la traduction, qui crée sa musicalité.

Si notre traduction a l'avantage de la clarté et de la précision, il conviendra donc de ne pas oublier l'extraordinaire élaboration poétique du texte virgilien.

On le voit, l'entrelacement des genres rend difficile la caractérisation des *Géorgiques,* qui échappent à toute définition simple. Cette complexité générique est une condition de l'originalité revendiquée par le poète pour élaborer une œuvre unique, comme il l'affirme au début du livre III : « Il me faut tenter une route où je puisse moi aussi m'élancer loin de la terre et voir mon nom vainqueur voler de bouche en bouche » (p. 110).

## D. Les thèmes de l'œuvre

Si le travail est un thème central des *Géorgiques,* un réseau de motifs et de significations vient donner à la réflexion sur ce thème une complexité et une profondeur particulières : car le travail de la terre engage un accès aux mystères de la nature, donc de la vie, et avec elle de la maladie, de la souffrance et de la mort, ce qui entraîne une interrogation sur le problème du mal. Un défi est ainsi posé à l'hypothèse d'une providence divine et au sens de l'activité humaine.

### 1. Les mystères de la nature : de la terre à l'idéal

La succession des quatre livres présente un mouvement d'élévation, depuis la terre jusqu'au ciel, en suivant une hiérarchie des êtres reconnue par la tradition philosophique : du végétal à l'animal, à l'humain et au divin. Le propos commence véritablement, après les invocations inaugurales du livre I, « [a]u printemps nouveau, quand fond la glace sur les monts chenus et que la glèbe amollie s'effrite au doux Zéphyr » (p. 41). Le printemps évoque, avec le réveil de la nature, un renouveau et un commencement. La terre, de laquelle procède la vie végétale, est associée à l'apparition de toute vie : le mythe de Deucalion, évoqué quelques vers plus loin, explique en effet l'apparition de l'humanité par la métamorphose des pierres, qu'un oracle présente comme les os de la mère universelle, la terre.

La terre revêt donc une double signification quand elle fait l'objet des premières réflexions du poète. C'est par l'observation et la prise en compte des terrains que toute activité agricole doit commencer. Les cultures céréalières annuelles, blé ou avoine, laissent la place dans le livre II à la vigne et aux arbres, dont la durée de vie est plus longue, et qui par la complexité plus grande de leur culture comme par la variété de leurs essences ont plus d'affinités avec les animaux. Les espèces d'arbres et la vigne ont en effet leur caractère, auquel il faut s'adapter ou qu'il faut redresser, comme on dresse un animal. Au livre III, les animaux présentent encore davantage d'analogies avec l'espèce humaine. Enfin, le livre IV introduit les abeilles. Non seulement elles partagent avec l'humanité la capacité à s'organiser en société, avec un roi, mais encore, parce qu'elles ont une parcelle de l'esprit divin, elles rapprochent les hommes et les dieux.

Virgile présente cette dernière hypothèse, éloignée de l'orthodoxie épicurienne, sans la reprendre tout à fait à son compte, mais dans une formulation qui introduit l'idée d'une intervention divine dans la composition du monde :

> D'après ces signes et suivant ces exemples, on a dit que les abeilles avaient une parcelle de la divine intelligence et des émanations éthérées ; car, selon certains, Dieu se répand par toutes les terres, et les espaces de la mer, et les profondeurs du ciel ; c'est de lui que les troupeaux de petit et de gros bétail, les hommes, toute la race des bêtes sauvages empruntent à leur naissance les subtils éléments de la vie ; c'est à lui que les êtres sont rendus et retournent après leur dissolution ; il n'est point de place pour la mort, mais, vivants, ils s'envolent au nombre des constellations et ils gagnent les hauteurs du ciel.
>
> (IV, p. 157-158)

La dernière séquence du livre IV fait enfin intervenir le berger Aristée et, avec le mythe d'Orphée, l'humanité dans les rapports qu'elle peut avoir avec les dieux. Une telle progression met en évidence la complexité et l'organisation du monde vivant, et les rapports de l'humanité avec la nature. La physiologie épicurienne reconnaît un mécanisme fondamental de la vie, qui se retrouve dans tous les êtres, tandis que la complexité de ces organismes implique des combinaisons plus nombreuses et plus complexes d'atomes. On peut ainsi expliquer la sympathie entre le monde humain et la nature, quand par exemple le Soleil prend le monde en pitié à la mort de César : « Lui qui eut pitié de Rome à la mort de César, quand il couvrit sa tête brillante d'une sombre rouille, et qu'un siècle impie redouta une nuit éternelle » (I, p. 65).

On comprend pourquoi l'évocation du printemps, au livre II, est une célébration de la vie et de la nature entière (p. 92-93) : dans une description enthousiaste, le poète donne accès aux mystères de la nature. La progression des *Géorgiques* fait ainsi apparaître l'intérêt du poète pour les mystères de la vie.

## 2. La vie : l'amour et la maladie

*Les Géorgiques* célèbrent la vie dans ce qu'elle a de puissant, mais aussi de terrible. Ainsi, l'amour est à la fois une puissance génératrice universelle et un fléau dévastateur.

La puissance de l'amour rappelle Lucrèce, dont le *De rerum natura* s'ouvre sur une célèbre invocation à Vénus. C'est en effet le moteur de la vie, pour les hommes comme pour les animaux :

> Oui, toute la race sur terre et des hommes et des bêtes, ainsi que la race marine, les troupeaux, les oiseaux peints de mille couleurs, se ruent à ces furies et à ce feu : l'amour est le même pour tous.
>
> (III, p. 124)

VIRGILE

Virgile consacre un assez long développement à la reproduction du bétail (le sujet est d'importance pour les éleveurs), avec des termes et des expressions que l'on attendrait plutôt pour les unions humaines : il est ainsi question des « travaux de Lucine » et des « justes hymens », de la « riante jeunesse » des mâles, des troupeaux qu'il faut « livrer [...] à Vénus » (III, p. 114). L'amour n'est donc pas seulement, dans *Les Géorgiques*, instinct vital de reproduction, il est aussi une passion, et il en comporte les dangers. Le livre III rapporte successivement le sort funeste de Léandre et Héro et l'épisode de la « fureur des cavales » (III, p. 125), rendues folles par Vénus. Le *furor* [1] amoureux égare autant les animaux que les humains, et c'est encore cette passion qui marque de son sceau tragique Orphée et Eurydice dans le livre IV.

Si l'amour est une puissance ambivalente, la maladie est un aspect totalement sombre de la vie. Le livre III s'achève sur le tableau d'une épizootie qui avait récemment frappé le Norique, en pays alpestre (p. 137-142). La description du mal, qui s'attaque à tous les animaux, sauvages et domestiques, est violente et réaliste, mais la diversité des symptômes selon les espèces fait échapper la maladie à l'anecdotique, pour lui donner une portée universelle, représentée par une terrible allégorie finale : « La pâle Tisiphone, échappée des ténèbres du Styx, sévit en plein jour et pousse devant elle les Maladies et la Peur, levant chaque jour plus haut la tête avide qu'elle dresse » (III, p. 141).

La maladie exerce sa puissance mortifère sur tout être vivant. On est frappé à la lecture des *Géorgiques* par la pitié du poète pour les animaux qui souffrent non seulement dans leur corps, mais aussi dans leur sensibilité :

> Mais voici que, fumant sous la dure charrue, le taureau s'affaisse et vomit à plein gosier un sang mêlé d'écume, et pousse de suprêmes gémissements. Le laboureur s'en va, tout triste, dételer l'autre bœuf affligé de la mort de son frère et laisse sa charrue enfoncée au milieu du sillon.
>
> (III, p. 139)

On se souvient de l'unité du vivant, et de la sensibilité commune à tout ce qui vit. Il n'est pas indifférent que le livre III associe l'amour et la maladie, la vie et la mort qui fait partie de la vie.

---

1. Le *furor*, nom masculin, désigne en latin un état de folie qui dépossède un individu de sa volonté et de sa responsabilité, et le pousse à commettre les actes les plus extrêmes. C'est un terme d'origine juridique (le *furiosus* est pénalement irresponsable) qui a été associé par les poètes à la passion, et notamment à la passion amoureuse.

## 3. Le mal et les dieux

La pitié du poète se teinte d'indignation devant la souffrance et la mort des animaux innocents, qui ne sont pas frappés pour avoir commis une faute. Il soulève ainsi le problème de la présence du mal dans le monde, et de l'action des dieux, s'éloignant là des perspectives épicuriennes, selon lesquelles les dieux, s'ils existent, sont indifférents aux affaires terrestres.

La présence des dieux est frappante dans *Les Géorgiques*. Les trois premiers livres s'ouvrent sur une invocation aux divinités concernées par les travaux à venir : les dieux champêtres au livre I, Bacchus au livre II, les divinités des troupeaux au livre III. Il faut donner à l'adjectif « céleste », dans les premiers vers du livre IV, une pleine signification, puisque cette dernière partie du poème donne aux divinités une place essentielle : d'une part, les abeilles ont une parcelle d'intelligence divine, et d'autre part l'épisode final d'Aristée et surtout d'Orphée fait directement intervenir les dieux. Le monde des *Géorgiques* est saturé de la présence des dieux, qui sont invoqués et honorés, et dont il faut respecter les prescriptions. L'œuvre elle-même est une offrande que le poète leur consacre, au début du livre III, se faisant en quelque sorte le prêtre des Muses (p. 110).

L'ensemble du livre IV a pu en outre faire l'objet d'une lecture mystique assurant l'unité du livre et l'aboutissement du poème : le thème de la mort et de la renaissance y est en effet doublement illustré par le sort d'Aristée et celui d'Orphée. Cérès et Bacchus, divinités liées au monde agricole, étaient également au cœur de cultes à mystères comme ceux d'Éleusis, impliquant l'initiation des fidèles avec des rites qui évoquaient le passage symbolique par la mort et la renaissance. Eurydice a aussi des traits communs avec Proserpine enlevée par le dieu des Enfers [1], d'autant que chez Virgile la fille de Cérès refuse de retourner chez sa mère, et reste donc aux Enfers pour toujours. Le démembrement d'Orphée, opéré au cours des orgies de Bacchus (IV, p. 174-175), rapproche encore cette figure mythique des rites liés à la fertilité. Mais la divinité a également, dans *Les Géorgiques*, une portée politique.

## 4. Le pouvoir et la paix

Virgile, nous l'avons dit, n'a pas embrassé de carrière politique, mais la politique le préoccupe et son œuvre témoigne de ses convictions et de son engagement. Le prologue du premier livre montre Octave victorieux prêt à prendre place parmi les constellations, donc déjà divinisé. Il est à

1. P. Johnston, « Eurydice and Proserpina in the *Georgics* », *Transactions of the American Philological Association*, vol. 107, 1977, p. 161-172. Sur les mystères d'Éleusis, on pourra consulter l'article de Silvia de Carvalho, « Les mystères d'Éleusis », *Dialogues d'histoire ancienne*, vol. 18, n° 2, 1992, p. 93-135.

## Structure des *Géorgiques*

### Livre I : le labourage

Adresse à Mécène, sujet et plan de l'ouvrage (1-4).

Invocation aux dieux des champs et à Octave (5-42).

Le labour (43-69). La spécificité de chaque région, envisagée dans un parcours géographique.

Les méthodes de culture, la fin de l'âge d'or et l'irruption du *labor* dans l'histoire (70-159).

Les modes de culture ancestraux, les armes du paysan (160-203) engagent une réflexion philosophique.

Le caractère changeant du ciel implique l'importance de l'observation des constellations (204-350).

Les vents, les signes qui permettent de prévoir le mauvais temps et ceux qui annoncent le retour du soleil (351-497). Cet astre donnant des avertissements météorologiques, mais aussi politiques, la réflexion se poursuit par une méditation sur les guerres civiles.

Invocation aux dieux Indigètes (498-514), afin qu'Octave ramène la paix dans les campagnes.

### Livre II : les arbres et la vigne

Invocation à Bacchus et sujet du livre (1-8).

L'exubérante variété de la nature, et la nécessité du soin des hommes en fonction des espèces arbustives, des modes de reproduction et des terrains (9-135). Une adresse à Mécène est insérée dans ce premier mouvement (38-46).

Éloge de l'Italie (136-176).

Le choix du sol et la culture de la vigne (177-322).

Hymne au printemps (323-345).

Les soins à apporter à la vigne, à l'olivier et aux autres arbres (346-457).

Éloge de la vie rustique et bonheur des paysans (458-540) : la vie à la campagne s'oppose à la vie citadine et à ses fausses valeurs.

Conclusion (541-542).

## LIVRE III : LE BÉTAIL

*Proemium* (1-48) : après une invocation aux divinités protectrices des troupeaux, le poète dit son désir de gloire et son intention d'édifier un temple de marbre à Octave (nommé César par Virgile). Après une invocation à Mécène, il annonce une œuvre à venir célébrant les victoires de César.

Le gros bétail (49-208) : reproduction des bovins et des chevaux, dressage des veaux et des poulains.

*Durus amor* (209-283) : l'amour, chez les bêtes et tous les êtres, notamment les humains. La fureur des cavales engrossées par le vent.

Réflexion sur le travail du paysan et celui du poète (284-294), avec une nouvelle invocation à Palès.

Le petit bétail (295-338) : les brebis et les chèvres.

Paysages et troupeaux (339-383) : la Libye brûlante et la Scythie glacée.

Les productions des troupeaux (384-403) : laine, lait et fromage.

Les chiens (404-413).

Soins à donner aux étables et aux animaux (414-473) : la menace des serpents, les maladies des ovins et leurs remèdes.

La peste des animaux (474-566) : l'épizootie du Norique.

## LIVRE IV : LES ABEILLES

Annonce du sujet et adresse à Mécène (1-7).

Les abeilles et leur condition (8-115) : construction et soins des ruches, soins à apporter aux abeilles, leurs sorties, leurs combats.

Digression sur les jardins (116-148) : le vieillard de Coryce (ou vieillard de Tarente).

Mœurs, travaux et instincts des abeilles (149-227).

Les aléas du quotidien (228-314) : collecte du miel. Causes de la mort des abeilles. La bougonie en Égypte et la découverte d'Aristée.

*Épyllion* (315-558) : récit étiologique expliquant les origines de la bougonie, et dans lequel s'insère le mythe d'Orphée et Eurydice.

*Sphragis* (559-566) : épilogue dans lequel le poète appose sa signature à l'ensemble du poème.

la fin du même livre le « jeune héros » seul capable, avec l'aide des dieux invoqués, de « relever les ruines de ce siècle » (I, p. 68). La grandeur d'Octave est magnifiée par ce renversement des temps, qui fait précéder les prières de leur accomplissement. C'est moins le héros guerrier qui est célébré que le restaurateur de la paix à Rome : il n'y a pas d'agriculture possible sans la paix, condition du bonheur individuel et collectif. Si Virgile est idéologiquement proche du pouvoir, c'est moins parce que le poète s'est plié aux politiques que parce que ces politiques ont incarné ses profondes aspirations. L'hymne à Octave (César), qui ouvre le livre III, en fait le vainqueur de l'Envie, source de tous les maux, précipitée aux Enfers avec les monstres de la mythologie. Le poète imagine un décor de marbre éloquent :

> Là se dresseront aussi dans la pierre de Paros les images vivantes de la postérité d'Assaracus, et cette race renommée descendue de Jupiter, et Tros leur père, et le Cynthien, fondateur de Troie ; l'Envie infortunée y aura peur des Furies, et du fleuve sévère du Cocyte, et des serpents d'Ixion enroulés, et de la roue monstrueuse, et de l'insurmontable rocher.
>
> (III, p. 112-113)

L'attachement sincère du poète à Auguste ne fait pas de lui un courtisan servile : il croit profondément qu'il est le seul capable de rétablir la paix et de ramener l'harmonie dans une Italie meurtrie. Car ce n'est pas seulement Rome, c'est l'Italie tout entière qui devient la patrie :

> [...] les épis y sont lourds et la liqueur de Bacchus, le Massique, y abonde ; le pays est couvert d'oliviers et de grands troupeaux prospères. D'ici, le cheval belliqueux, tête haute, s'élance dans la plaine ; de là, tes blancs troupeaux, Clitumne, et le taureau, la plus grande des victimes, souvent, après s'être baignés dans ton fleuve sacré, conduisirent aux temples des dieux les triomphes romains.
>
> (II, p. 82)

Virgile encore une fois s'accorde avec Octave, qui s'est opposé, victorieusement, aux tentations égyptiennes fatales à Antoine, et a affirmé l'ancrage romain et italien du pouvoir.

## II. Le travail dans *Les Géorgiques*

Dans une civilisation qui confie majoritairement les efforts et les tâches pénibles aux esclaves, il peut sembler paradoxal de chanter le travail, surtout quand il s'agit d'une activité physique et habituellement peu valorisée. Mais justement, le travail des paysans puise dans sa simplicité même une puissance symbolique sans égale, réactivant les valeurs qui ont permis la concorde entre les hommes et les dieux, la dignité humaine et la puissance romaine. Le laboureur, l'éleveur, l'apiculteur, tout comme le poète qui les célèbre, servent ainsi le projet augustéen de refondation et de restauration politique et morale. *Les Géorgiques* ne se laissent pour autant pas réduire à une œuvre de propagande.

## A. La célébration du travail : un paradoxe ?

*Les Géorgiques* portent le travail dans leur titre même, et à ce titre évocateur fait écho une formule fameuse, *labor improbus,* dont la traduction la plus fréquente est « un travail acharné », ou « opiniâtre » : le terme latin, nous allons le voir, est plus négatif encore, et ne comporte pas dans sa signification de valorisation, même implicite.

### 1. *Labor improbus* et la fin de l'âge d'or

Le livre I revient sur les origines mythiques du travail, de la « peine » (c'est l'un des sens de *labor*) : c'est Jupiter lui-même qui a introduit le travail, provoquant une rupture avec l'âge d'or, qui est un âge sans travail. Mais pourquoi Jupiter a-t-il fait une chose pareille ? Il n'y a pas ici de faute humaine qui, comme dans la Genèse, condamne l'humanité à peiner pour sa subsistance. Jupiter s'est avisé que le travail était nécessaire pour aiguiser l'esprit humain, et c'est la raison pour laquelle il a d'abord introduit le mal :

> C'est [Jupiter] qui donna leur pernicieux virus aux noirs serpents, qui commanda aux loups de vivre de rapines, à la mer de se soulever ; qui fit tomber le miel des feuilles, cacha le feu et arrêta les ruisseaux de vin qui couraient çà et là : son but était, en exerçant le besoin, de créer peu à peu les différents arts, de faire chercher dans les sillons l'herbe du blé et jaillir du sein du caillou le feu qu'il recèle.
>
> (I, p. 45-46)

Le temps de l'âge d'or était libre, sans contrainte, sans propriété, mais aussi sans ordre et sans lois, dans une tranquillité qui risquait de plonger l'humanité dans « une triste indolence » (I, p. 45). Le temps de l'âge d'or n'est donc pas aussi édénique qu'on pourrait le penser, et le travail constitue un « souci », au double sens de « peine » et de « préoccupation », propre à donner à l'humanité toute sa dimension. La navigation est la première activité qui apparaît, associant la technique (la construction des bateaux) et la science (l'astronomie qui permet de se diriger).

Le travail « acharné » est avant tout « trompeur » : c'est le sens le plus proche de l'adjectif *improbus,* qui a une véritable nuance péjorative [1].

1. Virgile, *Œuvres complètes*, trad. A. Michel, éd. citée, p. 1125-1126.

## L'ÂGE D'OR

L'âge d'or remonte au mythe des races exposé dans *Les Travaux et les Jours* d'Hésiode [1] : le poète présente, dans une conception cyclique du temps, une succession de « races » [2]. La première, la race d'or, vit dans l'abondance et la paix, profitant de la production spontanée de la terre, une vie sans peines ni misères, semblable à celle des dieux, sous le règne de Kronos. La race d'argent, toute de démesure et d'impiété, lui succède, avant de laisser la place à la race de bronze très belliqueuse. La série est interrompue par une race divine de héros qui s'illustre notamment dans la guerre de Troie. Enfin vient la race de fer, qui reçoit en partage fatigues et misères, et qui est vouée à disparaître quand les hommes auront foulé toutes les valeurs qui les unissent. Les dieux l'ont abandonnée. Mais dans les pays où règne la justice, la dernière race peut retrouver une prospérité qui rappelle celle des temps originels.

Le mythe est introduit dans la littérature romaine par le poète Catulle, qui rapproche dans son poème 64 les conflits contemporains, qui agitent la République, des crimes de la race de fer. L'âge d'or, règne de Saturne (qui correspond à Kronos), est définitivement perdu. Virgile poursuit l'intégration du mythe dans l'imaginaire romain, en introduisant dans la quatrième églogue des *Bucoliques* une prophétie annonçant un retour de l'âge d'or, lié à la naissance providentielle d'un enfant (dans lequel une tradition chrétienne a voulu voir, *a posteriori*, le Christ, mais qui était plus sûrement un fils d'Asinius Pollion, auquel est dédiée l'églogue). S'inspirant du poète Aratos, Virgile fixe alors les motifs d'une représentation qui devient par la suite canonique : le retour de la Justice, qui avait déserté la terre ; la fécondité spontanée et surabondante de la terre ; l'autarcie et l'absence de voyages ; l'arrêt des guerres.

Le mythe prend en outre, à l'époque, une signification politique : un oracle attribué à la Sibylle annonçait en effet, dans les dernières années de la République, la fin d'un cycle et un renouvellement cosmique imminent. Dès lors, le point ultime de la dégradation irréversible des âges est assimilé aux guerres civiles, notamment par le poète Horace dans sa seizième épode. Après la mort de César, ce renouveau est associé à Apollon, divinité tutélaire d'Octave, et l'*aurea aetas* devient un motif important de la propagande augustéenne. En composant l'*Énéide*, Virgile approfondit la portée politique du mythe, l'ancrant davantage encore que dans *Les Géorgiques* dans la terre italienne : c'est au Latium que Saturne se serait réfugié après avoir été chassé par Jupiter, permettant ainsi à l'âge d'or de se perpétuer dans les campagnes romaines. Dans le chant VI, Énée rencontre aux Enfers son père Anchise, et celui-ci, énumérant le nom de ses descendants, associe explicitement à Auguste le retour de l'âge d'or : « Voilà ce héros qui te fut souvent promis : Auguste César, le fils d'un dieu. Il ramènera le siècle d'or dans le Latium, dans cette contrée où régna jadis Saturne [3]. »

---

1. Hésiode, *Les Travaux et les Jours*, v. 109-201.
2. Sur l'interprétation du mythe des races, on peut consulter l'article de Jean-Pierre Vernant, « Le mythe hésiodique des races. Essai d'analyse structurale », *Revue de l'histoire des religions*, vol. 157, n° 1, 1960, p. 21-54.
3. Virgile, *Énéide*, VI, v. 791-794.

Sous la pression du besoin, l'activité humaine introduit l'artifice, donc le mensonge, comme on peut le constater avec les méthodes qui permettent de capturer les animaux : « Alors on imagina de prendre aux lacs les bêtes sauvages, de tromper les oiseaux avec de la glu et d'entourer d'une meute les profondeurs des bois » (I, p. 46).



Seule la nature est honnête, c'est pourquoi les effets du travail concernent la seule humanité, et non les animaux. Ainsi peut s'expliquer l'amer constat du poète, devant la mort du bétail victime de l'épizootie : « Que leur servent leur labeur et leurs bienfaits ? que leur sert d'avoir retourné avec le soc de lourdes terres ? » (II, p. 140).

Les hommes, eux, réagissent à l'irruption du mal en développant leur inventivité et en créant les arts et les techniques, devenant ainsi pleinement « humains ».

## 2. Les vertus de l'*otium*

Il semble que la récompense la plus précieuse du travail soit justement le repos, qui est au cœur de la célébration du bonheur des paysans, dans le livre II. À l'énumération des fausses richesses et du luxe qui constituent des biens illusoires, et que les paysans ont justement la chance de ne pas posséder, le poète oppose « un repos assuré », « les mugissements des bœufs et les doux sommes sous l'arbre » (II, p. 100).

L'oisiveté est en effet une condition de la tranquillité et de la joie. Les barbares scythes, auxquels un long développement du livre III est consacré, connaissent dans les steppes glacées des rives du Danube cette vie disponible qui est celle des bergers :

> Ces barbares mènent une vie tranquille et oisive dans des cavernes creusées profondément sous terre, entassant des rouvres et des ormes entiers pour les rouler sur leurs foyers et les livrer aux flammes. Là ils passent la nuit à jouer, et s'enivrent, joyeux, d'une liqueur fermentée d'orge et de sorbes acides qui imite le jus de la vigne.
>
> (III, p. 132)

Pour les paysans, l'hiver est le temps du repos, c'est le moment où ils peuvent jouir du fruit des travaux accomplis :

> [L]'hiver, le cultivateur se repose. Pendant les froids, les laboureurs jouissent d'ordinaire du fruit de leurs travaux, en donnant tour à tour de gais festins entre eux. L'hiver aux bons génies les régale et chasse leurs soucis : ainsi, quand les carènes chargées ont enfin touché le port, les matelots joyeux mettent sur les poupes des couronnes.
>
> (I, p. 56)

Le repos, la fête, les plaisirs de la sociabilité et l'insouciance donnent au loisir tout son prix.

Enfin, l'*otium* constitue le cadre propice à l'activité littéraire et à la création poétique. Virgile le célèbre, dans les derniers vers des *Géorgiques* : « En ce temps-là, la douce Parthénope me nourrissait, moi, Virgile, florissant aux soins d'un obscur loisir, moi qui ai dit par jeu les chansons des bergers » (IV, p. 177).

Si le loisir est « obscur », c'est parce qu'il tient éloigné de la vaine agitation de ceux qui recherchent la richesse et la gloire. Le poète, dégagé de la nécessité de travailler pour subvenir à ses besoins, puisque « la douce Parthénope », c'est-à-dire Naples, le nourrit, peut se consacrer au jeu créatif et à la poésie. Virgile se réfère, dans ces derniers vers, à la composition des *Bucoliques*, et en particulier aux premiers vers de la première églogue : « Tityre, couché sous le dôme d'un vaste hêtre, tu essaies un air sylvestre sur ton léger pipeau [...] [1]. »

L'image récurrente du repos à l'ombre d'un arbre, qui semble réunir bergers et paysans, est toutefois d'une simplicité apparente seulement. L'activité des premiers leur offre naturellement une disponibilité plus grande, tandis que le bonheur des seconds a quelque chose de plus, puisqu'il est le résultat des efforts réalisés.

## 3. Le bonheur des paysans

Il faut préciser que Virgile n'évoque que les petits propriétaires libres cultivant eux-mêmes leurs terres : il n'est pas question des esclaves qui constituaient la main-d'œuvre des grandes propriétés agricoles, et qui ne sauraient évidemment avoir le même rapport au travail.

*Les Géorgiques* célèbrent le bonheur des paysans, dans un fameux passage du livre II : « Ô trop fortunés, s'ils connaissaient leurs biens, les cultivateurs ! Eux qui, loin des discordes armées, voient la très juste terre leur verser de son sol une nourriture facile » (II, p. 99).

Pourtant le travail trompeur, ou acharné, qui permet de répondre à la dureté de la vie et de la nature, n'ouvre pas la voie à une existence facile, loin de là :

> Et cependant, en dépit de tout ce mal que les hommes et les bœufs se sont donné pour retourner la terre, ils ont encore à craindre l'oie vorace, les grues du Strymon, l'endive aux fibres amères et les méfaits de l'ombre.
>
> (I, p. 45)

Dans leur mouvement d'ensemble, *Les Géorgiques* témoignent de l'entrelacement permanent entre les joies et les peines, qui est le lot de l'humaine condition. Ainsi, les livres I et III s'achèvent sur une tonalité anxieuse, évoquant pour l'un « Mars impie [qui] sévit dans tout l'univers » (p. 69), pour l'autre « les atteintes du feu maudit » de la peste du

---

1. Virgile, *Les Bucoliques*, I, 1, trad. M. Rat, GF-Flammarion, 1967, p. 33.

Andrea Mantegna, *Le Christ priant au jardin des Oliviers*, panneau de la prédelle du *Retable de San Zeno*, 1457 ou 1460.


Il s'agit d'un des trois panneaux de la prédelle du retable de la basilique San Zeno, église principale de Vérone : on appelle ainsi la partie inférieure d'un retable, divisée en plusieurs compartiments, et traitant de petits sujets en relation avec le thème principal (le sujet du retable est une Vierge en majesté). La scène représente un épisode de la Passion du Christ rapporté par les Évangiles. La nuit qui précède son arrestation, Jésus se retire avec Pierre, Jean et Jacques de Zébédée, dans un jardin du mont des Oliviers à Jérusalem. Tandis que ses disciples s'endorment profondément, il prie, assisté par les anges. C'est ce que l'on peut voir représenté dans la partie droite du tableau, tandis qu'au loin, des soldats s'approchent, conduits par le traître Judas. Sur la colline, se dessine une Jérusalem qui ressemble beaucoup à la Rome contemporaine du peintre. Mais c'est le paysage qui occupe la plus grande partie du tableau, avec une multitude de détails réalistes : on peut voir un petit lapin détaler sur la passerelle, et des abeilles s'affairer autour des ruches pratiquement au centre de la composition. Le mouvement de l'air, de l'eau, le balancement des herbes et des branches, tout concourt à composer une atmosphère harmonieuse et paisible qui contraste avec la violence de ce qui va suivre. Mantegna, originaire comme Virgile de Mantoue, s'est sans aucun doute inspiré, pour ce paysage, de la campagne alentour, dont les collines et la végétation n'avaient pas dû beaucoup changer depuis le temps de l'auteur des *Géorgiques*.

Norique (p. 142) ; le livre II est placé sous le signe du bonheur en Italie, tandis que dans le livre IV la douceur du jardin laisse place à l'horreur de la mort.

Le bonheur dont il est question se rapproche donc plutôt de la sérénité, liée à la connaissance des causes, c'est-à-dire de l'ordre du monde et de la physique. C'est ainsi que l'on se libère des terreurs de la superstition. Notons au passage que cette connaissance n'est pas acquise, et qu'elle reste formulée au conditionnel en ce qui concerne les paysans. Mais elle constitue sans doute la raison pour laquelle il faut avoir l'esprit aiguisé, comme l'a voulu Jupiter :

> Heureux qui a pu connaître les causes des choses et qui a mis sous ses pieds toutes les craintes, et l'inexorable destin, et le bruit de l'avare Achéron ! Mais fortuné aussi celui qui connaît les dieux champêtres, et Pan, et le vieux Silvain, et les Nymphes sœurs ! Celui-là, ni les faisceaux du peuple, ni la pourpre des rois ne l'ont fléchi [...].
>
> (II, p. 102)

Alors que l'agitation urbaine et la recherche du luxe éloignent l'homme de la nature et de l'ordre de l'univers dans lequel il est inscrit, les paysans, cultivateurs et éleveurs, mènent une existence qui exclut la démesure et les désirs qui perturbent l'âme, dans une conception de la vie spirituelle proche de l'épicurisme. L'abondance que leur travail leur procure est juste et méritée, ils vivent en phase avec les saisons et avec leur environnement.

Ce bonheur réel et à taille humaine n'est pas indifférence, il se présente comme la résolution sereine des tensions entre joie et douleur. Cette idée trouve une puissante illustration dans un passage du livre IV, présentant « un vieillard de Coryce », propriétaire dans la région de Tarente d'un modeste terrain peu fertile, « dont le sol n'était ni docile aux bœufs de labour, ni favorable au bétail, ni propice à Bacchus ». Sur ce sol ingrat, il parvient pourtant non seulement à assurer sa subsistance, mais aussi à créer un jardin, donc à s'offrir grâce à son travail l'émotion que procure la beauté : « avec ces richesses, il s'égalait, dans son âme, aux rois » (IV, p. 152), nous dit le poète.

Le bonheur rustique dont le vieillard de Tarente et les paysans offrent l'image et le modèle, se définit donc comme une sérénité accessible grâce au travail. La douceur n'en exclut pas totalement l'amertume, et c'est là la seule félicité accessible pour les humains. Il aura fallu, donc, répudier l'âge d'or pour pouvoir l'atteindre.

## 4. Hommes et dieux : l'harmonie retrouvée

Le final du livre II célèbre le bonheur de la vie au sein de la nature. Le travail du paysan semble recréer les conditions de l'âge d'or, avec une nature généreuse qui semble tout offrir d'elle-même : il voit « l'année regorger de fruits, ou accroître son bétail, ou multiplier le chaume cher à Cérès ». En hiver, « les pressoirs broient la baie de Sicyone ; les cochons rentrent engraissés de glandée ; les forêts donnent leurs arbouses, et l'automne laisse tomber ses fruits variés » (II, p. 103-104). On se croirait revenu au temps de Saturne et de l'abondance spontanée ! Il faut dire que les dieux sont venus en aide aux hommes, pour les aider à surmonter les épreuves, et que Cérès en personne leur a enseigné l'art de labourer la terre : « La première, Cérès apprit aux mortels à retourner la terre avec le fer, lorsque déjà manquaient les glands et les arbouses de la forêt sacrée et que Dodone refusait toute nourriture » (I, p. 47).

Mais les hymnes ne célèbrent pas la joie pure de l'âge d'or primordial, irrémédiablement perdu : c'est le bonheur de l'épreuve surmontée, le fruit du travail et des efforts qui permettent de retrouver un état d'harmonie et d'abondance. Le mythe de l'âge d'or sert donc à la fois à mesurer ce qui est perdu, et la valeur de ce qui est reconquis grâce au travail du paysan : « telle fut la vie que menait sur les terres Saturne d'or » (II, p. 105).

Voilà pourquoi l'Italie peut doublement être dite « saturnienne[1] » : aucune autre terre ne peut « le disputer en louanges à l'Italie » (II, p. 81). Le printemps italien est comme le milieu de l'harmonie retrouvée.

> Ici règne un printemps continuel, et l'été en des mois qui lui sont étrangers ; deux fois les brebis y sont pleines, deux fois l'arbre y produit des fruits. De plus, on n'y voit point les tigres féroces ni la race cruelle des lions ; des aconits n'y trompent pas les malheureux qui les cueillent ; un écailleux serpent n'y traîne pas sur le sol ses immenses anneaux ni par une contraction ne ramasse son corps en spirale.
>
> (II, p. 82)

On se souvient que la fin de l'âge d'or était concomitante de l'apparition du mal, incarné par le venin du serpent. Il semble désormais neutralisé dans cette harmonie universelle, qui intègre l'héroïsme humain : « Salut, grande mère de récoltes, terre de Saturne, grande mère de héros ! » (II, p. 84).

La glorification du travail humain, dans *Les Géorgiques*, se fonde donc sur des valeurs qui dépassent le cadre de l'agriculture et du monde paysan, et elle s'élève, notamment par le mythe, à une dimension universelle.

## B. Travail, éducation et refondation politique

L'éloge de l'Italie ne se limite pas aux campagnes. Le poète y évoque également les villes (II, p. 82). La célébration de la terre italienne unit la

1. On se rappelle qu'une version italienne du mythe de l'âge d'or situait le règne de Saturne en Italie, précisément dans le Latium, où Saturne se serait caché (du verbe latin

clémence d'un climat idéal à l'activité infatigable et fructueuse de l'humanité qui l'habite. Cette association entre la nature et l'activité humaine, grâce au travail, est incarnée par le paysan et représentée par l'agriculture [1].

## I. La puissance civilisatrice du travail : le *cultus*

Le paysan des *Géorgiques* occupe une place particulière et essentielle dans le monde : il assure le lien entre la nature et la culture. Ses connaissances lui permettent d'identifier les terrains (II, p. 87-89), d'évaluer les ressources des plantes (II, p. 77-79), de tenir compte du caractère des animaux à dresser (III). Ainsi, il apprivoise la nature pour la rendre favorable à l'humanité.

L'un des exemples les plus frappants est sans doute celui de la greffe, à laquelle Virgile consacre un long développement enthousiaste au début du livre II. L'intervention du paysan permet d'adoucir la nature, tout en tirant parti des ressources qu'elle offre :

> Les arbres qui s'élèvent d'eux-mêmes aux bords de la lumière sont inféconds, il est vrai, mais ils croissent, épanouis et forts, parce que leur vertu naturelle tient au sol. Cependant, si eux-mêmes on les greffe et qu'on les confie, en les transplantant, à des fosses bien ameublies, ils dépouilleront bientôt leur naturel sauvage et, cultivés avec soin, se plieront sans tarder à tous les artifices que l'on voudra.
>
> (II, p. 75-76)

Il lutte ainsi contre la stérilité, et la dégénérescence inscrite dans l'ordre des choses : « c'est une loi du destin que tout périclite et aille rétrogradant » (I, p. 50). La nature a donc besoin du travail du paysan, mais il n'en est pas pour autant le « maître et possesseur [2] » absolu : d'abord il doit se plier aux données du monde naturel, son intervention a des limites, « toute terre ne peut porter toute espèce de plantes » (II, p. 79), il est des terres stériles, le bétail et les abeilles tombent malades et meurent. Et tout n'a pas besoin d'une intervention humaine : l'olivier, don divin, symbole s'il en est de prospérité, de longévité et de richesse, ne demande qu'une intervention minimale :

> Les oliviers, au contraire, ne demandent pas de culture ; ils n'attendent rien de la serpe recourbée ni des hoyaux tenaces, quand une fois ils ont pris au

---

*latere*). Précisons en outre que l'adjectif est ici à entendre dans son sens littéral, « qui appartient à Saturne », en dehors de toute interprétation postérieure.

1. L'élevage et la vie pastorale n'ont pas la même dignité : c'est ce qui explique pourquoi les paysages du livre III ne sont pas des paysages italiens, mais des sites grecs évoquant des mythes et des contrées lointaines aux climats extrêmes, Libye brûlante et Scythie glacée.

2. L'expression est de Descartes, *Discours de la méthode*, partie VI.

sol et affronté les brises. La terre, entrouverte au crochet, fournit d'elle-même aux plantes une humidité suffisante et, retournée par le soc, des fruits lourds. Nourris donc le gras olivier agréable à la Paix.

(II, p. 97)



Connaisseur de la nature, mais aussi conscient de sa place dans l'univers, le paysan apparaît dans *Les Géorgiques* comme le représentant par excellence du *cultus* [1]. Le terme, plus polysémique encore que notre « culture », désigne le travail de la terre, agriculture ou élevage, mais il peut aussi s'appliquer à la formation intellectuelle, et désigne en outre les devoirs que l'on rend aux dieux (on se rappelle que les dieux favorisent le travail agricole, et qu'ils sont célébrés lors des fêtes champêtres) : culte, culture, agriculture, ont en commun le soin que l'on prend à concilier l'activité humaine avec les forces cosmiques de la terre et du ciel. Dans cette tradition civilisatrice, le paysan joue un rôle central, au point que le poète en fait l'éducateur de la nature et de l'humanité.

## 2. Le paysan éducateur

Nous avons vu que *Les Géorgiques* se rattachent au genre de la poésie didactique, qui charge le poète de la transmission d'un savoir, agricole en l'occurrence. Dans le livre I, par exemple, on trouve entre la description de l'araire et les conseils pour labourer un avertissement au lecteur, qui souligne la précision et la technicité du propos : « Je puis te rappeler une foule de préceptes des anciens, si tu n'y répugnes pas et ne dédaignes pas de connaître de menus détails » (I, p. 49).

L'intention didactique est abondamment soulignée, tout au long du poème : impératifs [2], adresses à la deuxième personne [3], subjonctif et futur injonctifs [4], verbes de volonté [5], etc. Les articulations du plan sont mises en évidence, pour un exposé savant et précis. La situation d'apprentissage est en outre mise en abyme, au livre IV, dans l'épisode où Aristée reçoit de sa mère, puis de Protée les conseils et les préceptes propres à recréer son essaim disparu. Mais, comme l'a montré Maëlys Blandenet [6], la dimension

1. Maëlys Blandenet, « Le poète-paysan des *Géorgiques* : un homme de culture », *Bulletin de l'Association Guillaume Budé*, 2007, n° 2, p. 123-146.

2. « [...] souviens-toi, longtemps avant d'enfouir un plant de vigne producteur, de cuire la terre » (II, p. 89).

3. « Peut-être veux-tu savoir quelle profondeur doivent avoir les fosses » (II, p. 90) ; « Je t'apprendrai aussi les causes et les symptômes des maladies » (III, p. 135).

4. « Que tes vignobles ne soient pas tournés vers le soleil couchant » (II, p. 91) ; « Si tes préférences vont à la guerre et aux farouches escadrons [...], le premier travail de ton cheval sera de voir l'ardeur et les armes des guerriers en lutte » (III, p. 121).

5. « [...] je prescris qu'on laisse les brebis brouter leur herbe dans de douces étables » (III, p. 127).

6. Maëlys Blandenet, « Le poète-paysan des *Géorgiques* : un homme de culture », art. cité, p. 135-139.

didactique dans *Les Géorgiques* est double, et le savoir que dispense le poète est manifestement très bien maîtrisé du « cultivateur vigilant » (II, p. 89), dans lequel on peut voir un véritable *magister* des plantes et des bêtes [1]. En bon éducateur, le laboureur tient compte du caractère des sols (II, p. 84-87), il prend soin des jeunes plants, « de peur que les sujets, brusquement transplantés, ne puissent pas oublier leur mère » (II, p. 89). Le vigneron veille sur la croissance des ceps de vigne comme sur de jeunes enfants dont il faut ménager le premier âge (II, p. 94). La greffe, dont les techniques très complexes nécessitent une grande expertise, est présentée comme une véritable entreprise d'éducation, fondée sur les connaissances et l'expérience du paysan : « C'est que tous les arbres exigent une dépense de soins, que tous demandent à être dressés en pépinière et domptés à grands frais » (II, p. 76).

La proximité de l'activité du paysan avec celle de l'éducateur est encore plus évidente en ce qui concerne l'élevage, tout à fait conforme à la conception antique de l'éducation, que l'on rapprochait régulièrement de deux activités artisanales : le modelage et le dressage. C'est bien sûr de la seconde qu'il s'agit dans ce qui suit :

> Ceux que tu veux former aux soins et aux besoins de la campagne, entraîne-les quand ils sont encore de petits veaux, et engage-toi dans la voie du dressage, tandis que leur humeur est docile encore et leur jeune âge facile à plier.
>
> (III, p. 120)

Le paysan, laboureur ou éleveur, est donc dans une certaine mesure un double du poète : il prend part à la visée didactique des *Géorgiques*, dont on comprend aisément qu'il ne faut pas les lire comme un manuel agricole destiné aux apprentis-ruraux. Le savoir à transmettre est beaucoup plus sûrement de nature morale et politique.

## 3. Virgile et la politique augustéenne

On ne lit plus guère *Les Géorgiques* comme un traité d'agriculture enjolivé de vers, que Virgile aurait écrit pour répondre à la volonté d'Octave de favoriser la petite propriété terrienne et, éventuellement, accompagner l'installation de vétérans sur des terres nouvellement attribuées.

Au moment où Virgile écrit, Rome est déjà un vaste empire, qui reçoit pour son approvisionnement les productions céréalières des provinces de Sicile, d'Afrique (Tunisie) et d'Asie. La question du ravitaillement de la ville de Rome est cruciale, en raison notamment de la présence d'une importante population improductive qui nécessite des importations massives. Bien sûr, les guerres civiles ont dévasté les campagnes et perturbé

1. Le terme *magister*, « maître d'école », est traduit par « maître » (III, p. 121).

la circulation des marchandises. Mais l'agriculture italienne s'organise principalement en grandes propriétés (*latifundia*) sur lesquelles travaillent des esclaves (mais pas seulement), et que les propriétaires n'administrent pas directement. L'aristocratie terrienne est importante et puissante, la richesse tirée de l'agriculture étant jugée la seule digne de la classe dirigeante. *Les Géorgiques* évoquent un modèle économique révolu depuis longtemps : une économie de subsistance, autarcique, avec un rapport direct à la terre.

> Telle est la vie que menèrent jadis les vieux Sabins, telle fut celle de Rémus et de son frère. Ainsi grandit sans doute la vaillante Étrurie ; ainsi Rome devint la merveille du monde et seule dans son enceinte renferma sept collines.
>
> (II, p. 104)

C'est bien le temps des origines, de la fondation et de la monarchie qui vit les rois étrusques succéder aux rois sabins, que célèbre la fin du livre II. Si le poète porte sur ces temps vertueux un regard nostalgique, il n'invite pas pour autant le Sénat à reprendre la charrue et à retourner à la ferme, d'autant que la politique du « retour à la terre » ne concernerait que les livres I et II : le livre III, au début duquel sont rappelées les injonctions de Mécène, est consacré à l'élevage, qui implique des domaines d'étendue bien plus grande. En fait, il s'agit moins d'économie que de politique.

Octave, qui a été un chef de guerre redoutable, se présente une fois vainqueur comme un pacificateur, et comme le sauveur de la République, menacée d'anéantissement par les guerres civiles. Le programme idéologique qu'il met en place, avec l'aide de Mécène notamment, s'appuie sur les valeurs qui ont fait la grandeur de Rome selon une tradition bien établie. Il s'agit de renouer avec l'esprit des premiers temps, les vertus des « vieux Sabins ». Ces valeurs héritées de la tradition apparaissent successivement dans le livre I [1] : la tempérance (*temperantia*), qui permet au paysan de commander les guérets ; puis la constance (*constantia*) grâce à laquelle on fait face à la pénibilité du travail ; la force humaine (*uirtus*) qui lutte contre la dégénérescence imposée par l'ordre des choses ; enfin, le respect des devoirs envers les dieux et les hommes (*pietas*) [2]. Cette dernière vertu est essentielle, et présente tout au long du poème, avec la piété simple dévolue aux divinités rustiques. Elle est particulièrement mobilisée dans l'épisode d'Aristée : le berger, quoique coupable, doit à son respect des injonctions divines et à l'accomplissement des commandements la renaissance de ses abeilles.

Le travail des paysans, qui n'est pas idéalisé (on parle bien des difficultés, de la grêle, des maladies), est présenté dans son essence morale :

---

1. Jeanne Dion, notice du livre I des *Géorgiques*, in *Œuvres complètes*, éd. citée, p. 1134-1135.

2. Précisons que la *pietas* romaine est une vertu pragmatique et non mystique : il ne s'agit pas de foi ou d'engagement spirituel, mais du respect de ce qui est dû aux dieux et aux hommes.

il se tient loin des excès et de la cupidité qui déchaînent les passions, loin de la richesse qui corrompt et entraîne l'envie et la discorde. C'est ainsi que Virgile rejoint le projet augustéen, et sa représentation d'un âge d'or retrouvé rencontre également l'idéologie du pouvoir. Le poète célèbre, avec les valeurs qui ont assuré la puissance et la prospérité de Rome, la grandeur de l'Italie, et la grandeur d'Octave. Il peut alors se représenter lui-même en bâtisseur de temple :

> [...] dans la verte plaine, j'élèverai un temple de marbre, au bord de l'eau où en lents détours erre le large Mincius et où le roseau tendre a couronné ses rives. Au milieu je mettrai César, qui sera le dieu du temple. Moi-même en son honneur, vainqueur et attirant les regards sous la pourpre de Tyr, je pousserai cent chars quadriges le long du fleuve.
>
> (III, p. 110-111)

Le poète se dépeint sans ambiguïté comme le desservant d'Octave divinisé, exprimant ainsi poétiquement une adhésion sans nul doute sincère, et soulignant l'importance symbolique du travail dans la politique de refondation engagée.

## 4. La société des abeilles : un modèle ?

Le sujet principal du livre IV, conformément à l'annonce initiale, semble prolonger le propos sur l'élevage avec les « abeilles économes » (I, p. 37). Or la progression des *Géorgiques* laisserait attendre, selon la logique de la hiérarchie des espèces, un quatrième livre sur l'humain et le divin. C'est partiellement le cas, avec l'épisode du berger Aristée, le mythe d'Orphée et l'impossible remontée des Enfers ; et c'est sans doute dans cette perspective qu'il faut comprendre les vers dans lesquels le poète annonce qu'il va chanter « le miel aérien, présent céleste » (IV, p. 145). Si le développement sur l'apiculture se justifie d'abord par une raison très pratique (c'est le miel qui sert de sucre), il révèle très vite des enjeux beaucoup plus vastes. Les abeilles ont en effet, depuis au moins les pythagoriciens et les stoïciens, une dimension politique, philosophique et morale, voire mystique.

La description de la ruche et de son organisation entraîne ainsi une réflexion sur la cité humaine, puisque la communauté des abeilles est présentée comme une entité politique. C'est ce qui distingue les abeilles des autres espèces animales : « Seules, elles [...] passent leur vie sous de puissantes lois ; seules elles connaissent une patrie et des pénates fixes » (IV, p. 153-154).

Les abeilles ne connaissent ni la propriété ni la cupidité : sans sexualité [1], elles font exception à la loi générale qui soumet les espèces à

1. Cette représentation découle directement des préjugés politiques qui font que la cité doit être absolument dirigée par un roi... qui est en réalité une reine pour ce qui concerne les abeilles. On ne comprend donc pas le rôle de la reine dans la ruche, ce qui entraîne l'hypothèse d'une reproduction non sexuée, donc de la bougonie.

*Tellus*, détail du décor de l'*Ara Pacis Augustæ*, Ier siècle av. J.-C.


En 13 avant notre ère, le 4 juillet, le Sénat décide la construction d'un autel dédié à la *Pax Augusta*, en l'honneur du retour d'Auguste. Ce dernier revient d'Espagne et de Gaule après trois ans d'absence. Pendant ces trois ans, il a mené des opérations de pacification, et a organisé les provinces du sud de la France actuelle. Le monument, inauguré solennellement un peu moins de quatre ans plus tard, le 30 janvier 9, met en œuvre tous les éléments iconographiques pour exposer le programme de réconciliation et de renaissance associé au nouveau régime.

Le monument consiste en une enceinte rectangulaire entourant un autel sacrificiel auquel on accède par deux entrées ouvertes au milieu de chacune des façades. Les portes sont encadrées de quatre reliefs, dont celui-ci, qui représente une divinité maternelle dite *Tellus* (la Terre) accompagnée de sa progéniture. La figure centrale, avec son voile de matrone et sa poitrine gonflée, évoque bien la fécondité, tandis que les deux enfants sur ses genoux rappellent en outre, par leur gémellité, Romulus et Rémus, et donc la fondation de Rome. Les regards de tous les personnages convergent vers ce personnage divin et allégorique. Deux divinités féminines tenant un voile en conque, de part et d'autre, représentent l'air d'une part et de l'autre l'eau, comme le confirme l'animal sur lequel chacune est assise (un cygne et une espèce de monstre marin). L'abondance est signifiée par les éléments du décor foisonnant : bétail, récoltes, cruche de vin, et l'harmonie des mouvements, l'équilibre de la composition suggèrent l'idée d'un bonheur et d'une paix durables, et donc une représentation de l'âge d'or, âge de paix et de prospérité que le règne d'Auguste permet de rétablir sur terre.

l'amour et se consacrent entièrement à leur fonction de membres d'une communauté, dont le modèle est Rome [1]. Elles offrent ainsi une représentation épurée et idéale du citoyen, donc de l'essence des vertus civiques : abnégation, esprit de sacrifice, dévouement, discipline et concorde. Elles éprouvent même l'amour de la gloire, au service exclusif de la collectivité et non de l'ambition individuelle. C'est un roi qui assure la cohésion du corps social, notamment en attribuant à chacune sa tâche. L'idéalisation à l'œuvre dans cette présentation entraîne une certaine interprétation de la société des abeilles, au service d'un propos sur la vie humaine. Le roi y est moins l'incarnation d'un type de régime (la monarchie) que la représentation symbolique de l'unité indispensable du corps politique : la division est un danger mortel pour les ruches, comme pour les sociétés, les contemporains de Virgile en ont fait l'expérience.

Mais le roi est également celui « qui surveille leurs travaux » (IV, p. 157) : le travail est en effet l'activité essentielle des abeilles, et la vertu qui les distingue semble bien être l'ardeur qu'elles mettent à leur « effervescent travail », par opposition à « la paresseuse troupe des frelons [2] » (IV, p. 154), dont l'exclusion se justifie par l'inactivité. Les abeilles fournissent au contraire un effort soutenu et quotidien, et organisé dans le temps : « Toutes se reposent de leurs travaux en même temps, toutes reprennent leur travail en même temps » (IV, p. 155-156).

Comme le laboureur, les abeilles « prévoyant la venue de l'hiver, [...] s'adonnent l'été au travail [3] » (IV, p. 154). Les tâches sont en outre rigoureusement réparties, et l'ordre qui régit l'activité est aussi l'ordre politique qui assure la pérennité de cette race immortelle (IV, p. 157).

Ainsi, le travail des abeilles unit la communauté, assure sa prospérité et développe les vertus qui la font perdurer. La renaissance, ou plutôt la naissance d'un nouvel essaim après le crime commis par Aristée, est à l'image de la refondation de la cité après les déchirements des guerres civiles. C'est un espoir, après la désolation totale de l'épizootie sur laquelle se terminait le livre III, mais un espoir tempéré par la perte irrémédiable d'Eurydice.

La richesse symbolique des abeilles est immense, et cette puissance d'évocation sert singulièrement la célébration du travail paysan. Mais il y a plus : depuis Platon au moins, les abeilles donnent une image de l'inspiration du poète [4]. Virgile semble bien lui aussi emprunter cette voie, et inscrire dans *Les Géorgiques* une méditation sur le travail poétique.

---

1. Le vocabulaire politique renvoie explicitement à la cité romaine.
2. Il s'agit plus exactement de ce que nous appelons les « faux bourdons ».
3. Cf. I, p. 56 : « Mets-toi nu pour labourer, mets-toi nu pour semer : l'hiver, le cultivateur se repose. »
4. Platon, *Ion*, 534a-534d.

## C. Le travail poétique

Parler de travail poétique n'est ni une facilité ni une formule vide : l'esthétique des *Géorgiques* est explicitement, et de manière revendiquée, liée à l'objet même du poème. Forme et fond se répondent et s'enrichissent mutuellement.



### 1. Une esthétique de l'effort

Plusieurs passages des *Géorgiques* évoquent le travail du poète, entre modestie et grandeur, soulignant la beauté qui résulte et qui procède du travail. Ainsi, dans le livre III :

> C'est assez parler des grands troupeaux ; reste la seconde partie de ma tâche : traiter des troupeaux porte-laine et des chèvres au long poil. C'est un travail ; mais espérez-en de la gloire, courageux cultivateurs. Je ne me dissimule pas en mon for intérieur combien il est difficile de vaincre mon sujet par le style et de donner du lustre à de minces objets. Mais un doux amour m'entraîne le long des pentes désertes du Parnasse ; il me plaît d'aller par ces cimes, où nulle roue avant moi n'a jamais laissé de traces sur la douce déclivité de Castalie.
>
> (III, p. 127)

L'entreprise des *Géorgiques* est explicitement assimilée à un travail, et dans ce passage, le travail et la gloire sont à la fois ceux du poète et du paysan. Le courage nécessaire, la difficulté à affronter les concernent autant l'un et l'autre.

Dans le livre IV, la digression sur le vieillard de Tarente est introduite par une métaphore filée empruntée à la navigation, qui rappelle l'adresse à Mécène du livre II (p. 75), et développe la même thématique de l'effort :

> Pour moi, si, bientôt à la fin de mes peines, je ne pliais mes voiles, et n'avais hâte de tourner ma proue vers la terre, peut-être chanterais-je l'art d'embellir et d'orner les fertiles jardins, et les roseraies de Pestum qui fleurissent deux fois l'an.
>
> (IV, p. 151)

Le lien avec le travail du paysan est d'autant plus étroit que son « dur labeur » vient juste d'être mentionné dans les vers qui précèdent. Le repos ne prend son sens et sa saveur que par le travail qui le permet, et les roses de Pestum ne fleurissent pas sans les « ondées amicales » (IV, p. 151) dispensées par le jardinier vigilant.

## 2. Technique et poétique

À l'époque où Virgile écrit, la hiérarchie des genres place à son sommet l'épopée, et la célébration des exploits des héros ou des aventures des dieux : la recherche formelle répond donc à l'élévation du sujet. Or le souci pratique et didactique qui habite *Les Géorgiques* impose de traiter des sujets qui ne sont pas *a priori* considérés comme « poétiques », soit parce qu'ils entraînent une description technique jugée rebutante, soit parce qu'ils convoquent des réalités triviales. La description de l'araire, dans le livre I, est ainsi extrêmement précise, et présente un outil agricole bien employé à l'époque de Virgile, avec la mention des deux oreillons destinés à rejeter la terre sur les côtés, les dimensions du timon et le double revers du sep (I, p. 48). Le nettoyage des étables (III, p. 134), l'épandage du fumier (I, p. 43) ou encore les maladies du bétail font partie de tous les « menus détails » que le sujet impose de parcourir, et qui semblent s'accommoder assez peu de mise en forme poétique. L'effort et l'art du poète consistent, non pas à édulcorer et à idéaliser la réalité, mais à l'intégrer à la célébration du travail de la terre. Par exemple, la description de l'araire s'insère dans le récit mythique de l'apparition du travail humain, par décision de Jupiter : Cérès, en conséquence, apprend le labourage aux mortels, et la description de l'outil, précise et rapide, prend tout son sens de l'évocation des dieux qui précède, et se place en outre dans la continuité d'Hésiode [1].

Souvent, l'exposé didactique donne lieu à des descriptions ouvrant sur des digressions morales ou pathétiques, qui ne sont pas pour autant des écarts : elles contribuent au contraire à unifier le propos et à lui donner une portée universelle. Tel est le cas, par exemple, des trois digressions du livre II : l'hymne au printemps, l'éloge de l'Italie et celui de la vertu paysanne. Au premier abord, elles s'éloignent du sujet – l'arboriculture – mais en réalité elles lui donnent tout son sens. Dans le livre IV, le passage sur le vieillard de Tarente (p. 152-153), en intégrant l'horticulture à l'apiculture, inverse la perspective attendue et signale l'importance des abeilles.

Le développement sur l'épizootie du Norique frappe autant par sa longueur que par son caractère spectaculaire. Nous avons vu qu'il y avait là une référence au poème de Lucrèce et à sa description de la peste, mais il faut ajouter que les détails, très abondants, suggèrent qu'il ne s'agit pas dans le cas des *Géorgiques* d'une maladie unique, mais de plusieurs, différentes selon les espèces. Ainsi, la précision des connaissances médicales ne se met pas au service de la description clinique d'une pathologie en particulier mais, en multipliant les notations concrètes, elle contribue à élever le propos au problème universel du mal.

1. Hésiode, *Les Travaux et les Jours*, v. 427-436.

Cette composition par association et digression trouve une représentation symbolique dans la technique de la greffe, abondamment développée au début du livre II [1]. Certes, il s'agit d'une pratique importante dans la culture des arbres, mais la conclusion de Virgile, selon laquelle il n'est pas nécessaire de tenir compte de l'affinité des espèces (II, p. 75-77), appelle l'attention du lecteur sur la signification que peut prendre le motif de la greffe, rapporté à la création poétique : comme le paysan italien fait naître de nouvelles espèces, le poète crée une œuvre originale à partir de souches anciennes. La métamorphose est en outre un thème poétique très fécond, qui trouve ici un équivalent dans l'arboriculture.

Le poète et le paysan ont enfin un autre point commun : le recours à l'image, qui allie limpidité et précision. Par exemple, lorsque Virgile évoque les « tuniques légères » (II, p. 77) de l'écorce que percent les bourgeons, il emprunte le terme au vocabulaire agricole, qui est lui-même métaphorique.

## 3. Le poète architecte et l'amplification épique

C'est en architecte et en sculpteur que le poète se présente au début du livre III, quand il décrit le temple qu'il élèvera sur les bords du Mincio à Octave, divinité tutélaire de Rome et du poème (p. 110-111). Cette *ekphrasis*, qui relève comme on l'a vu de l'esthétique alexandrine [2], met en abyme un travail de construction et d'édification réalisé à l'échelle du poème. Une structure binaire regroupe les livres deux à deux (I et II, III et IV), avec au début de chaque groupe une ouverture très développée (invocation initiale aux dieux, *ekphrasis* du temple à Octave), tandis que les préambules des livres II et IV, très brefs, se limitent à l'indication poétique du sujet (p. 73 et 145). À la fin de chacun de ces groupes, mis en regard, se répondent l'éloge de l'Italie et l'éloge de Gallus, remplacé par l'épisode d'Orphée enchâssé dans celui d'Aristée. Au centre de chaque système de deux livres, à la fin du premier et à la fin du troisième, le poète a placé deux longs morceaux qui se font écho, tout en étant étroitement intégrés au propos qu'ils clôturent : la description des prodiges survenus à la mort de Jules César, à la fin du livre I, et celle de l'épizootie du Norique à la fin du livre III (p. 65-67 et 137-142).

La construction complexe et serrée des *Géorgiques* sert évidemment le propos du poète, et l'*ekphrasis* du temple, située au centre, souligne son travail architectural, tout autant que son ambition d'élever une œuvre monumentale et éternelle comme le marbre. Or c'est à l'épopée que sont

---

1. Séverine Clément-Tarantino, « La poétique romaine comme hybridation féconde. Les leçons de la greffe (Virgile, *Les Géorgiques*, II, 9-82) », *Interférences Ars Scribendi*, n° 4 (mis en ligne le 1er juin 2006) : ars-scribendi.ens-lsh.fr/article.php3?id_article=37&var_affichage=vf.

2. Voir p. 77.

traditionnellement dévolues la postérité et la gloire dans le domaine littéraire, et l'*ekphrasis*, avant d'inspirer la poésie alexandrine, est justement un morceau de bravoure de l'écriture épique [1]. C'est bien à l'épopée que Virgile rattache son œuvre, quand il paraphrase le poète Ennius [2] au début du livre III : « Il me faut tenter une route où je puisse moi aussi m'élancer loin de la terre et voir mon nom vainqueur voler de bouche en bouche » (p. 110).

*Les Géorgiques* présentent en outre de nombreux traits et procédés propres à ce genre poétique, indépendamment de l'hexamètre dactylique que nous avons déjà mentionné. Sur le plan thématique, on peut songer aux chevaux, qui appellent autant des conseils sur l'élevage que l'évocation de combats (sujet par excellence de l'épopée), ou des notations mythologiques comme la mention d'Érichthon, des Lapithes, ou encore de Léandre et Héro (III, p. 117 et 125) : le basculement dans l'univers épique s'en trouve ainsi favorisé. Les chevaux connaissent d'ailleurs, comme les hommes, l'amour de la gloire et de la victoire. Dans le livre I, un rapprochement significatif est établi entre les outils agricoles et les « armes propres aux rudes campagnards » (I, p. 47).

Prenons un dernier exemple parmi tant d'autres, dans le livre IV. Pour décrire l'activité intense des abeilles, Virgile recourt à un procédé très fréquent dans l'épopée : la comparaison épique ou homérique, qui consiste à développer, dans le comparant, un tableau ou un épisode empruntant à un autre univers que celui du comparé. Généralement, dans l'épopée, le comparé (guerriers en ordre de bataille, assaut d'un héros contre l'ennemi) appartient au monde héroïque, tandis que le comparant (lion bondissant, brebis attaquées par des loups) emprunte au monde pastoral ou naturel [3]. Dans *Les Géorgiques*, Virgile recourt à ce procédé, avec toutefois une inversion significative : les abeilles sont le comparé, et les Cyclopes, dont le travail est développé dans un saisissant tableau de quelques vers, constituent le comparant.

> Ainsi, quand les Cyclopes se hâtent de forger les foudres avec des blocs malléables, les uns, armés de soufflets en peau de taureaux, reçoivent et restituent les souffles de l'air ; les autres plongent dans un bassin l'airain qui siffle ; l'Etna gémit sous le poids des enclumes ; eux lèvent de toutes leurs forces et laissent retomber leurs bras en cadence, et, avec la tenaille mordante, tournent et retournent le fer ; de même, s'il est permis de comparer les petites choses aux grandes, les abeilles de Cécrops sont tourmentées d'un désir inné d'amasser, chacune dans son emploi.
>
> (IV, p. 154-155)

1. Voir note 1, p. 77.
2. Il ne nous reste de l'œuvre d'Ennius (239-169 av. J.-C.), considéré comme le père de la poésie latine, que quelques fragments, dont ce vers célèbre : « Je vole vivant sur les lèvres des hommes » (*Volito uiuus per ora uirum*).
3. Par exemple chez Homère : *Iliade*, XVI, v. 823-829 ; *Odyssée*, IX, v. 387-394.

Le miel doré et la cire souple évoquent le métal en fusion, tandis que le souffle de la forge cyclopéenne répond en écho au vrombissement des abeilles et à l'effervescence de la ruche. La précaution oratoire, sans doute souriante, du poète, « s'il est permis de comparer les petites choses aux grandes », souligne la distance des minuscules insectes aux géants forgerons, tout en élevant les abeilles à la hauteur de l'univers épique. Elles le méritent à plus d'un titre, et notamment parce que le développement relatif à l'apiculture enrichit le poème d'une perspective supplémentaire.



## 4. La perspective du mythe

Le livre IV s'achève sur un récit étiologique, qui explique « comment le sang corrompu de jeunes taureaux immolés a souvent produit des abeilles [1] » (p. 161), et place, en regard l'une de l'autre, deux figures opposées : le berger Aristée et le poète Orphée. Tous deux sont confrontés à la mort, Aristée de ses abeilles, Orphée de son épouse, et tous deux tentent de la conjurer. Mais si Aristée parvient à faire renaître un nouvel essaim, Orphée échoue à ramener Eurydice des Enfers. La tragédie du couple définitivement séparé nous émeut, mais quel sens donner à cet épisode final ?

On peut tout d'abord, en suivant l'analyse de Marcel Détienne [2], y voir la valorisation du berger-apiculteur et de son précieux travail. Aristée a payé ses excès de la disparition de ses abeilles (la reproduction non sexuée de ces insectes en faisant un symbole de virginité incompatible avec la pulsion libidineuse qui a provoqué la mort d'Eurydice), mais la piété filiale qu'il témoigne à sa mère, l'inventivité dont il fait preuve à l'égard de Protée et son obéissance scrupuleuse aux prescriptions réparatrices, tout cela lui permet de se discipliner, de se civiliser, donc de retrouver la faveur des dieux. Orphée, lui, ne sait pas observer les commandements qui lui ont été donnés, il se laisse emporter par son excès d'amour et échoue, puis est victime de son obstination dans une passion exclusive.

Le poète faible et impuissant le céderait-il donc au paysan ? C'est vrai dans un sens, mais d'un autre côté, Aristée nous semble bien peu repentant de la tentative de viol aux terribles conséquences dont il s'est rendu coupable : il est surtout préoccupé par la perte de ses abeilles, ne manifeste à aucun moment la moindre compassion pour sa victime, et le sacrifice auquel il se livre est particulièrement sanglant (même si sa violence est considérablement atténuée par rapport à la pratique égyptienne mentionnée tout d'abord ; IV, p. 161-163). Orphée, de son côté, communie avec la nature entière par la beauté de son chant, qui émeut même

1. C'est ce qu'on appelle la « bougonie ».
2. Marcel Détienne, « Orphée au miel », in *Quaderni urbinai di cultura classica*, 12, 1971, p. 7-23.

au-delà du royaume des vivants, et fait perdurer dans l'éternité de la plainte le nom de l'aimée.

Il est difficile de penser qu'il n'y a aucune sympathie du poète Virgile pour le poète Orphée, surtout quand on constate qu'à l'épisode succède immédiatement les quelques vers par lesquels le poète parle en son nom et évoque son œuvre. Nulle leçon explicite ne nous sera délivrée, d'autant que l'évocation du poète assassiné rappelle, très indirectement et comme un écho assourdi, Cornelius Gallus, dont l'éloge occupait, croit-on, cette place à la fin des *Géorgiques*. Mais Aristée s'efface dans les derniers vers, tandis que les mânes d'Orphée sont rappelés au moment où les abeilles s'échappent des entrailles de l'animal sacrifié. Nous avons vu que les abeilles représentaient assez couramment l'inspiration poétique, le mythe présenté par Virgile approfondit encore le lien, comme l'a montré Renaud Pasquier :

> […] l'abeille circule entre végétaux et animaux, entre animaux et hommes, entre mortels et divinités, entre vie et mort ; le poète fait le lien entre homme et nature, hommes et dieux, mais aussi […] entre les savoirs. Le poète, sujet et objet de compassion (dans la figure d'Orphée), est *inquiet*, pour lui comme pour les autres, hommes et abeilles. Il est fragile, son art est fragile, comme l'est toute vie, comme le sont les abeilles [1].

Ainsi, si *Les Géorgiques* rencontrent le projet idéologique augustéen, il n'en demeure pas moins que l'art du poète consiste aussi à laisser s'exprimer une part de doute : l'inquiétude vient alors « travailler » les certitudes, pour que les questions auxquelles l'humanité est confrontée soient sans cesse renouvelées, et que les chants résonnent au-delà des limites du temps et de la mort.

## Conclusion

*Les Géorgiques* remplissent et dépassent largement la promesse de leurs premiers vers, en composant un chant de la terre vivante, un poème savant qui célèbre le travail dans le travail de la terre : la peine, l'effort, contribuent à la dignité humaine qu'aucun pouvoir ni aucune divinité ne parviennent à écraser tout à fait. Ainsi, célébrer la terre, la travailler et l'habiter, c'est être humain, et si le poète se fait lui aussi travailleur, soigneux de ses vers comme le laboureur l'est de ses sillons (l'étymologie associe en effet les deux termes, pour lesquels le latin a un même mot : *uersus*), c'est moins pour délivrer des connaissances techniques que pour offrir matière à une riche méditation sur ce qui fait aussi la dignité humaine : un attachement à la terre parce qu'on lui appartient et non

1. Renaud Pasquier, « Le mythe de la bougonie : Aristée, Orphée, Virgile », *Labyrinthe* [en ligne], 40, 2013 (mis en ligne le 1er mars 2015) : journals.openedition.org/labyrinthe/4331 ; DOI : 10.4000/labyrinthe.4331.

l'inverse. Telle est la gloire de Virgile, qui aurait pu reprendre à son compte ces mots de Jean Giono, autre poète de la terre et grand admirateur du Mantouan : « En tête de ces pages de poète, faire simplement mon travail de poète [1]. »



## ORIENTATIONS BIBLIOGRAPHIQUES


### Édition de référence

VIRGILE, *Les Géorgiques*, traduction et notes par Maurice Rat, introduction et dossier par Sylvie Laigneau-Fontaine, GF-Flammarion, 2022.

Le dossier de l'édition fait la part belle au thème du travail.

### Autres éditions

VIRGILE, *Géorgiques*, texte établi et traduit par Eugène de Saint-Denis, introduction et notes de Jackie Pigeaud, Les Belles Lettres, « Classiques en poche », 2002.

VIRGILE, *Œuvres complètes*, édition et traduction par Alain Michel, Philippe Heuzé, Jeanne Dion, Gallimard, « Bibliothèque de la Pléiade », 2015.

VIRGILE, *Le Souci de la terre. Nouvelle traduction des Géorgiques* par Frédéric Boyer, Gallimard, « Blanche », 2019.

### Études critiques

BLANDENET Maëlys, « Le poète-paysan des *Géorgiques* : un homme de culture », *Bulletin de l'Association Guillaume Budé*, 2007, n° 2, p. 123-146.

Cet article très clair explicite et approfondit la portée didactique des *Géorgiques*.

DÉTIENNE Marcel, « Orphée au miel », *Quaderni urbinai di cultura classica*, 12, 1971, p. 7-23.

L'article présente une analyse du mythe d'Orphée.

GRIMAL Pierre, *Virgile ou la Seconde Naissance de Rome*, Arthaud, 1985.

Dans cette biographie historique et littéraire, on pourra s'intéresser particulièrement au chapitre III, consacré aux *Géorgiques* et à l'agriculture dans la vie romaine.

LAFOND Muriel, *Silves latines*, Atlande, « Clefs concours-lettres classiques », 2014 (sur les livres III et IV des *Géorgiques*).

L'étude, qui porte seulement sur les livres III et IV, pose néanmoins les éléments de contexte essentiels et les problématiques principales de l'ensemble du poème.

PASQUIER Renaud, « Le mythe de la bougonie : Aristée, Orphée, Virgile », *Labyrinthe* [en ligne], 40, 2013 : journals.openedition.org/labyrinthe/4331 ; DOI : 10.4000/labyrinthe.4331.

L'article enrichit l'interprétation du mythe d'Orphée à la fin du livre IV.


1. Jean Giono, *Journal* du 15 novembre 1943, in *Journal, poèmes, essais*, P. Citron (dir.), Gallimard, « Bibliothèque de la Pléiade », 1995, p. 361.

# DEUXIÈME PARTIE

## **Weil**

### *La Condition ouvrière*

*par Nadia Taïbi*

# Vie de Weil

**1909 : Naissance de Simone Weil le 5 février à Paris.** Elle est la sœur d'André Weil (1906-1998), futur grand mathématicien.

**1925 :** Reçue au baccalauréat de philosophie. Son frère est premier à l'agrégation de mathématiques à 19 ans.

**1925-1928 :** Élève au lycée Henri-IV. **Elle suit pendant trois ans les cours d'Alain**. Elle rédige ses premiers « Topos » pour la revue d'Alain, *Libre Propos*, et est admise à l'École normale supérieure en 1928.

**1929 :** Publication d'articles pour *Libres Propos* : « De la perception ou l'aventure de Protée » et « Du temps ».

**1931 :** Agrégation de philosophie. Rencontre avec **Urbain et Albertine Thévenon**, deux instituteurs syndicalistes.

**1932 :** Donne régulièrement des cours à la Bourse du travail de Saint-Étienne. Elle écrit de nombreux articles pour *L'Effort* et pour *La Révolution prolétarienne*. Séjourne deux mois à Berlin. Rencontre avec **Boris Souvarine**.

**1933 :** Parution de l'article « Allons-nous vers la Révolution prolétarienne ? » (*La Révolution prolétarienne*, 25 août). Rencontre avec Léon Trotsky.

**1934 :** Rédaction du « Grand Œuvre » : **« Réflexions sur les causes de la liberté et de l'oppression sociale »**. Le 4 décembre, entre à l'usine par l'intermédiaire d'**Auguste Detœuf** et de Boris Souvarine.

**1935 : Travail à l'usine, chez Alsthom, puis chez Renault**. Rencontre avec **Victor Bernard** et rédaction d'un **« Appel aux ouvriers de Rosières »**. Été 1935 : voyage au Portugal ; conversion au christianisme.

**1936 :** 26 avril-6 mai : élections législatives et **victoire du Front populaire**. 8 mai : début du mouvement de grève. 7 juin 1936 : accords Matignon. Publication de l'article **« La vie et la grève des ouvrières métallos »** le 10 juin. 7 août : se rend à Barcelone comme journaliste. Blessée, elle rentre en France le 25 septembre.

**1937 :** Affirme des positions pacifistes. 25 février : conférence sur **« La rationalisation »**. Publication de **« La Condition ouvrière »** dans la revue *Les Nouveaux Cahiers*. À l'occasion du procès de Messali Hadj, elle réaffirme son **anticolonialisme**.

**1939 :** Renoncement au pacifisme. Rédaction de « Quelques réflexions sur les origines de l'hitlérisme » et « L'*Iliade*, ou le poème de la force ».

**1940 :** « Projet d'une formation d'infirmières de premières lignes » ; départ de Paris pour Marseille.

**1941 :** Distribution des ***Cahiers* du groupe Témoignage chrétien. Résistance.** 7 juin : rencontre avec le père Perrin, prêtre dominicain ; début d'entretiens réguliers sur des problèmes religieux. Par son biais, rencontre avec Gustave Thibon, écrivain catholique à qui elle confiera ses cahiers.

**1942 :** Lettres au père Perrin, qui désirait la baptiser, sur son choix de rester au seuil de l'Église. Rédaction d'*Attente de Dieu* et des *Pensées sans ordre concernant l'existence de Dieu*. 14 mai : départ pour New York. Par l'entremise de Maurice Schumann et André Philipp, **elle rejoint Londres le 10 novembre et le Conseil national de la Résistance**. Rédaction des *Écrits de Londres* et de *L'Enracinement*.

**1943 :** Échoue à se faire envoyer en France. **Déclarée tuberculeuse, elle meurt le 24 août à 34 ans.**

# I. Présentation de *La Condition ouvrière*

## A. Le contexte de l'œuvre

### 1. Les années 1930 : la condition ouvrière au cœur des enjeux politiques

Lettres ou articles, les textes rassemblés dans *La Condition ouvrière* [1] constituent de précieux documents pour penser le contexte politique de leur temps. Surtout, ils montrent que la question de la condition des ouvriers est l'enjeu politique majeur des années 1930. Trois années sont clés : 1933, 1934 et 1936.



En Allemagne, où se joue le tournant tragique de la décennie, le sort des ouvriers se trouve au cœur de tous les discours. En 1933, Adolf Hitler devient chancelier d'Allemagne à la faveur des défaites du KPD – le parti communiste – et du SPD – le parti socialiste –, qui entendaient, soit par la réforme, soit par la révolution, émanciper les ouvriers. Le SPD s'abstient de relayer les revendications de la base ouvrière comme il évite, autant qu'il le peut, l'affrontement direct avec l'État ou avec les bandes hitlériennes. La situation de crise économique met fortement à mal la stratégie socialiste. La défiance des ouvriers s'accompagne mécaniquement de celle de la bourgeoisie, qui ne voit plus dans la social-démocratie un médiateur efficace. Elle se tourne alors massivement vers le parti national-socialiste [2]. Le parti communiste allemand n'est pas non plus en mesure de contrer la progression du mouvement hitlérien. Les rapports entre le KPD et le mouvement hitlérien prennent progressivement la forme d'une surenchère dans la propagande nationaliste. Le national-socialisme l'emporte parce qu'il parvient à donner aux ouvriers le sentiment de l'appartenance à une communauté. Aussi cette victoire révèle-t-elle ce que Simone Weil nomme le « déracinement ouvrier » (voir p. 125).

En France, l'année 1934 est marquée par des tensions sociales extrêmement fortes. Le 6 février, des manifestations, organisées par l'extrême droite, éclatent puis dégénèrent en émeutes à travers tout le pays. Dans la capitale, ces affrontements font 16 morts et plus de 300 blessés. La République vacille. Au même moment et jusqu'au 12 février, des centaines de manifestations antifascistes éclatent en France. Durant quatre jours, les forces socialistes et fascistes s'affrontent. Ces affrontements ont pour effet de durcir les positions, à droite comme à gauche. Le 4 octobre,

1. Recueil de textes paru en 1951, après le décès de son auteure, dans la collection « Espoir » dirigée par Albert Camus chez Gallimard.

2. Simone Weil, « La situation en Allemagne », *L'École émancipée*, nos 10, 12, 15, 16, 18, 19, 20, 21, 22, 23, parus de décembre 1932 à mars 1933.

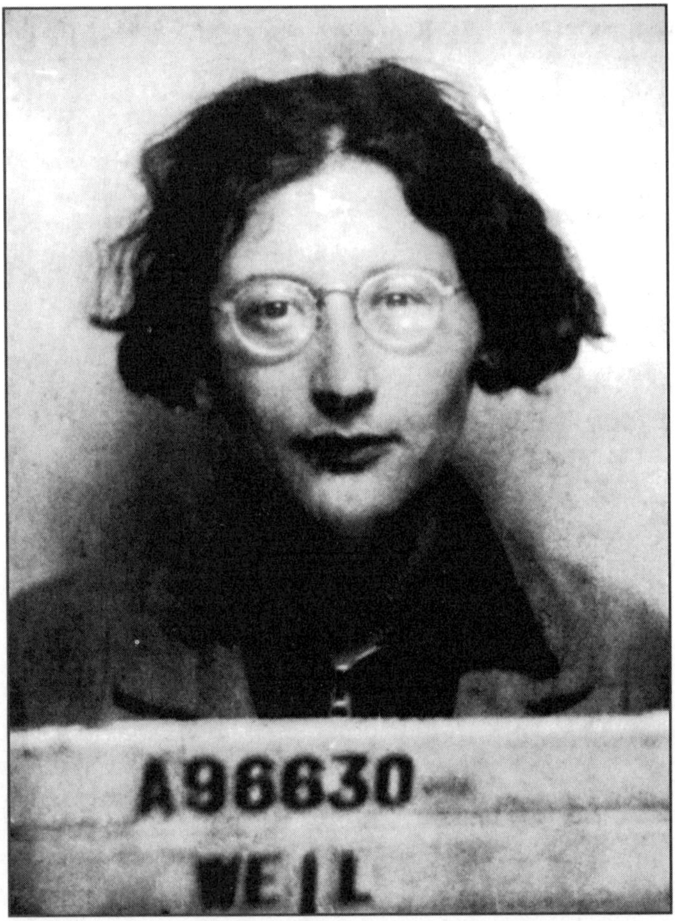


Simone Weil, photographie pour la carte d'identité à l'usine Renault, 1935.
© Photo12 / Archives Snark

Dans son article « Expérience de la vie d'usine », Simone Weil fait directement référence à cette carte d'identité et surtout au numéro de « matricule » qui servait à compter et à répartir les ouvriers sur les chaînes de montage. Le sien, A966306, est au moins associé à son nom (presque effacé sur l'image), ce qui n'est pas le cas pour tous les travailleurs. Simone Weil obtient cette carte non sans difficulté. En effet, il était presque impossible de rentrer chez Renault sans certificat de travail. Elle finit par obtenir une place chez Alsthom grâce à la recommandation de Boris Souvarine auprès d'Auguste Detœuf, administrateur de la société, ce qui lui donnera ensuite la possibilité d'être embauchée chez Renault. Sitôt obtenue, la carte d'identité est à la fois un graal et une marque d'infamie. Tout comme en prison, il faut « montrer en entrant une carte d'identité où l'on se trouve photographié avec un numéro sur la poitrine, comme un forçat » (« Expérience de la vie d'usine », p. 233). Cette pratique dégradante souligne de manière évidente le mépris pour la singularité du travailleur. Le matricule indique en effet la qualification de l'ouvrier en fonction d'une terminologie propre à chaque ensemble industriel. Les signes utilisés permettent une surveillance et une répartition de la main-d'œuvre plus efficace à l'intérieur de l'usine et, le cas échéant, entre les usines. Aussi, celui qui contrevient à la discipline dans une de ces grandes usines se condamne à ne pas pouvoir travailler dans une autre. Au plus bas de l'échelle, pour les travailleurs étrangers, le numéro se substitue totalement au nom et au prénom.

peu avant le congrès du parti radical, Maurice Thorez, Renaud Jean et d'autres représentants du parti communiste français appellent à la « création d'un large front populaire », qui aboutit en 1936 au gouvernement du Front populaire. En mai 1936, des grèves massives paralysent le pays et mènent le 7 juin aux accords Matignon, qui entérinent la reconnaissance de la liberté syndicale, des élections des délégués du personnel, la signature de conventions collectives, la semaine de 40 heures, deux semaines de congés payés par an et une augmentation des salaires.

## 2. Être ouvrier en 1934-1935



Simone Weil expérimente la vie ouvrière de décembre 1934 à juin 1935. Elle ne veut pas s'en tenir aux témoignages des théoriciens, comme elle l'écrit à son amie Albertine Thévenon. En effet, ceux-là n'ont jamais mis les pieds à l'usine et prétendent pourtant connaître la condition des ouvriers. Au contraire, son application à rendre compte de la situation réelle des ouvriers permet de comprendre concrètement et de l'intérieur ce que signifie être ouvrier en 1934.

L'organisation du travail, du moins dans les grandes usines, s'inspire du modèle de Taylor initié dans les usines Ford depuis les expériences menées dans les abattoirs de Chicago. Le caractère répétitif et machinal des tâches à accomplir donne aux ouvriers le sentiment d'être des « pièces interchangeables » (« Expérience de la vie d'usine », p. 233). Ainsi, l'ouvrier à la chaîne ne pense pas son travail en termes de métier, mais se le figure plutôt en une série de tâches à réaliser ou de bons [1] à couler. Sentiment aggravé par l'absence de garantie concernant le salaire alloué et la précarité de l'embauche, comme Simone Weil le raconte à Boris Souvarine : « Jusqu'à 4 h j'ai travaillé au rythme de 400 pièces à l'heure [...]. À 4 h, le contremaître est venu me dire que si je n'en faisais pas 800, il me renverrait » (« Lettre à B. Souvarine », p. 77). Il faudra aussi attendre les accords Matignon pour obtenir de manière statutaire la limite du temps de travail à 40 heures par semaine. Les journées sont donc très longues et variables en fonction des besoins de la production. Enfin, ni les accidents de travail ni les maladies ne donnent lieu à la moindre protection.

1. Jean Tavernier dans sa « Note sur le calcul du salaire » donne quelques précisions sur ce système de rémunération en fonction des éléments donnés par Simone Weil dans son journal. « Chacun des travaux qu'elle exécutait, était défini par un "bon" qui précisait : – le nombre et la nature des pièces à réaliser ; – le montant du salaire attribué pour chaque pièce, que Simone Weil exprimait sous forme d'un pourcentage. 0,84 % signifie 0,84 F pour cent pièces, ou 0,84 centime par pièce. Ce salaire par pièce était déterminé par le "chrono", qui se basait pour cela sur des chronométrages effectués sur des travaux similaires. [...] Le bon était considéré comme "coulé" si le nombre de centimes par pièce multiplié par le nombre de pièces réalisées en une heure était inférieur à 3 F. », in Simone Weil, *Écrits historiques et politiques*, t. II, vol. 2, Gallimard, « Espoir », 1998, p. 166-167.

## Une philosophe à l'usine : singularité de la démarche

**Les prêtres ouvriers :** L'entre-deux-guerres voit la naissance de la Jeunesse ouvrière chrétienne au sein de laquelle des aumôniers prennent conscience que la paroisse traditionnelle est coupée du milieu ouvrier déchristianisé. Ces mouvements de jeunesse forment alors des militants qui prolongent leurs engagements dans des mouvements religieux ou des structures syndicales. Après 1945, un certain nombre de prêtres commencent à vivre leur ministère en usine. Bien que non-membres du parti communiste, ils manifestent régulièrement à ses côtés et participent aux grèves.

**Les établis maoïstes :** Au cours de l'année 1966, l'UJC (Union des jeunesses communistes) prend forme autour d'étudiants de l'École normale supérieure de la rue d'Ulm, proches du philosophe Louis Althusser. Le groupe s'enthousiasme pour la Révolution culturelle chinoise alors en cours, et entreprend de diffuser les écrits de Mao Zedong. L'organisation considère l'enquête militante comme centrale pour comprendre les comportements de la classe ouvrière et favoriser son organisation sur des bases révolutionnaires. Elle sera pensée et adaptée sous le nom d'une pratique originale : « l'établissement ». Ce terme renvoie à la fois à l'outil de travail des ouvriers et au fait de s'établir concrètement au sein du prolétariat, dans les usines et les campagnes, pour élaborer un travail d'organisation immanent à la classe, en accentuant la lutte contre les tendances réformistes et révisionnistes.

**Une philosophe à l'usine :** Weil ne s'en tient pas à cette dimension syndicale et militante. Elle n'entend pas éprouver les structures collectives de l'exploitation. Son propos est de déceler les formes objectives de l'oppression qui ne sont pas réductibles aux effets économiques et sociaux. Ainsi, elle confie à Boris Souvarine à propos de ses difficultés comme manœuvre à l'usine : « ces souffrances, je ne les ressens pas comme miennes, je les ressens en tant que souffrances des ouvriers » (« Lettre à B. Souvarine », p. 79-80). Ces souffrances sont des expressions possibles de l'humanité. En ce sens, la valeur de l'engagement est philosophique. Il porte sur l'inquiétude suivante : que deviennent les hommes à l'usine ?

### 3. Penser l'oppression sociale : de l'exploitation à l'oppression

Simone Weil, dans *La Condition ouvrière*, ne veut pas seulement fustiger l'exploitation des ouvriers. L'exploitation économique peut être traduite par la faiblesse du statut des ouvriers. En effet, le statut définit son état de salarié. La précarité de son existence s'inscrit dans un système global de misère économique. Toutefois, l'humiliation imposée à l'ouvrier réside en l'oppression qu'il subit. L'oppression ne tient pas principalement aux défauts de reconnaissance économique et sociale, même si ce manque n'est pas acceptable. Plus profondément, l'oppression traduit un défaut de reconnaissance, un abaissement de l'homme qui se perçoit désormais comme « une bête de somme [1] ». La propriété des moyens de production, l'évolution des salaires, la question des profits ou la durée du temps de travail doivent être repensés de manière à ménager aux ouvriers un statut plus équilibré. Cependant, cela ne peut suffire à comprendre « la racine du mal » à l'usine, c'est-à-dire le fait que les moyens (les choses, les pièces à fabriquer) priment sur les fins (les hommes, les ouvriers). L'oppression réside justement en cette inversion des valeurs que traduit l'humiliation subie par la pensée. En effet, la servitude de l'ouvrier tient à la place qui est décidée pour lui dans l'organisation de la production. Celle-ci exclut le travail comme mise en forme de la matière par la pensée. Pour le supporter, il faudrait presque laisser « son âme dans la case où on met le carton de pointage » (« La vie et la grève des ouvrières métallos », p. 162) et la reprendre à la sortie. C'est là le sens de la distinction entre exploitation de la classe ouvrière et oppression des ouvriers. Simone Weil ne dresse pas le bilan économique de l'organisation du travail à l'usine, mais cherche à comprendre sa signification du point de vue de l'homme.

## B. Situation de *La Condition ouvrière* dans l'œuvre de Weil

*La Condition ouvrière*, dont les textes rassemblés permettent de penser l'expérience ouvrière de Simone Weil durant l'année 1934-1935, est centrale dans son œuvre. Sur le plan de la méthode, ces textes figurent une manière propre de faire de la philosophie : l'exposition. On distingue le fait de s'exposer de celui de s'engager. On s'expose pour prendre en soi ce qui se produit dans la réalité alors que l'on s'engage pour démontrer une conviction ou une théorie. Il importe pour la philosophe de penser le réel *de l'intérieur* à partir des impressions que nous pouvons comprendre par l'exercice sans cesse affirmé d'un questionnement lucide. La philosophie n'est donc pas affaire d'abstractions. Sur le plan conceptuel

1. Simone Weil, « Journal d'usine », in *La Condition ouvrière*, Gallimard, « Folio Essais », 2002, p. 103-104. Rappelons que cette section ne fait pas partie des textes au programme.

WEIL

## La nature de l'œuvre

*La Condition ouvrière* n'est pas un essai théorique dont l'objet serait de dévoiler la réalité du travail ouvrier à l'usine entre 1934 et 1936. Il s'agit d'une œuvre philosophique dont la forme singulière traduit la manière propre qu'a Simone Weil de penser le réel. Professeure de philosophie, elle entend ne pas s'en tenir à la lecture des grands auteurs, même si elle est parfaitement nécessaire : les réflexions doivent être en prise avec l'époque. La pensée philosophique se forme par le contact avec la « vie réelle ». Les concepts tels que « l'exploitation » ou « l'oppression sociale » ne disent rien du réel si on ne les perçoit que de l'extérieur comme des notions abstraites. Weil expose ses motifs en ces termes : « quand je pense que les grrrands [*sic*] chefs bolcheviks prétendaient créer une classe ouvrière *libre* et qu'aucun d'eux [...] n'avait sans doute mis le pied dans une usine et par suite n'avait la plus faible idée des conditions réelles qui déterminent la servitude ou la liberté pour les ouvriers – la politique m'apparaît comme une sinistre rigolade » (« Trois lettres à A. Thévenon », p. 51).

*La Condition ouvrière* est une œuvre composée de lettres et d'articles rédigés autour et pendant l'expérience de Weil à l'usine, durant sept mois, de décembre 1934 à juin 1935. En langage contemporain, nous dirions qu'il s'agit d'écrits d'interpellation où Simone Weil rend compte de ce que cela fait concrètement de ne « compter pour rien » (« Lettres à V. Bernard », p. 102) ou d'être pris dans « les rouages » (« La rationalisation », p. 197) d'une immense machine. Toutefois, les lettres, articles et conférences revêtent à chaque fois une dimension philosophique profonde où nous pouvons comprendre ce qui se joue de l'époque : l'humiliation des hommes (ici, les ouvriers) et l'inversion des fins et des moyens. Se dévoilent les errements techniques et la violence de la rationalisation comme l'impossibilité de vivre en fraternité dans une communauté ouvrière plus fantasmée que réelle. Ce dévoilement est favorisé par la multiplicité des points de vue engagés dans les textes. L'exercice de la pensée requiert deux qualités fondamentales : la capacité de percevoir pleinement le réel sous tous ses aspects et le courage de ne renoncer à aucun d'eux. Par exemple, Victor Bernard et Auguste Detœuf sont des ingénieurs, patrons d'usine, quand Albertine Thévenon est une militante syndicaliste révolutionnaire. Or, pour comprendre la réalité du problème ouvrier, il est légitime de discuter avec les uns comme avec l'autre. L'engagement philosophique n'a d'autre fin que de chercher à dire le vrai, ce qu'elle traduit ailleurs en ces mots : « Rien au monde ne peut nous empêcher d'être lucide[1]. »

---

1. Simone Weil, « Perspectives. Allons-nous vers la Révolution prolétarienne ? », in *Écrits historiques et politiques*, t. II, vol. 1, *op. cit.*, p. 181.

se dessine dans *La Condition ouvrière* un prolongement de l'idée développée en 1934 dans les *Réflexions sur les causes de la liberté et l'oppression sociale* dont Weil dira que c'est là son « Grand Œuvre ». Il lui apparaît en effet que « l'oppression » doit être distinguée de l'exploitation et que la question centrale est celle de la place réservée à la pensée dans l'organisation du travail. Ces réflexions sur le travail mettent également en exergue la question de la force telle qu'elle sera reprise notamment dans l'emblématique *Iliade, ou le poème de la force* en 1939. La philosophe aboutit enfin à penser le travail authentique comme mise en forme de la matière, rapport véritable au monde par la compréhension des limites de notre action sur lui, tel que l'expose son ultime texte, *L'Enracinement*. Le travail est l'activité par laquelle s'exprime au mieux la condition humaine. Il doit être placé « au centre de la civilisation ». Travailler permet d'éprouver la nécessité du monde.



## C. Penser le réel

### 1. Une philosophe en contact avec la « vie réelle »

L'exigence de Simone Weil porte sur l'obligation de formuler une pensée du réel. Ainsi, penser, c'est agir. L'action traduit alors l'engagement du penseur, mais non au sens où nous entendons communément le fait d'être un intellectuel engagé. Simone Weil ne cherche pas à traduire des convictions partisanes ou militantes ; elle ne demande pas à l'expérience de confirmer ses intuitions. Son engagement vise au contraire à rendre compte des contradictions auxquelles expose la variété des situations pratiques, par opposition aux postures théoriques. Cependant, il implique aussi, comme philosophe, de rechercher la vérité. Or la vérité est « l'éclat de la réalité » ; c'est pourquoi « désirer la vérité, c'est désirer un contact direct avec la réalité » [1]. D'où le reproche adressé aux penseurs de la condition ouvrière qui n'en sont que les théoriciens. Il faut trouver un langage propre qui permette de traduire non plus « l'imagination » mais « la réalité » ou les impressions (« Trois lettres à A. Thévenon », p. 50). Le penseur doit donc être le contemporain de son époque. Ainsi, durant l'année 1934-1935, Simone Weil prend congé de ses obligations d'enseignante dans le secondaire et travaille comme ouvrière chez Alsthom puis chez Renault. Elle découvre alors une réalité existentielle et sociale dont les aspects les plus tragiques sont masqués par des discours idéologiques. En général, comme elle l'écrit à Georges Bernanos en 1938, « se trouve[r] à l'arrière » est la position qui « [lui] a toujours fait le plus horreur » [2]. Ce « contact avec la vie réelle » n'est pas une possibilité

1. Simone Weil, *L'Enracinement ou Prélude à une déclaration des devoirs envers l'être humain*, Flammarion, « Champs », 2014, p. 306-307.

2. Simone Weil, *Œuvres*, éd. F. de Lussy, Gallimard, « Quarto », 1999, p. 406.

indifférente sur le plan moral. Simone Weil parle volontiers de « nécessité intérieure », dont le sens est moins de souligner l'unicité de son cheminement que la volonté de l'inscrire au maximum dans les structures imposées par l'époque. S'exposer constitue alors l'unique alternative. Être de son temps implique de mesurer la portée de telle situation et de se montrer à la mesure de la vocation qu'elle suscite. Cette adéquation suppose de tenir fermement deux exigences qui peuvent sembler incompatibles : penser le réel présent et garder à l'esprit une définition incorruptible de l'humanité. Cette tension peut être saisie dans l'usage du concept de « *modificabilité* [1] », qui traduit l'exposition de l'homme aux circonstances extérieures et sa manière d'être modelé par elles. Ainsi, Simone Weil se fait à elle-même la réflexion suivante alors qu'elle rédige son *Journal*, durant la septième semaine de travail à l'usine : « Effroi qui me saisit en constatant la dépendance où je me trouve à l'égard des circonstances extérieures : il suffirait qu'elles me contraignent un jour à un travail sans repos hebdomadaire – ce qui après tout est toujours possible – et je deviendrais une bête de somme, docile et résignée (au moins pour moi). Seul le sentiment de fraternité, l'indignation devant les injustices infligées à autrui subsistent intacts – mais jusqu'à quel point tout cela résisterait-il à la longue [2] ? »

## 2. Être lucide : un devoir moral

Le « contact avec la vie réelle » implique l'exercice d'un jugement lucide. La lucidité n'est pas simplement une qualité intellectuelle grâce à laquelle on distingue le vrai du faux ; c'est un devoir moral qui permet de résister au mal. Le mal naît de la confusion du jugement. Aveuglés par des intérêts qui nous paraissent fondamentaux (l'argent ou le prestige, par exemple), nous perdons de vue la valeur absolue des hommes et de leur dignité. C'est pourquoi le philosophe doit s'efforcer de comprendre le réel : il en va de sa responsabilité. La radicalité de la position de Simone Weil repose sur le fait ultime que « [r]ien au monde ne peut nous interdire d'être lucide [3] ». Même si nous ne pouvons que fléchir devant les rapports de force, nous devons cependant chercher à les faire apparaître sans gommer leurs complexités. Il serait en effet désastreux, sur le plan de l'intelligence, de renoncer aux contradictions présentes sous le prétexte qu'elles pourraient rendre caduques des conceptions abstraites ou des repères permanents. Weil insiste : « un progrès décisif serait réalisé, si l'on se décidait à exposer honnêtement les contradictions

---

1. Cette expression figure notamment dans les *Cahiers (septembre 1941-février 1942)*, in *Œuvres*, A. A. Devaux et F. de Lussy (dirs), t. VI, vol. 2, Gallimard, 1997.

2. Simone Weil, « Journal d'usine », in *La Condition ouvrière*, « Folio Essais », p. 103-104.

3. Simone Weil, « Perspectives. Allons-nous vers la Révolution prolétarienne ? », éd. citée, p. 281.

essentielles à la pensée au lieu de chercher vainement à les écarter[1] ». À ce titre, l'engagement pratique prôné par l'attitude philosophique n'est en rien assimilable à un engagement social ou politique qui impliquerait de trancher parmi les possibles de manière plus ou moins aveugle. L'engagement philosophique est d'une autre nature que la décision politique. Pour être subversif, le discours philosophique ne peut être partisan. C'est là sans doute une difficulté non seulement intellectuelle, mais aussi existentielle, la pensée tenant le confort pour un ennemi ancestral. Sitôt que le penseur se trouve en un lieu où ses réflexions sont entendues sans être débattues, il a renoncé à la philosophie.



## D. Notions importantes dans *La Condition ouvrière*

### 1. La rationalisation ou la réduction de la raison au calcul

« Le mot de "rationalisation" est assez vague. Il désigne certaines méthodes d'organisation industrielle, plus ou moins rationnelles d'ailleurs, qui règnent actuellement dans les usines, sous diverses formes » (« La rationalisation », p. 195), indique non sans ironie Simone Weil dans sa conférence de 1937. Rationalisation est synonyme de taylorisation, « parce que c'est Taylor qui en a trouvé l'essentiel, qui a donné l'impulsion et marqué l'orientation de cette méthode de travail » (*ibid.*, p. 202-203). De son point de vue, le travail de l'ouvrier ne doit plus dépendre ni des contingences de sa personnalité ni de la persuasion des chefs ou du patron. Il doit être au contraire l'effet d'un système où la tâche, seul élément objectif, est au centre. Taylor propose quatre mesures par lesquelles ce système pourrait être réalisé. Premièrement, il faut remplacer les « anciennes méthodes empiriques » par une science ; deuxièmement, « spécialiser, former et entraîner l'ouvrier plutôt que de le laisser choisir son métier comme autrefois et l'apprendre comme il pouvait » ; troisièmement, contrôler que le travail soit bien effectué suivant ces principes (il faudra donc « suivre de près chaque homme ») ; enfin, quatrièmement, partager la tâche entre direction et ouvriers, étant entendu que « la direction se charge de tout ce qui dépasse la compétence »[2] des ouvriers. En somme, un mode de production idéal et « rationnel » exclut toute forme de décision personnelle. Il ne dépend pas non plus de la nature des biens produits. Il doit au contraire convenir à tous et à tous les produits, qu'il s'agisse d'ailleurs de biens matériels ou de données intellectuelles. La quantité doit pouvoir se substituer absolument à la qualité. Taylor entend que les modes de production reposent

1. Simone Weil, « Quelques réflexions autour de la notion de valeur », *Œuvres*, éd. citée de F. de Lussy, p. 126.
2. F. W. Taylor, « Principes d'organisation scientifique des usines », *Revue de métallurgie*, trad. J. Royer, éd. H. Le Chatelier, H. Dunod et E. Pinat, 1911, p. 53.

## Les textes au programme

### Correspondances

**Trois lettres à Albertine Thévenon (15 janvier - fin décembre 1935)**

À son amie syndicaliste, Simone Weil transmet d'abord la difficulté à traduire son expérience. Ce qui est changé n'est pas un ou deux aspects de ses conceptions, mais sa « perspective sur les choses » (p. 50). Il s'agit de la « réalité » et non plus de « l'imagination ». Les lettres s'appliquent à décrire les difficultés morales et physiques (*ibid.*) à l'usine : le fait que « le sentiment de [sa] dignité » est brisé sous « le coup d'une contrainte brutale et quotidienne » (p. 59). Les ordres et la vitesse entraînent cette brutalité (p. 60).

**Lettre à Nicolas Lazarévitch (9-17 mars 1935)**

Nicolas Lazarévitch a lui-même une expérience ouvrière militante (p. 64-65). Or Weil lui rapporte que les préoccupations syndicales sont absentes du quotidien des ouvriers (p. 67).

**Lettre à Simone Gibert (9-17 mars 1935)**

Simone Gibert est une ancienne élève de Weil. Le ton est protecteur. Weil évoque les difficultés propres au travail des femmes pour pointer assez vite les facteurs d'humiliation vécue par tous : nature des tâches et « subordination perpétuelle » (p. 72). Elle revient sur les motifs de son expérience à l'usine, parmi lesquels la possibilité d'échapper à un « monde d'abstractions » (*ibid.*) pour être avec des « hommes réels ». Elle établit alors une distinction importante entre vivre de « sensations » et être dans « l'activité » (p. 73), prolongée par une réflexion sur l'amour (p. 74-75).

**Lettre à Boris Souvarine (12 avril 1935)**

Après une description précise de l'arbitraire des ordres et des salaires à l'usine (p. 77-78), cette lettre place au centre la dimension philosophique de l'expérience, où il s'agit de définir la nature du malheur ouvrier par-delà les impressions individuelles (p. 79-80).

**Lettres à Victor Bernard (13 janvier - mi-juin 1936)**

Victor Bernard a refusé un article rédigé par Simone Weil à l'adresse des ouvriers dans le journal de son usine. À l'occasion de ce refus, Weil revient sur l'idée d'une éducation populaire. Elle développe le principe pédagogique suivant lequel, « pour élever quelqu'un [...], il faut d'abord l'élever à ses propres yeux » (p. 90). Cette attention portée à la connaissance doit permettre de critiquer les positions d'autorité brutale incarnées par les « chefs » (p. 99-102). De la même façon, Simone Weil affirme sa défiance à l'égard de mouvements révolutionnaires qui échoueraient à émanciper les ouvriers, à défaut de repenser les rapports de subordination au travail (p. 105-106). L'idéal duquel on peut progressivement se rapprocher serait celui d'une « coopération pure » (p. 112) entre les ouvriers et les ingénieurs.

**Lettre à Boris Souvarine à propos de Jacques Lafitte (janvier 1936)**

Le propos concerne ici la science des machines, et notamment les fameuses « machines réflexes » (p. 139).

**Deux lettres à Jacques Lafitte (fin mars - avril 1936)**

Les réflexions portent sur l'usage des machines : elles doivent permettre d'« entrer en contact avec [la nature] » et prendre en charge le travail servile (p. 144).

**Lettres à Auguste Detœuf (10-19 juin 1936)**

Simone Weil propose une définition d'une « discipline humaine » non fondée sur la soumission, et par contraste tente d'exposer les motifs des grèves et des occupations d'usine (p. 177-178). De son point de vue, la reprise du travail ne peut être effective que si les ouvriers ont « l'impression d'une victoire » (p. 178). Ce temps de grève doit permettre de réfléchir à un équilibre nouveau entre les chefs et les ouvriers, où les responsabilités seraient partagées (p. 181).

## Articles et conférence

**Un appel aux ouvriers de Rosières (décembre 1935)**

Ce texte devait être rédigé dans le journal *Entre nous*, où les ouvriers auraient pu exprimer leurs pensées et doléances et dialoguer avec la hiérarchie de l'usine. Simone Weil en expose ici le bien-fondé.

**La vie et la grève des ouvrières métallos (10 juin 1936)**

Cet article, publié dans *La Révolution prolétarienne*, porte sur la grève et le sentiment principal qui en résulte : la joie « pure [...] sans mélange » (p. 165), celle de disposer de son temps, de pouvoir « respirer » par contraste avec le quotidien que Weil décrit ici (p. 153-163) : pendule de pointage, vestiaire, paie, faim, fatigue, peur et présence du chef. L'article pose enfin le problème de savoir limiter les revendications pour les rendre effectives sans pour autant que cela « efface la joie » (p. 171).

**La rationalisation (23 février 1937)**

Ce texte est la transcription d'une conférence prononcée devant un auditoire ouvrier. Sa visée est d'abord pédagogique : définir la rationalisation (p. 195-196), montrer l'importance de la question de l'organisation du travail (p. 201-202) et comment le régime actuel se fonde sur la « taylorisation » pour « rédui[re] les ouvriers à l'état de molécules » (p. 216).

**Expérience de la vie d'usine (début 1936 puis 1941)**

Simone Weil revient dans cet article sur son expérience à l'usine d'avant 1936, qui lui semble mieux refléter « la condition prolétarienne » (p. 223). Elle reprend les formes de l'humiliation subie par les ouvriers, au centre desquelles elle situe la cadence imposée et l'impossibilité de penser (p. 226-231).

**La condition ouvrière (30 septembre 1937)**

Cet article est écrit dans le cadre de plusieurs réflexions sur la condition ouvrière dans différents pays, rédigées dans la revue *Les Nouveaux Cahiers*. Weil y dévoile des différences notables dans le traitement des ouvriers (p. 251-252) et l'obligation de prendre au sérieux l'idée de « réforme » plutôt que de « grands bouleversements ». Les réformes s'inscrivent dans une perspective plus large et doivent permettre de repenser les rapports entre la production et la consommation.

**Condition première d'un travail non servile (avril 1942)**

Weil questionne ici le sens de « l'idée révolutionnaire » (p. 264), qui ne lui semble pas opérante comme remède au « malheur » ouvrier, mais agit comme un « stupéfiant ». L'article ouvre une perspective plus spirituelle : la « beauté » (p. 266) ou la « poésie » (p. 267) est ce dont a besoin l'ouvrier. Elle correspond à la situation d'être maintenu dans un univers sans « finalité » (*ibid.*) et ne peut se résoudre qu'en se tournant vers Dieu.

sur le calcul. Aussi, la rationalisation rabat la raison sur le simple calcul. Tout doit être réductible à de la quantité : quantité de temps, nombre de pièces, argent. Le travail doit prendre un minimum de temps, et ce faisant il devient nécessairement une tâche qui exclut hésitation, tâtonnement et pensée. La rationalisation définit donc une deuxième révolution industrielle. La première avait consisté en « l'utilisation scientifique de la matière inerte et des forces de la nature », quand la seconde se définit par « l'utilisation scientifique de la matière vivante, c'est-à-dire des hommes » (« La rationalisation », p. 196). Les conséquences d'une telle révolution pour le travailleur montrent bien que le problème ouvrier repose sur la nature du travail qu'il accomplit. La rationalisation n'est pas une réflexion sur la place de la technique dans la production industrielle, mais une stratégie pour augmenter la productivité. Il ne faut pas attendre de Taylor qu'il dévoile l'essence de la technique industrielle ni qu'il livre une étude scientifique des modes de production. Taylor prétend fonder une nouvelle espèce d'homme « normalisé ». D'ailleurs, comme le rapporte Simone Weil, c'est une idée courante : « Ford dit bien qu'il ne pourrait pas passer une journée entière à un seul travail de l'usine, mais qu'il faut croire que ses ouvriers sont autrement faits que lui, parce qu'ils refusent un travail plus varié » (*ibid.*, p. 217). La rationalisation implique une standardisation des produits qui implique à son tour une standardisation des travailleurs.

## 2. L'ennui : la monotonie du travail à l'usine

Comme phénomène métaphysique, l'ennui est traditionnellement présenté sous une forme ambivalente : il est à la fois ce que les hommes rejettent pour le vide qu'il signale dans l'existence, et il fournit en creux l'énergie nécessaire à leurs implications dans le champ social. L'ennui naît donc à la fois de la contemplation de la condition humaine et des efforts mis en œuvre pour le fuir. En effet, il est commun d'admettre que la vérité de la condition humaine se trouve dans l'expérience de l'ennui. L'indifférence aux choses provoque en effet leur indifférenciation : rien ne les distingue parce que entre elles et celui qui s'ennuie, il n'y a rien. Ennui « provient de *est mihi in odio*, ce m'est en haine, par le substantif *inodium*, qui assimile tout objet à l'objet de la haine [1] ». Il ne faut pas comprendre cette haine comme une passion ou une intention puisque, précisément, elle suspend toute passion et toute intention. « Il faut l'entendre bien plutôt comme un radical inintérêt : celui qui cède à l'ennui et désormais en procède hait (*est mihi in odio*) parce que rien ne fait de différence pour lui (*nihil interest mihi*) [2] ». Le « *Je* qui s'ennuie » s'abandonne lui-même, ne se laissant plus appeler par rien, ni même par

1. Jean-Luc Marion, *Réduction et donation. Recherches sur Husserl, Heidegger et la phénoménologie*, PUF, « Épiméthée », 1989, p. 287.
2. *Ibid.*

lui-même ; « il devient impersonnel » : « je ne suis plus, *Je* "est", qui régresse du rang d'acteur à celui de spectateur désengagé d'un monde repoussé »[1].

Que se passe-t-il à l'usine ? Comment se traduit ce « désert » ? L'ennui propre à l'organisation du travail à l'usine est en lui-même un remède, une réponse à la forme existentielle de l'ennui empreinte de la nécessité. Il se substitue à ce dernier, dont la signification est de produire une union de l'homme avec lui-même par un processus d'abandon de la personnalité. D'ailleurs, comme le souligne Simone Weil, il est « inévitable et convenable qu'il y ait dans le travail de la monotonie et de l'ennui », la monotonie du travail n'est en fait « qu'une forme » de « la peine » qui est « notre partage » (« Expérience de la vie d'usine », p. 245). À condition de pouvoir exercer sa pensée, l'ennui est un vecteur nécessaire à la compréhension de la beauté de l'existence. La substitution opérée à l'usine entre ces deux formes d'ennui fait de l'usine un lieu qui se substitue lui-même au monde, de la même façon que, dans le mythe de la caverne raconté par Platon, les ombres s'imposent comme des êtres réellement existants. L'ennui est produit par la répétition des mouvements et l'inachèvement des tâches : le sentiment, en général, de ne compter pour rien[2]. L'ennui n'offre aucune prise réelle à l'ouvrier ; tout est décidé au-dessus de lui. Aussi, la soumission et la monotonie des tâches à accomplir en sont les deux sources principales. L'organisation produit une forme propre de fatigue, un état semi-conscient (Simone Weil parle de « demi-rêve[3] ») qui tient à l'effort constant de l'ouvrier pour se maintenir à sa tâche. Simone Weil déplore ce renoncement à la pensée et remarque que le « tragique de la situation » est cet état intermédiaire où « le travail est trop machinal pour offrir matière à la pensée, et [...] interdit toute autre pensée » (« Lettre à S. Gibert », p. 71). L'ennui naît de l'exclusion du hasard, car cela signifie exclure le jeu comme espace de probabilité ou de risque. Cette prise de risque rend possible une adaptation par tâtonnement, qui devient plus assurée à mesure que se perfectionnent les moyens techniques. Simone Weil place donc l'ennui au centre des maux : il naît de la forme dégradée d'attention requise pour exécuter les tâches et produit le déracinement ouvrier.

### 3. Le déracinement ouvrier : « ne pas être chez soi » à l'usine

Le lieu du travail est strictement un lieu de production, comme si l'usine avait été conçue en dépit de l'ouvrier. Ainsi, il y fait en général très froid – surtout dans les vestiaires –, mais il existe aussi des endroits où l'on suffoque, par exemple si on travaille sur une « machine placée devant une

1. *Ibid.*
2. Simone Weil, « Journal d'usine », in *La Condition ouvrière*, « Folio Essais », p. 170.
3. *Ibid.*, p. 123.

Grève de 1936 sur le site de l'usine Renault.
© Agence Meurisse / BnF

L'avènement du Front populaire aux élections législatives d'avril et mai 1936 donne aux ouvriers des espoirs immenses. Le 1er mai 1936, d'importants mouvements de grèves ont lieu : notamment 120 000 métallurgistes de la région parisienne cessent le travail. Le 29 mai, l'usine Renault est occupée. Les grévistes revendiquent la semaine de 40 heures, les congés payés, une augmentation des salaires et la reconnaissance des délégués ouvriers. Cependant, on perçoit d'abord sur cette photo les sourires et l'ambiance qui semble être à la fête. Comme Simone Weil l'écrit dans « La vie et la grève des ouvrières métallos », le 10 juin 1936 : « Enfin, on respire ! C'est la grève chez les métallos » (« La vie et la grève des ouvrières métallos », p. 153). La grève signifie d'abord ce moment de respiration, ce moment d'arrêt où il devient possible d'aller et venir dans les ateliers, où l'on peut boire et manger dans l'usine, amener sa famille, se réapproprier le lieu où, habituellement, huit heures par jour, on est comme un étranger. Aussi, c'est la « joie » qui domine : « Joie de vivre, parmi ces machines muettes, au rythme de la vie humaine – le rythme qui correspond à la respiration, aux battements du cœur, aux mouvements naturels de l'organisme humain – et non à la cadence imposée par le chronométreur » (*ibid.*, p. 166). On perçoit clairement sur cette image ce qui se joue d'essentiel dans la grève. Les liens de fraternité entre les ouvriers et le sentiment de leur propre dignité donnent enfin du sens au travail à l'usine. Ils ont relevé la tête.

bouche à air chaud [1] ». L'usine est un lieu inhabitable, sauf les jours de grève où la joie (« La vie et la grève des ouvrières métallos », p. 165-166) permet alors de transformer ce lieu d'habitude étranger en un espace occupé.

L'usine, qui est au centre de la vie de l'ouvrier, n'est en même temps rien pour lui. Il n'y a aucun espace pour se tenir en dehors des gestes mécaniques du travail, comme il n'y a point de place pour la pensée : « Les jours de pluie battante, spectacle singulier de voir le troupeau des femmes arrivées avant que ça "ouvre", rester debout sous la pluie à côté de cette petite porte ouverte en attendant la sonnerie (cause, les vols ; cf. réfectoire). Aucune protestation, aucune réaction [2]. » La porte est ouverte mais il faut attendre que « ça ouvre » : c'est là en effet un « spectacle singulier ». L'ouvrier est autorisé à se rendre à l'usine comme il peut entrer dans une maison dont il serait l'hôte provisoire (privilégié en temps de crise).

Les structures de l'usine mettent en œuvre une logique de « déracinement ». Cette notion complexe éclaire le sentiment d'exil, l'incapacité à composer un monde en dehors des contraintes journalières, qui de ce fait deviennent les seules garantes d'ordre et de stabilité. La précarité du travailleur des grandes usines est alors le seul fond sur lequel l'ouvrier peut se projeter. Simone Weil montre comment, en effet, les ouvriers ne peuvent se sentir chez eux à l'usine, d'autant que ce sentiment se répète partout où ils cherchent à séjourner. Ainsi, « ils ne sont chez eux ni dans les usines, ni dans leurs logements, ni dans les partis et syndicats soi-disant faits pour eux, ni dans les lieux de plaisir, ni dans la culture intellectuelle s'ils essayent de l'assimiler [3] ». Les revendications des ouvriers doivent d'abord se lire à la lumière de ce sentiment. La lutte pour la nationalisation et le contrôle de l'embauche prennent alors leur source dans la crainte du « déracinement total [4] », c'est-à-dire du chômage. Le déracinement ouvrier, qui traduit le malheur ouvrier, procède de l'organisation du travail qui fait du travailleur « un supplément à la machine, un peu moins qu'une chose [5] ».

## II. Le travail dans *La Condition ouvrière*

### Introduction

*La Condition ouvrière* questionne le travail du point de vue de la séparation entre le travail manuel et le travail intellectuel. Il s'agit de penser

1. *Ibid.*, p. 97.
2. Cet épisode est évoqué à quatre reprises dans *La Condition ouvrière* : « Journal d'usine » (« Folio Essais », p. 138) ; « Lettres à V. Bernard » (GF-Flammarion, p. 99) ; « La vie et la grève des ouvrières métallos » (*op. cit.*, p. 156) et enfin dans « Expérience de la vie d'usine » (*op. cit.*, p. 237).
3. Simone Weil, *L'Enracinement*, *op. cit.*, p. 115.
4. *Ibid.*
5. *Ibid.*

## Les correspondants de Weil

**Victor Bernard (1884-1944)**
Ingénieur et directeur technique des usines Rosières. Il avait voyagé aux États-Unis en 1933 et en avait rapporté quelques innovations dans le domaine du *management*, notamment l'idée du journal « *Entre nous* », dans lequel les ouvriers pouvaient correspondre entre eux et avec les ingénieurs et directeurs.

**Auguste Detœuf (1883-1947)**
Polytechnicien, il fonde le groupe Alsthom en 1928. Boris Souvarine lui fait rencontrer Simone Weil et facilite son embauche. Au printemps 1936, il forme un groupe de débats et de réflexions avec d'autres industriels, convaincu de la nécessité de réformes sociales. Simone Weil participe régulièrement à ces réunions. Elle écrira aussi dans la revue qu'il fonde en 1937, *Nouveaux Cahiers*.

**Simone Gibert** (dates inconnues)
Élève de Simone Weil durant l'année 1931-1932, elle suivait ses cours de grec. Elles eurent de nombreux échanges bien après cette année d'enseignement, et notamment sur des questions politiques.

**Jacques Lafitte (1884-1966)**
Il dit de lui-même qu'« il vit la vie des machines » (*Réflexions sur la science des machines*, Vrin, 1972). Auteur en 1914 d'un article consacré à Taylor dans la *Grande Encyclopédie Larousse*. En 1933, il rédige pour la *Revue de synthèse* un article intitulé « Sur la science des machines ». Sa mécanologie, et notamment sa conception de « machine réflexe », intéresse particulièrement Simone Weil.

**Nicolas Lazarévitch (1895-1975)**
Né en Belgique de parents russes, il choisit de devenir ouvrier. Il affirme des positions bolcheviques avant de prendre ses distances à l'égard du régime soviétique en 1921. Militant et ouvrier en URSS, il est arrêté en 1924 et interné dans un camp dont il est libéré en 1926, avant d'être autorisé à quitter l'URSS. Il fait la connaissance de Simone Weil en 1931, lors d'une réunion du groupe fondateur de la revue *La Révolution prolétarienne*.

**Boris Souvarine (Boris Lifschitz, dit) (1895-1984)**
Né en Russie, il émigre en France avec sa famille en 1897. Réformé en 1916, il adhère au parti socialiste et commence sa carrière de journaliste au *Populaire*, dans lequel il signe « Souvarine », pseudonyme qu'il emprunte à un personnage de *Germinal* d'Émile Zola. Il approuve la création de l'Internationale communiste (mars 1919) ; il prépare le congrès de Tours et la naissance du parti communiste. Soupçonné d'être « l'œil de Moscou », il est éliminé du Comité directeur du parti communiste français. Il vit à Moscou. De 1930 à 1934, il rédige *Staline, aperçu historique du bolchevisme*. Simone Weil rencontre en 1932 Boris Souvarine, qui dira d'elle : « C'est le seul cerveau que le mouvement ouvrier ait eu depuis des années. »

**Albertine Thévenon (1905-1993)**
Née dans une famille ouvrière, elle est institutrice à Saint-Étienne au moment où elle rencontre Simone Weil en 1931. Elle est l'épouse d'Urbain Thévenon (1901-1973), instituteur et militant syndicaliste révolutionnaire, qui fut secrétaire adjoint de la Bourse du travail à Saint-Étienne. Weil et elle ont des aspirations syndicales et révolutionnaires communes et partagent une très grande amitié. Albertine Thévenon émet d'abord des doutes sur l'expérience ouvrière de Simone Weil – étant issue d'un milieu bourgeois, comment pourrait-elle comprendre le sort des prolétaires ? – avant de se raviser devant la profondeur et l'authenticité des réflexions de son amie.

l'aliénation non pas simplement à partir de la question de l'exploitation sociale et économique, mais sous l'angle de l'humiliation, celle subie notamment par le manœuvre sur machine qui accomplit des gestes et qui est rivé à des tâches, sans jamais pouvoir prendre pleinement conscience de ce qu'il fait. Cet état de « demi-sommeil » rend impossible l'expression d'un travail authentique, celui par lequel il serait possible de penser les limites réelles de son action. En effet, le travail a vocation à révéler les contours du monde que l'on éprouve à mesure que l'on perçoit aussi les bornes de notre pouvoir sur lui. De même, celui qui commande, « le chef » (ingénieur ou administrateur), bien qu'il soit dans une situation de domination, n'en est pas moins un travailleur amputé. Il lui manque la compréhension de la réalité matérielle des processus qu'il a imaginés sans jamais les éprouver. Le travail, qu'il soit intellectuel ou manuel, doit en effet toujours permettre l'expression de la pensée. Cette expression ne s'effectue que par la mise en ordre de la matière. Il revêt une dimension à la fois centrale et spirituelle. C'est pourquoi son abaissement, tel que Simone Weil en fait l'expérience à l'usine en 1934-1935, est le signe d'un abaissement de l'homme. Les problèmes posés par les textes ainsi rassemblés sous le titre *La Condition ouvrière* viennent tous questionner cette expérience : quelle organisation du travail peut être à la hauteur de sa dimension spirituelle ? L'organisation collective est-elle nécessairement synonyme de servilité ? Se peut-il que les ouvriers collaborent plutôt qu'ils ne se soumettent ? Enfin, est-il possible que les chefs coopèrent ?



## A. L'usine ou la négation du travail comme pensée du réel

### 1. Inversion des fins et des moyens

Si le travail est une transformation intelligente de la matière en vue d'obtenir un résultat déterminé et conscient, alors il faut admettre que la répétition des gestes et des tâches à l'usine ne constitue pas un travail. Le travail proprement dit disparaît au profit du produit du travail. Le cheminement de la pensée, l'élaboration de stratégies, les efforts sur la matière, en un mot la méthode est rendue subalterne au profit du seul but visé : la pièce. Simone Weil explique : « De nos jours, ce n'est pas seulement dans les magasins, les marchés, les échanges, que les produits du travail entrent seuls en ligne de compte, et non les travaux qui les ont suscités. Dans les usines modernes il en est de même, du moins au niveau de l'ouvrier » (« Expérience de la vie d'usine », p. 232). Cette affirmation pointe une transformation radicale : à l'usine, ce n'est pas le travail qui prime. Seul le produit possède de la valeur, comme dans un « magasin ». Or nier les « travaux », c'est ne prêter aucune attention à la singularité de celui qui fabrique. Au contraire, cette négation s'accompagne d'une sorte de neutralisation du travailleur. Il doit s'effacer au profit d'un produit normalisé par des critères objectifs qui dépassent la conscience de l'ouvrier. Ainsi, les « pièces circulent avec leurs fiches, l'indication du nom, de la forme, de la matière première ; on pourrait presque croire que ce sont elles qui sont les personnes, et les ouvriers qui sont des pièces interchangeables » (*ibid.*, p. 232-233). La singularité du travailleur (son intelligence, son habileté, sa créativité, voire sa fantaisie) non seulement n'entre pas en ligne de compte, mais doit disparaître. Chacun doit pouvoir être l'autre, être « interchangeable » : c'est là le modèle du travail rationalisé. Le geste de l'ouvrier n'existe pas pour lui-même, sa signification se trouve à l'extérieur : dans l'assemblage des tâches accomplies par tous, dans le même temps, suivant une logique de production où la pensée succombe à mesure que la nature collective de la fabrication est promue.

Ainsi, on aboutit à une inversion entre les fins et les moyens : « Les choses jouent le rôle des hommes, les hommes jouent le rôle des choses », ce qui forme, d'après Simone Weil, « la racine du mal » (*ibid.*, p. 233). Reprenant l'opposition formulée par Emmanuel Kant entre ce qui possède un « prix » ou une valeur relative et ce qui possède une « dignité » [1] ou une valeur absolue, Weil montre que l'origine du « mal » est cet abaissement de la personne au rang d'objet qui lui dénie toute unicité. On se sert littéralement des hommes pour fabriquer des choses. Cette passivité des hommes se lit dans l'idéal de la rationalisation : l'ouvrier réduit à « l'état de molécules » (« La rationalisation », p. 216). À cet effet, Simone Weil écrira à Auguste Detœuf : « Vous avez vu *Les Temps modernes* [2], je suppose ? La machine à manger, voilà le plus beau et le plus vrai symbole de la situation des ouvriers dans l'usine » (« Lettres à A. Detœuf », p. 178). De manière à la fois fine et humoristique, Charlie Chaplin montre en effet comment chaque geste est mécanisé et rend compte de l'obsession absurde des contremaîtres à exclure toute forme de posture qui ne serait pas directement efficace, l'ouvrier devenant finalement l'aliment de la machine.

Se pose alors la question du sens du travail à l'usine : la fin du travail de l'ouvrier se trouve en effet strictement à l'extérieur de l'œuvre qu'il accomplit. Elle est contenue dans le salaire qui seul rend raison des tâches auxquelles il se soumet. C'est pourquoi Simone Weil indique qu'il est gouverné par la « nécessité » et non par la « finalité » : « On l'exécute à cause d'un besoin, non en vue d'un bien ; "parce qu'on a besoin de gagner sa vie" » (« Condition première d'un travail non servile », p. 261). Cette réduction de l'existence à elle-même produit une forme de « lassitude » profonde, comme si les journées et l'existence même étaient à

1. Emmanuel Kant, *Métaphysique des mœurs I. Fondation, Introduction*, trad. A. Renaut, GF-Flammarion, p. 116.

2. Film de Charlie Chaplin sorti en 1936. Simone Weil avait énormément apprécié le film, comme elle l'écrit à Victor Bernard. Voir illustration, p. 141.

elles-mêmes leurs propres fins. Or, « [e]xister n'est pas une fin pour l'homme, c'est seulement le support de tous les biens » (*ibid.*, p. 262). L'abaissement du travail tel que Simone Weil l'expérimente à l'usine consiste en la répétition monotone du même sans autre fin qu'elle-même. On travaille pour pouvoir manger et on mange pour pouvoir travailler. Aussi, « [t]out est intermédiaire dans cette existence, tout est moyen, la finalité ne s'y accroche nulle part ». Les journées de travail sont à l'image de l'organisation des tâches : fermées sur elles-mêmes. Lorsque Simone Weil écrit que « tout est moyen », c'est pour mieux préciser : « La matière, l'outil, le corps du travailleur, son âme elle-même, sont les moyens pour la fabrication » (*ibid.*, p. 263). Quant à l'objet fabriqué : il est lui-même à son tour le moyen d'un échange marchand.



### 2. Le caprice des chefs et des machines : confusion entre le commandement et la hiérarchie éclairée

Les manœuvres sur machines sont placés dans un état de double subordination : aux chefs, à qui il ne faut pas déplaire, et aux machines, qui fonctionnent ou dysfonctionnent sans que les ouvriers puissent l'expliquer. Cette subordination traduit l'abdication de la pensée face à l'arbitraire.

Devant les chefs, d'abord : l'ouvrier n'est pas placé en situation de comprendre et de consentir à un ordre dont il saisirait le sens. Tout prend la forme de la contrainte sans qu'il soit possible d'en formuler la nécessité. Aussi Simone Weil interpelle-t-elle Victor Bernard : « Je me demande si vous vous rendez compte de la puissance que vous exercez. C'est une puissance de dieu plutôt que d'homme. Avez-vous jamais pensé à ce que cela signifie, pour un de vos ouvriers, d'être renvoyé par vous ? » (« Lettres à V. Bernard », p. 113). La puissance divine dont elle parle marque une différence de nature : les uns « comptent pour rien » (*ibid.*, p. 102), les autres peuvent tout. Il devient alors impossible de se figurer ce que signifie cette domination pour celui qui l'exerce lorsque les rapports hiérarchiques sont ainsi fondés : « Commander ne rend pas facile de se mettre à la place de ceux qui obéissent » (*ibid.*, p. 90). Il n'y a aucune commune mesure entre la situation des chefs et celle des ouvriers auxquels ils commandent. En effet, l'idée de mesure porte en elle celle d'une méthode à laquelle chacun peut librement consentir. L'autorité du chef prend ici la forme d'une domination brutale qui produit la soumission. Elle repose partout sur la disproportion dans le rapport de force. Le consentement de l'ouvrier est alors apparent ; il n'exprime pas une compréhension réelle de l'ordre, comme lorsque la hiérarchie se fonde sur une autorité éclairée par la compétence. Il est entièrement soumission. Le chef traduit une extériorité de même nature que le besoin de « gagner sa vie ». Il s'agit encore d'un semblant de nécessité, d'une contrainte oppressante qui ne laisse nulle prise à la pensée. La nature de l'organisation du travail traduit la même forme d'aliénation : « L'activité semble arbitrairement imposée et arbitrairement rétribuée. On a l'impression d'être un peu comme des gosses à qui la mère, pour les faire tenir tranquilles, donne des perles à enfiler en leur promettant des bonbons [1]. » L'image des enfants soumis aux caprices n'est pas fortuite : l'usine change le travail en supplication. L'ouvrier n'est pas confronté à la matière qu'il doit organiser, mais à des prescriptions qui lui semblent plus ou moins fondées. Il apparaît vite d'ailleurs que le contenu des ordres est indifférent. Il faut simplement faire ce que demande le chef.

De la même façon, l'ouvrier – à défaut d'une formation technique suffisante – éprouve devant la machine un profond désarroi. Celle-ci forme un mystère qui fonctionne comme « par magie ». La plupart du temps, il manque de sécurité face à elle. La machine ne joue pas le rôle de l'outil par lequel il inscrirait son action consciente. Huit heures par jour, dépendre du mouvement d'une machine sans être en mesure de l'anticiper ou de le comprendre est une humiliation. En cas de panne, « [l]'ouvrier verra qu'il faut y mettre telle ou telle chose… mais souvent y fait une réparation qui, tout en lui permettant de marcher, la voue à une usure plus rapide, ou à un nouvel accroc [2] ». La machine peut fonctionner, mais l'articulation des pièces, la suite des actions accomplies entre elles et la destination ultime de l'ensemble restent impensées. La machine définit un ordre étranger à la pensée du travailleur. Elle est strictement un moyen d'exercer une domination sur la matière inerte et vivante : les pièces et les ouvriers. L'ouvrier n'a pas d'autorité sur la machine ; il n'exerce sur elle aucune forme de compétence. Son rôle est de suivre la machine ou de la faire plier. Ce modèle s'étend dans l'usine : l'ouvrier est devant la machine comme le chef devant lui et comme l'industriel exerce sa mainmise sur l'ensemble. L'usine est un lieu où l'ordre devient une injonction et un commandement. Il s'agit de produire, de maîtriser gestes et temps, d'être le plus possible à la mesure du décret imposé par l'exigence de rentabilité. C'est ainsi l'idée d'un monde où la volonté gouverne sans bornes. Elle apparaît illimitée en produisant des effets qui dévoilent à mesure qu'ils les effectuent les différentes formes d'action possibles. La raison perd alors sa destination réflexive pour devenir entièrement instrument de domination de la matière et des hommes.

## 3. Confiscation du temps : du rythme à la cadence

L'humiliation subie par la pensée à l'usine apparaît principalement dans la perception du temps : « Le premier détail qui, dans la journée, rend la servitude sensible, c'est la pendule de pointage » (« Expérience de la vie d'usine », p. 226). La pendule est par excellence le symbole de

1. Simone Weil, « Journal d'usine », in *La Condition ouvrière*, « Folio Essais », p. 204.
2. *Ibid.*, p. 179.

l'oppression. Le temps qu'elle compte n'est pas celui de l'ouvrier, comme le serait celui d'un travailleur pleinement conscient de ce qu'il produit. Elle agit au contraire comme un cadre absolu et objectif, qui interdit toute forme d'appropriation personnelle.

En somme, les ouvriers sont exclusivement voués à leurs tâches. Cette assignation à la passivité fait de l'individu un rouage dans le mécanisme de fabrication. Or il le saura d'autant mieux que ses gestes plus automatiques seront mieux cadencés. Ainsi, Weil rappelle qu'à l'usine on ne parle pas de rythme, mais de cadence. Le chronométrage des tâches et des mouvements interdit l'initiative ; inversement, il permet une uniformisation de la production et tend à une amélioration de la productivité. Cette conception du travail à l'usine est celle de la pensée taylorienne, dont Weil reprend les fondements dans sa conférence de 1937 intitulée « La rationalisation ». Elle consiste en l'application de la science à l'utilisation de la force humaine de travail. Le point de départ de la rationalisation est la compréhension des conditions effectives du travail, c'est-à-dire la mesure du temps nécessaire à la réalisation d'une tâche. Reprenant Taylor, la philosophe maintient que « [l]e temps et le rythme sont le facteur le plus important du problème ouvrier » (*ibid.*, p. 245). Pour Taylor, le contrôle du temps par la direction, à partir d'une définition précise de la tâche, doit permettre d'établir une mesure objective du travail.

Dans cette perspective, le temps de travail doit être à la fois moyen et fin. Aussi, pour susciter l'adhésion des industriels et des patrons d'usine, Taylor s'appuie sur différentes expériences de chronométrage, jusqu'à démontrer que, pour chaque tâche, on peut établir un temps minimum d'exécution, un temps donné d'avance en fonction de la nature du mouvement à accomplir. Simone Weil traduit dans son journal cette réduction du temps par la notion de cadence, c'est-à-dire de « rythme ininterrompu [1] ».

Évoquant le travail aux pièces, elle déclare : « La succession de leurs gestes n'est pas désignée, dans le langage de l'usine, par le mot de rythme, mais par celui de cadence, et c'est juste, car cette succession est le contraire d'un rythme » (*ibid.*, p. 233). Le rythme implique une appropriation du temps par le sujet, l'expression de sa conscience. Il fait de la pensée une activité, et c'est pourquoi il ne peut être ni imposé ni ininterrompu. Suivre un rythme, c'est en effet traduire par des gestes ou des paroles le mouvement de la pensée. Au contraire, la cadence implique de se plier à des contraintes de productivité objectives, valables pour tous. Elle s'oppose de ce fait à l'habitude de l'artisan qui progressivement « prend le coup de main », à propos de laquelle on pourrait dire qu'elle « procure une possession du monde ». La structure de l'usine, dont l'expression est contenue dans la division des tâches et le partage du temps, fait de la main un organe stupide. En effet, la division entre

1. *Ibid.*, p. 121, 124, 149, 151, 179 et 195.

## Attention et vigilance

À l'usine, l'attention se fait vigilance. Elle définit la contrainte exercée sur les ouvriers par l'imposition de la vitesse. L'attention devrait impliquer un souci de suivre au plus près les transformations auxquelles le réel est soumis. L'attention se définit précisément chez Simone Weil par une forme de synthèse de la perception et de la réflexivité. La lecture est une activité exemplaire de cette synthèse. Lire, c'est être saisi du dehors par les significations que nous lisons. Comme la philosophe l'expose dans son *Essai sur la notion de lecture* [1], l'action sur soi comme sur autrui consiste en la capacité de changer des significations. L'action naît de l'attention ; elle suppose de se déprendre de soi, d'encourir le risque d'accueillir un inédit. Le monde se présente sous la forme de signes par lesquels le sujet se saisit lui-même, et l'exercice de l'attention demande la faculté de s'engager en cet ensemble. L'attention s'oppose à la vigilance dont doit faire preuve l'ouvrier à la chaîne. La vigilance implique une fermeture préalable au monde. Être vigilant suppose de se concentrer sur une partie du réel en fonction de significations établies au préalable. À l'usine, cette partie est désignée par la tâche à accomplir. La vigilance est motivée par la crainte de ne pas être en mesure de saisir ce qui se présente. Elle force le réel à délivrer ce qu'il contient pour ne point être surpris, dépassé, pris dans cette réalité. La vigilance conduit à une forme d'amputation du réel, de rigidité contraire à la rigueur nécessaire au dévoilement du monde. Cette fermeture raide aboutit à ne saisir de l'extérieur que ce qu'on y projette de force. Au contraire, l'attention est le premier moment par lequel le monde apparaît par soi, alors même que tout ce qui lui résiste en soi s'efface. Ainsi en est-il de l'enfant qui s'efface devant l'opération mathématique qu'il a comprise. L'effacement est accroissement de réalité. Simone Weil maintient que « l'attentat contre l'attention » est le plus grave que l'on puisse commettre contre l'esprit. « Il tue dans l'âme la faculté qui y constitue la racine même de toute vocation surnaturelle » (« Condition première d'un travail non servile », p. 279). Cela signifie priver l'homme de sa dimension métaphysique. Cette privation est un détournement : le « vide » imposé à l'âme par le souci obsessionnel de la vitesse se substitue à la disponibilité de l'esprit par laquelle il peut s'élever.

---

1. *Essai sur la notion de lecture*, ébauche élaborée dans les *Cahiers de Marseille* puis de New York en 1940 et 1941, vraisemblablement en vue d'un essai plus ample que Simone Weil comptait rédiger. Le texte sera finalement publié en 1946, de façon posthume, sous forme d'article, par la revue de Gaston Berger, *Les Études philosophiques*.

la dimension intellectuelle et la dimension physique du travail à l'usine en 1934 aboutit à une négation du travail manuel.

Passer du rythme à la cadence n'est pas simplement changer de méthode de travail ; c'est pour Simone Weil empêcher toute forme de travail authentique. Le travail à l'usine n'étant plus une activité, l'accomplissement des tâches conduit au sommeil de la pensée. Le rythme changé en cadence est ininterrompu, ce qui signifie que les gestes doivent être le plus inconscients possible. Weil décrit en ces termes la contrainte du travail rationalisé : « Ne jamais rien faire, même dans le détail, qui constitue une initiative. Chaque geste est simplement l'exécution d'un ordre. En tout cas pour les manœuvres spécialisés. Sur une machine, pour une série de pièces, cinq ou six mouvements simples sont indiqués, qu'il faut seulement répéter à toute allure » (« La vie et la grève des ouvrières métallos », p. 162). La cadence répond à la volonté de fermer les possibles, d'empêcher toute contingence dans l'accomplissement de la tâche. Cette fermeture pourrait correspondre à des gestes parfaits qui traduiraient un ordre nécessaire. Mais, si la cadence est « tout le contraire d'un rythme », ce n'est pas parce qu'elle exprime une belle monotonie, mais une répétition vaine. Cette vanité tient au fait que la cadence imposée n'est nullement l'expression d'un rapport du sujet au monde : elle est subie comme un commandement arbitraire. Or la vocation du travail est d'exprimer un rapport authentique au monde. Il doit manifester une compréhension des lois nécessaires qui forment le réel. Le rythme du travail devrait exprimer une appropriation du temps telle qu'elle rende compte de cette compréhension. Weil rend hommage en ce sens au travail du paysan : il « fauche vite et bien » et il semble pourtant prendre « tout son temps » (« Expérience de la vie d'usine », p. 234). Le rythme fait la beauté d'un geste et semble facile parce qu'il exprime l'attention du travailleur à un ordre nécessaire. C'est pourquoi suivre un rythme implique des « instants d'arrêt, brefs comme l'éclair » (*ibid.*, p. 233-234) par lesquels le travailleur se figure ce qu'il fait, en prend conscience.

## B. La place de la pensée ou l'émancipation des ouvriers par la maîtrise des savoirs

### 1. Former les ouvriers

La question de la formation intellectuelle des ouvriers est fondamentale pour Simone Weil. C'est pourquoi elle tente (en vain) de convaincre Victor Bernard de publier l'un de ses articles dans le journal de l'usine qu'il dirige. Celui-ci refuse, s'inquiétant du fait que son texte puisse exciter « l'esprit de classe » (« Lettres à V. Bernard », p. 91) et saper les rapports établis entre les chefs d'équipe et les manœuvres sur machine. Or il s'agit bien pour Weil de permettre aux ouvriers de « relever la tête » en vertu du principe pédagogique suivant : « élever quelqu'un, [...] [c'est] d'abord l'élever à ses propres yeux » (*ibid.*, p. 90). En somme, l'écriture, le partage de connaissance est en lui-même le moyen par lequel il est possible de retrouver « le sentiment de [sa] dignité » (*ibid.*, p. 94). Il faudrait d'ailleurs partir des conditions réelles du travail des ouvriers et tenter avec eux d'en exposer les fondements. Ceux-ci pourraient alors se figurer « le mécanisme des nécessités qui [...] causent [la souffrance] » (*ibid.*, p. 103). Cette représentation en elle-même libératrice pourrait aussi être un « stimulant intellectuel ». Weil insiste auprès de Victor Bernard, formulant l'hypothèse qu'à partir de la reconnaissance de l'ignorance comme l'un « des obstacles à une organisation plus humaine » on puisse proposer « une série d'articles de véritable vulgarisation ». Cela permettrait de réfléchir plus largement à une « véritable méthode de vulgarisation » (*ibid.*, p. 104).

Cette réflexion pose de manière vive la question du statut de l'intellectuel. Il s'agit bien là de l'inquiétude de Simone Weil. En premier lieu, force est d'admettre que, par le langage et la culture, dont il est « le gardien », l'intellectuel est le mieux à même d'interroger les structures de l'ordre social. Mais on ne peut omettre qu'il est aussi, précisément par le langage et la culture, le véhicule des conventions, le garde-fou de cet ordre. La question épineuse de la culture ouvrière se fait l'écho traditionnel de ce questionnement. Quel rôle accorder à l'intellectuel dans l'émancipation des classes ouvrières ? La culture ouvrière doit-elle être restreinte au savoir technique du travail manuel ? Est-il possible, à partir d'une appropriation théorique des conditions matérielles du travail et de l'existence des ouvriers, de parvenir à l'expression d'une culture universelle ? À ce titre, l'engagement à l'usine traduit la nécessité de penser le travail et l'organisation des rapports de production à partir de la contrainte exercée par la matérialité du travail manuel. Il faut être en mesure de discuter depuis la place que nous occupons (ouvrier, ingénieur, philosophe) sans pourtant que celle-ci déteigne totalement sur le propos.

Dans une lettre à Jacques Lafitte, Weil marque ses distances avec les réticences de son correspondant à l'égard des ingénieurs, qu'il fustige « en bloc » en tant qu'ils forment « un corps ». Elle espère – forte sans doute de sa rencontre avec Auguste Detœuf – que parmi eux se tiennent des hommes « supérieurs », capables de « dépasser la culture » qu'ils ont reçue (« Deux lettres à J. Lafitte », p. 148), « l'esprit de classe », dirait Victor Bernard. Cette supériorité tient à la capacité qu'a la pensée de résister aux intérêts liés à la reconnaissance sociale. Or cette capacité semble exceptionnelle pour Weil. De la même manière, elle nuance l'enthousiasme de Lafitte, qui parle d'« écrire pour le public ». Elle maintient : « Il n'y a plus de public éclairé, il n'y a – à part un petit nombre d'hommes exceptionnels – que des spécialistes à culture étroitement limitée, et des gens sans culture » (*ibid.*). L'appel à la réflexion est difficile, et ne pas « renoncer à penser » implique la solitude. Une solitude qui cependant n'exclut pas la rencontre mais l'attend : « je n'ai d'autre espérance que de rencontrer çà et là, de temps à autre, un être humain, seul comme moi-même, qui de son côté s'obstine à réfléchir » (*ibid.*, p. 150). Deux points sont importants : la pensée est résistance, obstination, et l'on accède à la réflexion par la lutte ; la pensée est présente partout, constamment, en chaque être humain. L'acte de penser est improbable, contraire aux dispositions que permettent « les conditions de vie accablantes qui pèsent sur tous » quels que soient « les milieux sociaux » (*ibid.*), sans pourtant qu'il soit tolérable d'y renoncer. Bien que l'exercice de la pensée soit solitaire, il reste suspendu aux possibilités offertes ou non par l'organisation sociale.



Les réflexions de Simone Weil sur la vulgarisation et la possibilité d'émanciper les ouvriers par la connaissance s'inscrivent dans une tradition amorcée à la fin du XIX^e^ siècle. En effet, en réponse à l'école officielle soumise à l'autorité de l'État et accusée de reproduire les inégalités sociales, le mouvement ouvrier de la fin du siècle apporte son soutien à deux systèmes d'éducation : les Bourses du travail et les Universités populaires. Les premières, qui datent de 1886, ont pour vocation de réunir les organisations ouvrières et de permettre l'expression des besoins des ouvriers, à titre individuel ou à titre de corporation, en matière d'information et de formation. Les secondes, qui voient le jour avec l'affaire Dreyfus en 1899 dans le sillage de la bourgeoisie libérale, souhaitent « aller au peuple » pour lui apporter l'enseignement qu'il n'a pas pu recevoir, dans un contexte où nombre d'intellectuels pensent que la République est menacée par l'Église et l'armée. On notera la contribution d'Alain, un temps professeur de Simone Weil. Loin d'être simplement complémentaires, ces deux systèmes proposent une alternative qui interroge la signification de la culture comme outil d'émancipation. En 1927, Weil s'associe à un « groupe d'éducation populaire » puis donne des cours à la Bourse du travail de Saint-Étienne, consciente alors que la question de la culture ouvrière contient celle de l'oppression sociale.

Outre ses cours, son engagement dans le groupe de *La Révolution prolétarienne* à partir du mois de septembre 1931 exprime sa conviction qu'il est possible de promouvoir une culture ouvrière indépendante de la mainmise des intellectuels. Elle propose de dépasser l'échec des Universités populaires d'avant-guerre et de distinguer, « parmi les tentatives de culture ouvrière, celles qui sont conduites de manière à dégager les ouvriers de cette emprise [1] ». En ce sens, le fait de refuser la supériorité des intellectuels « ne signifie pas que les travailleurs doivent repousser l'héritage de la culture humaine » ; au contraire, « cela signifie qu'ils doivent se préparer à en prendre possession, comme ils doivent se préparer à prendre possession de l'héritage des générations antérieures. Cette prise de possession, c'est la Révolution elle-même [2] ». La mise en question des modes de transmission des savoirs et de la culture révèle le

1. Simone Weil, « En marge du comité d'étude », *L'Effort*, n° 286, 19 décembre 1931, in *Écrits historiques et politiques*, t. II, vol. 1, *op. cit.*, p. 68.
2. *Ibid.*, p. 69.

mécanisme de l'oppression. La culture à dimension universelle ou humaine propose en effet de mettre en perspective les acquis de la culture avec la « destinée humaine ». Les données présentes apparaissent relatives à une époque et ne semblent plus devoir simplement persister comme des conditions d'existence normales. Ainsi écrit-elle à Victor Bernard, à propos de sa contribution au journal *Entre nous* : « Je souhaite de tout mon cœur une transformation aussi radicale que possible du régime actuel dans le sens d'une plus grande égalité dans le rapport des forces » (« Lettres à V. Bernard », p. 111).

L'émancipation est affaire de réconciliation avec le monde, du point de vue intellectuel. L'instruction qui sépare les champs de connaissance et les oriente en fonction d'exigences techniques ou pragmatiques est un facteur important de déracinement. En effet, l'instruction telle qu'elle est dispensée sépare la culture du monde. L'éducation doit au contraire avoir pour fin de substituer le désir de vérité au prestige social de la culture. Plus celle-ci est fondée sur l'acquisition de compétences restreintes, propres à des domaines fermés entre eux, moins elle peut être émancipatrice. Elle est, au contraire, à la mesure de sa destination si elle permet du point vue de ces domaines de compétences d'ouvrir des champs de réflexion, d'enraciner les savoirs dans « le désir d'apprendre pour apprendre ». Les divisions initiales, justifiées par les différences de compétences et d'intérêts, ne doivent pas se cristalliser jusqu'à mettre en péril l'unité du monde. L'enracinement de la jeunesse ouvrière signifie alors qu'elle doit se sentir chez elle « dans le monde de la pensée ». Cette participation n'est pas une manière de nier la spécificité d'une culture ouvrière ou prolétarienne. Ainsi, l'apprentissage doit se faire « dans la production elle-même [1] » et non pas dans les écoles. Cette reconnaissance empêche les arguments de bonne volonté fondés sur l'*a priori* un peu paresseux que la culture existe en soi, sans qu'il soit nécessaire de distinguer une culture ouvrière d'une culture non ouvrière. Ces arguments ont eu pour effet de « faire accorder aux ouvriers les plus intelligents et les plus avides d'apprendre le traitement qu'on accorde aux lycéens à demi idiots [2] ».

La question de la culture est donc celle d'une transposition possible des savoirs. Mais cette transposition ne peut se faire simplement à partir des acquis culturels des intellectuels. La spécialisation de la culture comme instrument du prestige social a produit une altération des savoirs eux-mêmes en les coupant de leur destination. L'unité des savoirs ou de la vérité est une aspiration. Elle s'effectue dans la pensée qui désigne un mouvement par lequel chaque homme s'approprie le réel. Or maintenir cette unité ne signifie pas maintenir des modes de transmission univoques, valables en toutes circonstances, dans tous les milieux sociaux. En effet, de telles prétentions se fondent sur une vision erronée de la

1. Simone Weil, *L'Enracinement*, *op. cit.*, p. 133.
2. *Ibid.*, p. 134.

culture, perçue comme un ensemble de savoirs et de pratiques détachées des distinctions sociales. Par exemple, les ouvriers ont peu de loisir à consacrer à « un effort intellectuel ». De plus, « la fatigue met une limite à l'intensité de l'effort [1] ». Le mépris de ces spécificités et cet aveuglement font de la culture un instrument de domination, ce qui la conduit à se diviser en des spécialités opaques. Au contraire, plus le monde culturel prend en charge les différenciations sociales, plus il est en mesure de produire un enracinement. Il est alors mieux à même de répondre au problème du sens ou de la destination de l'homme. C'est pourquoi la vulgarisation n'est bonne que si elle contient un « effort de traduction [2] ». La traduction doit apporter des liaisons, une manière de rendre vivants et significatifs des contenus de connaissance. Il ne s'agit de rien d'autre que d'aiguiser le jugement ou l'activité de la pensée, laquelle consiste en cette capacité de tisser un lien entre les savoirs et le monde. Ainsi, « quelle intensité de compréhension pourrait naître d'un contact entre le peuple et la poésie grecque, qui a pour objet presque unique le malheur ! Seulement il faudrait pouvoir la traduire et la présenter. Par exemple un ouvrier, qui a l'angoisse du chômage enfoncée jusqu'à la moelle des os, comprendrait l'état de Philoctète, quand on lui enlève son arc, et le désespoir avec lequel il regarde ses mains impuissantes [3] ».

## 2. La question des machines : l'appropriation technique des moyens de production

« La presse qui ne marchait pas et Jacquot. Il est clair que, pour Jacquot, cette presse était un mystère, et de même la cause qui l'empêchait de marcher. Non pas simplement en tant que facteur inconnu, mais en soi, en quelque sorte. Ça ne marche pas… comme un refus de la machine [4]. » Jacquot ignore tout de la machine. Il ne comprend pas la succession des opérations que la machine doit accomplir, et de part et d'autre les mouvements qui expriment l'intelligence lui sont opaques. Pour Weil, l'inaptitude de Jacquot ne lui est pas propre, mais fonde de manière structurelle l'organisation du travail à l'usine. Elle tient à l'essence même du travail, notamment à la presse. Le désarroi de cet ouvrier est celui de l'intelligence face au vide méthodique qui lui est imposé : les opérations se succèdent sans qu'il lui soit possible d'en reconstituer le cheminement. À l'opposé de cette vision, Weil exprime un vœu où l'usage de la machine favoriserait un travail pleinement créateur : « Au lieu d'opposer stérilement le machinisme à l'artisanat, il faut chercher une forme supérieure de travail mécanique où le pouvoir créateur du travailleur ait un champ plus vaste que dans le travail artisanal »

1. *Ibid.*
2. *Ibid.*, p. 136.
3. *Ibid.*, p. 138-139.
4. Simone Weil, « Journal d'usine », in *La Condition ouvrière*, « Folio Essais », p. 180.

WEIL

(« Deux lettres à J. Lafitte », p. 144). Les machines se chargeraient des séries répétitives et humiliantes pour la pensée. De plus, il faut que les suites – le passage d'une étape à une autre, les rapports qui forment la structure de la production – ne soient plus un mystère pour l'ouvrier. En effet, ce qui est « dégradant », ce n'est évidemment pas la machine, mais le « travail en série ». L'exécution de séries implique une réduction du travail à la pure causalité, sans projet ni finalité. L'ouvrier devrait donc pouvoir prendre en charge ces rapports quand la machine le soulagerait des séries. Les séries désignent l'aspect parcellaire et répétitif de la tâche : les « suites » une fois pensées par un ingénieur sont « cristallisées dans des objets inertes, de sorte qu'à partir de ce moment les hommes n'ont plus qu'à exécuter indéfiniment des séries » (*ibid.*, p. 145). Weil s'inspire en cela des travaux de mécanologie de Jacques Lafitte, avec lequel elle correspond, même si, de son aveu, il manque de « vraie culture scientifique » (« Lettre à B. Souvarine à propos de J. Lafitte », p. 140). Cependant, elle s'accorde à ses vues concernant le fait que la question des machines ne doit pas être posée en termes de réduction du temps du travail, mais en fonction des possibilités qu'elles offrent d'améliorer son organisation. En effet, « [i]l ne faut pas tendre à réduire indéfiniment la part du travail dans la vie humaine au profit d'un loisir qui ne satisferait aucune des hautes aspirations de l'homme [...], mais faire du travail un moyen pour chaque homme de dominer la matière et de fraterniser avec ses semblables sur un pied d'égalité » (« Deux lettres à J. Lafitte », p. 144). Il s'agit de respecter l'intelligence des hommes. En somme, il faudrait que les ouvriers puissent exercer une compétence réelle à la fois sur les pièces qu'ils fabriquent, mais aussi préalablement sur les machines qui deviendraient de ce fait de véritables outils. Il convient donc d'« inverser le rapport » entre les suites et les séries.

Cette inversion est la clé d'une compréhension des transformations techniques que Simone Weil estime essentielles pour changer « en réalité » la condition des ouvriers. En effet, l'abaissement vécu par les ouvriers est un abaissement de la pensée, duquel découlent toutes les autres sortes de brimades et d'humiliation. Weil expose alors « la forme idéale du rapport entre l'homme et la machine » : « Supposons, par exemple, un atelier de tours automatiques. Mettons-y quelques fraiseuses. Chargeons les régleurs, non seulement du réglage des tours, mais de la confection des cames [1]. » Cet atelier idéal ne compterait aucun manœuvre, car le travail en série serait totalement accompli par « les machines elles-mêmes » (*ibid.*, p. 146). Il existe deux types de machines : celle dont l'ouvrier peut se servir comme d'un instrument et qu'il doit adapter à la tâche, et celle automatique sur laquelle il n'intervient que pour la surveillance. Il faudrait donc des machines qui prennent en charge les séries, mais qui soient aussi suffisamment flexibles ou souples pour être réglables en fonction du travail demandé. Dans une perspective

---

1. Faces mécaniques permettant d'actionner et de guider le déplacement d'une pièce. Elles génèrent, en roulant ou en glissant sur l'autre pièce, des mouvements alternatifs.

Charlie Chaplin, *Les Temps modernes*, 1936.




À plusieurs reprises dans *La Condition ouvrière*, Simone Weil fait référence au film *Les Temps modernes* de Charlie Chaplin, chaque fois pour dire son admiration : « Si vous passez à Paris, ne manquez pas de voir le nouveau film de Charlot. Voilà enfin quelqu'un qui a exprimé une partie de ce que j'ai ressenti » (« Lettres à V. Bernard », p. 117). Le film décrit parfaitement le sort vécu par les manœuvres les moins qualifiés. Comment ne pas être immédiatement saisi par cette représentation magistrale de la « précipitation misérable » à laquelle la cadence soumet le personnage joué par Chaplin ? La dimension comique permet de révéler la folie du régime industriel. Suivant un stratagème à la fois classique et rusé, Chaplin montre comment celui qui perd la raison dévoile la folie d'un système. Ici, l'individu le plus fragile – rendu fou – est finalement celui qui correspond le mieux à ce qui est attendu de lui : il se confond littéralement avec les pièces qui circulent, notamment lorsque, comme le montre cette image emblématique, l'ouvrier sur sa ligne d'assemblage se trouve happé par l'énorme engrenage, puis avalé par une gigantesque machine. On ne pouvait sans doute mieux figurer l'idée de « matière vivante » dont parle Simone Weil pour désigner l'ouvrier « taylorisé ». Il est lui-même un rouage pris dans le mouvement absurde de la production. De plus, l'image fait apparaître l'aberration des gestes répétés : le personnage continue mécaniquement à serrer les boulons même au sein de l'engrenage. Ses gestes ne traduisent aucune volonté ni aucune intention. L'engrenage figure d'ailleurs l'immense mécanisme d'une horloge, qui rappelle que le temps s'écoule sans finalité.

toujours idéale, cela conduirait progressivement à effacer « la distance entre ouvrier et ingénieur », car leurs fonctions réciproques pourraient être assumées par le même homme. Weil entreprend alors de questionner la nature même du travail, sa signification du point de vue de la civilisation. À ce titre, sa réflexion transcende les limites strictes du travail ouvrier : « Je me rends compte qu'il faudrait aussi examiner du même point de vue le travail administratif » (« Deux lettres à J. Lafitte », p. 147). Il apparaît en effet qu'il s'effectue parfois sous la forme rationalisée d'une accumulation de tâches vides de sens. L'enjeu est de redonner à la pensée la dimension centrale qu'elle doit occuper dans le travail. L'ouvrier ne devient donc technicien que s'il passe « le meilleur de son temps au réglage » et se met alors au niveau de la machine. Il ne se tient pas devant pour exercer sur elle une domination brutale et aveugle, mais il participe à son mouvement. Ainsi, les « machines réflexes » (« Lettre à B. Souvarine à propos de J. Lafitte », p. 139) ou « souples » que Weil appelle de ses vœux rendent aussi possible l'accomplissement de gestes harmonieux, aussi bien pour le corps du travailleur que dans la matière qu'il met en forme. Se tenir au même niveau que la machine implique en effet une coïncidence de la pensée et du mouvement. Le jeu de forces présent dans la machine produit un équilibre entre les parties. La machine exprime alors une maîtrise réelle de la nature, car les lois qu'elle exprime sont celles de la physique.

Or l'usine ne permet pas la lecture de ces lois ; elle est un lieu clos, réservé à la production. Entrer à l'usine, c'est se trouver en un lieu où les modes de production sont figés, hors du temps et des processus physiques. Ils sont séparés du procès de la pensée qui ne peut mettre les phénomènes en relation. C'est pourquoi « la vie d'un manœuvre spécialisé de chez Renault ou Citroën » n'est pas « une vie acceptable pour un homme désireux de conserver la dignité humaine » (« Deux lettres à J. Lafitte », p. 151). Ce qui se produit est cadencé, machinal, comme si toute forme de continuité avait disparu. L'usage des machines est donc une pierre d'achoppement pour comprendre la logique déshumanisante du travail à l'usine. Elle figure comment, quels que soient les régimes, l'oppression des ouvriers persiste, tant que les moyens techniques de production ne sont pas questionnés pour eux-mêmes.

## C. Vers une organisation du travail « non servile »

### 1. Consentement à une hiérarchie éclairée

Une organisation du travail non servile ne signifie pas une disparition de la hiérarchie. Au contraire, la hiérarchie comme l'ordre sont des « besoins de l'âme ». Weil expose ce point dans *L'Enracinement*, où elle définit les besoins vitaux de l'âme suivant le modèle des besoins vitaux du corps [1]. Ce besoin est celui de penser le monde comme une unité de sens, un ensemble cohérent où nous pouvons agir chacun à sa mesure. Une hiérarchie éclairée propose un ordre au sein duquel chacun peut consentir à la place qu'il occupe. Comme Weil l'explique à Auguste Detœuf (administrateur d'Alsthom) au mois de juin 1936, il existe une manière d'obéir qui n'abolit ni l'intelligence ni la volonté de celui qui obéit : « J'appelle humaine toute discipline qui fait appel dans une large mesure à la bonne volonté, à l'énergie et à l'intelligence de celui qui obéit » (« Lettres à A. Detœuf », p. 175). Il ne s'agit donc pas d'abolir absolument la contrainte et l'obéissance au travail, mais de les limiter, de sorte qu'elles demeurent compatibles avec la dignité. À l'inverse, l'expérience ouvrière de Weil durant l'année 1934-1935 est, comme elle le confie à Auguste Detœuf, celle d'une contrainte « brutale » où la « bonne volonté » est à la fois « ridicule » et « déplacée » (*ibid.*).

Cette brutalité réside d'abord dans le fait qu'il est demandé non pas de « coordonner des gestes », mais de les « répéter ». C'est comme si le chef s'était substitué à l'esprit de l'ouvrier et pouvait seul définir le sens des gestes qu'accomplit le manœuvre. L'ouvrier se trouve rivé dans le mouvement présent jusqu'à ce qu'une injonction du chef vienne lui « en imposer un autre » (*ibid.*). Weil résume ainsi cet état : « Ce qui définit chez tout être humain le rapport entre le corps et l'esprit, à savoir que le corps vit dans l'instant présent, et que l'esprit domine, parcourt et oriente le temps, c'est cela qui a défini à cette époque le rapport entre moi et mes chefs » (*ibid.*). Les chefs disposent donc du temps. Ils peuvent organiser les actions et donner du sens aux mouvements des corps dont ils disposent : ceux des ouvriers. L'image qui vient à l'esprit est celle du marionnettiste qui donne vie aux poupées de bois qu'il manipule. Cependant, se comporter comme une marionnette signifierait consentir à n'être plus qu'un corps et, paradoxalement, ce consentement requiert une force d'âme rarement compatible avec les conditions de travail des ouvriers.

En effet, la brutalité de la discipline s'effectue « en second lieu » par le fait que le temps à l'extérieur de l'usine se trouve lui-même confisqué : « Un chef peut imposer soit des méthodes de travail, soit des outils défectueux, soit une cadence, qui ôtent toute espèce d'intérêt aux heures passées hors de l'usine, par l'excès de la fatigue » (*ibid.*). La dépendance à l'égard des chefs n'est donc pas circonscrite à la sphère stricte du travail et de l'usine. Dans la mesure où les ordres qu'ils imposent se substituent à la coordination par chacun de ses propres actions, il devient presque impossible de ne pas « tomber dans la servilité » (*ibid.*, p. 176). Il faudrait être un sage stoïcien (« Lettres à V. Bernard », p. 108 et 129) pour préserver un rapport authentique à soi et parvenir à ne pas se livrer totalement à une telle pression extérieure.

D'autre part, les ultimes ressorts de la « discipline » sont « l'argent » et la « crainte », qui agissent comme de puissants mobiles constituant

1. Simone Weil, *L'Enracinement*, *op. cit.*, p. 399.

« l'intérêt sous sa forme la plus sordide » (« Lettres à A. Detœuf », p. 175-176). L'ouvrier se trouve pris comme dans un étau, coincé entre deux injonctions contradictoires : s'avilir si on « accorde une place importante en soi-même à ses mobiles » ou se rendre inapte à supporter cadence et répétition des gestes si « on les supprime » (*ibid.*, p. 176). Cela l'exposerait à l'ultime punition, la plus tragique : la faim. Il faut donc sans cesse lutter pour préserver le sentiment de sa propre dignité. Cette résistance est difficile, et « il voudrait mieux être plié à une semblable obéissance du dehors, par exemple à coups de fouet, que de devoir ainsi s'y plier soi-même en refoulant ce qu'on a de meilleur en soi ». Ce qu'on a de meilleur, c'est la pensée. Cependant, dans de telles conditions de subordination, « la lucidité, la conscience, la dignité » ne s'expriment que pour « surmonter quotidiennement le désespoir » (*ibid.*). Or ce sont là les éléments qu'il faudrait placer au cœur des préoccupations d'une hiérarchie éclairée.

En effet, il est possible de consentir à la subordination propre au travail, et particulièrement au travail manuel, si cette « acceptation » n'est pas « soumission » (« Lettres à V. Bernard », p. 113). Les souffrances doivent être perçues comme « inévitables » ; elles ne doivent pas être entendues comme les effets des errements d'une autorité fondée sur le caprice ou l'expression brutale de la domination. En un mot, pour que l'ouvrier puisse au moins collaborer en attendant « l'idéal » d'une « coopération pure » (*ibid.*, p. 112), il doit pouvoir comprendre à quelle « nécessité » les ordres se rapportent. Il est possible d'établir un rapport de « confiance mutuelle » entre « le chef et le subordonné ». Si les ordres confèrent notamment « une certaine responsabilité », alors « la subordination est une chose belle et honorable » (*ibid.*, p. 123). Cette responsabilité implique la possibilité de mesurer les risques et de choisir telle ou telle stratégie pour atteindre l'objectif, fixé certes par le chef, mais qu'il ne saurait atteindre sans l'engagement de celui qui travaille. Le risque est, comme la hiérarchie, un « besoin de l'âme [1] ». Or le modèle de subordination propre à une organisation du travail formée sur la rationalisation exclut le risque, tout en plaçant chacun dans une position d'insécurité humiliante. Prendre un risque suppose en effet de pouvoir mesurer ses forces et de s'engager en étant le plus conscient possible de la portée de son action. Dans ces conditions, celui qui exécute doit faire montre des vertus « de courage, de volonté, de conscience et d'intelligence ». Or ce sont elles qui définissent proprement « la valeur humaine » (*ibid.*).

En somme, un ordre purement extérieur à l'esprit semble être nécessairement arbitraire puisqu'il n'est pas conçu par lui. « La fonction propre de l'esprit est de coordonner », écrit Simone Weil à Robert Guihéneuf en 1935 [2]. Or, « quand les diverses activités humaines sont, par la spécialisation, si impénétrables les unes aux autres, [...] enchevêtrées

1. *Ibid.*
2. Cette lettre est publiée dans les *Cahiers Simone Weil*, mars-juin 1998, t. XXI, n° 1-2.

d'une manière si compliquée que seule une coordination extérieure est possible », « toute coordination constitue une oppression intolérable »[1]. L'oppression naît de l'abdication de cette fonction. De fait, chacun devrait pouvoir agir en ayant une connaissance claire, à la fois de son propre rôle et du rôle de chacun. Chacun pourrait alors penser l'organisation collective des tâches à partir de sa propre activité.

Comme Weil l'écrit à Robert Guihéneuf, il faut distinguer « trois stades dans la coordination des affaires humaines[2] ». Elle donne du premier – où les actions sont coordonnées par analogie – l'image d'« une équipe de déménageurs qui transportent un meuble lourd et fragile dans un escalier tournant » ; lui seul exprime une « volonté générale », cette « notion géniale de Rousseau »[3] ; elle définit un travail fait de telle sorte que « la coordination des mouvements est conçue simultanément, à chaque instant, par l'esprit de chacun ». C'est pourquoi, même « s'il y a des ordres reçus et donnés »[4], cela ne va pas à l'encontre de la liberté et de l'égalité de tous. En effet, chaque individu voit « en chaque compagnon de travail un autre soi-même[5] » placé à un autre endroit. Pour cela, précise Simone Weil, « il faut que chaque membre d'une équipe (pour parler votre langage) ait simultanément la notion claire et tout à fait précise de son propre rôle et une notion plus abstraite mais non moins claire du rôle de chaque autre, ainsi que de l'ensemble[6] ». Chacun exprime ainsi par son action personnelle le projet de tous. L'ensemble du fonctionnement se trouve inscrit dans la volonté de chaque sujet, tous capables de concevoir le sens de leur action comme participation à une œuvre collective. Le deuxième stade est représenté par « un bateau à voiles à l'ancienne mode[7] ». La coordination n'est plus consciente que pour le chef. Il existe donc une « subordination humiliante ». Toutefois, celui-ci demeure maître des mouvements de l'ensemble ; il peut donc « alléger » les effets de cette soumission. À ce stade, les travailleurs sont soumis à une volonté et à une personnalité qu'ils peuvent identifier et sur laquelle ils peuvent agir, dans une certaine limite définie par les données du rapport de force et le degré d'aliénation intellectuelle des ouvriers. Le troisième stade est représenté par l'organisation du travail dans les grandes usines. À partir de là, « les choses deviennent si compliquées qu'aucun esprit ne peut tout mettre en rapport. La coordination

1. *Ibid.*, p. 12-13.
2. *Ibid.*, p. 15.
3. Robert Chenavier, *Simone Weil. Une philosophie du travail*, Éditions du Cerf, 2001, p. 389.
4. Simone Weil, « Lettre à Robert Guihéneuf », in *Cahiers Simone Weil*, mars-juin 1998, t. XXI, n° 1-2, p. 12-13.
5. Simone Weil, « Réflexions sur les causes de la liberté et de l'oppression sociale », in *Écrits historiques et politiques*, t. II, vol. 2, *op. cit.*, p. 86.
6. *Ibid.*, p. 151.
7. Voir l'idée de cette représentation associée au bateau dans Simone Weil, « Journal d'usine », in *La Condition ouvrière*, « Folio Essais », *op. cit.*, p. 187.

est alors confiée pour une large part à des signes et à des choses matérielles [1] ». Cette coordination est opprimante, et l'humanité, y compris chez le chef, est niée. Nulle volonté ne peut s'exprimer, qu'elle soit particulière ou, *a fortiori*, générale. Weil invite donc à une réforme progressive des éléments de subordination par laquelle les ouvriers pourraient collaborer au processus de production plutôt que d'en être de simples rouages. Le premier stade de « coordination » paraît être difficile à atteindre, comme il est illusoire d'imaginer passer d'un état de subordination totale à un état de liberté. Aussi est-il au moins possible dans un premier temps de transformer le rapport du chef à ses subordonnés et de corriger autant que faire se peut l'abaissement intellectuel des ouvriers. Une hiérarchie éclairée doit donc tendre au maximum à l'idéal de coopération. Elle vise à donner à la pensée la dimension qu'elle doit occuper dans le travail. Pour ce faire, il convient d'abolir autant que possible la distance entre travail intellectuel et travail manuel, ingénieur et ouvrier.

## 2. Le travail comme activité de la pensée ou « l'attention intuitive »

L'article « Condition première d'un travail non servile », rédigé en avril 1942, débute par cette proposition qui à première lecture apparaît plutôt en contradiction avec la volonté répétée par Simone Weil de penser l'organisation du travail de manière à libérer du travail servile : « Il y a dans le travail des mains et en général dans le travail d'exécution, qui est le travail proprement dit, un élément irréductible de servitude que même une parfaite équité sociale n'effacerait pas » (« Condition première d'un travail non servile », p. 261). Il existe donc dans le travail lui-même une dimension servile qui en est l'essence. En quoi consiste-t-elle ? Et si « une parfaite équité sociale » ne saurait l'effacer, de quelle forme de servitude peut-elle nous soulager ? La servilité se traduit par la privation d'aspiration à autre chose que ce qui se présente de manière répétée et quotidienne. Il faut donc admettre que la cause de la « démoralisation du peuple » est « permanente » et « essentielle à la condition du travail » (*ibid.*, p. 263). Il existe des formes de compensations qui rendent la servitude supportable : « L'ambition d'une autre condition sociale pour soi-même ou pour ses enfants », « [l]es plaisirs faciles et violents », « [l]e dimanche [...] où l'on veut oublier qu'il existe une nécessité du travail », enfin la révolution ou « la folle ambition d'une ascension de tous les travailleurs hors de la condition de travailleurs » (*ibid.*). Ce sont là des biens extérieurs au travail lui-même et qui ne sauraient corriger la nature intrinsèquement servile du travail. Ils forment des « rêves » et ne peuvent en réalité aboutir à la moindre transformation du « malheur essentiel à la condition même des travailleurs » (*ibid.*, p. 264). Aussi l'élan révolutionnaire peut-il permettre de dénoncer les injustices sociales et, en ce sens,

1. Simone Weil, « Lettre à Robert Guihéneuf », in *Cahiers Simone Weil*, *op. cit.*, p. 15.

il est « bon et sain ». Cependant, il ne peut que prendre la forme du « mensonge » s'il entend corriger ce « malheur essentiel ». Non sans ironie, Weil, reprenant Marx [1], affirme que la révolution est un stupéfiant. L'argent même ne saurait être un motif suffisant, car « un ouvrier qui devient très riche cesse d'être un ouvrier » (*ibid.*, p. 265). À l'intérieur même du travail d'exécution, le seul remède à la douleur qui « rend supportable la monotonie » consiste en ce que Weil nomme « une lumière d'éternité », c'est-à-dire la « beauté » (*ibid.*, p. 266). En effet, face à la beauté, le désir est tourné vers l'être ; on « désire ce qui est » comme devant le spectacle « d'un ciel étoilé » (*ibid.*, p. 267). Or il est une condition faite pour la beauté : c'est la condition ouvrière, puisqu'elle est vouée à ne désirer que ce qu'elle « possède déjà ». L'amélioration des conditions de travail doit donc permettre l'exercice de cette forme de contemplation. Il faut entendre cette idée de contemplation dans sa dimension spirituelle. Le travail doit être un levier par lequel l'homme s'élève et éprouve sa nature métaphysique. Dans sa forme accomplie, il est comme une prière. Or les humiliations subies à l'usine privent l'ouvrier de ce qui constitue pourtant l'essentiel de sa condition, son « privilège » : être privé de « fins particulières » qui formeraient comme des « écrans » et se tenir directement face à Dieu – Dieu qui fait de « la substance quotidienne de [l]a vie » une poésie. Le travail ouvrier doit donc se présenter comme une méditation de la condition des hommes en général. Encore faut-il que les ouvriers puissent « relever la tête » (« Lettres à V. Bernard », p. 113). L'organisation du travail ne doit pas empêcher l'exercice d'une forme d'attention singulière dans laquelle on perçoit une sorte d'abolition du temps. Elle ne doit pas s'interposer entre le travailleur et Dieu.

Le travail comme « prière » implique de bien distinguer l'activité d'une « accumulation de sensations ». Une sensation n'est qu'un effet produit par un phénomène dont il faut chercher la vérité. À Simone Gibert, une ancienne élève qui lui confie son idée de « rechercher l'amour pour voir ce que c'est », Weil répond que « connaître toutes les sensations possibles » est « juste le contraire » de « prendre contact avec la vie réelle ». Ceux qui ne cherchent que les sensations, poursuit-elle, sont en fait des « dupes de la vie » et, « comme ils le sentent confusément », ils tombent alors inévitablement « dans une profonde tristesse » (« Lettre à S. Gibert », p. 73-74). Au contraire, l'activité repose sur l'attention singulière vers un objet et s'effectue par une considération sérieuse de cette singularité. Être actif, ce n'est donc pas multiplier les intérêts, mais se concentrer. C'est pourquoi, « [l]es exercices scolaires n'ont pas d'autre destination sérieuse que la formation de l'attention ». Il faut s'exercer à « l'attention discursive », celle « qui raisonne » en vue de « l'attention intuitive »

1. « La religion est le soupir de la créature opprimée, l'âme d'un monde sans cœur, comme elle est l'esprit de conditions sociales d'où l'esprit est exclu. Elle est l'opium du peuple. L'abolition de la religion en tant que bonheur illusoire du peuple est l'exigence que formule son bonheur réel » (Karl Marx, *Critique de la philosophie du droit de Hegel*, trad. M. Simon, Aubier-Montaigne, 1971).

ou « pure » qui donne à chaque activité une signification authentique immédiate (« Condition première d'un travail non servile », p. 275). En ce sens, l'attention est la faculté par laquelle l'activité est effective ou réelle. Elle n'est pas un simple geste ou un effort, mais une réconciliation de ce geste ou de cet effort avec son essence. L'attention doit parvenir à compenser le défaut d'être propre à l'existence et au devenir. Par exemple, si « l'attention intuitive » est tournée vers la philosophie, alors elle « va vraiment vers la sagesse » ; elle est aussi « l'unique source de l'art parfaitement beau », des « découvertes scientifiques vraiment lumineuses et neuves », de « l'amour du prochain vraiment secourable » (*ibid.*). L'attention définit une manière propre de percevoir en chaque phénomène ce qui le nourrit, lui donne une effectivité par-delà la contingence de sa manifestation. Si la dispersion est tout le contraire de l'attention (elle donne l'illusion que l'accumulation des expériences produit une intensité), le travail authentique, physique ou intellectuel, est bien l'effet de la pensée attentive. En effet, le travail traduit ce mouvement par lequel l'objet perçu devient effectif. Il fait passer du possible au réel et se présente comme l'activité sous sa forme la plus authentique. Le travail véritable ne permet pas seulement une adéquation du sujet à l'objet auquel il se confronte, mais définit une forme de coïncidence avec la réalité extérieure. Il part de la reconnaissance du caractère distinct de la pensée et du monde pour aboutir à la compréhension de leur interdépendance. Le travail est parfait dans la mesure où il aboutit à l'effacement du sujet qui parvient à exprimer le contact de la pensée avec le réel. En effet, par le travail, ce n'est point l'effort du sujet et sa résistance qui sont attestés, mais le monde qui est dévoilé sous la forme de la nécessité. Dans le travail, non seulement nous éprouvons nos limites, mais par elles nous appréhendons le monde. Résister, pour la pensée, c'est donc obéir à l'ordre du monde, ce qui suppose d'avoir renoncé à ce qui exalte la volonté ou le pouvoir de la personne.

## Conclusion

Simone Weil invite à penser le travail à partir de l'expérience ouvrière. Ce qu'elle nomme « condition ouvrière » doit donc être entendu autrement que s'il s'agissait seulement d'interroger le statut social, politique ou économique des ouvriers. Si la situation des ouvriers est une condition, c'est au sens où l'on parle communément de « condition humaine ». La condition des ouvriers est celle des hommes – n'importe quel homme, insiste Simone Weil auprès de Victor Bernard (« Lettres à V. Bernard », p. 109), placé dans une situation où pour vivre il doit lutter quotidiennement afin de préserver « le sentiment de sa dignité ». L'œuvre de Weil transcende fondamentalement les limites d'une critique de la rationalisation comme organisation du travail à l'usine en 1934. Elle montre que cette organisation – transposable partout et dans tous les corps de métier – est la racine du mal en ce qu'elle dévoile qu'il est possible de faire jouer aux hommes « le rôle des choses ». À la suite de Kant, Weil considère cette inversion des fins et des moyens comme « la racine du mal » (« Expérience de la vie d'usine », p. 233). Elle en appelle à un sursaut spirituel. Le travail doit être placé au « centre de la civilisation ». Il est l'œuvre modeste de l'homme pour comprendre l'ordre du monde et se résoudre à sa condition.

## ORIENTATIONS BIBLIOGRAPHIQUES


### Édition de référence

WEIL Simone, *La Condition ouvrière*, éd. R. Ehrsam, GF-Flammarion, 2022.

Le dossier de l'édition fait la part belle au thème du travail.

### Autres sources

WEIL Simone, *L'Enracinement ou Prélude à une déclaration des devoirs envers l'être humain*, Flammarion, « Champs », 2014.

Weil rédige ce texte à Londres, en 1943, dans le cadre des travaux intellectuels du Conseil national de la Résistance. Par ce texte important, elle entend contribuer à la refonte spirituelle de la France d'après-guerre.

WEIL Simone, *L'Iliade, ou le poème de la force*, Rivages, « Petite Bibliothèque », 2014.

L'exercice de la force prive les hommes de toute vie intérieure. Le passage par le poème d'Homère révèle les enjeux contemporains d'une Europe livrée à la force, bientôt sous le joug de l'Allemagne nazie, et dont l'effondrement moral s'accomplit dans la colonisation.

WEIL Simone, *Réflexions sur les causes de la liberté et de l'oppression sociale*, Gallimard, « Folio Essais », 1998.

Ce texte a toujours été considéré par Weil comme son œuvre majeure. L'analyse porte sur les moyens sociaux et politiques de rendre la vie la plus humaine possible en augmentant la capacité individuelle de penser et d'agir.

PÉTREMENT Simone, *La Vie de Simone Weil* [1973], Fayard, « Sciences humaines », 1997.

Étudiante au lycée Henri-IV, Simone Pétrement fut camarade de classe de Simone Weil. Sa biographie de Weil est un ouvrage d'une précision remarquable.

### Étude

JULLIARD Jacques, *Le Choc Simone Weil*, Flammarion, « Café Voltaire », 2014.

« Simone Weil, une philosophe, une militante, une mystique. Un peu de tout cela ou mieux », écrit Jacques Julliard. Son ouvrage permet de comprendre le caractère hors norme de Simone Weil, qui s'est toujours tenue au seuil des partis ou de l'Église et qui résiste à tout effort de définition.

# TROISIÈME PARTIE

## **Vinaver**

### *Par-dessus bord*

*par Sylvain Ledda*

## VIE DE VINAVER

**1927 : Naissance à Paris, le 13 janvier, de Michel Grinberg, qui choisira Michel Vinaver comme nom de plume** ; sa famille est juive d'origine russe ; son père est antiquaire, sa mère avocate.
**1941 :** Face à la menace nazie, il s'exile à New York avec sa famille.
**1944-1945 : Engagement dans les forces françaises de la Résistance.**
**1947 :** Traduction du roman *The Waste Land* de T.S. Eliot.
**1950-1951 :** Licence de lettres à la Sorbonne. Vinaver se sent une vocation d'écrivain et publie deux romans chez Gallimard : *Lataume* (1950) et *L'Objecteur* (1951).
**1953 :** Stagiaire chez Gillette.
**1956 :** Sa première pièce, *Les Coréens*, se déroule dans une zone de guerre, après le bombardement d'un village ; la pièce emporte le prix Lugné-Poe l'année suivante.
**1958 :** *Les Huissiers* (pièce représentée en 1980).
**1959 :** Titulaire d'un diplôme de *management* des entreprises, **il devient PDG de Gillette Belgique** l'année suivante (il sera directeur de Gillette Italie puis de Gillette France jusqu'en 1979).
**1963 :** *Iphigénie Hôtel* (théâtre). Période de retrait de l'écriture. Naissance de sa fille, l'actrice Anouk Grinberg.
**1969 : *Par-dessus bord* (première version).** Il devient délégué général pour Gillette en Europe.
**1971 :** *La Demande d'emploi*, pièce qui met en scène la violence du monde du travail (voir encadré, p. 162).
**1973 :** Mise en scène de *Par-dessus bord* (version brève) par Roger Planchon, qui ne correspond pas à la vision que Vinaver a de sa pièce.
**1978 :** *Théâtre de chambre*.
**1979 :** *Les Travaux et les Jours*, pièce qui obtient le prix Lugné-Poe l'année suivante.
**1980 :** *À la renverse*.
**1981 :** Il refuse de codiriger le théâtre de Chaillot avec Antoine Vitez. Il est fait chevalier dans l'ordre des Arts et des Lettres.
**1982 :** Il devient professeur associé à l'Institut d'études théâtrales de la Sorbonne-Nouvelle (jusqu'en 1987) et anime des ateliers d'écriture dramatique.
**1983 :** Mise en scène de *L'Ordinaire* avec Alain Françon ; mise en scène de *Par-dessus bord* par Charles Joris (version intégrale).
**1986 :** Publication de son *Théâtre complet* chez Actes Sud.
**1987 :** Il est élu professeur d'études théâtrales à l'université Paris VIII.
**1988 :** Il participe aux travaux sur l'enseignement du théâtre dans les classes théâtre de lycée.
**1989 :** *L'Émission de télévision* (théâtre).
**1990 :** *Le Dernier Sursaut* (théâtre).
**1991 :** Chevalier de la Légion d'honneur.
**1998 :** *King*, suivi des *Huissiers* (théâtre).
**2000 :** *Essai d'analyse de textes de théâtre* (essai).
**2002 :** *11 septembre 2001*, pièce écrite à la suite des attentats du World Trade Center.
**2004 :** Prix de la Société des auteurs et compositeurs dramatiques (SACD).
**2006 : Grand Prix de l'Académie française pour l'ensemble de son œuvre.**
**2008 :** Mise en scène de *Par-dessus bord* par Christian Schiaretti (version intégrale).
**2009 :** Sa pièce *L'Ordinaire* est mise en scène à la Comédie-Française avec Gilone Brun.
**2014 :** *Bettencourt Boulevard, ou une Histoire de France*, pièce pour laquelle il obtient le Grand Prix de littérature dramatique l'année suivante.
**2016 :** Mise en scène de *La Demande d'emploi* par Gilles David à la Comédie-Française.
**2017 : Officier de la Légion d'honneur.**
**2018 :** Traduction d'*Un mois à la campagne* de Tourgueniev.
**2022 : Mort à Paris, le 1er mai**, à l'âge de 95 ans.

# INTRODUCTION

> En tant qu'écrivain de théâtre, je fais partie du paysage [...]. Je ne suis donc pas un observateur neutre, ni un témoin impartial qui serait capable d'un regard froid et objectif, dénué de parti pris ou de passion.
>
> Michel Vinaver [1]

Depuis plusieurs décennies, l'entreprise française Ravoire et Dehaze occupe la première place sur le marché du papier-toilette. Fonctionnant sur un mode patriarcal, elle subit de plein fouet les transformations liées à la mondialisation et aux nouveaux enjeux du *marketing* : la concurrence américaine la menace. *Par-dessus bord* décrit le devenir de ceux qui sont attachés à la tradition de l'entreprise familiale face aux choix de ceux qui sentent la nécessité de s'adapter aux révolutions du marché. Au fil de la pièce seront ainsi jetés « par-dessus bord » telle conception du travail, telles valeurs liées à l'entreprise, mais aussi des individus et des espérances. Est-ce un mal ou une évolution nécessaire ? Dans *Par-dessus bord*, la transformation de l'entreprise française est hâtée par la concurrence d'une multinationale américaine, qui oblige Ravoire et Dehaze à revoir ses pratiques et à réfléchir à ses stratégies *marketing*. Des questions de macroéconomie s'accompagnent donc d'une réflexion sur le travail de l'individu dans l'entreprise, et plus généralement dans la société. Dirigée par Fernand Dehaze, qui disparaît au cours de la pièce, l'entreprise se trouve en outre confrontée à une crise de succession : ses deux fils, Olivier et Benoît, n'ont pas la même conception du travail. Ce conflit entre deux frères crée des clans qui défendent tel ou tel rapport à l'entreprise. *Par-dessus bord* met ainsi en scène les différentes attitudes et postures que les employés adoptent face à leur travail et à leur ancienneté dans leur poste. Mais en définitive c'est bien la fin d'un monde que décrit la pièce, sans que cette disparition annoncée soit une tragédie.

De fait, les questions sérieuses sont abordées dans le cadre d'un imaginaire spectaculaire et joyeux ; le monde du travail et son organisation sont traités avec une forme de fantaisie, voire de comique. Le premier trait de ce décalage trouve sa cristallisation dans la nature du produit vendu : du papier-toilette, autrement dit un objet de consommation on ne peut plus banal, utile mais sans grandeur, dont la valeur symbolique a été longtemps niée par l'entreprise française qui ne voyait que son côté utilitaire. La dimension scatologique inhérente au « papier vécé » confère à la pièce sa dimension burlesque. Cet aspect doit être pris en compte

1. Michel Vinaver, « Conférence de Prague, "Le théâtre français contemporain" », *Agôn* [en ligne], Points de vue, Varia (mis en ligne le 19 octobre 2010) : journals.openedition.org/agon/283.

pour saisir les différentes représentations du travail. Loin d'être une reconstitution fidèle de la vie en entreprise, *Par-dessus bord* apparaît dès lors comme une épopée bouffe, qui reflète un état de la société dans son rapport au travail.

À propos de la première pièce de Michel Vinaver, *Les Coréens* (1956), Roland Barthes commente l'apport de la dramaturgie de Vinaver aux recherches du théâtre contemporain : « Vinaver a retrouvé le pouvoir essentiel de l'art dramatique, qui est de donner à voir à des aveugles, de faire prendre conscience d'une inconscience [1]. » Au seuil de ce cours, l'analyse de Barthes peut également s'appliquer à *Par-dessus bord.* Comment la pièce de Vinaver donne-t-elle à voir et à entendre les impensés du monde du travail, tout en démystifiant les rapports hiérarchiques qui surdéterminent la marche de l'entreprise ? « Le succès actuel de ce théâtre est relatif aux sujets qui l'occupent, commente Marie-Hélène Boblet : le développement exponentiel du capitalisme et la course effrénée à la consommation, la logique de prédation dans les relations humaines et la désolation solitaire d'individus monadiques qu'aucune communauté, à moins de radicalisation ethnocentrique, ne rattache plus les uns aux autres [2]. » Que jette-t-on « par-dessus bord » quand la société évolue et que des modes de fonctionnement professionnels programment leur obsolescence ? Autant de questions qui donnent à la pièce sa saveur actuelle, dans la mesure où ce questionnement sur le travail reflète tout à la fois une époque et les défis de notre société contemporaine. Après avoir rappelé quelques éléments contextuels ainsi que les grands enjeux esthétiques de la pièce, il s'agira d'étudier la manière dont Michel Vinaver représente le travail et produit un discours original sur le monde de l'entreprise.

## I. PRÉSENTATION DE *PAR-DESSUS BORD*

### A. Contexte

#### 1. Les Trente Glorieuses

Écrite entre 1967 et 1969, *Par-dessus bord* évoque la situation économique et sociale d'une entreprise française durant les Trente Glorieuses, plus précisément au temps de la France gaullienne, pompidolienne [3] et

1. « À propos des Coréens », *Les Cahiers de Prospero*, n° 8, juillet 1996, p. 58.
2. Marie-Hélène Boblet, « Le *theatrum mundi* de Michel Vinaver », *Esprit*, 2009, p. 31.
3. En référence à Charles de Gaulle, président de 1959 à 1969, et à Georges Pompidou, président de 1969 à 1974.

patriarcale. Les Trente Glorieuses désignent une période qui s'étend de la fin de la Seconde Guerre mondiale (1945) au premier choc pétrolier (1974-1975). Durant cette période, le capitalisme connaît une forte expansion, favorisée par le fonctionnement de l'État-providence avec la garantie d'instances internationales comme le Fonds monétaire international, créé en 1944, pour assurer la stabilité monétaire mondiale au sortir de la guerre. *Par-dessus bord* est donc une pièce ancrée dans une période historique précise, et s'adosse à une réalité politique et sociale fortement identifiée.

À la fin des années 1940, l'industrie française décrit une très forte croissance, qui résulte d'une amélioration des conditions de production. Les Trente Glorieuses voient ainsi l'avènement d'une nouvelle société, dans laquelle la consommation de produits manufacturés devient accessible au plus grand nombre. L'organisation des chaînes de production a des répercussions sur les entreprises françaises, qui doivent s'adapter aux nouvelles lois de l'offre et de la demande. C'est aussi durant les Trente Glorieuses que les entreprises françaises se modernisent, tant du point de vue technique que dans le *management* humain : la répartition du temps de travail évolue, la pénibilité du travail, si elle demeure, est moindre. C'est encore durant les Trente Glorieuses que naît la catégorie socio-professionnelle des cadres d'entreprise qui, comme nous le verrons, est très représentée dans *Par-dessus bord.*



Ces évolutions correspondent également à une période de plein emploi. En France comme en Europe occidentale, le chômage est très faible. *Par-dessus bord* évoque certes la menace du licenciement ou le départ en retraite contraint, mais il n'y est pas vraiment question de chômage. Le plein emploi permet ainsi aux ménages d'avoir des revenus fixes, et par conséquent d'épargner ou d'acquérir des biens de consommation courante, qui facilitent la vie quotidienne, notamment celle des femmes. Entrent alors dans les ménages des aspirateurs, machines à laver, robots de cuisine, etc. C'est au cours des Trente Glorieuses que les foyers se dotent d'un poste de télévision et d'une automobile produite à la chaîne. Ce phénomène, qui touche en particulier les classes moyennes, débouche sur une consommation de masse.

*Par-dessus bord* rend compte d'un autre phénomène propre aux Trente Glorieuses : le travail des femmes. L'émancipation des femmes par le travail est l'une des conséquences socio-économiques positives de la période qui suit la Seconde Guerre mondiale. Mme Alvarez, par exemple, occupe le poste de « directeur administratif » dans l'organigramme de l'entreprise – on notera qu'à cette date, le nom des fonctions professionnelles n'est pas féminisé comme c'est le cas aujourd'hui. Elle joue donc un rôle central chez Ravoire et Dehaze. Quoique moins nombreuses que les hommes dans la pièce, les personnages féminins de *Par-dessus bord* témoignent d'une évolution sociale : leur place dans le monde

## *PAR-DESSUS BORD* : RÉSUMÉ

### SUJET DE LA PIÈCE

Le sujet de *Par-dessus bord* est relativement simple. Une entreprise familiale de taille moyenne, solidement installée dans le paysage français, fabrique de longue date du papier-toilette, produit dont elle est le *leader*. Son réseau commercial est bien organisé et la hiérarchie des rôles au sein de l'entreprise bien définie. Mais une entreprise américaine novatrice menace l'entreprise française : concurrence agressive, méthodes de *marketing* révolutionnaires. Pour se défendre, Ravoire et Dehaze sortent une ligne patriotique, « Bleu-Blanc-Rouge ». C'est un désastre, qui entraîne la mort du père, directeur de l'entreprise. Benoît, le fils illégitime, crée le produit « Mousse et Bruyère » qui redresse la maison. Malgré ce succès, des valeurs et des personnes sont jetées « par-dessus bord », victimes collatérales du capitalisme triomphant. Finalement, la multinationale américaine absorbe l'entreprise française, dans un climat de réconciliation et de joie.

### PERSONNAGES

On peut distinguer trois catégories de personnages dans *Par-dessus bord*. Tout d'abord, ceux qui appartiennent à l'entreprise, qui constituent l'ensemble le plus important, du directeur Fernand Dehaze à Lubin, le représentant. Viennent ensuite des personnages qui sont liés par des relations affectives ou personnelles aux membres de la société : le banquier Ausange, Margerie, l'épouse de Benoît, Jiji, la fille de Lubin, Alex Klein, musicien de jazz, mais aussi Toppfer, l'antiquaire, et M. Onde, dont Passemar a suivi les cours au Collège de France. Viennent enfin de très nombreux personnages de danseurs, musiciens, employés, directement issus de l'imagination de Passemar, qui fait le lien entre les différents ensembles de personnages de la pièce.

### MOUVEMENTS

La pièce compte six mouvements, qui correspondent aux différents stades de l'évolution de l'entreprise. Nous retenons ici principalement les actions qui concernent le monde du travail.

**I :** « cartes sur table » : Jean Passemar, employé de la société de papier-toilette Ravoire et Dehaze, ambitionne d'écrire une pièce car son entreprise est menacée par une firme américaine, la United.

**II :** « bleu-blanc-rouge » : Le produit « Bleu-Blanc-Rouge » est un cuisant échec ; le navire Ravoire et Dehaze prend l'eau ; Fernand Dehaze fait un malaise et plonge dans le coma.

**III :** « la prise du pouvoir » : À la suite de la mort du PDG, les deux fils s'affrontent pour la succession. Benoît, plus dynamique et plus inventif, évince Olivier, plus traditionnel et plus timoré.

**IV :** « Mousse et Bruyère » : Benoît reprend l'entreprise en mains, au prix de licenciements, et recrute de jeunes collaborateurs, dont deux responsables du *marketing* formés aux techniques américaines (Jenny et Jack). Ils lancent un nouveau produit, « Mousse et Bruyère ».

**V :** « le triomphe » : « Mousse et Bruyère » remporte un grand succès ; sont jetés par-dessus bord des employés fidèles mais jugés dépassés. Benoît cherche des capitaux pour étendre ses produits.

**VI :** « le festin de mariage » : Ravoire et Dehaze est sauvée ; mais pour se développer, l'entreprise est rachetée et absorbée par sa concurrente américaine.

du travail est désormais considérée. À cet égard, le personnage de Margerie, une Américaine mariée à Benoît Dehaze, incarne aussi la libéralisation des mœurs à la fin des années 1960, ainsi que le droit des femmes à disposer de leur corps et de leur avenir professionnel.

La chercheuse Bérénice Hamidi-Kim résume en ces termes l'inscription de *Par-dessus bord* dans son époque :

> *PDB* retrace ainsi un moment précis de l'histoire des entreprises, celui du passage du modèle familial de l'entreprise à la française à l'entreprise multinationale américaine. Toute la pièce raconte, dans un entrelacs typiquement vinavérien, la concomitance indissoluble de différentes crises qui, entreprise familiale oblige, mêlent le professionnel et le privé, selon un procédé dramaturgique qui exhausse la famille de capitaines d'industrie au rang des héros des tragédies antiques [1].

Tous ces éléments liés au contexte socio-économique sont présents de manière explicite ou implicite dans la pièce de Vinaver, traités parfois avec humour ou ironie. Aussi doit-on considérer *Par-dessus bord* comme une œuvre-miroir, fortement marquée par le contexte de son époque, notamment par l'arrivée massive de la puissance industrielle et commerciale venue des États-Unis.



## 2. Actualité contemporaine

Bien qu'elles soient assez peu nombreuses, les allusions au contexte politique et historique ne sont pas absentes de la pièce. Margerie, qui vient des États-Unis, évoque par exemple les événements de Mai 68. Il faut se rappeler ici que la pièce a été composée de part et d'autre de cette date, qui marque une rupture très nette dans l'histoire contemporaine. Les événements de 68 bouleversent en effet profondément les mentalités et les traditions de la société française. Dans une certaine perspective, on peut considérer que *Par-dessus bord* est une réponse à ces événements, dans la mesure où la pièce met en scène une « épopée du capitalisme » au sein d'un monde en plein bouleversement. C'est dans cette optique que Gérald Garutti comprend la pièce : « somme théâtrale écrite entre 1967 et 1969, *Par-dessus bord* constitue l'envers de Mai 1968 : une épopée du capitalisme [2] ».

Mai 68 intervient après une période économique faste ; mais *Par-dessus bord* témoigne des fissures qui commencent à faire vaciller la croissance.

---

1. Bérénice Hamidi-Kim, « Capitalism, a Vinaver Story. *Par-dessus bord* : portrait de cadres dans le vent », *thaêtre* [en ligne], Chantier #1 : Scènes du *néomanagement* (mis en ligne le 29 janvier 2016) : www.thaetre.com/2016/01/09/capitalism-a-vinaver-story-berenice-hamidi-kim.
2. Gérald Garutti, « "Une épopée du capitalisme". *Par-dessus bord* de Michel Vinaver », *Sens public*, 2008 : www.erudit.org/fr/revues/sp/2008-sp04857/1064454ar.

Nombreuses sont les usines dans le domaine du textile et de la métallurgie qui ferment leurs portes, en partie à cause de l'ouverture de plus en plus large aux exportations étrangères. Près de deux millions de travailleurs perçoivent des salaires mensuels inférieurs à cinq cents francs.

La menace que décrit clairement et non sans amère ironie *Par-dessus bord*, c'est l'américanisation de la société, dont l'entreprise est le premier témoin et la première victime. L'Amérique s'importe sur le vieux continent de deux manières distinctes et complémentaires : un libéralisme économique grandissant et la libéralisation des mœurs (initiée par le mouvement Peace and Love, né aux États-Unis au début des années 1960). Quand Michel Vinaver écrit sa pièce, cette société de consommation est en train d'envahir la France, symbolisée par les marques Coca-Cola, Hollywood Chewing Gum, ou encore le succès d'une vedette telle qu'Elvis Presley, qui servira de modèle à bien des artistes français. La mondialisation, le *marketing* de la société de consommation, le *management* du personnel portent en germe notre monde contemporain. *Par-dessus bord* décrit ainsi la révolution culturelle qui touche les entreprises françaises à la fin de la décennie, leur capacité à s'adapter, à vainement résister ou à mourir. En témoigne, par exemple, la définition de nouvelles fonctions au sein de l'entreprise : la nomination d'André Saillant comme *controller*, autrement dit comme directeur des ressources humaines, atteste de l'américanisation de l'entreprise française.

## 3. Nouvelles modalités de représentation du travail

Dans les deux tomes de sa *Critique de la vie quotidienne* (1947-1961), le philosophe et sociologue Henri Lefebvre analyse les effets aliénants du bouleversement du monde du travail au lendemain de la Seconde Guerre mondiale. En se situant dans le sillage de Marx (1818-1883) et de Lukács (1885-1971), il commente le contrôle social et la réification de l'individu. Ces bouleversements du monde du travail ont des conséquences sur l'inspiration des romanciers, des dramaturges et des cinéastes. Conscients de vivre une période de bouleversements anthropologiques et moraux, écrivains et artistes décrivent la société nouvelle issue de la Seconde Guerre mondiale, notamment en mettant en scène le monde du travail. Naît ainsi dans les années 1960 une « littérature du travail », qui a pour objet/sujet le monde de l'entreprise, le conflit entre un artisanat traditionnel et de nouveaux modes de production. Dans son ouvrage *La Littérature française au présent*, Dominique Viart associe alors l'écriture du travail à la représentation d'un « réel social [1] ». De ce point de vue, plusieurs romans ou pièces contemporains de *Par-dessus bord* décrivent le statut des employés. Le roman de Georges Perec, *Les Choses*

1. Dominique Viart, Bruno Vercier et Franck Evrard, *La Littérature française au présent. Héritages, modernité, mutations*, Bordas, 2008, *passim*.

(1965), est emblématique de cette période et de ces nouvelles thématiques littéraires. Si cette œuvre se veut volontiers ironique et vide les personnages de toute substance, la question sociale, en revanche, y est très prégnante, à travers le thème de la consommation. Jérôme et Sylvie, les deux protagonistes, sont fascinés par tout ce que la société des Trente Glorieuses leur offre comme possibilités d'achats. Les produits commerciaux apparaissent comme le signe d'une aliénation fascinante. Commentant son roman juste après sa parution, Perec constate la période de rupture que constituent les Trente Glorieuses :

> [...] nous ne savons plus très bien comment s'appelle la société dans laquelle nous vivons aujourd'hui. « Société capitaliste » ? Elle est tout à fait différente de ce qu'on avait autrefois coutume d'appeler « société capitaliste ». « Civilisation des loisirs » ? « Civilisation de l'abondance » ? « Civilisation de surproduction » ? « De consommation » ? Finalement on ne sait pas encore ce qu'elle est. Toute sociologie américaine et française a commencé d'évoquer les problèmes de l'homme solitaire dans le monde de production... Mais cela n'avait pas encore été un thème littéraire. Il n'y a pas encore eu de roman, de récit qui présente des personnages vivant à l'intérieur de cette société, soumis à la pression du marché. C'est cela mon livre [1].



Cette veine d'inspiration, qui place le travail au cœur de l'œuvre littéraire, devient également un sujet au théâtre. Dans *La Demande d'emploi* qu'il écrit à la veille du premier choc pétrolier en 1971, Michel Vinaver décrit les effets désastreux de la mondialisation sur l'individu, broyé par le système. Le thème de la pièce porte sur les nouvelles méthodes de *management* du personnel qui modifient en profondeur le rapport de l'homme au travail et à l'entreprise (voir p. 182). Au milieu des années 1970, le dramaturge Jean-Paul Wenzel crée *Loin d'Hagondange*, pièce ancrée dans la vie sociale d'un couple de travailleurs ayant atteint l'âge de la retraite. La question du travail y est abordée sur un mode nostalgique, celui de la disparition de tout un monde industriel. Wenzel montre deux vies vouées corps et âme à un travail répétitif ; désormais loin des mines, de l'industrie, du travail qui organisait leur vie, les nouveaux retraités ont perdu leurs repères. Pièce sociale, *Loin d'Hagondange* montre aussi que la perte du travail correspond à l'anéantissement de l'énergie vitale.

## B. Vinaver et le théâtre

### 1. Le chef d'entreprise et le dramaturge

Avant de devenir l'un des dramaturges les plus importants de sa génération, Michel Vinaver a été romancier. Parallèlement à sa carrière

1. Georges Perec, « Le bonheur de la modernité », in *Entretiens et conférences*, Nantes, Joseph K, 2003, t. I, p. 59.

## Michel Vinaver, *La Demande d'emploi* (1971)

*La Demande d'emploi* est composée d'une trentaine de saynètes, resserrées autour de quatre personnages : un père (au chômage), une mère et leur fille, auquel s'ajoute le personnage du recruteur. La situation sociale du père est devenue précaire après avoir été florissante. Il a perdu son emploi et croit encore que ses qualités seront reconnues. Il subit alors un bilan de compétences et un entretien d'embauche. Quelles sont les répercussions de la perte du travail sur le psychisme individuel et sur la cellule familiale ?

### Perte des repères

Le rachat de son entreprise, qu'on imagine « familiale », a bouleversé la place du père, Fage. Un certain « John », dont le prénom est à consonance américaine, l'a supplanté :

> Fage. – Deux mois et demi après l'acquisition ils nous ont débarqué un de leurs jeunes John un garçon très sympathique il venait se renseigner sur le marché français et il me donnait des conseils il fallait supprimer les deux tiers des grossistes diminuer la marge des détaillants augmenter au contraire celle des chaînes de supermarchés je lui expliquais pourquoi le petit grossiste en France est encore indispensable pourquoi le détaillant traditionnel quinze jours après John était nommé directeur général des ventes moi je restais directeur des ventes j'ai demandé une description précise des deux fonctions on m'a répondu qu'il n'y avait rien de changé John verrait les choses de très haut peu à peu j'en suis venu à me demander ce que j'allais trouver à faire pour finir ma journée tout m'échappait dans la distribution des notes de service on m'oubliait j'étais là témoin du travail d'anéantissement auquel on m'oubliait on se livrait sur tout ce que j'avais édifié au cours des années [1]

La difficulté majeure à laquelle se heurte le demandeur d'emploi, c'est son âge. À cinquante ans passés, le monde du travail le rejette. Aussi, bien avant le développement de la culture du « jeunisme », la pièce expose la force des conflits de générations dans le monde du travail, ce qui était déjà présent dans *Par-dessus bord*. « Vingt-trois ans pour devenir un déchet », conclut Fage [2]. L'incompréhension, la culpabilité, l'humiliation et l'angoisse le persuadent qu'il n'est plus bon à rien. Il appartient au monde d'avant, rebut d'une société du travail où il n'aura plus sa place.

### Bilan de compétences

Plus généralement, Fage subit de plein fouet les transformations de la société des Trente Glorieuses : sa femme trouve un travail ; sa fille tombe enceinte en dehors du mariage et s'engage politiquement. En somme, ce sont les structures anthropologiques d'une société fondée sur des valeurs obsolètes qui s'effondrent et dont Fage est la victime. *La Demande d'emploi* dénonce la logique de rentabilité, dans la mesure où elle aliène l'individu et le contraint à perdre des valeurs humaines, à laisser le domaine professionnel empiéter sur le domaine intime et la sphère familiale.

Ainsi, *La Demande d'emploi*, à l'instar de *Par-dessus bord*, dépeint les dommages collatéraux d'une situation vécue par de nombreux individus comme une crise existentielle majeure.

1. Michel Vinaver, *La Demande d'emploi*, L'Arche Éditeur, 1973, p. 39.
2. *Ibid.*, p. 60.

littéraire, il a été cadre en entreprise et enfin, sous le nom de Michel Grinberg, directeur général de l'entreprise Gillette, firme bien connue pour ses lames de rasoir. Cette double carrière d'écrivain et d'homme d'entreprise confère au discours de *Par-dessus bord* un surcroît d'authenticité et de profondeur de vue, lié à l'expérience professionnelle de l'auteur. Il faut en effet noter que Vinaver a écrit son théâtre jusqu'au début des années 1980, tout en exerçant une fonction de direction au sein d'une des plus importantes sociétés françaises. Il est donc de plain-pied avec le monde du travail, dont il connaît parfaitement les rouages, les évolutions et les crises depuis la fin des années 1950, date de son entrée chez Gillette.

Entre *Les Coréens* (1956) et *Par-dessus bord* (1967-1968), Michel Vinaver traverse une période de doute et d'incertitude face à l'écriture dramatique. Interrogé à propos de l'influence de son poste de cadre dans une grande entreprise française sur son inspiration théâtrale, le dramaturge explique que le théâtre a été une sorte d'exorcisme, pour mettre à distance les problèmes de l'entreprise :



> Les premières pièces que j'ai écrites étaient une façon de me mettre à l'écart de mon parcours professionnel [...]. Et puis, avec une pièce qui s'intitule *Par-dessus bord*, j'ai fait la jonction. Tout est parti d'une difficulté personnelle dans laquelle je me suis trouvé. Je n'arrivais plus à être deux personnes distinctes, sans rapport l'une avec l'autre [...]. Il fallait que je me réunisse. Cela voulait dire soit abandonner l'une ou l'autre de mes deux activités, soit laisser le travail qui était le mien entrer dans l'écriture, c'est-à-dire l'univers de l'industrie. Je me suis aperçu que cet univers-là était un champ éminemment conducteur de situations dramatiques [1].

La part biographique et personnelle est décisive car elle montre l'entreprise de l'intérieur, tout en projetant dans le monde du travail des structures propres au théâtre. Comme le remarque Simon Chemama [2], le théâtre de Vinaver, en mettant en scène le monde du travail, développe certaines thématiques récurrentes liées aux produits de grande distribution. C'est le cas en particulier des produits manufacturés en lien avec la cosmétique ou avec le corps : les rasoirs Gillette dans *King* (1998), la crème solaire Bronzex dans *À la renverse* (1980), le papier-toilette dans *Par-dessus bord*. Ces choix thématiques entrent certes en résonance avec le parcours personnel de Vinaver, mais ils décrivent aussi un rapport au monde, l'emprise des produits de consommation sur l'individu – ce qui fut aussi l'objet des missions de Michel Grinberg au sein de l'entreprise Gillette.

À cet égard, la critique a souvent vu dans le personnage de Passemar un double de Michel Vinaver. Jean Passemar écrit une pièce de théâtre

1. « Rencontre avec Michel Vinaver », *À brûle-pourpoint*, hors-série n° 15, novembre 2003, SCÉRÉN-CNDP, p. 21.
2. Voir son essai *Vinaver, le théâtre de l'immanence*, Honoré Champion, 2016.

et assiste au cours du professeur Onde ; mais il est aussi cadre chez Ravoire et Dehaze, à l'instar de Michel Vinaver qui écrit *Par-dessus bord* tout en dirigeant l'entreprise Gillette. Si Passemar n'a pas le statut de directeur comme Vinaver, il en possède la fantaisie créatrice, dévoilant au lecteur/spectateur les processus de l'écriture d'une pièce de théâtre, avec ses limites, ses difficultés, ses joies. Personnage démiurgique, Passemar est celui par qui le théâtre advient : régulièrement, il rompt le « quatrième mur », s'adresse au public, réfléchit à voix haute sur l'art dramatique, commente l'œuvre qu'il est en train de composer et qui se joue sous nos yeux. Cette dynamique métathéâtrale place ainsi l'auteur au cœur de sa création, non sans une part d'autodérision, en prise directe avec les enjeux de la pièce : « Ça arrangerait bien mes affaires si cette pièce pouvait rencontrer un succès non seulement d'estime mais commercial parce que du côté de Ravoire et Dehaze les choses ne vont pas si bien » (V, p. 205). La présence de Vinaver dans son œuvre opère donc à deux niveaux : sa connaissance du monde du travail et de l'entreprise ; sa « projection » dans le personnage de Passemar, dramaturge et cadre.

## 2. Un théâtre du quotidien ?

Michel Vinaver a plusieurs fois indiqué qu'il ignorait lui-même par quels processus se faisait l'écriture d'une pièce de théâtre. Ce mystère de la composition tient en partie au fait qu'il sépare l'écriture dramatique de la représentation scénique. En somme, il ne voit pas la scène quand il compose : « Je n'ai pas l'imagination spatiale, la vision des mouvements sur scène, le "look" des acteurs… Rien de tout cela ne se produit dans le processus d'écriture [1]. » Peut-être cette affirmation explique-t-elle le primat des dialogues sur les indications de jeu, qui fournissent des précisions relatives aux décors, au jeu des acteurs et aux éventuels éléments sonores. Dans le théâtre de Vinaver, la parole est reine, même si le dramaturge conserve des éléments didascaliques, tout en renonçant à la structure canonique en actes et en scènes. *Par-dessus bord*, en effet, est construite en six mouvements dans sa version « hyper-brève », qui comportent chacun un titre (voir encadré, p. 158).

Le lecteur qui découvre le théâtre de Vinaver peut être dérouté par trois éléments relatifs aux dialogues : l'absence de ponctuation, la juxtaposition des répliques, leur apparente banalité. Le premier échange entre la commerçante derrière son comptoir et le représentant de Ravoire et Dehaze, qui ouvre la pièce, semble tiré d'une discussion saisie sur le vif, dont le sens n'est pas donné d'emblée. Ce procédé d'irruption de la parole suggère aussi que l'action a déjà commencé quand parlent les personnages : tout a débuté avant et tout continuera après la pièce, il n'y a pas vraiment de début et pas vraiment de fin. Aussi est-il difficile

1. « Rencontre avec Michel Vinaver », art. cité, p. 17.

d'appliquer la notion d'intrigue au théâtre de Vinaver, sans pour autant tout à fait exclure le principe d'une histoire racontée au public. Certes, le dramaturge n'est pas le premier à faire un usage esthétique très personnel de la parole quotidienne : d'autres avant lui l'ont fait, à l'image d'Ionesco qui, dans *La Cantatrice chauve* (1952), multiplie les poncifs, les banalités, les phrases de la vie courante. Si, chez Ionesco, l'effet produit est souvent comique et procède de l'absurde, chez Vinaver, le quotidien et ses paroles instaurent d'emblée une représentation du monde fondée sur cette langue singulière, dénuée de ponctuation – à l'exception des points d'interrogation. Sur cette question, Michel Vinaver s'est expliqué à plusieurs reprises. À l'occasion d'une conférence prononcée à la faculté de philosophie de Karlovy, il définit en ces termes l'usage d'un dialogue quotidien dans son théâtre :

> Le théâtre du quotidien part de la banalité de la parole émise par des gens quelconques dans des situations sans intérêt, c'est-à-dire de l'absence *a priori* de sens. Mais contrairement au théâtre de l'absurde, qui exalte le non-sens, toute la démarche ici consiste à *remonter* vers ce qui pourrait être un nouveau fondement du sens. Et cette démarche se fait au niveau moléculaire du langage [1].



À cet ordinaire de la langue et du langage, caractéristique du théâtre de Vinaver et de *Par-dessus bord*, s'ajoute parfois l'absence apparente de cohérence dans l'enchaînement des dialogues. Dans la dramaturgie « traditionnelle », les scènes sont liées par une logique dialogique ou par la cohérence de l'action. Dans *Par-dessus-bord*, ce système est oublié au profit d'une parole qui surgit puis disparaît sans explication. Ainsi, plusieurs discussions s'enchevêtrent dans le dialogue, les répliques ne répondant pas nécessairement à celle qui précède, mais à une parole antérieure. Cette juxtaposition de séquences dialoguées crée une temporalité diffractée, tout en produisant des effets d'écho signifiants.

## 3. Une réflexion sur le théâtre ?

L'œuvre dramatique de Vinaver présente une dimension réflexive, voire des aspects métathéâtraux (théâtre dans le théâtre, commentaires sur l'œuvre). Lui-même a souvent glosé son œuvre, en notant parfois l'hiatus entre l'idée qu'il se fait de ses pièces et leur mise en scène. Dans *Par-dessus bord*, c'est à Jean Passemar qu'il confie la mission d'exprimer ses doutes et ses idées face à l'écriture dramatique. Le personnage s'interroge en effet sur ses choix artistiques et sur la nécessité qu'il éprouve d'écrire une pièce, car il perçoit la menace qui pèse sur son entreprise et donc sur son emploi : « Mon propos est simplement ceci

1. Michel Vinaver, « Conférence de Prague, “Le théâtre français contemporain” », art. cité.

l'absorption de la moyenne entreprise où je suis moi-même un cadre moyen par une puissante société américaine est-ce un bien ? Est-ce un mal ? Je ne sais pas j'aimerais y voir plus clair » (I, p. 33). Tout en introduisant les enjeux de *Par-dessus bord*, Passemar imagine des séquences qui n'ont *a priori* rien à voir avec l'histoire de Ravoire et Dehaze. Il analyse ses choix concrets et se demande s'ils sont pertinents ; il semble revenir sur sa décision de mettre en scène des intermèdes dansés qui ponctuent la pièce : « Décidement je vais supprimer ces intermèdes qui grèvent inutilement le coût de la production » (IV, p. 118).

Cette réflexion sur le coût du spectacle présente une dimension cocasse quand on sait que, dans sa version première, *Par-dessus bord* est un monstre théâtral, difficile à mettre en scène, notamment à cause du montant élevé de la production. Ainsi, les paroles de Passemar résonnent avec les propres questionnements de Michel Vinaver. La pièce est en outre ponctuée de performances, de séquences de pantomimes, de jeux théâtraux improvisés, qui fonctionnent comme des intermèdes et instaurent un dialogue avec le public. Ces procédés de distanciation se doublent de l'usage d'autres formes d'art que le théâtre : danse, films, diapositives, chœur. La présence de cette dynamique spectaculaire dans *Par-dessus bord* participe de l'épopée comique qu'invente Vinaver. Mais ce sont aussi autant de concrétisations de la fantaisie de l'auteur Passemar, dont l'imagination se matérialise à travers ces séquences souvent surprenantes, toujours plaisantes.

Tous ces éléments rapprochent *Par-dessus bord* de la volonté d'Antonin Artaud d'un théâtre total, ce qu'exprime Passemar de manière amusante :

> PASSEMAR. – En vérité je suis tenté par le théâtre total où toutes les formes d'art concourent au spectacle le ballet le cirque le cinéma l'opéra c'est assez exaltant d'imaginer un théâtre sans plus aucune limite au niveau des moyens d'expression ce sera un spectacle coûteux à monter est-ce que je ne diminue pas d'autant mes chances d'être représenté ?
>
> (I, p. 36-37)

Ce n'est que dans sa dernière intervention que Passemar dévoile ses sources et permet de comprendre à rebours toute la fantaisie de la pièce de Vinaver : la comédie aristophanesque, avec sa bouffonnerie et sa réflexion sociale. *Par-dessus bord* doit en effet beaucoup à ce genre de comédie, à laquelle elle emprunte sa structure, notamment à travers le thème de la réconciliation finale et de l'équilibre retrouvé de la cité. Passemar revendique explicitement son modèle : « cette structure dont je n'ai pas scrupule à avouer que je l'ai empruntée à Aristophane toutes ses pièces se terminent par un sacrifice et un mariage » (VI, p. 253).

## C. Genre

### 1. « *Iliade* du papier cul » : *Par-dessus bord* et l'hybridation des genres

L'expression d'Anne Ubersfeld pour désigner *Par-dessus bord* (une « *Iliade* du papier cul [1] ») met humoristiquement en lumière la double appartenance de la pièce à l'épopée (référence à l'*Iliade* d'Homère) et à la farce (le « bas corporel » que suggère l'expression triviale de « papier cul »). Les différents thèmes de la pièce, et en particulier celui du « papier vécé », découlent directement de l'hybridation générique de la pièce, qui s'inspire de plusieurs formes dramatiques.

La critique a en effet vu dans la pièce de Vinaver une épopée moderne, et même « une épopée du capitalisme », selon le mot déjà cité de Gérald Garutti [2]. Il s'agit d'une vaste fresque sur l'entreprise et la consommation modernes, avec ses combats entre les nouveaux dieux (les Américains) et les divinités de l'ancien monde (les Français). Or l'objet de la lutte semble devenu bien dérisoire, ce qui justifie le rapprochement entre *Par-dessus bord* et le comique bouffon. Il ne s'agit plus d'une quête extraordinaire, d'une Toison d'or ou d'un Graal, mais du plus prosaïque des objets quotidiens. Ce choix mine d'emblée toute tentative de sublime. Il introduit une dimension farcesque et scatologique, dans la mesure où il renvoie explicitement aux excréments, sujet tabou que Vinaver traite sous le mode burlesque. Une dimension carnavalesque participe ainsi au rythme et au propos de la pièce ; la séquence durant laquelle chacun se creuse les méninges pour trouver un nom au produit donne lieu à une variation poético-burlesque. *Par-dessus bord* présente alors un passionnant jeu d'inversion de valeurs, propre au carnaval : grâce à la magie du *marketing*, l'excrément devient de l'or, une « matière première » au sens strict, dont la rentabilité est infinie. Les excréments sont un or noir dont la conquête rime avec richesse.

Enfin, la pièce présente une dimension de tragédie, qui touche les individus passés par-dessus bord. Face aux événements qui bouleversent leur destin et celui de l'entreprise, les personnages semblent en effet soumis à une fatalité, celle du capitalisme triomphant. Le souvenir de la tragédie shakespearienne se fait également jour dans la mort du père, qui entraîne une lutte entre les deux frères et un fratricide symbolique, schéma agonistique qu'on retrouve dans bien des tragédies : Benoît finit par l'emporter sur Olivier, alors qu'il est issu d'un second lit et n'est donc pas le premier héritier. Ce schéma rappelle *Richard III* ou *Le Roi Lear*, mais aussi *Mithridate* de Racine. Les séquences métaphysiques

1. Anne Ubersfeld, « Vinaver et le cœur », in *Michel Vinaver*, sous la direction de Jean-Marie Thomasseau, *Europe*, n° 924, 2006, p. 98.
2. Gérald Garutti, « "Une épopée du capitalisme". *Par-dessus bord* de Michel Vinaver », art. cité.

comme la présence de la mort (réelle et symbolique) rattachent ainsi la pièce au genre tragique.

## 2. Éléments d'analyse dramaturgique

Variée dans son hybridation générique, *Par-dessus bord* l'est aussi dans sa poétique et son esthétique. La pièce se situe volontairement hors du cadre de toute dramaturgie classique. Point de scène d'exposition, point de dénouement proprement dit : « De sorte que la fin rejoint le commencement », conclut Passemar (VI, p. 255). L'histoire est à reconstituer en fonction de l'entrelacement des dialogues. Pas d'actes non plus ni de scènes, mais des « mouvements », terme qui suggère un rythme, une action mobile, de l'animation. Des séquences dialoguées s'entrechoquent à l'intérieur de six mouvements titrés, comme le sont les chapitres d'un roman (voir encadré, p. 158). Ces titres ont un statut intéressant car ils renseignent le lecteur sur le thème qui sera abordé et développé. Mais comment les rendre visibles/dicibles à la scène ? Ce détail indique que l'écriture vinavérienne est aussi bien destinée à la scène qu'à la lecture, ce qui s'inscrit ici dans la tradition des drames du XIX^e^ siècle (Alexandre Dumas, Victor Hugo), qui donnent des titres aux différents tableaux de la pièce. Dans une certaine mesure, Vinaver réinvestit l'esthétique du tableau, qui se fonde tout à la fois sur le décor et sur l'action des personnages.

La critique a souvent noté le caractère abrupt des entrées et des sorties des personnages, notamment au début de la pièce, marqué par un dialogue surgi *ex nihilo* entre une commerçante et un représentant. Le lecteur/spectateur est d'emblée plongé dans un échange dont il comprend les enjeux référentiels (un comptoir, une commerçante, un représentant, un produit), sans que soient posés des jalons liés à une quelconque intrigue. Selon Vinaver, en effet, il est « impossible de ne pas être abrupt dans les démarrages. Il ne peut pas y avoir d'exposition. La naissance d'une pièce c'est comme une petite explosion atomique [1] ». Cette comparaison physique et chimique transforme l'exposition de la pièce en un lieu de non-sens, d'où pourra jaillir une situation contingente : « Les mots partent un peu dans n'importe quel sens. C'est que justement, au départ d'une pièce, il n'y a aucun sens [2]. » Une telle conception va contre l'idée d'un événement à venir, qui se construirait selon une logique psychologique, narrative ou morale. Comme le note Sylvain Diaz, « toute entrée en scène est avènement d'un événement [3] ». Or la scène inaugurale se transforme au fil de la pièce en un véritable *leitmotiv*, qui ponctuera désormais l'action en la commentant. M. Lubin et Mme Lépine se

1. Michel Vinaver, « Une écriture du quotidien » [1980], in *Écrits sur le théâtre*, réunis et présentés par Michelle Henry, L'Arche Éditeur, vol. 1, 1998, p. 127.
2. *Ibid.*, p. 130.
3. Sylvain Diaz, « *Par-dessus bord* : big bang – Enquête sur l'entrée en scène dans le théâtre de Michel Vinaver », in *L'Entrée en scène – Théâtre Cinéma*, Lyon, 2009, p. 3.

retrouvent régulièrement dans une situation de négociation commerciale. Le retour de cette scène est un repère diégétique, qui permet de comprendre l'évolution de l'entreprise Ravoire et Dehaze, son éviction progressive. Sylvain Diaz, commentant le retour de cette scène, en souligne le caractère essentiel :

> Leur succession témoigne ainsi de l'évolution de la situation de Ravoire et Dehaze, les commandes de la grossiste mettant d'abord en évidence, par leur forte baisse, la crise que traverse l'entreprise familiale, puis, par leur forte hausse, son spectaculaire redressement. Ainsi la confrontation récurrente entre Lubin et Mme Lépine semble-t-elle structurer *Par-dessus bord*. Il n'est pas indifférent de ce fait que le « descellement » de ce couple de personnages, dû au licenciement inattendu de Lubin au cinquième mouvement, marque le « descellement » de la pièce elle-même, qui se referme sur un ultime mouvement plus bref que les précédents. La scène inaugurale de *Par-dessus bord*, qui pouvait initialement sembler insignifiante, se révèle dès lors essentielle [1].



Au-delà des premiers dialogues de la pièce, il est difficile de véritablement parler d'« entrée en scène » pour décrire la venue des personnages. Le terme « apparition » semble plus approprié pour peindre un va-et-vient d'apparitions et d'effacements successifs. L'écriture vinavérienne instaure une image qui semble s'effacer d'elle-même, comme le suggèrent les didascalies.

> [Dans mes pièces,] les choses se mettent en place davantage par juxtaposition que par enchaînement. La notion d'*enchaînement* implique celle de causalité et du même coup, celle de construction. Il y a au départ une turbulence et une poussée vers ce qui pourrait commencer à constituer une histoire mais de celle-ci, rien ne dit qu'elle aboutira. La poussée est désordonnée, elle n'est pas encore charpentée ou étayée. C'est ainsi que, comme ça peut, ça démarre [2].

Cela ne signifie pas pour autant que Vinaver renonce totalement à utiliser des effets d'annonce pour structurer une intrigue ou préparer une action importante à venir. Sur ce point, l'arrivée des Américains (objet de curiosité et potentielle menace) est annoncée par Passemar au début de la pièce. Sans pouvoir parler de suspens au sens strict, le dialogue de *Par-dessus bord* crée une attente autour de cet événement majeur de la vie de l'entreprise.

## 3. Création de *Par-dessus bord*

*Par-dessus bord* est un monstre dramatique dans sa forme première. Même après trois versions réduites, la pièce conserve des dimensions

1. *Ibid.*, p. 6.
2. Michel Vinaver, « J'essaie de faire des formes… », entretien avec J. Danan, É. Ertel, D. Lemahieu, C. Naugrette et J.-P. Ryngaert, *Michel Vinaver. Côté texte/Côté scène*, sous la direction de Catherine Naugrette, *Registres*, hors-série n° 1, 2008, p. 47.

exceptionnelles : plus de soixante personnages, vingt-sept lieux et environ sept heures de représentation ; la pièce semble excéder toute forme de représentation. En dépit de sa taille et des enjeux scéniques qu'elle suppose, la pièce séduit Roger Planchon, qui l'adapte pour la version qu'il en donne au TNP de Villeurbanne le 13 mars 1973, date de première création de la pièce. Selon Planchon en effet, *Par-dessus bord* apporte une nouveauté considérable dans la représentation du monde du travail : « Ce qui me frappe dans l'œuvre de Vinaver, c'est la nouveauté. [...] À l'époque, les auteurs qui écrivaient sur l'industrie semblaient nous parler encore de l'industrie du temps de Balzac ; lui, il écrit le vrai théâtre moderne sur l'industrie [1]. » L'actualité d'une pièce ancrée dans la réalité du monde du travail justifie le choix de Planchon.

L'adaptation ne satisfait toutefois pas Michel Vinaver, qui juge que la « pièce a perdu de son mordant dans le portrait qu'elle dresse du fonctionnement du système capitaliste à la mode des comédies musicales américaines », explique-t-il à Delphine Rey-Galtier [2]. En vérité, Roger Planchon s'est heurté à plusieurs particularités/difficultés de l'écriture vinavérienne, telles qu'elles se déploient dans *Par-dessus bord* : l'entrelacs de la technique d'écriture, l'impression de fragmentation, l'éclatement de la diégèse, autrement dit d'un fil narratif qui correspondrait à une intrigue, l'absence de hiérarchisation entre les « événements » et la volontaire platitude de certains dialogues dont découle une représentation du quotidien à l'œuvre dans la pièce. Dans sa mise en scène, Roger Planchon reprend un certain nombre d'éléments qu'on trouve dans une entreprise, tels que les bureaux, les dactylographes, les téléphones imposants trônent sur les bureaux. Mais il ajoute aussi des séquences plus symboliques, comme l'enterrement de Fernand, en présence d'entrepreneurs américains qui portent des chapeaux de cow-boy et arborent des fusils.

Trente-cinq ans après Planchon, le metteur en scène Christian Schiaretti met en scène *Par-dessus bord* dans sa version intégrale, sur la même scène que lors de la création (voir illustrations, p. 179 et 187). Cette mise en scène rencontre un très vif succès auprès du public et la critique est très élogieuse.

## D. Thèmes et motifs de *Par-dessus bord*

*Par-dessus bord* est une pièce foisonnante sur le plan thématique. Si le motif central demeure l'entreprise et la répartition du travail au sein de ce système, elle accueille aussi de nombreux thèmes satellites, qu'on peut rattacher par analogie à la question du travail : la mythologie, la Shoah, les histoires sentimentales.

1. Roger Planchon, « Conflit de monteurs ? », entretien avec Sophie Proust, in *Michel Vinaver*, *op. cit.*, p. 195.

2. Cité dans Delphine Rey-Galtier, *Le Théâtre de Michel Vinaver*, Genève, Ides et Calendes, 2019, p. 20.

## 1. La mythologie

La pièce est ponctuée de séquences décalées dans le temps et dans l'espace, où il est question de mythologie scandinave. Quelle fonction et quelle signification peut-on attribuer à ces passages consacrés aux épopées nordiques ? Passemar se souvient régulièrement des cours du professeur Onde au Collège de France. Or il est avéré que ce spécialiste de mythologie nordique a été inspiré par la personnalité de Georges Dumézil (1898-1986). Philosophe, anthropologue et historien des religions, Dumézil (Onde) incarne le savoir dans tout ce qu'il a de plus érudit. Ses travaux de mythologie comparée, qu'il conduit dans les années 1930 jusque dans les années 1960, ont marqué des générations d'historiens et d'anthropologues. D'après lui, les récits mythologiques sont organisés selon des structures semblables, révélant une organisation de la société en trois grands ensembles : la fonction sacrée, la fonction guerrière, la fonction de production et de reproduction.

Bien qu'elle ait été ensuite discutée, voire remise en question, cette théorie est exposée dans *Par-dessus bord* à travers la description de la mythologie nordique. Le récit des guerres et de l'évolution des batailles épiques entre les dieux Ases et les dieux Vanes de la mythologie scandinave correspond au combat que les deux frères se livrent. Après de violentes luttes sans merci, les deux peuples de dieux finissent par trouver la paix et se réconcilier. L'analogie est encore plus évidente quand on observe le devenir des prisonniers faits pendant ces guerres légendaires : certains Vanes retenus en otage chez les Ases se sont parfaitement intégrés aux ennemis ; à la mort d'Odin (chef des Ases), c'est le maître des Vanes qui devient chef des Ases… Ainsi, la présence d'interférences mythologiques éclaire la situation de l'entreprise Ravoire et Dehaze : le conflit entre les deux peuples peut être aisément transposable à celui qui oppose les Français et les Américains.

> M. ONDE. – Et comme si soudain ils en avaient assez de cette alternance épuisante d'échecs et de succès sans suite de part et d'autre les Ases et les Vanes font la paix une paix surprenante aussi harmonieuse que la guerre a été implacable là où aucun compromis ne paraissait possible d'un seul coup c'est l'entente et même davantage […] et jusqu'à la fin des temps il n'y aura plus l'ombre d'un conflit entre les Ases et les Vanes
>
> (VI, p. 254-255)

Comme son nom l'indique, M. Onde porte un regard sur la vérité du « M.ONDE » grâce aux structures mythologiques qu'il décrit. Ses récits de guerres légendaires permettent donc de comprendre ce que vivent les mortels au sein de l'entreprise Ravoire et Dehaze. Il s'agit d'un contrepoint mythologique qui contribue également au foisonnement culturel de la pièce.

## 2. Le spectre de la Shoah

Le traumatisme de la Shoah et de la bombe atomique a produit une angoisse collective dont la pièce porte la trace. En 1956, le film d'Alain Resnais *Nuit et Brouillard* est le premier documentaire consacré au crime des nazis. Le public est sidéré par les images qu'il découvre. Le « devoir de mémoire » devient l'une des préoccupations morales de la France d'après-guerre, malgré ses difficultés à reconnaître la responsabilité du gouvernement de Vichy dans la déportation. La Shoah et le génocide juif traversent *Par-dessus bord*, et plusieurs scènes évoquent ce bouleversement historique récent (la pièce se déroule vingt-cinq ans après ces tragiques épisodes historiques). Plusieurs personnages sont profondément marqués par ces événements traumatisants, pour des raisons personnelles ou familiales : les parents d'Alex sont tous les deux morts en déportation à Auschwitz. Au moment où Vinaver compose sa pièce, la hantise du génocide est dans tous les esprits ; les rescapés des camps témoignent, la société tout entière subit de plein fouet le contrecoup de ce traumatisme collectif. Le personnage de Cohen, chef comptable de l'entreprise, que son patronyme rattache à la communauté juive, questionne le musicien Alex Klein sur ses origines :

COHEN. – Ta mère était la grande Rosa Klein

ALEX. – Il paraît

COHEN. – Elle était si frêle mais avec un port de tête inimitable et une fois qu'elle s'est mise à jouer c'était un géant on m'a dit qu'elle est morte à Buchenwald

ALEX. – À Auschwitz

COHEN. – C'est ton père qui était professeur de Rome à Varsovie ? Il est mort ?

ALEX. – À Auschwitz

COHEN. – Toi-même tu as connu Auschwitz ?

ALEX. – Ça a été mon jardin d'enfants

(IV, p. 164-165)

Le choix d'Alex Klein de devenir musicien de jazz, loin du monde de l'entreprise, peut être interprété comme la marque d'un espoir qu'incarnerait la pratique artistique. Mais son intégration finale dans l'entreprise interroge, d'autant qu'Alex lui-même perçoit ce nouveau travail comme un échec, voire une fatalité :

ALEX. – Mon père est mort en tombant en arrière dans une fosse à merde poussé par un SS maintenant moi

– Plus fort [...]

– J'entre dedans je m'avance je tombe en avant

(VI, p. 238)

Rappelons pour conclure que Michel Vinaver, *alias* Michel Grinberg, est lui-même juif et a dû fuir l'extermination massive en 1941. Les mentions relatives à la Shoah renvoient donc peut-être à un autre aspect de l'expérience personnelle de l'auteur.

## 3. Histoires sentimentales et interférences professionnelles

*Par-dessus bord* n'est pas une pièce dénuée d'amour, et encore moins d'humanité. Parallèlement au devenir de l'entreprise Ravoire et Dehaze, se nouent et se dénouent des histoires familiales, des histoires d'amour et d'amitié. L'entreprise étant familiale, elle met en scène un père et deux fils. Cette structure, qu'on retrouve par exemple dans la tragédie, prend tout son sens à la mort du père, Fernand Dehaze. Ses deux fils, Olivier (fils légitime) et Benoît (fils illégitime), se disputent le pouvoir, sans nécessairement en venir à une haine destructrice, puisque chacun pourra trouver sa place dans l'entreprise. À ce conflit pour le pouvoir s'ajoute une intrigue amoureuse qui interfère sur l'action et permet de commenter les choix professionnels. Benoît est en couple avec Margerie, une Américaine. Finalement, celle-ci se tourne du côté de son beau-frère Olivier, Benoît étant trop accaparé par l'entreprise dès qu'il en devient le dirigeant. Olivier et elle choisissent d'aller travailler aux États-Unis et d'importer, avec leur amour, la tradition du bon goût français.

Cette première intrigue amoureuse, qui montre aussi la fragilisation des relations sentimentales en contexte de crise, n'est pas la seule. Jiji, la fille de Lubin (représentant de commerce de la firme), tombe amoureuse d'un jazzman juif, Alex Klein. Lubin juge avec défiance cette union, craignant que sa fille épouse un artiste, juif qui plus est, ce qui n'entre pas dans la norme des convenances sociales. Cette relation amoureuse, *a priori* décalée de l'intrigue de l'entreprise, y est finalement rattachée de manière subtile. Souhaitant s'enquérir de la bonne moralité du jeune homme, Lubin demande à son collègue Cohen, juif lui-même, de mener une petite enquête. Finalement, le musicien est adoubé et rejoint lui aussi la firme française. Leur mariage est célébré au sein même de l'entreprise. Benoît enfin, séduit par Jenny, la responsable américaine du *marketing*, l'épouse au dénouement. Ce choix d'intrigue présente une dimension ironique : non seulement Benoît épouse une Américaine, mais il conclut aussi un « mariage d'argent » avec la firme américaine. Ce sont les termes de « grande famille » (VI, p. 250) qu'emploie finalement Young, le directeur de la United Papers. Le mariage entre les Français et les Américains, pour le meilleur et pour le pire, a des incidences sur la vie intime des personnages. On voit donc que toutes les intrigues amoureuses de la pièce sont finalement liées à la vie de l'entreprise, aux choix professionnels des employés.

## II. Le travail dans *Par-dessus bord*

Comment faire d'un thème comme le travail le sujet d'une pièce en lui donnant les allures d'une épopée ? L'ambition de Michel Vinaver dans *Par-dessus bord* n'est pas de dénoncer telle ou telle pratique professionnelle, ni même de déplorer la disparition d'un ordre ancien ou de saluer l'advenue d'un monde nouveau. Le travail est d'abord envisagé dans son rapport aux individus et à la collectivité. Il est présenté comme une donnée inhérente au bonheur et à l'implication dans la vie sociale. En temps de crise, le travail devient le lieu de toutes les réflexions philosophiques, économiques et sociales. Il dévoile aussi les failles et les forces des individus qui se confrontent à ces bouleversements.

### A. Le travail dans la tourmente

#### 1. Une entreprise française

Durant soixante-dix ans, l'entreprise Ravoire et Dehaze a occupé la première place sur le marché du papier-toilette. Entreprise florissante au lendemain de la guerre, sa position hégémonique l'a prémunie de tout bouleversement, préservant aussi ses employés du chômage. Jusque-là, le travail n'a pas manqué et chacun est à sa place dans un fonctionnement qui a fait ses preuves. Or, dès sa première intervention, Jean Passemar, cadre moyen et dramaturge, dresse un constat alarmant : l'équilibre de l'entreprise française est menacé par la concurrence américaine. C'est à partir de cette donnée économique et commerciale que Vinaver construit sa pièce, dont les enjeux sont surdéterminés par un système entrepreneurial obsolète contraint d'évoluer pour survivre. Comment le travail et son organisation vont-ils être bouleversés par la nécessaire adaptation aux lois du marché ? Quelles sont les conséquences de l'arrivée de la multinationale américaine sur le travail des employés de Ravoire et Dehaze ? Au-delà des conséquences concrètes, la pièce de Michel Vinaver décrit l'onde tellurique que produit la reconfiguration de l'entreprise, à l'échelle individuelle et collective.

Notons d'abord que la *dramatis personæ* (liste des personnages) est élaborée à partir de la fonction professionnelle de chacun dans la hiérarchie de l'entreprise. La dynamique familiale fait sa force : elle est dirigée par un père et deux fils sur un modèle patriarcal, qui correspond à celui de nombreuses moyennes entreprises en France dans les années 1960 (Bonduelle, Seb, etc.). En haut de la pyramide se trouve Fernand Dehaze, président-directeur général incontesté, qui occupe ce poste depuis longtemps, son père l'ayant précédé. Le schéma est ensuite décliné suivant l'emploi que chacun occupe. Ainsi, les personnages se déterminent selon leur rôle dans le circuit de production et de vente du papier-toilette. Viennent tout d'abord les directeurs des différents secteurs : directeur général adjoint (Olivier), directeur commercial (Benoît), directeur administratif (Mme Alvarez), directeur des achats (Mme Bachevski). Tous sont proches de la direction, par leur ancienneté ou par les liens du sang. Viennent ensuite la kyrielle d'intermédiaires, de chefs de différents secteurs – chef des ventes, chef des produits, chef de fabrication, chef comptable. Cette structure est conforme à la réalité d'une entreprise de taille moyenne en France à la fin des années 1960.

Un tel système, fortement hiérarchisé, conduit à s'interroger sur le rapport que chacun entretient avec les missions qui lui sont confiées. Surtout, il instaure des résistances à l'innovation et à la nouveauté. Ainsi, Mme Alvarez n'accepte pas les méthodes de Dutôt : « il faudrait que monsieur Fernand ouvre les yeux ou que quelqu'un les lui ouvre », affirme-t-elle face aux petits changements dans la société (I, p. 22). En outre, la plupart des employés de Ravoire et Dehaze semblent satisfaits de leur condition. Le travail est un lieu d'épanouissement personnel, mais sans innovation, sans remise en cause d'un système. En somme, *Par-dessus bord* n'est pas une pièce sur la revendication d'employés malheureux, aliénés par le travail. Tout au contraire, le travail les structure en profondeur et les définit dans un cadre rassurant, assimilable à celui d'une famille. Il est fondé sur la tradition et sur les habitudes. C'est en ce sens que la notion de travail s'inscrit dans un système proche du clan.

VINAVER

## 2. Travail, famille…

Dans quelle mesure la représentation du travail est-elle tributaire d'une conception familiale, voire patriarcale de l'entreprise ? Comment réconcilier un monde entrepreneurial en pleine mutation avec les valeurs pyramidales d'une entreprise traditionnelle ? Ce questionnement est central pour comprendre les forces et les limites de l'entreprise Ravoire et Dehaze.

Fernand Dehaze est le garant d'une tradition qu'il compte léguer à son fils aîné, le travail s'inscrivant dans l'héritage de valeurs consacrées par des générations de dirigeants. Ce *leitmotiv* revient explicitement dans le dialogue des personnages, mais surtout au moment de la fête annuelle organisée pour les employés. À l'occasion de son discours, Fernand Dehaze fait sans ambiguïté le lien entre entreprise et famille :

> DEHAZE. – Merci Olivier mesdames mesdemoiselles messieurs merci d'être venus si nombreux comme à l'accoutumée à notre petite et sympathique réunion que je me permettrai d'appeler une réunion de famille tant il est vrai que ceux qui travaillent quarante heures par semaine ensemble

> forment une authentique communauté j'en veux pour preuve votre présence qui n'était pas obligatoire [...] vous travaillez dans une entreprise qui a l'avenir devant elle ce n'est pas sans émotion que je préside aux ultimes préparatifs de lancement de notre premier nouveau produit depuis plus de douze ans et nous l'appellerons Bleu-Blanc-Rouge lui qui deviendra très vite le compagnon de millions de foyers français
>
> (I, p. 32)

L'implication des employés dans les projets se fait de manière patriarcale, Dehaze incarnant le *pater familias* de tous ceux qui travaillent pour lui. Le travail se construit donc sur deux valeurs fondamentales et complémentaires, la confiance et le respect, elles-mêmes garantes de l'image véhiculée par l'entreprise. La confiance en la parole de M. Dehaze est un ciment qui permet de souder la collectivité des employés. Elle s'incarne dans les personnages de Cohen et de Mme Alvarez, qui tous deux sont entrés il y a longtemps dans l'entreprise. Ce sont ces valeurs qu'Olivier, le fils légitime, tente de faire perdurer. Une telle conception du travail, exposée par Olivier, place les individus avant la production, ou à tout le moins suggère que l'humain doit prévaloir sur la rentabilité. La tradition consolide le rapport au travail.

Durant la séquence qui l'oppose à Dutôt et à son frère Benoît, Olivier rappelle ces valeurs qui s'inscrivent dans le temps long et, en ce sens, introduisent un troisième élément lié au travail, la fidélité et la loyauté à l'entreprise : « Il n'y a pas un an que vous êtes entré chez nous Dutôt et vous avez encore certaines choses à apprendre l'emploi des hommes par exemple » (II, p. 53). Contrairement aux employés « historiques » de Ravoire et Dehaze, Dutôt n'a pas acquis la culture familiale qui structure son « organisation mentale ». Or Dehaze est lui-même conscient que ces valeurs s'érodent face à l'évolution de la société et du marché. Le fidèle Cohen l'ayant mis en garde contre les manœuvres de son fils Benoît, Dehaze ne peut que constater que « [l]a loyauté Cohen est un concept qui appartient à votre génération et à la mienne » (II, p. 57).

Le travail, pensé selon une vision familiale de l'entreprise, est-il encore efficient face aux bouleversements du monde et à l'agressivité de la concurrence ? Faut-il sacrifier ses enfants symboliques et les priver de travail pour que fonctionne l'économie ? Faut-il, enfin, jeter par-dessus bord une conception familiale du travail pour espérer survivre ? Les réponses à ces questions se trouvent peut-être dans une réplique de Grangier, chef de fabrication, qui associe explicitement le délitement de l'entreprise à la perte des valeurs communes qui fédèrent une famille : « il n'y a plus de boîte monsieur Olivier il n'y a plus que les gens et les gens c'est jamais très joli quand il n'y a plus de boîte pour leur donner le sentiment qu'ils font quelque chose en commun » (II, p. 61). Selon lui, une entreprise ne peut fonctionner qu'autour de valeurs communes. Quand celles-ci disparaissent, le navire prend l'eau.

Ainsi, « l'esprit de fidélité », valeur cardinale et même noble, se heurte aux contingences du marché. Ceux qui sont fidèles à Ravoire et Dehaze, au premier rang desquels Olivier, en refusant de voir la réalité d'un système concurrentiel qui est sur le point de les broyer, sont condamnés à revoir leur conception du travail ou à disparaître. Une réplique d'Olivier illustre cette situation, quand, s'adressant à sa tante Yvonne après le décès de Fernand Dehaze, il déclare : « C'est en tant que membres de la famille bien sûr mais aussi en tant qu'administrateurs de la société qu'il vous revient » (III, p. 83). La porosité entre la sphère familiale et la sphère professionnelle menace les soubassements de Ravoire et Dehaze.

## 3. Bouleversements, clivages, explosions

Le terme « tradition » et ses synonymes reviennent à plusieurs reprises dans la pièce pour décrire une conception du travail fondée sur la durée mais aussi sur l'immobilité. La tradition correspond à ce qui se transmet, tout à la fois concrètement et moralement. Dans *Par-dessus bord*, le travail est arrimé à une longue pratique de soixante-dix ans. Cette idée est suggérée par le refus d'emprunter (l'emprunt étant l'une des caractéristiques du capitalisme) :

DEHAZE. – Nous n'avons jamais emprunté aux banques [...] Une vieille répugnance à s'endetter mon père est mort la tête haute disant qu'il ne devait rien à personne

(I, p. 25)

Mais quand surgit le nouveau produit américain, le train-train d'un travail familial est profondément remis en cause et la tradition d'un travail gouverné par un chef d'entreprise protecteur est balayée par le rouleau compresseur du capitalisme. Aussi peut-on noter que, dans la pièce, la productivité raisonnable de la petite entreprise induit une représentation plutôt positive du travail, tandis que le capitalisme, avec son désir de conquête, suppose une réduction des individus à l'état de « producteurs de biens ». C'est pourquoi la menace américaine crée des conflits de valeurs, conséquences directes de la banqueroute que prophétise Benoît.

La première de ces conséquences est de fissurer les valeurs de fidélité absolue évoquées plus haut. À moins d'être jeté « par-dessus bord », l'employé, quelle que soit sa place dans la hiérarchie, devra se remettre en cause et revoir ses méthodes de travail. La deuxième de ces conséquences est la peur de perdre son emploi, dans la mesure où les arguments humains passent désormais après les arguments économiques. Enfin, la dernière conséquence, c'est de produire des conflits au sein même de l'entreprise. Ces clivages se manifestent de deux manières dans la pièce. Tout d'abord à l'échelle des employés entre eux. Les difficultés économiques ont des répercussions immédiates sur les rapports humains. Les problèmes liés aux livraisons et à la saturation des grossistes produisent des frictions et surtout une détérioration de la communication au sein de l'entreprise. Chacun leur tour, les fidèles employés de Ravoire et Dehaze perdent leurs nerfs et s'emportent. Michel Vinaver montre ainsi que les turbulences à l'échelle de l'entreprise produisent des séismes à l'échelon individuel et une perte de repères anxiogène. Grangier s'énerve, Mme Alvarez et Mme Bachevski s'insultent, Cohen n'y croit plus. En somme, c'est toute une conception des rapports humains dans le travail qui est menacée et pourrait basculer vers le chaos.

Le clivage se manifeste ensuite dans l'opposition à la fois concrète et symbolique entre les deux frères, qui ne partagent pas la même vision ni du travail, ni de l'entreprise. Ce conflit se décline en camps opposés : les partisans d'Olivier, fidèles à la tradition, et ceux de Benoît, soucieux d'innovation. Or cette confrontation est accentuée par l'intrusion en force du capitalisme et de ses méthodes agressives. Il suppose des duels, des combats et de la pugnacité pour remporter des marchés, placer un produit, vendre davantage. Dans une certaine mesure, Lubin incarne l'échec des méthodes de vente « à l'ancienne » face aux techniques de vente modernes. L'échec de l'entreprise se manifeste dans le « concours » organisé par Ravoire et Dehaze pour fidéliser la clientèle. Alors que la firme américaine de la United Papers offre une Opel Rekord [1], l'entreprise française propose de gagner un… « aller-retour aux Baléares » (IV, p. 110). Outre leur différence en termes de valeur matérielle, les deux cadeaux offerts aux clients illustrent deux conceptions du monde. Les Américains offrent un présent utile, qui permettra au vainqueur de se déplacer et notamment d'aller à son travail, tout en faisant fonctionner l'industrie automobile allemande (dont on suppose un partenariat avec les Américains). À l'inverse, l'entreprise française propose un cadeau synonyme de *farniente* et de repos, deux valeurs qui s'opposent à celles du travail et de l'implication dans l'entreprise.

La composition binaire de la pièce fait directement écho aux crises que traverse le personnel de l'entreprise. Les trois premiers mouvements de la pièce peignent la chute de l'entreprise, les trois suivants son redressement. Or la crise relève de la responsabilité des Français d'une part, et de l'innovation des Américains d'autre part. La supériorité de la « ouate de cellulose » sur le « bulle corde » rend immédiatement obsolète un produit qui avait fait ses preuves. Bien que plus onéreuse, la ouate de cellulose implique de réfléchir à la nature même du produit vendu, au lien qu'il entretient avec les employés et les consommateurs. La révolution majeure introduite chez Ravoire et Dehaze, c'est que le papier-toilette doit cesser d'être uniquement hygiénique. Il doit vendre du rêve. Cette nouveauté est induite par la mise en scène d'enjeux capitalistes. Dans *Par-dessus bord*, le capitalisme fait donc s'opposer les entreprises et les êtres autour de valeurs concrètes et symboliques. On remarque d'ailleurs que, de manière systématique, la force en place depuis longtemps est

1. Il s'agit en l'occurrence de l'Opel Rekord C, l'un des plus grands succès automobiles à la fin des années 1960. Elle s'est vendue à des millions d'exemplaires et symbolise l'accès des classes moyennes à une voiture d'apparence élégante.

*Par-dessus bord*, mise en scène de Christian Schiaretti au TNP de Villeurbanne, 2008.
© Christian Ganet / ArtComPress via opale.photo



Cette photographie est tirée de la mise en scène de Christian Schiaretti, qui, le premier, a monté la pièce de Vinaver dans sa version intégrale.

Le cliché correspond à l'une des scènes de fête. S'agit-il de la tombola d'entreprise au cours de laquelle M. Dehaze prononce son discours paternaliste, qu'on peut considérer comme son « testament » ? Ou bien ce cliché correspond-il à la scène de mariage finale ? Plus vraisemblablement, cette photographie correspond à la fête d'entreprise, qui se déroule dans le deuxième mouvement de la pièce. La scénographie réalisée par Renaud de Fontainieu et Fanny Gamet rappelle très explicitement le thème de l'entreprise. Elle met également l'accent sur un espace dédié à la préparation des produits (les cartons) et l'organisation de leur distribution (les lettres marquées au sol). Ces cartons empilés figurent de hauts murs qui semblent écraser les employés. L'effet est accentué par un éclairage d'usine qui surplombe l'ensemble. Le choix des cartons suggère également l'idée d'un monde éphémère, voué à disparaître, comme on souffle sur un château de cartes. Décor transitoire, fragile, ils constituent cependant un référent immédiatement identifiable pour le spectateur.

Détourné de sa fonction initiale, le cadre du lieu d'expédition prend les allures d'une salle des fêtes, ce que suggère la présence de musiciens juchés sur les cartons, à gauche. Ce détournement produit un effet assez cocasse : le décor d'entreprise fait contraste avec l'action des personnages en scène. Trois couples dansent, tandis qu'au premier plan, l'un des personnages (Passemar ?) semble planer de manière un peu comique. Au second plan est assise celle qu'on devine être Mme Alvarez, tandis que trois employés, dont un ouvrier (identifiable à sa tenue), discutent près du buffet. Qu'ils dansent, boivent, mangent ou observent, les employés restent environnés par le domaine professionnel, comme si toute vie en dehors de cet espace dévolu au travail était impossible.

chaque fois évincée par la force émergente, qu'incarne la figure du *challenger* ou du second. Or ce système correspond à l'éthique du capitalisme, selon laquelle celui qui se bat peut obtenir un meilleur poste que celui auquel il aurait pu être destiné. Dans la pièce, c'est Benoît, le fils illégitime, qui finalement évince le fils légitime et impose sa vision du travail en entreprise, laquelle oblige un nouveau regard sur le produit.

## B. Du travail et des hommes

### 1. Espaces de travail

*Par-dessus bord* met en scène des hommes et des femmes au travail, représentés en action, au cœur de leur occupation professionnelle. Dès la première séquence, un représentant et une grossiste dialoguent de part et d'autre d'un comptoir : cet espace visuellement identifiable reviendra régulièrement au fil de la pièce. Cette première plongée dans le monde du travail est suivie d'une discussion sur la gestion du stock entre Mme Alvarez et Passemar, elle-même suivie d'une confrontation avec Dutôt sur la manière de travailler. Les gestes, le lexique et les intentions sont tout entiers dédiés au travail. Or *Par-dessus bord* choisit de montrer un visage bien précis de l'entreprise, celui de la logistique, de la commercialisation et de l'organisation de la production. Ce n'est pas l'usine où l'on produit le « papier vécé » qui est représentée, ni même la condition ouvrière asservie aux cadences de production, mais les bureaux où se décide la bonne marche de l'entreprise. Le lecteur/spectateur se trouve aux prises avec le secteur tertiaire.

Dans la pièce, étant donné l'éclatement de l'espace et l'entrelacement des dialogues, la représentation du travail repose en partie sur un imaginaire scénographique de l'entreprise, qui fait d'elle un spectacle, fût-ce celui d'une fin annoncée. Certes, le vocabulaire de l'entreprise structure les dialogues, mais c'est le plus souvent sous la forme d'une parole prononcée dans un bureau, d'un appel téléphonique ou encore d'une réflexion dans un espace d'où la fabrication matérielle est exclue mais où interviennent la réflexion et l'organisation des ventes. L'épicentre de l'action est le bureau dans un premier temps, puis la salle de réunion. Les lieux de l'action où les personnages travaillent sont précisés dans les didascalies et dévoilent un espace assez individué (chacun son bureau, pas d'*open space*). Ainsi, des espaces dédiés au travail se font jour au fil des mouvements, ce que confirme l'apparition de décors : « *Bureau de la direction des ventes* » (II, p. 46), « *Bureau du président* » (IV, p. 110), « *bureau de Cohen* » (IV, p. 159). Ce sont principalement des éléments visuels relevant du secteur « tertiaire marchand » qui représentent ce lieu nodal de l'action : tables, chaises, téléphones, machines à écrire. Le travail de production, de logistique et de commercialisation est figuré par les employés de l'entreprise française, qui agissent depuis leur bureau, lieu *a priori* stratégique de l'entreprise. Dans sa mise en scène « historique », Roger Planchon avait cherché à représenter le travail en scène, non dans une perspective réaliste mais de manière référentielle :

> Planchon avait parfaitement saisi le thème de la pièce, et avait pensé le restituer en concevant une mise en scène imagée : les employés, par exemple, étaient assis derrière des bureaux qui avaient la forme de gigantesques rouleaux de papier hygiénique et le motif était repris pour les machines à écrire, créant ainsi une parenté très intéressante entre le papier comme produit intellectuel et artistique et le papier comme produit de consommation [1].

Dans son analyse, Simon Chemama insiste sur le lien entre le travail et le produit phare de l'entreprise, en combinant visuellement l'outil de travail (le bureau) et le produit vendu.

Dans la seconde partie de la pièce, à partir du quatrième mouvement, la salle de réunion supplante le bureau, ce qui correspond à une mutation profonde des rapports humains. Cette évolution correspond également aux nouveaux modes de fonctionnement de l'entreprise. Le travail qui est alors représenté est celui des conseillers *marketing* qui réunissent les employés de Ravoire et Dehaze pour qu'ils prennent conscience de l'obsolescence de leurs pratiques. Si la salle de réunion supplante le bureau, c'est parce que la concertation et la réflexion collectives priment sur l'initiative individuelle et sur une conception compartimentée des tâches.



## 2. La valse des métiers

Si les espaces dédiés au travail sont finalement assez limités, nombreuses sont les professions qui interviennent dans l'aventure de *Par-dessus bord*. Comme le note Bérénice Hamidi-Kim, « pour les personnages de *PDB*, le travail définit non seulement la personne, mais son lien au monde [2] ». Aussi la démultiplication des types de travail suggère-t-elle autant de rapports au monde.

Le travail de conseil est représenté par Jenny et Jack, ainsi que par les *managers* américains. Ce sont eux qui introduisent le plus grand bouleversement dans l'entreprise. Mais d'autres métiers, qui n'ont *a priori* rien à voir avec le papier-toilette, traversent la pièce : le médecin avec le docteur Temple, l'universitaire avec le professeur Onde, l'antiquaire avec Toppfer, le musicien avec Alex Klein, l'écrivain avec Passemar, le

1. Simon Chemama, *Vinaver, le théâtre de l'immanence*, Honoré Champion, 2016, p. 150.
2. Bérénice Hamidi-Kim, « Capitalism, a Vinaver Story. *Par-dessus bord* : portrait de cadres dans le vent », art. cité.

banquier avec M. Ausange. Seules Margerie et Jiji échappent à la catégorisation professionnelle. Est-ce parce qu'elles sont femme d'un riche entrepreneur et fille non encore émancipée [1] ? Est-ce parce que le monde du travail est, à cette date, dominé par l'emploi masculin ? Elles sont en effet les seuls personnages de la pièce définis par des critères affectifs ou sociaux : la première est présentée comme la « femme de Benoît », la seconde comme la « fiancée d'Alex ». Force est d'admettre que ces deux « exclues du travail » sont aussi celles dont la liberté est la plus grande, ce qui tendrait à accréditer la thèse marxiste de l'aliénation par le travail. Mais à aucun moment de la pièce, Vinaver ne procède à une critique du travail comme aliénation ou asservissement. Les projets professionnels de Margerie ne sont pas liés à une éventuelle rentabilité ou nécessité matérielle. Elle envisage une activité en lien avec sa passion (les objets rares du XVIII$^{e}$ siècle), l'écriture d'une thèse, ce qui paraît aux antipodes des préoccupations professionnelles des autres personnages. Dans une perspective similaire, l'inquiétude de Lubin face au mariage de Jiji avec Alex Klein repose tout à la fois sur des *a priori* antisémites et sur la valeur qu'on accorde à telle ou telle profession. Alex est musicien, autrement dit artiste, ce qui n'entre guère dans la vision pragmatique de ce qui, aux yeux de Lubin, constitue un travail digne de ce nom. L'intégration finale d'Alex Klein dans l'entreprise permet à Lubin de partir l'esprit tranquille.

Si les personnages se définissent presque tous par leur profession, celle-ci déborde en outre du cadre strictement professionnel. De manière générale, les rapports humains sont conditionnés par le degré de proximité que chacun entretient avec son emploi, les frontières étant poreuses entre le monde du travail et la sphère privée. En témoigne l'évolution des échanges entre Lubin et Mme Lépine. Strictement professionnels au départ, les dialogues commerciaux se muent en confidences : le représentant évoque ses craintes que sa fille épouse un « Israélite » (IV, p. 161) ; la grossiste craint que son fils ait une vocation religieuse tant il s'implique dans la préparation de sa communion solennelle. Multiples, les aspects du travail dans *Par-dessus bord* s'ouvrent également à de profondes mutations, liées à la situation de l'entreprise française.

### 3. Travailler à l'ère du *marketing* et du *management*

L'une des originalités de la pièce de Vinaver, c'est de décrire un *moment* de l'histoire de l'entreprise française, quand surgissent sur le marché les forces de la concurrence étrangère liées à l'ouverture des marchés mondiaux, prémices de la mondialisation. Ce moment de l'histoire du travail est marqué par l'apparition de nouvelles fonctions professionnelles relevant du « conseil » et du *management*. L'émergence de ces nouvelles catégories socio-professionnelles au sein de l'entreprise

1. La majorité à 18 ans est votée en 1974.

témoigne d'une évolution irréversible. Si, jusqu'alors, l'entreprise « tournait » toute seule et n'avait pas besoin de s'adjoindre des conseillers, la nouvelle loi du marché soumise à la concurrence oblige désormais à réfléchir à des stratégies, dans lesquelles tous les employés sont impliqués. *Par-dessus bord* met ainsi en scène deux nouvelles formes de travail, vouées à se développer considérablement et à remplacer les anciennes structures : le *marketing* et le *management* du personnel, autrement dit des employés formés aux techniques de vente et à ce qu'on appelle aujourd'hui les ressources humaines. Le processus a été entamé quand s'ouvre la pièce, et les employés historiques de la firme l'ont compris. C'est d'abord Dutôt puis Battistini et Saillant qui incarnent ces nouvelles fonctions au sein de l'entreprise. De manière significative, le titre du poste de Saillant est *controller*. Sa mission est bien de contrôler la gestion et la communication entre les services. Son arrivée dans l'entreprise déconstruit la pyramide familiale instaurée par Dehaze père. Il chapeaute littéralement ceux qui jadis avaient directement affaire au patron. L'introduction dans l'entreprise de ces nouvelles missions est une révolution mentale, qui suppose de s'interroger sur le produit qu'on fabrique, sur la manière dont on le définit.



Les nouvelles professions que met en scène *Par-dessus bord* ont toutes vocation à revoir la valeur du produit. Jack Donohue et Jenny Frankfurter, dont les noms à consonance anglo-saxonne les rattachent aux pratiques *marketing* des Américains, jouent un rôle de premier plan pour comprendre la représentation du travail dans la pièce. Venus de l'extérieur, ces conseillers en *marketing* sont des chiens dans un jeu de quilles, puisque c'est par eux que toutes les pratiques anciennes sont jetées par-dessus bord. Ils sont en effet sollicités par Benoît pour que les employés brisent leurs habitudes. Or cette intrusion est aussi celle de l'Amérique dans l'entreprise. Quand Jenny s'est familiarisée avec les employés de Ravoire et Dehaze, elle commence son intervention par un « Hello boys » (IV, p. 153) qui ne laisse planer aucun doute sur ses sources d'inspiration : il s'agit de *manager* une entreprise française en important des techniques venues d'outre-Atlantique. Cet élément pose aussi la question de l'adaptabilité et de la flexibilité du monde du travail, autre aspect important de la pièce. Seuls les employés qui jouent le jeu – « personne n'ironise OK ? », insiste Jack (*ibid.*) – peuvent espérer évoluer et conserver leur poste.

Se dessine ainsi une redistribution des rôles au sein de l'entreprise. Les maîtres du jeu ne sont plus les chefs de production ou les responsables de la logistique, mais de nouvelles figures qui introduisent dans l'entreprise les techniques de *management*, fondées sur les sciences humaines, la psychologie, voire la psychanalyse. Mais leur apport, qui n'est pas nécessairement présenté de manière négative dans la pièce, consiste surtout à prendre en considération l'objet fabriqué, à lui donner une valeur qui jusque-là était occultée.

## 4. Le travail, entre farce et satire

Si l'on prend en compte l'inspiration aristophanesque que Passemar avoue à la fin de la pièce, il faut bien constater que *Par-dessus bord* traite de manière comique, voire farcesque, les mutations que subissent l'entreprise et les employés. Cette part satirique se développe en particulier autour de l'attention qu'éveille le produit dès lors que les conseillers en *marketing* s'en emparent. Prendre au sérieux un objet trivial introduit une part de burlesque dans la représentation du travail. Sur ce terrain, au bon sens naïf ou pudique des Français s'oppose le pragmatisme cynique des Américains. Or nul n'échappe au fouet de la satire. La manière dont le papier hygiénique est réinvesti de valeurs symboliques très élaborées procède du comique. Les employés deviennent, malgré eux, les marionnettes d'un spectacle burlesque, acteurs d'une aventure qu'ils n'avaient pas même imaginée. Cette veine satirique dans la manière de représenter le travail se dessine notamment lors de l'intervention du psychanalyste freudien, Reszanyi. Le caractère cocasse de la séquence provient du décalage entre la nature du produit et le discours extrêmement élaboré, qui cherche à légitimer son usage et ses ventes. Mais c'est aussi l'absence de réaction des employés, qu'on imagine médusés à l'écoute d'un tel jargon psychanalytique, qui fait de cette brève séquence un passage amusant :

> RESZANYI. – Tout petit l'enfant passe par une phase pendant laquelle la libido se concentre dans la zone anale le caca est vécu par l'enfant comme étant son propre enfant ou sa création qu'il utilisera pour obtenir un plaisir narcissique en jouant avec ou l'amour d'autrui en l'offrant comme cadeau ou pour affirmer son indépendance vis-à-vis d'autrui en le brandissant comme sa propriété ou pour agresser autrui en s'en servant comme d'une arme il apparaît de la sorte que les plus importantes catégories du comportement social le jeu le don la propriété l'usage des armes trouvent leur origine dans la phase anale et ne cessent d'ailleurs jamais d'être reliées à cette phase par le jeu des sublimations ainsi de la catégorie de la propriété l'argent est la matière fécale vécue sous une forme qui n'a pas besoin d'être refoulée parce qu'elle a été désodorisée déshydratée rendue brillante
>
> (IV, p. 168)

L'usage d'un discours savant pour décrire une trivialité rappelle ici le joyeux esprit de Rabelais. De manière générale, l'usage des savoirs scientifiques et de la culture universitaire appliquée à l'entreprise produit le rire ou à tout le moins fait sourire. Le bon sens de Battistini, interrogé sur sa manière de concevoir la défécation, fait également partie des moments humoristiques que Vinaver sème tout au long de la pièce. Le comique provient en effet du décalage entre le produit vendu et les discours savants qu'il engendre afin de multiplier les ventes. Certains noms trouvés par les employés feraient sourire s'ils n'étaient pas conformes à une certaine réalité publicitaire : « Confidence », « Nébuleuse », « Air du large », « Dolcissimo », « Lys », « Chérubin », etc. (IV, p. 154-159). Autant de termes à connotation poétique qui sont bien éloignés du produit, mais qui vendent du rêve au consommateur.

La dimension comique de la pièce participe aussi de l'ambiguïté du message qu'elle véhicule sur le monde du travail, ambivalence qui, dès la création en 1973, a été notée par la critique. La pièce se moque-t-elle du travail « à la française » ou des méthodes américaines ? La divergence des points de vue face à cette question se signale à notre attention. Pour les uns, la pièce est une ode au capitalisme triomphant. Pour d'autres, notamment le critique Guy Dumur, *Par-dessus bord* est une pièce « sociale » : « On ne sait pas très bien de quel côté est Vinaver, car s'il est progressiste on ne voit pas bien comment il peut défendre cette entreprise familiale, qui d'ailleurs est présentée au début de façon assez ridicule », constate le critique [1]. Sans doute traiter les bouleversements d'une entreprise française en recourant à la farce et à la comédie est-il une manière cathartique de décrire la fin d'un monde. Comme le note Alfred Simon, journaliste au *Point*, « ça reflète les contradictions de Vinaver lui-même, auteur dramatique de gauche et employé qui gagne sa vie dans une compagnie de cet ordre-là. Il se met au fond lui-même en question [2] ».



## C. Vers une nouvelle conception du travail ?

### 1. Travail à l'américaine

Comment sortir de la crise que traverse Ravoire et Dehaze ? C'est Benoît qui apporte une solution en introduisant dans la société de son père les méthodes américaines par l'entremise de Jenny et Jack, puis en acceptant finalement la fusion-absorption avec la United Papers et son PDG, M. Young. En favorisant l'américanisation de l'entreprise, Benoît bouleverse en profondeur la conception française et paternelle qui avait prévalu jusque-là. La première de ces modifications est d'ordre éthique, voire comportementale. Un détail du texte signale un changement radical. Alors qu'on est censé s'assoir sur une chaise quand on est reçu par un chef d'entreprise, Jenny s'installe à même le sol, balayant d'un revers de main les usages, les bonnes manières à la française. Il ne s'agit plus désormais de bienséances, mais d'efficacité.

Sur ce point, le discours des conseillers américains est sans nuance, ou même teinté de cynisme : pour redevenir rentable, l'entreprise doit jeter par-dessus bord ses vieilles méthodes de travail et introduire des

1. Cité par Bérénice Hamidi-Kim, « Capitalism, a Vinaver Story. *Par-dessus bord* : portrait de cadres dans le vent », art. cité.
2. *Ibid.*

pratiques qui ont fait leurs preuves outre-Atlantique. La première d'entre elles est le *brainstorming*. Rappelons ici que, dans une entreprise, un *brainstorm* consiste à réunir des collaborateurs afin qu'ils formulent des idées novatrices qui permettront à l'entreprise de progresser. Jack et Jenny jugent cette technique imparable : elle se fonde sur des sciences humaines et non sur des sciences industrielles. Leur travail consiste à introduire dans le monde de l'entreprise des réflexions issues de l'anthropologie, de la sociologie et de la psychanalyse. Si Vinaver porte un regard ironique, voire satirique, sur ces nouvelles méthodes de travail, il montre aussi leur efficacité par l'exemple. Le travailleur doit désormais prendre en considération l'objet qu'il fabrique, le produit qu'il vend. Aussi tous les employés de la société sont-ils amenés à se remettre en cause en valorisant non plus des méthodes éculées mais la valeur même du produit. Le *brainstorming* est à la base de cette nouvelle manière d'impliquer les employés dans leurs missions.

Le recours à cette technique a pour but de désenclaver l'entreprise de ses méthodes surannées, en mettant les employés face au produit qu'ils vendent et qui les fait vivre. La démarche se veut novatrice, quitte à bousculer les consciences, à se heurter à des tabous culturels ou moraux. Les séances de *brainstorming* sont au nombre de trois dans la pièce : la première a lieu dans le bureau de Benoît (dont Jenny américanise le prénom en « Ben »), le premier à se confronter aux nouvelles méthodes des conseillers en *marketing* qu'il a engagés. Au terme de ce *brainstorming* inaugural avec le nouveau patron, la conclusion est sans appel, formulée par Jack et Jenny : « Vous vendez un produit distant abstrait », « Sans aucune vibration affective » (IV, p. 113). Lors de la deuxième réunion, Jack et Jenny contraignent les employés français à mettre un mot juste pour répondre à la question : « qu'est-ce que c'est le cul ? » (IV, p. 135). Une fois la parole libérée, l'employé français peut entrer dans le processus de création : l'énumération de tous les noms possibles pour appeler le nouveau papier-toilette produit un effet cocasse, mais qui ne manque pas de poésie (IV, p. 154-159). C'est sur le mode de la jubilation verbale et de l'inventivité que se fait la mue de l'entreprise. Une fois la parole libérée, l'individu peut ainsi accéder à la valeur symbolique du produit qu'il vend. C'est en prenant conscience de sa fonction « totémique » que l'employé pourra aider au développement économique de l'entreprise. En transformant la « non-valeur » culturelle que véhicule *a priori* le « papier vécé », le plus trivial des objets quotidiens, les conseillers *marketing* le font accéder au rang de fétiche, de « compagnon de la vie quotidienne ». Vinaver montre ainsi que le travail est ici étroitement lié à la valeur qu'on projette dans l'objet qu'on produit. Il faut l'aimer et l'admirer pour le vendre.

Au vrai, les séquences dédiées au *brainstorming* relèvent aussi de la psychothérapie de groupe, d'où pourra jaillir « l'impensé du produit » (ses implications érotiques et scatologiques, par exemple). Non sans

*Par-dessus bord*, mise en scène de Christian Schiaretti au TNP de Villeurbanne, 2008.
© Christian Ganet / ArtComPress via opale.photo

Une fois admises les nouvelles méthodes de *marketing*, il convient de promouvoir un nouveau produit, de construire une campagne publicitaire. C'est ce qu'illustre cette image tirée de la mise en scène de Christian Schiaretti. Une immense diapositive est projetée aux employés de Ravoire et Dehaze, dont on comprend qu'elle figure la prochaine campagne publicitaire de « Mousse et Bruyère ». Le dispositif scénique est éloquent, puisque la transparence de l'écran de projection permet de voir les personnages qui se tiennent de part et d'autre de l'image. Les employés situés en fond de scène lèvent la tête vers l'écran publicitaire ; l'un des personnages debout au centre de la scène semble même bouche bée. La scène est observée par une femme de dos au premier plan, qui est peut-être Jenny, la conseillère *marketing* étudiant les réactions des employés.

La monumentale affiche publicitaire représente une famille traditionnelle (les parents et leurs deux enfants) tournée vers un rouleau de papier-toilette qui culmine dans le ciel. Le doigt tendu vers le produit, les personnages le désignent comme une apparition divine. La publicité illustre l'intention de vendre du rêve à travers un produit trivial. Or l'esthétique de l'image rappelle les illustrations de catéchisme ou de supports de courants spirituels qu'on trouve dans les années 1960 et 1970. L'affiche publicitaire assume une dimension évangélique, comme si le rouleau de papier-toilette venu du ciel apportait une bonne nouvelle (c'est le sens du mot « évangile » en grec). L'effet produit par cette diapositive procède aussi d'une mise en abyme quelque peu comique. Le discours que véhicule l'affiche est loin de l'usage qu'on fait du produit. Le papier-toilette est une « terre promise », une divinité vers laquelle tout le monde est tourné, dans un mouvement d'admiration. Cet élan est renforcé par le jeu des lumières (blanc, bleu nocturne) qui assimilent le produit à une véritable apparition.

humour, Vinaver dépeint pourtant l'efficacité de telles méthodes managériales. Les *brainstormings* ont finalement trois fonctions : dans un premier temps, il s'agit de rappeler à quoi sert concrètement le papier-toilette ; dans un deuxième temps, de valoriser l'usage du produit en sondant la psyché des employés ; dans un troisième temps, de trouver un nom au produit, plus vendeur que « Bleu-Blanc-Rouge », trop poétique. La réussite triomphale de « Mousse et Bruyère » est probante : les méthodes du *brainstorming* fonctionnent. C'est donc tout le processus *marketing* qui est subsumé par le *brainstorming*, lequel transforme l'employé passif en un acteur de son entreprise.

## 2. Les cadres conquérants

Une telle conception du rôle des employés au sein de leur entreprise révolutionne la structure ancestrale et patriarcale. Signe des temps : les individus ne sont plus des employés ou des travailleurs, mais des « collaborateurs », ce qui a pour but d'intégrer symboliquement l'individu au projet de l'entreprise. *Par-dessus bord* montre explicitement cette mutation, le passage du statut d'employé (quel que soit son grade) à celui de collaborateur.

Les modifications apportées par les forces étrangères correspondent à un fait de société et à l'émergence des cadres dans l'entreprise. Dans son discours d'investiture, Benoît évoque « un apport de sang neuf » (IV, p. 131) et décrit des missions nouvelles au sein de l'entreprise : « Yves Battistini crée le service d'études de marché Jean-Baptiste Peyre devient chef de groupe de produits Battistini Peyre et Claude Dutôt seront les piliers de notre organisation *marketing* André Saillant avec le titre de *controller* animera toute la partie gestion financière et administrative » (*ibid.*). Comme l'analyse avec beaucoup de finesse Bérénice Hamidi-Kim, « *Par-dessus bord* s'inscrit dans le contexte des années 1960, décennie tournant pour le monde de l'entreprise et le capitalisme, marquée par l'expansion des cadres en tant que groupe social et par l'importation des techniques de *management* et de *marketing* venues d'outre-Atlantique, tournant aussi pour la pensée critique [1] ». L'émergence des cadres correspond à l'avènement d'une conception nouvelle de la pensée de l'entreprise. En américanisant la société française fondée par sa famille, Benoît se montre-t-il lucide ou cynique ? Il adopte l'attitude d'un PDG moderne, confiant les missions les plus importantes à des cadres. Ce terme désigne un ensemble de personnel qui occupe des postes de responsabilité dans l'entreprise. Or, selon Bérénice Hamidi-Kim, « qui a lu *Les Cadres* de Luc Boltanski ne peut qu'être frappé par la justesse de la description effectuée par Vinaver, dont le portrait de groupe semble illustrer la typologie des cadres établie par le sociologue [2] ».

---

1. Bérénice Hamidi-Kim, « Capitalism, a Vinaver Story. *Par-dessus bord* : portrait de cadres dans le vent », art. cité.

2. *Ibid.*

> Tout se passe comme si, à partir du milieu des années 1950, l'avant-garde novatrice (souvent liée au catholicisme social) du grand patronat avait réinvesti […] dans les *human relations*, dans les « sciences humaines », dans les techniques de la « psychologie sociale » et de la « sociologie industrielle » importées des États-Unis, les espoirs placés autrefois dans le corporatisme [1].

Luc Boltanski a en effet démontré que la fin des années 1950 et les années 1960 voient le développement de cette nouvelle catégorie socio-professionnelle : cadres moyens, cadres supérieurs et cadres dirigeants. Ils se définissent entre autres par leur capacité d'absorption des méthodes managériales venues des États-Unis.

Dans la pièce, ces cadres correspondent aux nouveaux venus, qui occupent des postes de direction de ressources financières ou de *controller* (Saillant), de « chef de service études de marché » (Battistini) ou encore de « chef de produit » (Peyre). Ils forment un ensemble de jeunes employés qui s'opposent aux employés traditionnels que sont Mmes Bachevski et Alvarez ou encore Cohen et Lubin. Simon Chemama constate que l'américanisation de l'entreprise est symptomatique d'un changement de paradigme dans la répartition du travail. Dans la version intégrale de la pièce, le cynisme des Américains fait leur force face à la pudeur ou à la retenue des Français :

> Benoît reprend les commandes de l'entreprise et fait appel à Jack et Jenny, les spécialistes américains, qui présentent les « sept lois du *marketing* ». La « loi deux » préconise de baiser le consommateur et l'enculer il aime ça et en redemandera donnez-lui des caresses provocantes des mots enchanteurs et des images suggestives. De fait, les mouvements IV et V se concentreront sur la création du nouveau package [2].

Or, même si elles sont parfois tournées en dérision dans la pièce, ces nouvelles méthodes se révèlent efficaces à court et moyen terme. Le *business plan* de Benoît a beau être risqué, il est couronné de succès : investir alors que l'entreprise est endettée, ce qui correspond à une démarche capitaliste. La notion d'« aventure » doit ici être prise en compte pour comprendre la logique du PDG et de ses cadres. La méthode de travail à l'américaine suppose de prendre des risques, financiers et éthiques. D'abord frileuse, la banque répond positivement au planning de développement sur le long terme. Finalement, la stratégie agressive de Benoît, qui entraîne derrière lui de « jeunes cadres dynamiques », fonctionne et il sort triomphant de l'aventure en ayant redressé l'entreprise. Ravoire et Dehaze, dont Olivier voulait faire un mausolée à la mémoire de son père, devient un lieu de challenges et d'émulation.

---

1. Luc Boltanski, *Les Cadres*, Les Éditions de Minuit, 1982, p. 206 ; cité par Bérénice Hamidi-Kim dans « Capitalism, a Vinaver Story. *Par-dessus bord* : portrait de cadres dans le vent », art. cité.
2. Simon Chemama, *Vinaver, le théâtre de l'immanence*, *op. cit.*, p. 150.

## 3. Jeter « par-dessus bord »

L'expression triviale « on ne fait pas d'omelette sans casser d'œufs » décrit assez justement la situation de l'entreprise dans la dernière partie de la pièce. Si Ravoire et Dehaze se tire du mauvais pas où elle était tombée, c'est au prix d'un certain nombre de remaniements et de sacrifices. *Par-dessus bord* décrit le destin de ceux qui étaient protégés grâce à leur expérience, à leur ancienneté, à leur confiance en M. Dehaze. Tous ceux-là se trouvent désormais en danger, jugés ringards et obsolètes, inutiles. Le titre de la pièce s'applique en partie à leur devenir : ils sont jetés « par-dessus bord », comme on le ferait de cadavres depuis le pont d'un bateau. La révolution américaine, présentée sous la forme d'un joyeux renouvellement, apporte aussi son revers tragique, dont les conséquences peuvent être désastreuses sur le plan individuel. Le discours de Benoît, promu président-directeur général, résume en creux le drame social que véhicule la pièce : « et ceux d'entre vous qui n'adopteront pas la cadence eh bien ils resteront sur le quai ce n'est pas une menace c'est une constatation [...] la hache s'abattra dans tous les secteurs » (IV, p. 131). La violence du propos est à l'image des rapports sociaux qui se dessinent désormais dans la nouvelle organisation de l'entreprise.

*Par-dessus bord* montre aussi que la progression à l'intérieur de l'entreprise est conditionnée par d'autres éléments que la fidélité au patron ou l'ancienneté. Plusieurs employés ont atteint leur « plafond de verre ». Bachevski, Alvarez, Lubin ou Cohen ont fait leurs preuves en gravissant les échelons, en se faisant une place qu'ils pensaient solide ; dans la mesure où ils ne pourront plus progresser, sont-ils encore des forces vives pour l'entreprise ? Pour les employés historiques de Ravoire et Dehaze, la transformation de l'entreprise marque un échec. Mme Bachevski, proche de la retraite, est poussée vers la sortie :

> BENOÎT. – Asseyez-vous je pensais que nous pourrions parler de votre avenir vous avez combien d'années dans la maison ? Trente-neuf ans ? C'est magnifique nous en avons discuté avec Grangier et nous avons décidé de vous offrir le loisir et le repos que vous avez bien gagnés sans qu'il soit nécessaire d'attendre encore quatre ans
>
> MME BACHEVSKI. – Mais monsieur Benoît je me sens en plein boum [...]
>
> GRANGIER. – Vous travaillez splendidement
>
> BENOÎT. – Mais vous êtes attachée à certaines méthodes et attitudes anciennes
>
> (V, p. 206-207)

Le licenciement brutal de Mme Bachevski reflète un nouvel ordre du monde professionnel où les seniors, les « anciens », sauf à se requalifier, sont placés au rebut. Lubin, le représentant, est lui aussi voué à quitter l'entreprise : « [Lubin] a décidé de nous quitter pour amorcer une nouvelle vie eh bien je tiens à dire bien haut que Lubin ça a été et ça restera dans notre souvenir à tous une grande figure de la vente et un grand monsieur de la société alors nous vous disons bonne chance Lubin » (VI, p. 235). L'éloge sincère ou hypocrite ne laisse pas de construire un fossé entre l'ancien et le nouveau monde du travail. En effet, aussitôt après l'annonce de ce départ, Benoît déclare l'arrivée d'Alex Klein au sein de l'entreprise. Une génération chasse l'autre. Pour n'avoir pas su se vendre dans les nouvelles fonctions qu'on lui proposait, Passemar revient au *statu quo ante*. Et si Cohen accède au statut de directeur de l'informatique, il finit usé par le nombre d'heures qu'il doit accomplir.

En somme, tous ces employés qui n'avaient pas démérité sont jetés par-dessus bord, moins pour des raisons qui les impliquent individuellement, que parce qu'ils sont emportés dans le *maelström* du capitalisme triomphant et de ses méthodes agressives. Sont-ce pour autant de mauvaises méthodes ? Selon Michel Vinaver, *Par-dessus bord*, c'est l'instantané photographique d'une époque.

> *Par-dessus bord* raconte un moment particulier de l'histoire du capitalisme : la découverte d'une réponse aux besoins limités par la stimulation de désirs, qui, eux, sont illimités. Le marché est donc beaucoup plus large que ce que l'on pensait. Naît alors le *marketing* – la création de richesses par l'appel à l'imaginaire. Ce moment-là, je l'ai toujours associé à l'épopée homérique. L'*Iliade* chante l'absence de limites à la fureur et au plaisir de la guerre. Même si l'on meurt beaucoup, il n'y a pas la peur de la mort. C'est un peu pareil dans *Par-dessus bord*. Il y a une espèce d'enivrement de l'action. L'opération de délestage, de rejet des acteurs du système, n'est pas ressentie comme douloureuse. C'est un moment du capitalisme qu'on peut appeler héroïque. Avec enivrement, ce système découvre sa capacité à progresser, à faire émerger les désirs comme force économique [1].

Dans cette optique, la représentation du travail dans *Par-dessus bord* suscite également un questionnement sur l'opposition entre les générations. Le départ des uns suppose l'arrivée des autres, dans un *perpetuum mobile* qui n'est pas présenté comme un drame mais plutôt comme un nécessaire renouvellement. Tous les anciens sont certes plus ou moins condamnés. Ce sont les jeunes loups embauchés par Benoît qui tirent profit de la situation. Et cependant la vieille garde de l'entreprise ne considère pas nécessairement d'un mauvais œil l'arrivée de ces nouveaux conquérants du marché ; ils sont perçus comme de potentiels sauveurs de l'entreprise : « il y a une équipe de jeunes loups chez nous ils préparent un grand coup » (IV, p. 183).

## 4. La fin d'un monde ?

Les modifications profondes que subissent la société et les hommes introduisent dans la pièce des questions plus philosophiques, relatives à

1. Michel Vinaver et Gérald Garutti, « Un capitalisme héroïque et euphorique », dossier pédagogique de la mise en scène de Christian Schiaretti, TNP, 2008, p. 31.

l'équilibre que chacun doit trouver entre vie professionnelle et vie privée. Comment concilier le progrès inéluctable avec le bonheur dans le travail ? C'est ainsi la question de la flexibilité et de l'adaptation que pose Vinaver dans son œuvre, comme dans la plupart de ses pièces écrites dans les années 1970 et au début des années 1980. Contrairement à d'autres pièces de la même époque qui dénoncent la montée du capitalisme, *Par-dessus bord* n'est pas un brûlot contre les méthodes américaines. La pièce montre en effet des employés capables d'accepter la nouveauté et de s'adapter à de nouveaux dispositifs professionnels.

> MME BACHEVSKI. – Cette fois je sens
> MME ALVAREZ. – Quoi ?
> MME BACHEVSKI. – Le triomphe
>
> (V, p. 199)

Après la reconfiguration de l'entreprise, au début du cinquième mouvement, Cohen constate même l'amélioration des relations entre Mmes Bachevski et Alvarez, conséquence immédiate des nouveaux *managements* appliqués à l'entreprise : « Je vous dirai que je suis plus heureux maintenant le travail est plus intéressant », affirme même Cohen (V, p. 188). La notion de progrès, glosée dans le cinquième et le sixième mouvement de la pièce, est liée au bonheur et à l'épanouissement personnel, comme le suggère également l'invitation que formulent Jenny et Benoît envers Alex : rejoindre l'entreprise dans le secteur du « merchandising » (VI, p. 237), où ses qualités artistiques pourront servir à la conception de nouveaux produits et de nouvelles stratégies de vente. L'intronisation joyeuse du dénouement redonne à chacun une place légitimée par un rapport à l'entreprise. Or on voit bien que ce sont les jeunes loups qui s'en sortent le mieux, chacun accédant à un poste à responsabilités. Dans une perspective initiatique et anthropologique, on peut considérer leur ascension comme une mise à mort symbolique du père.

*Par-dessus bord* utilise alors deux ressorts traditionnels du drame et de la comédie pour instaurer un ordre nouveau : une mort, qui marque la rupture symbolique avec le passé, et un mariage, qui annonce les conjectures de l'avenir. Ces deux lieux communs du théâtre tragique et comique offrent symboliquement deux temps de bascule qui surdéterminent la nouvelle organisation du travail. La mort de Fernand Dehaze peut être lue comme la disparition définitive du monde ancien, celui des petites et moyennes entreprises à la française où le patron exerce sa bienveillante toute-puissance, comme le ferait un père de famille. Sa mort est liée à l'échec du produit Bleu-Blanc-Rouge, autrement dit à l'entêtement à fabriquer un produit aux couleurs nationales. En misant sur cette tradition française, Fernand Dehaze commet une erreur de perspective et d'analyse : le monde a changé, la clientèle ne répond plus aux mêmes sollicitations que par le passé. En mourant, il laisse finalement le champ libre à l'innovation.

Le mariage qui referme joyeusement la pièce marque à l'inverse la résolution de la crise, tout en introduisant un ordre nouveau. En épousant Jenny, Benoît se marie avec les idées américaines, et leurs noces correspondent aussi à l'union annoncée entre la United Papers et Ravoire et Dehaze. Le mariage des deux groupes permet à l'un comme à l'autre la fécondité dans les affaires. Continent fascinant à bien des égards, l'Amérique devient finalement un nouvel espace à conquérir à l'issue de *Par-dessus bord.* La United Paper Company, puissante entreprise américaine, a réussi ce qu'elle projetait au début de la pièce : conquérir de nouveaux territoires commerciaux en Europe. Ennemie et concurrente, l'Amérique est finalement intégrée, sans doute aussi parce qu'elle incarne une dimension mythique pour les Français. L'Amérique qui s'insinue dans la pièce ne relève pas pour autant d'une quelconque propagande pro-américaine. Vinaver met les Français et les Américains à distance, en ironisant sur les pratiques des uns et des autres, pour finalement les réunir autour d'une fête joyeuse. La pièce ne se termine pas sur la victoire d'une conception tout uniment américaine du travail. Non sans une certaine ironie, le dramaturge exporte aussi la France outre-Atlantique. Olivier et Margerie, en choisissant d'aller s'installer à San Francisco, projettent d'apporter avec eux la culture française : les petits *Frenchies* vont y exporter les valeurs françaises. Contre la distribution de masse qu'incarne la United Papers, les Français proposent d'exporter des produits raffinés et rares, ce qui suppose un tout autre rapport au travail et à la vente du produit :

> MARGERIE. – Demain à l'aube Olivier et moi on s'embarque sur le *France* pour les États-Unis mes amis c'est un quartier de chair vive que nous emportons à la semelle de nos souliers pour le greffer là-bas parce que moi je suis amoureuse de votre culture avec mon Olivier on va monter dans le cœur de San Francisco sous le signe de la Pompadour un institut de beauté comme un défi français à toutes ces usines sans âme où la beauté est débitée à la chaîne
>
> (VI, p. 240-241)

Ces propos, tenus par une Américaine, renversent le paradigme de l'invasion américaine. La France, dont les valeurs sont ici incarnées par la Pompadour, favorite de Louis XV, possède aussi des atouts pour conquérir le monde.

## CONCLUSION

*Par-dessus bord* présente *a priori* deux conceptions antagoniques du travail en entreprise. Si les méthodes novatrices l'emportent, cela ne signifie pas pour autant que les vieux usages étaient mauvais. Simplement, ils correspondaient à une époque désormais révolue. Ce que montre la pièce, c'est bien le passage d'un monde ancien à un ordre nouveau où le travail, principale activité humaine, subit de profonds bouleversements, dont les déflagrations se font sentir jusque dans le domaine privé. Le point de vue du dramaturge doit être pris en compte pour apprécier la valeur morale de ces changements dans le monde du travail. Directeur de la filiale française d'une grande entreprise américaine, Michel Vinaver ne condamne pas les révolutions introduites par Benoît, pas plus qu'il ne voue aux gémonies les employés de Ravoire et Dehaze. La pièce peint les désintégrations mais aussi les reconstructions. Le paysage économique de *Par-dessus bord* n'est pas un champ de ruines, loin s'en faut. L'entreprise dans sa nouvelle structure est promise à faire du profit et donc à produire du travail et des emplois.

Il importe par conséquent de replacer la pièce dans son contexte historique et économique, comme il convient de s'interroger sur le positionnement de l'auteur. En dépit de sa dimension épique et donc universelle, la pièce témoigne des préoccupations de son temps. Le chômage est encore une menace, mais ne s'élève pas comme le terrible spectre qui bientôt bouleversera la société française après le premier choc pétrolier. Cependant, la création en 1967 de l'ANPE, contemporaine de l'écriture de la pièce, suggère qu'une menace plane sur le monde du travail. Si *Par-dessus bord* offre au spectateur une forme de jubilation et même de folie, la thématique du travail et du monde de l'entreprise développée dans les pièces ultérieures de Vinaver se fera plus inquiète, voire plus sombre.

## Orientations bibliographiques


### Édition de référence

VINAVER Michel, *Par-dessus bord. Forme hyper-brève*, Actes Sud, « Babel », 2022.

### Ouvrages généraux

BRADBY David, *The Theatre of Michel Vinaver*, University of Michigan Press, 1993.

Ouvrage général sur le théâtre de Vinaver. Bonne synthèse en anglais.

BRUN Catherine, *Michel Vinaver : une pensée du théâtre*, Honoré Champion, 2015.

Une analyse stimulante, qui étudie notamment le discours sur le théâtre de Vinaver.

CHEMAMA Simon, *Vinaver, le théâtre de l'immanence*, Honoré Champion, 2016.

Une approche philosophique érudite et originale.

REY-GALTIER Delphine, *Le Théâtre de Michel Vinaver*, Genève, Ides et Calendes, 2019.

Synthèse accessible, brève, qui fait clairement le point sur le théâtre de Vinaver.

UBERSFELD Anne, *Vinaver dramaturge*, Librairie théâtrale, 1989.

Ouvrage de référence par une grande spécialiste de théâtre qui a côtoyé Michel Vinaver.

**Articles**

BOBLET Marie-Hélène, « Le *theatrum mundi* de Michel Vinaver », *Esprit*, 2009.

DIAZ Sylvain, « *Par-dessus bord* : big bang – Enquête sur l'entrée en scène dans le théâtre de Michel Vinaver », in *L'Entrée en scène – Théâtre Cinéma*, Lyon, 2009.

HAMIDI-KIM Bérénice, « Capitalism, a Vinaver Story. *Par-dessus bord* : portrait de cadres dans le vent », *thaêtre* [en ligne], Chantier #1 : Scènes du *néomanagement* (mis en ligne le 29 janvier 2016) : www.thaetre.com/2016/01/09/capitalism-a-vinaver-story-berenice-hamidi-kim.

HSIEH Yvonne Y., « "Un théâtre total" : *Par-dessus bord* de Michel Vinaver », *The French Review*, vol. 75, n° 3, février 2002, p. 489-499.

VINAVER

# QUATRIÈME PARTIE

## Le travail dans les œuvres au programme

*par Jean-Damien Mazaré*

Le travail paraît trop léger à mon orgueil :
ma trahison au monde serait un supplice trop court [1].

# INTRODUCTION

On observe en français une variété de compléments grammaticaux au terme *travailler* : on travaille un cours de philosophie ; on travaille *à* la préservation des espèces ; on travaille *sur* un sujet de recherche ; on travaille, simplement. Chacun de ces emplois met en lumière une dimension spécifique du travail : la mémorisation et la maîtrise, la création et l'innovation, la découverte et la transmission sont autant de facettes qu'offre le terme *travail* et d'angles sous lesquels la notion peut être abordée. Mais cette multiplicité, qui peut dérouter, devient vertigineuse lorsque l'objet du travail est le travail lui-même. De cette diversité peuvent découler trois grandes problématiques, donnant elles-mêmes lieu à une série de questions.

La multiplicité des formes du travail condamne-t-elle les hommes à la division ? Le travail répartit les hommes, leur emploi du temps, leurs tâches, leurs gestes : ne fait-il que répéter les divisions et les inégalités structurantes de la société ? Ces divisions ne provoquent-elles pas un sentiment d'exclusion ? Les individus peuvent-ils échapper à l'impression d'être eux-mêmes morcelés ?

Quel type de liens peut alors exister ? Ces liens sont ceux que l'homme entretient avec le travail, avec le monde matériel, avec les autres et avec lui-même : mais est-il possible qu'il existe des liens qui ne soient pas uniquement ceux de l'aliénation ou des chaînes d'esclaves ? Comment insuffler de la spiritualité dans tous ces rapports ? Pour quoi peut-on encore s'enthousiasmer ? Avec quels bénéfices et quels risques ?

Comment, enfin, établir la valeur du travail alors qu'il prend tant de formes différentes ? Le travail a un prix : mais est-il possible de l'évaluer, et quels critères choisir ? La revalorisation est-elle simplement d'ordre matériel ? Peut-on y trouver un sens, incommensurable avec toute forme de satisfaction immédiate ?

Les œuvres au programme – *Les Géorgiques* de Virgile, *La Condition ouvrière* de Simone Weil et *Par-dessus bord* de Michel Vinaver – nous permettent d'enrichir ces problématiques en considérant le travail sous quatre angles différents : celui de la société d'abord, car le travail est une division dans le temps et dans l'espace, mais aussi entre des êtres humains qui peuvent s'y affronter, comme on conduit une guerre ; sous

1. Arthur Rimbaud, « L'Éclair », *Une saison en enfer*, in *Œuvres complètes*, GF-Flammarion, 2010 ; rééd. 2016, p. 233-234.

l'angle de l'individu ensuite, qui s'y emploie corps et âme et qui est amené à entretenir – ou à transformer – son rapport avec les autres ; celui des facultés individuelles de celui ou celle qui doit y employer toute sa raison, bien que le travail semble souvent la faire perdre ; celui, enfin, de l'élévation du travail au statut d'art, dont on ne doit pas oublier qu'il exige lui-même bien du travail.

## I. Travail et société

Le travail nous différencie les uns des autres : les œuvres au programme nous montrent que cette différenciation à travers le temps ou l'espace prend surtout la forme d'une division. Dès lors, cette division ne conduit-elle pas inéluctablement à la reproduction des inégalités du monde et, à travers elles, de ses violences structurantes ?

### A. Le travail comme division sociale

#### 1. Temps et rythmes

Dans *Les Géorgiques*, Virgile cherche à décrire et à valoriser une division du temps habituellement dévaluée dans l'opinion romaine. L'activité des champs s'oppose à la fois à l'*otium* (temps que les hommes libres peuvent consacrer à la contemplation, aux exercices de l'esprit ou à la discussion), au *negotium* (temps passé à accroître ses richesses ou sa renommée) et aux activités républicaines, qu'il s'agisse d'engagement militaire ou de débat public au sein des institutions politiques romaines. Pour lui donner de la valeur, Virgile avance que le travail agricole se fonde sur une division plus naturelle du temps, celle qui repose notamment sur les cycles de la nature, dans la mesure où leur équilibre est également source d'harmonie pour l'homme. Les saisons, les alternances du froid et du chaud, de la nuit et de la journée permettent de rendre à l'homme un rapport au monde que lui a fait perdre le temps artificiel :

> Quand la Balance aura rendu égales les heures du jour et celles du sommeil, et partagé le globe par moitié entre la lumière et les ombres, exercez vos taureaux, laboureurs, semez l'orge dans les campagnes jusqu'à l'époque des pluies de l'intraitable solstice.
>
> (*Les Géorgiques*, I, p. 50-51)

Chez Simone Weil, le travail instaure au contraire un rapport au temps tellement obsessionnel qu'il provoque un sentiment d'aliénation, imposant des horaires, une durée et un calendrier qui préoccupent l'esprit bien au-delà de la période d'exercice : « Le chemin de chez soi à l'usine est dominé par le fait qu'il faut être arrivé avant une seconde mécaniquement déterminée [par la pendule de pointage] » (« Expérience de la vie d'usine », p. 226). L'obsession du temps de travail écrase toute autre forme de rapport à la temporalité et modifie même la perception individuelle de la durée, de sorte que « le dimanche soir, [...] ce qui se présente à l'esprit, ce n'est pas une journée, mais toute une semaine » (*ibid.*, p. 230).

Mais c'est surtout à l'intérieur de l'usine, quand l'ouvrière est au travail, que le rapport au temps est aliénant. En effet, tout individu se sent d'autant plus vivant qu'il fait l'expérience de la variété et de la pluralité des rythmes du monde : la société instaure un calendrier qui offre, à intervalles irréguliers, des moments de fêtes ou de célébrations sacrées, et même s'il existe, dans l'ordre de la nature, un cycle des saisons, leur apparition et leur durée changent chaque année. À l'usine, au contraire, il n'est pas possible d'éprouver la variété, l'irrégularité ou le changement de rythme, car le rythme est remplacé par la cadence, qui « est le contraire d'un rythme », dans la mesure où elle est monotone et aliénante :

> Les manœuvres sur machines n'atteignent la cadence exigée que si les gestes d'une seconde se succèdent d'une manière ininterrompue et presque comme le tic-tac d'une horloge, sans rien qui marque jamais que quelque chose est fini et qu'autre chose commence.
>
> (*La Condition ouvrière*, « Expérience de la vie d'usine », p. 234)

La pièce de Vinaver ne repose pas sur une représentation figée du temps de travail. L'éclatement des séquences saisit les employés sur le vif. La réflexion sur le temps de travail est en lien avec les habitudes prises par une entreprise patriarcale. Or on assiste en quelques mois à la transformation de cette entreprise, et donc à une nouvelle organisation du temps de travail. Les moments dévolus au *brainstorming*, pratique issue des entreprises américaines, prennent de plus en plus de place.

On peut en outre interpréter l'absence de ponctuation dans *Par-dessus bord* comme un désir, de la part de Michel Vinaver, de laisser les acteurs libres de rythmer les phrases à leur gré : la possibilité de s'approprier le temps s'oppose à toutes les contraintes temporelles qui s'exercent sur le travail. Deux motifs prolongent dans la pièce cette liberté : le *free jazz* et le *happening*. Le premier donne lieu à des improvisations musicales sur la scène de *L'Infirmerie* (III, p. 75) ; quant au *happening*, il est mené par Jiji, qui y apparaît comme maîtresse du temps et du rythme : « vous avez deux minutes à mon chronomètre pour faire tout tout [...] vous entrez dans la baignoire qui est votre mère [...] vous criez vous criez mais le monde ne vous entend pas [...] ceci dure quatre minutes à mon chronomètre » (V, p. 221).

## 2. Panorama du monde du travail

L'influence de l'environnement géographique et climatique sur la manière de travailler et sur le caractère des travailleurs est perceptible dès *Les Géorgiques*, et se trouve démontrée par Virgile à travers le double exemple des Libyens et des Scythes dans le livre III : sous le soleil de la Libye, continuellement « le troupeau paît et va dans de vastes déserts, sans trouver nul abri » (III, p. 130), et l'éleveur est condamné lui aussi au nomadisme, emportant « tout avec lui : maison, Lare, armes, chien d'Amyclée et carquois de Crète » (*ibid.*). Non seulement il ne peut avoir de repères, domestique ou religieux, mais il est autant soldat qu'éleveur : les conditions d'exercice de son travail le privent de toute identité. Quant aux Scythes, un perpétuel hiver les rend barbares ; quand leurs troupeaux ne parviennent pas à fendre la neige, « on s'approche, on les tue avec le fer, on les abat malgré leurs bramements profonds, et on les emporte en poussant une clameur de joie » (III, p. 131-132). Ainsi, l'environnement du travail peut conduire les hommes à se montrer plus ou moins civilisés : par contraste, l'Italie, dont Virgile fait l'éloge, offre une diversité de climats, de reliefs et d'éléments naturels qui permettent à celui qui travaille de trouver l'équilibre, l'harmonie et la mesure nécessaires à ses activités et à son accomplissement moral.

Weil, de son côté, observe l'usine en philosophe. Son projet est de penser les effets des conditions de travail et d'existence sur la dignité des travailleurs. Dans cette perspective, elle propose un questionnement sociologique, qui vise à montrer non seulement la diversité de la main-d'œuvre, mais aussi le rapport d'inégalité qui s'ancre profondément dans le monde du travail. Elle prend en compte l'origine sociale des ouvriers :

> [...] sur cent enfants nés dans des familles bourgeoises la proportion de ceux qui, une fois hommes, ne font que des tâches machinales est bien moindre que pour cent enfants d'ouvriers, quoique la répartition des aptitudes soit en moyenne vraisemblablement la même.
>
> (*La Condition ouvrière*, « Expérience de la vie d'usine », p. 244)

Le travail d'usine entre ainsi dans le déterminisme de la reproduction sociale : les enfants d'ouvriers sont condamnés à suivre le chemin de leurs parents, tandis que les enfants des chefs ou des « régleurs » de machines seront beaucoup plus rarement amenés à devenir ouvriers.

Mais Weil prend aussi en compte les inégalités géographiques, dans la mesure où son point de vue s'étend aux régions plus lointaines de la France, qui à cette époque était encore un Empire colonial :

> [...] une multitude de misérables, nés par malheur pour eux avec une peau d'une couleur différente de la nôtre, avaient mis de telles espérances dans le gouvernement de mai 1936 qu'une si longue attente, si elle reste déçue, risque de nous amener un de ces jours des difficultés graves et sanglantes.
>
> (*La Condition ouvrière*, « La condition ouvrière », p. 260)

De l'inégalité des conditions de travail est alors susceptible de naître un mouvement plus violent, celui d'un désir d'émancipation politique qui dépassera largement le cadre ouvrier.

Enfin, elle montre toute la différence qui peut exister entre la vie d'usine pour une femme et celle pour un homme, car elle entraîne une forme de brutalité, chez ceux qui occupent les tâches ingrates, à l'égard des femmes : « à peu près constamment les ouvriers capables de parler à une femme sans la blesser sont des professionnels, et ceux qui ont tendance à la traiter comme un jouet des manœuvres spécialisés » (« Lettres à V. Bernard », p. 119). On voit comment la violence des rapports de domination se déploie ensuite en domination masculine.

La pièce de Vinaver montre un système dominé par la gent masculine, selon un schéma ancien de l'entreprise française. En confrontant les pratiques françaises aux pratiques américaines, Vinaver montre peut-être le caractère dévorant, voire totalisant, de l'entreprise dans le monde contemporain : c'est la rançon à payer pour américaniser l'entreprise et la rendre rentable, sans pour autant résoudre les inégalités entre hommes et femmes. Toutes les catégories et toutes les origines n'y sont pas représentées. *Par-dessus bord* se concentre sur l'émergence des « jeunes cadres dynamiques ». Finalement, la pièce montre l'intégration de certaines femmes (Jenny, *coach* en entreprise) au détriment d'autres femmes, poliment invitées à prendre leur retraite.



## B. Une activité régie par des impératifs

### 1. L'autorité des injonctions

Le travail est l'accomplissement d'une *tâche* : il implique la réalisation d'un projet et la mise en œuvre de préceptes ; en cela, il ne cesse d'exiger de se conformer à des impératifs.

Dans *Les Géorgiques*, ces impératifs sont omniprésents : qu'il s'agisse de conseils, de recommandations, d'enseignements, d'exhortations ou d'ordres, on constate que le travail doit être, avant tout, une application de préceptes, énoncés par une autorité. Par exemple, le rappel des précautions que doit prendre le cultivateur de la vigne, dans le livre II, se présente comme une série de mises en garde :

> Que tes vignobles ne soient pas tournés vers le soleil couchant ; ne plante pas le coudrier parmi tes vignes ; ne tire pas la pointe des surgeons ni ne casse des plants au sommet de l'arbre (tant il a d'amour pour la terre !) ; ne blesse pas d'un fer émoussé les rejetons ; ne greffe pas entre les intervalles des oliviers sauvages.
>
> (*Les Géorgiques*, II, p. 91)

Tout travail apparaît ainsi comme l'exécution d'une tâche. Même le travail d'écriture des *Géorgiques*, auquel Virgile se consacre, doit répondre à des ordres, ceux que Mécène a imposés au poète : « Cependant entrons dans les forêts des Dryades et dans les fourrés vierges ; tes ordres, Mécène, ne sont pas faciles à exécuter. Mais sans toi mon esprit n'entreprend rien de haut » (III, p. 113). Non seulement Virgile enjoint à son lecteur d'aborder la question de l'élevage, mais cette injonction fait elle-même suite à un impératif antérieur, imposé par Mécène : si le cultivateur, l'éleveur, le poète et le lecteur sont au travail dans *Les Géorgiques*, c'est parce qu'ils doivent exécuter, de manière égale, un ordre qui leur est assigné, émanant d'une autorité supérieure.

L'usine est également un espace réglé par une opposition entre ceux qui donnent des ordres et ceux qui les reçoivent, d'un côté les chefs, de l'autre les ouvriers spécialisés, avec entre eux un rapport structurant de domination. L'injonction peut survenir à tout moment : « Le travail nouveau est imposé tout d'un coup, sans préparation, sous la forme d'un ordre auquel il faut obéir immédiatement et sans réplique » (« Expérience de la vie d'usine », p. 228). Obéir aux ordres d'un chef est un impératif qui rend amer : « Il faut me pardonner si je prononce le mot de chef avec un peu trop d'amertume. Il est bien difficile qu'il en soit autrement quand on a subi une subordination totale, et qu'on n'oublie pas » (« Lettres à V. Bernard », p. 97).

Dans cet univers monotone, les ordres donnés sont les seuls événements marquants de l'usine : « Si l'on suppose que peut-être aucun ordre ne surviendra, comme les ordres sont le seul facteur de variété, les éliminer par la pensée, c'est se condamner à imaginer une répétition ininterrompue de pièces toujours identiques » (« Expérience de la vie d'usine », p. 229). Les conséquences sont alors d'ordre psychologique, car, selon Weil, les ouvriers en viennent à intérioriser les discours d'autorité : « Comme si quelqu'un répétait à l'oreille de minute en minute, sans qu'on puisse rien répondre : "Tu n'es rien ici. Tu ne comptes pas. Tu es là pour plier, tout subir et te taire" » (*ibid.*, p. 227). Toute la structure qui oppose les chefs aux exécutants se reflète alors dans la conscience des ouvriers, leur espace mental devenant ainsi le miroir de l'espace de travail.

Dans *Par-dessus bord*, les ordres viennent d'abord d'en haut, de la direction qu'incarne Fernand Dehaze. Or une nette évolution se fait jour dans le principe de commandement. On remarque qu'à l'autorité de Benoît, exprimée par des impératifs, s'ajoute celle des Américains, lesquels posent de nombreuses questions à valeur injonctive (le point d'interrogation est d'ailleurs le seul point de ponctuation forte du texte) ; ainsi par exemple Jenny et Jack : « qu'est-ce que vous vendez ? [...] À quoi est-ce qu'il sert ? [...] Après avoir fait quoi ? [...] C'est difficile à venir hein ? » (IV, p. 111-113). Il y a ainsi une forme de violence dans l'interrogatoire qu'ils font subir à Benoît, d'autant que le pousser à faire sortir les mots est une manière de poser un diagnostic commercial sur l'entreprise : « Ça fait mal à extraire de la bouche comme ça fait mal de chier après des semaines de constipation mais votre boîte c'est de ça qu'elle est malade » (IV, p. 113).

## 2. Tradition et innovation : l'étau des impératifs contradictoires

*Les Géorgiques* montrent l'importance de respecter un impératif plus ancien que ceux exprimés par le poète : celui de la tradition. C'est pourquoi le laboureur doit ancrer son travail dans la pratique des rites religieux, notamment les sacrifices faits à Cérès, déesse des moissons, qui apporte en retour une récolte abondante : « Avant tout, honore les dieux, et offre à la grande Cérès un sacrifice annuel en accomplissant les rites sur de gras herbages, quand le déclin de l'extrême hiver fait déjà place au printemps serein » (I, p. 58). Un impératif préside donc à tous les commandements qu'on peut trouver dans *Les Géorgiques* : celui du respect religieux, autorité qui garantit le succès du travail.

Le respect de la tradition n'empêche pas de chercher à se singulariser par son travail, comme le montre le projet poétique de Virgile lui-même : « un doux amour m'entraîne le long des pentes désertes du Parnasse ; il me plaît d'aller par ces cimes, où nulle roue avant moi n'a jamais laissé de traces sur la douce déclivité de Castalie » (III, p. 127). Même si Virgile fait de la tradition une pierre de touche de sa pensée du travail, l'innovation, du moment qu'elle respecte la religion, peut devenir une valeur.

L'usine est en revanche un univers où l'innovation apparaît comme un piège pour les ouvriers : en effet, on y exploite l'impression de nouveauté pour affermir les aspects les plus serviles du travail. C'est pourquoi Simone Weil remet en question le caractère de progrès industriel, qu'elle propose de regarder non plus « du seul point de vue de la production », mais « du point de vue ouvrier » (« La rationalisation », p. 196). Le caractère prétendument novateur de la rationalisation est anéanti par le fait que l'ouvrier est justement privé de tout sentiment de nouveauté : son expérience du temps est en effet contrainte à la monomanie, privée à la fois de passé et de futur, dans la mesure où le même geste est répété sans conscience de l'origine du projet ni de la destination du produit.

*Par-dessus bord* met également en scène, de manière problématique, la dialectique de la tradition et de l'innovation. La crise interne à l'entreprise reflète un changement plus historique dans le monde du travail : le passage d'un modèle familial et patriarcal à celui d'une production mondialisée et d'une globalisation des marchés. La mort de Dehaze n'est pas simplement la mort d'un père, mais la disparition symbolique d'un mode de direction paternaliste. La pièce commence en effet avec « la petite fête annuelle et traditionnelle de Ravoire et Dehaze » (Passemar ; I, p. 26), mais ce monde est en train de disparaître, et Vinaver fait du papier-toilette l'objet allégorique de ce changement. Mme Lépine refuse le papier Bleu-Blanc-Rouge, d'où sa question à Lubin : « il n'y a pas de différence d'avec votre qualité standard ? » (II, p. 41), d'avec le papier qui est « le bon vieux bulle-corde de chez Ravoire et Dehaze » (Lubin ; II, p. 42). Le papier en vogue, dans ce nouveau monde, est celui de la ouate de cellulose, comme le dit Mme Lépine : « hier personne connaissait la ouate de cellulose aujourd'hui tout le monde se jette sur la ouate de cellulose » (II, p. 57). L'innovation est un train qu'il faut prendre en marche, sous peine d'être jeté « par-dessus bord ».

## C. Un champ de bataille ?

### 1. Le reflet de rapports de pouvoir et de violences

Alors que Virgile écrit *Les Géorgiques*, l'Italie est plongée dans une succession de guerres civiles qui se déportent vers des territoires étrangers, assombrissant la face du monde. S'il loue la paix apportée par Octave, Virgile cependant ne peut exclure le rôle de certaines activités, comme l'élevage, pour affronter militairement d'éventuels conflits :

> Si tes préférences vont à la guerre et aux farouches escadrons, ou si tu veux effleurer de tes roues l'Alphée qui coule à Pise, et faire voler tes chars dans le bois sacré de Jupiter, le premier travail de ton cheval sera de voir l'ardeur et les armes des guerriers en lutte, de supporter le son des trompettes, de se faire au gémissement d'une roue [...].
>
> (*Les Géorgiques*, III, p. 121)

Aussi le monde du travail agricole ne peut-il se départir définitivement d'un rôle à jouer en temps de guerre.

D'autre part, *Les Géorgiques* sont un travail poétique que Virgile offre à Mécène, son protecteur : comme Aristée qui, dans le livre IV, doit accomplir des actes héroïques pour que perdure la production de miel, Virgile doit lui aussi exécuter un travail qui apporte à Mécène des paroles douces comme le miel. Le rapport de pouvoir conditionne et structure ainsi tout le travail poétique des *Géorgiques*.

L'usine est un miroir de concentration de rapports écrasants, à la fois intérieurs et extérieurs. Parce que l'organisation du travail est brutale, les ouvriers en viennent à imiter la même brutalité :

> [...] il est presque impossible de ne pas devenir indifférent et brutal comme le système dans lequel on est pris ; et réciproquement la brutalité du système est reflétée et rendue sensible par les gestes, les regards, les paroles de ceux qu'on a autour de soi.
>
> (*La Condition ouvrière*, « Expérience de la vie d'usine », p. 235)

L'usine reflète aussi le totalitarisme qui marque les années 1930, notamment en URSS ou dans l'Europe fasciste :

> [...] les uns appellent ça révolution ouvrière, d'autres fascisme, d'autres organisation de la défense nationale. Quelle que soit l'étiquette, deux facteurs priment tout : d'une part la subordination et la dépendance impliquées par les formes modernes de la technique et de l'organisation économique, d'autre part la guerre.
>
> (*La Condition ouvrière*, « Lettres à V. Bernard », p. 112)

Les idéologies extrémistes trouvent ainsi dans le travail non seulement un moyen matériel de préparer la guerre, mais aussi une structure de domination qui reproduit la violence et l'oppression des systèmes politiques. Enfin, c'est aussi la structure bourgeoise – et la violence de son impératif de rentabilité – qui transforme le travail d'usine en une expérience brutale : soumis à cette logique de rentabilité, tout est chiffré, et « [l]a société bourgeoise est atteinte d'une monomanie », celle « de la comptabilité » (« La rationalisation », p. 197). La violence de cette monomanie se répercute sur la monomanie imposée à l'intérieur de l'usine, celle du geste indéfiniment répété.

Chez Michel Vinaver, c'est le stade avancé du capitalisme, en train de se muer en néolibéralisme, qui impose un système de lois auquel il est impossible d'échapper. L'atmosphère est souvent euphorique, mais le rythme *allegro* de la pièce traduit aussi la cadence d'un monde devenu infernal, où seule règne la loi des plus forts, ce qu'exprime Dehaze : « en ce moment tout ça est un peu ébranlé des Américains plus gros que nous vingt ou trente fois plus gros ont débarqué et ceux-là plus ils sont gros plus ils ont faim » (I, p. 23-24). Tout prend alors la forme d'une lutte acharnée : « Les Américains cherchent la bagarre eh bien ils l'auront » (Dehaze ; I, p. 25). C'est pourquoi Vinaver convoque l'intellectuel M. Onde, spécialiste de mythologie scandinave, pour trouver une explication anthropologique et universelle au phénomène de guerre constante que se livrent les hommes, et aux fausses paix qui de temps en temps peuvent apparaître, entre les Ases et les Vanes comme entre l'entreprise française et la grande industrie américaine.



## 2. Des forces employées à conquérir la paix

Si l'on veut éviter que le travail ne se transforme en un territoire de lutte, ne faut-il pas préalablement travailler à la pacification des rapports de pouvoir ?

Dans *Les Géorgiques*, œuvrer à un monde harmonieux est le but assigné au travail des champs. Mais ce travail est lui-même dépendant de l'œuvre de pacification de l'Italie qu'a accomplie Octave. Virgile montre qu'au moment où il écrit *Les Géorgiques* la guerre civile est un spectre qui menace de revenir, et avec elle la désorganisation du *cosmos*. L'homme, en temps de guerre, ne se mesure plus à la terre, au point que « [l]a charrue ne reçoit plus l'honneur dont elle est digne ; les guérets sont en friche, privés des laboureurs entraînés dans les camps ; et les faulx recourbées servent à forger une épée rigide » (I, p. 68). Tout l'ordre de la nature (y compris de la nature humaine) est alors bouleversé : les forces ne sont plus employées à honorer la terre, mais à conquérir la paix.

On pourrait suivre, à travers les lettres à Victor Bernard, tous les efforts que fait Simone Weil et toute la force qu'elle emploie pour mettre en œuvre et réaliser l'idéal de coopération qui seul pourrait, selon elle, transformer radicalement le monde du travail. En effet, elle y exprime son désir de voir collaborer les chefs et les subordonnés : « je voudrais tant pouvoir, dans quelque entreprise, collaborer d'en bas avec celui qui la dirige. Mais c'est sans doute une chimère » (« Lettres à V. Bernard », p. 98). Lors de cet échange, elle tente progressivement de conduire son destinataire, patiemment et respectueusement, à une forme de coopération :

> En ce qui concerne les usines, la question que je me pose, tout à fait indépendante du régime politique, est celle d'un passage progressif de la subordination totale à un certain mélange de subordination et de collaboration, l'idéal étant la coopération pure.
>
> (*La Condition ouvrière*, « Lettres à V. Bernard », p. 112)

S'il commence par reposer les conditions du dialogue, ce projet de collaboration ne sera pas une chimère : la parole – et la façon dont on l'utilise et la reconnaît – est l'arme privilégiée d'une transformation entre domination et reconnaissance. Weil fixe ainsi elle-même les conditions de ce nouvel échange : « La règle de ces échanges de vues devrait être une égalité totale entre les interlocuteurs, une franchise et une clarté complètes de part et d'autre », seule possibilité de créer « un stimulant intellectuel pour les ouvriers » (« Lettres à V. Bernard », p. 104). C'est ainsi qu'on trouve une mise en abyme des conditions d'un renouveau du dialogue dans ces lettres, Weil travaillant à une coopération des chefs et des subordonnés à travers le travail rhétorique de respect mutuel et réciproque qu'elle met en œuvre.

Dans *Par-dessus bord*, la paix ne s'acquiert qu'au prix d'un échec qui pousse la firme française à se remettre en cause. Le fiasco de « Bleu-Blanc-Rouge » produit un chamboulement profond, des doutes, des conflits. Pour retrouver la paix au sein de l'entreprise, il devient nécessaire d'admettre d'autres méthodes. Une fois admises les méthodes américaines, les employés se pacifient, comme le montre l'apaisement des relations entre Mme Alvarez et Mme Bachevski. Sur le plan symbolique, le monde de l'entreprise rejoue ainsi la guerre scandinave des Ases et des Vanes : « Et comme si soudain ils en avaient assez de cette alternance épuisante d'échecs et de succès sans suite de part et d'autre les Ases et les Vanes font la paix une paix surprenante aussi harmonieuse que la guerre a été implacable », déclare, à la fin de la pièce, le professeur Onde

(VI, p. 254). La paix n'est donc qu'une étape entre plusieurs conflits, qui aboutissent à la pacification finale, à l'image de *La Paix* d'Aristophane, l'un des modèles de Passemar.

## D. Travailler, au cours de l'histoire

### 1. Travail et révolutions

Dans le discours mythologique de Virgile, l'apparition du travail est en soi une révolution, marquant le passage du règne de Saturne à celui du Père des dieux, Jupiter (I, p. 45). Cette révolution peut apparaître comme la disparition d'un âge d'or, car « [a]vant Jupiter, point de colon qui domptât les guérets ; il n'était même pas permis de borner ou de partager les champs par une bordure : les récoltes étaient mises en commun, et la terre produisait tout d'elle-même, librement, sans contrainte » (*ibid.*). Pourtant, l'intervention de Jupiter ne doit pas être considérée comme un méfait, car le travail a permis aux hommes de conserver des facultés proprement humaines d'intelligence, d'imagination, de ruse et d'art. Jupiter ne voulait pas « que son empire s'engourdît dans une triste indolence » (*ibid.*) ; par exemple, pour aiguiser « par les soucis les cœurs des mortels », il leur a caché le feu, les poussant à chercher comment le faire « jaillir du sein du caillou » (I, p. 46). Ils ont dû apprendre à travailler la terre, mais aussi « [le] fer et la lame de la scie aiguë (car les premiers hommes fendaient le bois avec des coins) ; alors vinrent les différents arts » (*ibid.*). Il aura fallu que Jupiter fasse ressentir la nécessité de satisfaire aux besoins pour qu'on fabrique des bateaux et qu'on étudie l'astronomie, afin de naviguer correctement. Si l'apparition du travail est une révolution pour les hommes, la rupture n'est qu'apparente, car elle leur permet de ne pas perdre leur humanité et d'accroître leurs facultés.

C'est une autre révolution qui flotte dans l'air dans les années 1930, d'inspiration marxiste, et dont se méfie Simone Weil pour deux raisons. D'abord, cette révolution est fondée sur une pensée matérialiste : laisser les ouvriers disposer des moyens de production ne leur donne qu'une maîtrise économique, non une maîtrise intellectuelle, de leur activité. Elle ne vise pas à transformer l'organisation du travail. Ensuite, l'expérience soviétique montre que le pouvoir et la domination ne disparaissent pas avec ce type de révolution : « Le sentiment révolutionnaire est d'abord chez la plupart une révolte contre l'injustice, mais il devient rapidement chez beaucoup, comme il est devenu historiquement, un impérialisme ouvrier tout à fait analogue à l'impérialisme national » (« Condition première d'un travail non servile », p. 264). Une telle révolution n'abolit ni le pouvoir de l'argent, ni le pouvoir des hommes sur les hommes : or c'est avant tout la conscience du pouvoir de l'esprit sur les choses et la matière qui redonnera au travail sa dignité, celle d'avoir un projet que l'on peut réaliser en connaissant les lois de la nature et en sachant vaincre leur résistance.

Enfin, il faut rappeler que les événements de Mai 68 interviennent alors que Vinaver écrit *Par-dessus bord.* Il est cependant difficile de reconstituer un point de vue de l'auteur sur les révoltes qui secouent la France, Vinaver intégrant quelques éléments de l'imaginaire révolutionnaire de l'époque, sans qu'il soit possible de savoir à quel degré les prendre. Par exemple, Passemar fait référence aux occupations des théâtres qui avaient couramment lieu à Paris, lorsque des danseurs surgissent sur la scène : « ça a tout l'air d'une occupation délibérée du plateau hier soir déjà ils sont venus me demander de supprimer l'intermède des enquêtrices d'étude de marché » (IV, p. 132). Ce rappel fait sourire, comme peut faire sourire la convocation de tous les héros de la révolution que Jiji, dans son *happening*, appelle à rentrer dans la baignoire comme dans le vagin de leur mère : « la mère de tous les orphelins de Jésus-Christ des damnés de la terre Trotski Guevara Ford Rockefeller » (V, p. 221).

À côté de cette mythologie révolutionnaire tournée en dérision, on peut s'attarder sur quelques éléments plus ambigus. Par exemple, Vinaver nomme « Tante Yvonne » la sœur de Fernand : on pourrait s'attendre à un effet ridicule, car « Tante Yvonne » était, en 1968, le surnom que donnaient les révoltés – étudiants et ouvriers – à l'épouse du général de Gaulle, symbole à l'époque de la femme soumise et effacée. Mais la femme de *Par-dessus bord* n'a rien de ridicule : Vinaver fait d'elle au contraire un personnage touchant, plein de compassion à l'égard de son frère hospitalisé. On peut également trouver Alex particulièrement ambigu : il est sans doute le personnage le plus proche de la jeunesse en colère de 1968, dont certains groupuscules étaient prêts parfois à l'activisme terroriste pour faire exploser le patriarcat et le capitalisme. Aussi, quand son club n'est plus un lieu alternatif mais le rendez-vous de cadres parisiens en vue, Alex propose de le transformer « en chambre à gaz c'est assez facile c'est une question de canalisations » (V, p. 226) : cette tentation du nihilisme total, dont on ne sait si elle est sérieuse ou non, n'est pas sans rappeler un certain état d'esprit anticapitaliste de l'époque.

Enfin, lors de nombreux entretiens, Michel Vinaver a établi un lien entre Mai 68 et l'irruption du *marketing* dans l'entreprise : on entend dans *Par-dessus bord*, notamment avec l'arrivée de Jack et Jenny, des injonctions de se laisser aller et de cesser de se contrôler, qui étaient aussi des slogans de manifestants. Comme le dit Jack, « on pourrait se mettre un peu en roue libre » (IV, p. 135), et plus tard : « Je vous rappelle la règle du jeu chacun dit ce qui lui passe par la tête pas de censure personne n'ironise » (IV, p. 153). Mais l'esprit de 68 pénètre très paradoxalement, par le *marketing*, le monde du travail en le transformant en un espace de déculpabilisation, de levée des barrières et d'accès aux jouissances.

## 2. Espérer ou désespérer de lendemains qui chantent ?

De façon symbolique, l'histoire du travail a commencé comme une punition, voire une malédiction, dont Dieu frappe Adam et sa descendance : « Par ta faute, le sol est maintenant maudit. Tu auras beaucoup de peine à en tirer ta nourriture pendant toute ta vie. [...] Tu gagneras ton pain à la sueur de ton front, jusqu'à ce que tu retournes à la terre dont tu as été tiré [1]. » Le travail nous condamne-t-il alors à un tourment indéfiniment répété ?

Dans *Les Géorgiques*, il apparaît comme voué au cycle infernal de la répétition. Dans le livre II, alors que « tout le vignoble donne des fruits à foison » (p. 96) et qu'on célèbre Bacchus par des rites d'offrandes et de cantiques, Virgile rappelle que le travail n'est pas terminé :

> Il y a encore, parmi les soins dus aux vignes, un autre travail, et qui n'est jamais épuisé : il faut en effet trois ou quatre fois l'an fendre tout le sol, et en briser éternellement les mottes avec le revers des bidents ; il faut soulager tout le vignoble de son feuillage. Le travail des laboureurs revient toujours en un cercle, et l'année en se déroulant le ramène avec elle sur ses traces.
>
> (*Les Géorgiques*, II, p. 96)



Le caractère de répétition tragique apparaît également chez Simone Weil à travers la métaphore du tic-tac de l'horloge, qui n'est que la constante et régulière oscillation entre la tâche accomplie et la tâche à accomplir :

> Ce tic-tac dont on ne peut supporter d'écouter longtemps la morne monotonie, eux doivent presque le reproduire avec leur corps. Cet enchaînement ininterrompu tend à plonger dans une espèce de sommeil, mais il faut le supporter sans dormir.
>
> (*La Condition ouvrière*, « Expérience de la vie d'usine », p. 234)

Trotteuse ininterrompue qui hypnotise mais empêche de dormir à la fois, le bruit du tic-tac symbolise un temps bloqué, qui ne peut laisser espérer de lendemains meilleurs.

De la même manière, les grèves de 1936 comme la révolution marxiste ne sauraient constituer une fin dans l'histoire du travail, même si Weil ne nie pas l'espoir suscité : « Sans doute, dans les grands moments, l'enthousiasme déborde les frontières ; on a pu le constater en ce mois épique de juin 1936 » (« La condition ouvrière », p. 258). Mais tant que le monde restera soumis aux impératifs économiques et matérialistes, il est impossible d'envisager une quelconque révolution du travail, qui ne pourrait advenir que par une transformation éthique et intellectuelle. Tout concourt alors à maintenir les ouvriers dans leur situation d'infériorité et de dépendance, même en cas de réforme économique ou de réforme du temps de travail :

1. Genèse 3, 17-19.

> [...] faire du peuple une masse d'oisifs qui seraient esclaves deux heures par jour n'est ni souhaitable, quand ce serait possible, ni moralement possible, quand ce serait possible matériellement. Nul n'accepterait d'être esclave deux heures ; l'esclavage, pour être accepté, doit durer assez chaque jour pour briser quelque chose dans l'homme.
>
> (*La Condition ouvrière*, « Expérience de la vie d'usine », p. 241)

Le motif de la répétition tragique est structurant dans *Par-dessus bord.* En commençant par la fin, on se souviendra de la dernière réplique : « De sorte que la fin rejoint le commencement » (Passemar ; VI, p. 255). Si elle poursuit le propos de M. Onde évoquant la paix entre les Ases et les Vanes, elle relève cependant d'une ironie tragique, puisque le cycle infernal est amené à se répéter, d'autant que des danseurs entraînent Passemar dans une procession, comme les dieux scandinaves à la fin du premier mouvement.

Une répétition apparaît aussi au début des premier, deuxième et quatrième mouvements, chacun s'ouvrant sur « l'offre sensationnelle » que Lubin vient faire à Mme Lépine, montrant que le travail de commercial, qu'on nomme précisément *force de vente*, consiste à asséner toujours le même argument. Enfin, le conflit qui oppose Benoît à son frère Olivier récrit dans le monde contemporain le premier fratricide de la Bible, celui de Caïn qui tua son frère Abel, tous deux justement enfants d'Adam et Ève, condamnés par Dieu à travailler pour se nourrir (Adam) et au douloureux travail de l'accouchement (Ève). Ainsi, le retour au commencement ne saurait véritablement apparaître comme un espoir d'être débarrassé de toutes les peines liées au travail.

## II. L'INDIVIDU AU TRAVAIL

L'individu accomplit son travail avec toutes ses qualités d'être humain. Pourtant, force est de constater que le travail, qui utilise l'humain, le déshumanise. Dès lors, est-il possible non seulement de conserver son humanité, mais aussi de l'exercer au sein d'une communauté rendue elle-même plus humaine ?

### A. Du corps à l'esprit

#### 1. Des êtres en tension

La Grèce antique personnifiait le travail à travers la figure de Ponos, dont on peut traduire le nom par *peine*, voire *pénibilité*. Virgile prend en compte cette dimension en montrant que le corps du laboureur doit plier sous le poids de ses outils :

> […] c'est d'abord le soc et le bois pesant de l'areau recourbé ; les chariots à la marche lente de la mère d'Éleusis ; les rouleaux, les traîneaux, les herses au poids énorme, puis le vil attirail d'osier inventé par Célée, les claies d'arbousier et le van mystique d'Iacchus.
>
> (*Les Géorgiques*, I, p. 48)

C'est avant tout la main qui manie l'outil, elle qui était déjà considérée dans la philosophie d'Aristote comme l'instrument des instruments et se présentait ainsi comme l'indice de notre humanité la plus profonde, capable de servir d'intermédiaire entre notre raison et le monde matériel. Dans les activités agricoles, elle préside aux semailles, car il faut manuellement travailler l'aire dans laquelle on plantera des arbres, ce que Virgile justifie par la tradition, en évoquant « une foule de préceptes anciens » : « L'aire avant tout doit être aplanie avec un grand cylindre, retournée avec la main et durcie avec une craie tenace, de peur que les herbes n'y poussent ou que, vaincue par la poussière, elle ne se fende […] » (I, p. 49). Pourtant, on constate que Virgile prête au corps tout entier une attention particulière dans l'accomplissement des tâches, en montrant par exemple qu'une grande partie du travail du laboureur, accomplie sous le soleil de l'été, nécessite de se mettre nu : « c'est en pleine chaleur qu'on coupe la rubiconde Cérès et c'est en pleine chaleur que l'aire broie les moissons mûries. Mets-toi nu pour labourer, mets-toi nu pour semer » (I, p. 56). Le travail demande ainsi au corps un engagement total, une peine (*ponos*) qui exige de se plier aux lois du monde.

On remarquera dans *La Condition ouvrière* la même considération à l'égard d'une activité qui part de la main pour s'étendre à l'ensemble du corps ; mais par là Simone Weil veut surtout montrer une contagion de la déshumanisation. La main est en effet réduite aux « tours de main », une manière d'accomplir inconsciemment les tâches imposées :

> […] faire 50 pièces en 5 minutes au lieu de 6, ou quoi que ce soit de cet ordre. Grâce au ciel, il y a des tours de main à acquérir, ce qui donne de temps à autres de l'intérêt à cette recherche de vitesse. Mais ce que je me demande, c'est comment tout cela peut devenir humain […].
>
> (*La Condition ouvrière*, « Lettre à A. Thévenon », p. 50)

À partir des mains, la déshumanisation gagne l'ensemble du corps, comme en témoignent les maux de tête qui enferment l'ouvrière dans la douleur et la privent de toute possibilité de penser : « Pour moi, cette vie est assez dure, à parler franchement. D'autant que les maux de tête n'ont pas eu la complaisance de me quitter pour faciliter l'expérience – et travailler à des machines avec des maux de tête, c'est pénible » (« Lettre à A. Thévenon », p. 51). Aussi regrette-t-elle de ne pas avoir pratiqué suffisamment de sport, mesurant, « à l'usine, combien il est paralysant et humiliant de manquer de vigueur, d'adresse, de sûreté dans le coup d'œil » (« Lettre à S. Gibert », p. 76). On perçoit ainsi toute la tension que le travail nécessite : de la main au corps tout entier, et du corps au regard, car le « coup d'œil » assure, comme un instinct, la bonne exécution des tâches.

Les corps dans la pièce de Vinaver sont soumis à la violence des rapports commerciaux qu'impose un nouvel ordre du monde. Il est notable que les spectateurs assistent à l'infarctus de Dehaze à la fin du premier mouvement, comme si la secousse que l'entreprise connaît devait se répercuter sur le corps de l'ancien patron qui s'effondre et en mourra. La venue des Américains redistribue les corps dans l'espace de l'entreprise. Le bureau laisse place à la salle de réunion, aux *brainstormings* qui impliquent un autre rapport du corps à l'espace. L'attitude décontractée de Jenny offre un nouveau modèle de « corps dans l'entreprise ». De même, les épisodes dansés ou la présence d'un modèle de peinture introduisent une réflexion sur les rapports entre le corps et le travail. Si l'on prend l'exemple du modèle nu que peint Dehaze dans son atelier salon, on voit combien Dehaze est sensible à cette beauté picturale à la Velázquez. Mais cet esthétisme a un revers : le corps du modèle est objectivé, car dès que le modèle se coupe les cheveux, dit Dehaze, ils « se répandent différemment c'est désolant » (II, p. 46) : du corps magnifié au rêve d'un corps qu'on pourrait soumettre à sa guise, on voit que le travail, même en peinture, exige du corps parfois plus qu'il ne peut donner.

## 2. Risques et angoisses

Tout travail expose à des risques et à des dangers : au travail accompli s'ajoute alors un surplus d'activité ou d'inquiétude, c'est-à-dire un travail second.

Si idyllique soit-elle, la nature, dans *Les Géorgiques*, demeure un espace susceptible de menaces. Non seulement des phénomènes climatiques, comme la grêle, peuvent saccager les travaux du cultivateur, mais il lui faut encore faire face aux nuisibles et aux parasites, ou aux différents reptiles, que Virgile évoque au livre III. Le danger que représente chacun peut et doit être évité, si l'éleveur veut protéger ses troupeaux. Pour éviter la chélydre serpentine, il faudra « brûler dans tes étables le cèdre odorant » (III, p. 134) ; il faudra frapper de pierres la vipère qui, « fléau terrible des bœufs, se cache dans le sol pour répandre son venin sur le bétail » (*ibid.*). Pour éviter d'être mordu par une couleuvre, l'homme doit veiller à ne pas prendre du repos n'importe où :

> Me préservent les dieux de goûter le doux sommeil en plein air, ou de m'étendre sur le talus d'un bois parmi les herbes, alors qu'ayant fait peau neuve et brillant de jeunesse, il se roule à terre, ou que laissant dans sa

demeure ses petits ou ses œufs, il se dresse au soleil, et fait dans sa gueule vibrer un triple dard.

(*Les Géorgiques*, III, p. 135)

Enfin, la dernière section du livre III est tout entière consacrée aux épizooties, que Virgile compare à la Furie qui « abat les animaux par bandes, et entasse, dans les étables mêmes, les cadavres décomposés par une affreuse pourriture » (III, p. 141) : face à ce risque, l'agriculteur doit se faire vétérinaire, et pratiquer, si nécessaire, l'abattage.

À l'usine, les accidents ne sont pas rares ; pourtant, selon Simone Weil, ce n'est pas l'accident qui effraie le plus, mais la peur de le causer, plus diffuse, plus constante et plus ancrée : « La peur de louper des pièces en forçant sur la cadence, parce que la vitesse produit une espèce d'ivresse qui annule l'attention. La peur de tous les menus accidents qui peuvent amener des loupés ou un outil cassé » (« La vie et la grève des ouvrières métallos », p. 161). De façon générale, le sentiment n'est plus tellement celui de la peur, mais celui de l'angoisse. Le terme même est répété, dans « Expérience de la vie d'usine », pour souligner la constante action de l'angoisse sur le corps comme sur l'esprit : « L'angoisse répandue diffuse sur tous les moments du travail s'y concentre, l'angoisse de ne pas aller assez vite » (p. 230). L'angoisse est plus indéterminée que la peur, car le fait même de ne pas savoir ce qui est à craindre exactement, que Weil nomme le « hasard », est anxiogène, et empêche constamment la tranquillité du corps et de l'esprit :

> [...] une légère angoisse empêche cet effet d'assoupissement et force à avoir conscience de la monotonie, bien qu'il soit intolérable d'en avoir conscience. Rien n'est pire que le mélange de la monotonie et du hasard ; ils s'aggravent l'un l'autre, du moins quand le hasard est angoissant. Il est angoissant, dans l'usine, du fait qu'il n'est pas reconnu [...].
>
> (*La Condition ouvrière*, « Expérience de la vie d'usine », p. 230-231)

Il convient alors de dire que la précarité de la condition ouvrière, définie par une fragilité sociale et financière, se double et s'amplifie d'une fragilité seconde, celle d'une angoisse du hasard, susceptible de faire perdre le peu qu'on a.

Chez Vinaver, le risque est avant tout exprimé dans le titre : c'est celui d'être jeté « par-dessus bord » et sacrifié, en un sens, sur l'autel de l'entreprise. Le personnage emblématique est à ce titre Mme Bachevski : alors qu'elle montre toute son affection pour Dehaze après son attaque, qu'elle témoigne de la même fidélité envers Benoît, elle est congédiée. Bien qu'elle ait gravi plusieurs échelons de l'entreprise et qu'elle soit plus jeune que Mme Alvarez, c'est elle qui sera sacrifiée par la nouvelle équipe. À quel titre ? « [V]ous êtes attachée à certaines méthodes et attitudes anciennes » (V, p. 207), lui dit Benoît : en réalité, elle endosse ici le rôle du bouc-émissaire, qu'on sacrifie aux dieux pour un avenir meilleur. Les mots qu'elle prononce à la fin de la pièce ne sont pas sans faire songer à ces rites antiques : « qu'on vous ouvre le ventre qu'on vous ôte les entrailles on vous recoud [...] j'ai jamais rien caché jamais rien refusé toujours donné alors je me suis donnée à la société » (VI, p. 245).

## B. Existence et reconnaissance de soi

### 1. Servilité et reconnaissance

Dans *Les Géorgiques*, les esclaves brillent par leur absence : alors que la société romaine est fortement hiérarchisée et que les riches propriétaires fonciers, à l'époque de Virgile, font appel à des mercenaires et à des esclaves pour travailler leurs terres, le poème n'en fait pas mention. Il convient de se référer aux interprétations de ce silence : la philosophie grecque, notamment aristotélicienne, a légitimé l'esclavage par une prétendue différence de nature entre les hommes ; mais Virgile est un épicurien, et il suit en ce sens Lucrèce (Ier siècle av. J.-C.), qui a exposé dans un long poème la philosophie d'Épicure (IIIe siècle av. J.-C.) et a montré qu'être esclave n'était pas une propriété des êtres, mais un accident, un phénomène seulement circonscrit à une société et à une époque. Si l'homme veut connaître et éprouver la véritable nature des choses, il doit se passer d'esclave ; aussi, Virgile appelle tout *agricola* à s'occuper lui-même de sa terre, pour avoir une expérience sensible et une maîtrise du monde matériel.

L'usine est bien éloignée de ce tableau idyllique : la servilité y est un maître-mot et se mesure au silence. Le silence est absence de paroles, mais n'en demeure pas moins un marqueur de la pensée, et Simone Weil exhorte à ne pas confondre les effets et les causes : l'effet est celui d'un acquiescement à l'obéissance, et par là le maintien d'une structure de servilité ; mais les motivations de ce silence ne sont nullement celles d'un acquiescement.

De la lettre du 3 mars 1936, on peut comprendre que Victor Bernard s'est appuyé sur l'absence de plaintes de la part des ouvriers à l'égard de chefs pour montrer à Weil qu'elle assombrit son tableau de la condition ouvrière ; elle invite alors son destinataire à prendre toute la mesure éloquente de ces silences : « Répliquer sous l'empire de la colère aurait probablement signifié devoir aussitôt chercher une nouvelle place. Bien sûr, on ne sait pas d'avance qu'on sera mal accueilli, mais on sait que c'est possible, et cette possibilité suffit » (« Lettres à V. Bernard », p. 99). Il y a ainsi une cause psychologique et sociale à préférer ne pas répondre et ne pas se plaindre : la peur de devoir trouver un nouveau travail, peste plus redoutable que le choléra qui consiste à obéir au silence, de sorte que la précarité, sur le plan psychosocial, justifie la servitude.

Dans la même lettre, Weil approfondit de manière plus philosophique, et presque métaphysique même, les raisons du silence :

> Je ne conçois les rapports humains que sur le plan de l'égalité ; dès lors que quelqu'un s'est mis à me traiter en inférieure, il n'y a plus à mes yeux de rapports humains possibles entre lui et moi, et je le traite à mon tour en supérieur, c'est-à-dire que je subis son pouvoir comme je subirais le froid ou la pluie.
>
> (*La Condition ouvrière*, « Lettres à V. Bernard », p. 101-102)

Il n'y a pas d'autre solution que d'acquiescer en silence, car le maître et l'esclave n'appartiennent pas au même ordre du vivant : parce que le maître rompt le lien d'humanité et réifie l'esclave, c'est-à-dire le transforme en chose, l'esclave n'a comme possibilité, en retour, que de considérer le maître non comme un humain, mais comme un phénomène physique (« le froid ou la pluie »), auquel il est inutile de chercher à répondre.

Dans *Par-dessus bord*, obtenir de la reconnaissance *au* travail et *par* le travail est un enjeu qui peut être problématisé à travers plusieurs exemples. La pièce, en effet, montre différentes formes d'émancipation, dont la plus symbolique est celle de Benoît, qui passe d'enfant illégitime, classé dans l'organigramme de l'entreprise au-dessous de l'enfant légitime, à successeur de Dehaze. Le fait de ne pas être un enfant légitime, contrairement à Olivier qui n'a pas eu besoin d'être reconnu, joue certainement dans sa vision de la reconnaissance des employés. Il privilégie ainsi les ruptures avec la tradition : on découvre par exemple que c'est lui qui a imposé comme chef des ventes Dutôt qui n'en avait pas l'expérience (mais qui impose ses initiatives), contre l'avis d'Olivier qui « voulait un chef des ventes expérimenté » (I, p. 21). Alors que l'expérience et la fidélité sont pour Olivier des valeurs qui doivent guider la reconnaissance des employés, Benoît ne reconnaît que le *challenge*, dont il a lui-même fait preuve en évinçant son frère : « ça me passionnerait de me jeter dans cette aventure-là et je me crois capable de réussir », mais à condition « que j'aie les coudées franches autrement dit tous les pouvoirs de décision » (III, p. 90-91).

L'émancipation peut aussi concerner les employés, de façon toutefois plus ambiguë. Par exemple, Lubin quitte l'entreprise, mais parce que Benoît l'a déclassé et lui a proposé « un poste à l'usine comme magasinier » : proposition honteuse pour un employé historique, qui se sent conduit « à l'abattoir » et qui voit Benoît comme un « bâtard [...] entouré d'une bande de fumiers qui tueraient leur propre mère si ça pouvait servir leur carrière » (V, p. 218). L'émancipation, la révolte contre le patron, naît alors du sentiment humiliant d'avoir vu sa servilité non pas récompensée, mais rabaissée et accentuée. Enfin, on pourrait se demander si l'américanisation de l'entreprise et les méthodes apportées par Jack et Jenny participent d'une nouvelle forme de reconnaissance des employés. La manière dont ils cherchent à libérer leur parole – car « [u]n immense réservoir érotique existe au fond de chacun il suffit d'ouvrir la vanne » (Jenny ; IV, p. 146) – n'est peut-être qu'un écran de fumée.

Certes, il ne s'agit plus de répondre à une autorité verticale, comme dans l'ancien fonctionnement, mais n'est-on pas confronté à un nouveau pouvoir, celui du *marketing*, du *merchandising*, de la publicité, qui est d'autant plus autoritaire qu'il donne l'impression d'être doux ?

## 2. Héroïsme ou individualisme ?

*Les Géorgiques* commencent par un éloge d'Octave, le nouveau César qui, grâce à son travail de pacification de l'Italie, peut « visiter les villes ou prendre soin des terres et voir le vaste univers [l]'accueillir comme l'auteur des moissons et le maître des saisons » (I, p. 39), c'est-à-dire être le garant de tout travail urbain ou agricole. Elles s'achèvent avec le portrait d'Aristée, dont la figure sert de liaison entre Octave et les paysans. D'abord, Aristée est le fils d'Apollon, sous l'autorité et la protection duquel s'est placé Octave ; il est aussi celui que les nymphes Mélisses, qui détenaient le secret du miel, ont choisi pour en faire don aux humains, ce qui symboliquement fut un progrès de civilisation : là encore, le parallèle avec Octave est évident, car Virgile considère son arrivée au pouvoir comme une source de bienfaits. Aristée a par ailleurs pour ordre de veiller à ses ruches, à l'instar d'Octave qui préserve le bon fonctionnement de l'Italie. Enfin, Aristée a été initié au rite égyptien de la *bugonia* pour sauver ses ruches : Octave lui aussi s'est rendu maître de l'Égypte tout en préservant les pratiques religieuses du territoire conquis.

Si Aristée partage avec Octave des prérogatives héroïques, il faut cependant noter que Virgile lui prête aussi des qualités proprement humaines et fait de lui une référence pour les paysans. Son histoire, même si elle prend parfois une tonalité épique, raconte celle des paysans. Aristée apparaît d'abord comme un berger, un *pastor*, dont les abeilles sont mortes ; sa mère Cyrène lui enjoint de savoir pourquoi, et, pour cela, d'affronter Protée qui connaît passé, présent et avenir. Sa persévérance paie : il apprend qu'il doit expier une faute qui coûta la vie à Eurydice ; il la répare en exécutant l'ordre de pratiquer la *bugonia*, qui verra renaître un essaim. On peut en dégager les vertus que Virgile demande aux paysans : chercher à connaître les causes ; pour cela, se référer à une autorité qui a une expérience du temps ; faire preuve d'endurance face aux changements possibles ; être juste ; honorer les dieux.

Finalement, l'héroïsme d'Aristée est celui, humble, de tout paysan. Parfois, le poème se fait *epyllium*, petit morceau d'épopée, comme lors de la lutte avec Protée :

> Aristée [...] laisse à peine le temps au vieillard d'allonger ses membres fatigués : il s'élance à grands cris, et le saisit par terre et lui passe les menottes. Protée, de son côté, n'oublie pas ses artifices, il se transforme en toutes sortes d'objets merveilleux : feu, bête horrible, eau limpide qui s'enfuit.
>
> (*Les Géorgiques*, IV, p. 170)

Dans son travail, le paysan doit lui aussi lutter contre une évolution parfois terrible des éléments, afin de réaliser ce projet à la fois sublime et humble : empêcher l'ordre du monde, de la terre et du vivant, de s'altérer.

Pour sa part, Simone Weil ne récuserait pas une certaine vision héroïque du monde ouvrier, tant la dimension d'effort habite sa pensée du travail. Cet effort pourrait servir, à certaines conditions, à renverser l'idéologie bourgeoise, qui « n'hésite jamais à sacrifier des vies humaines à des chiffres qui font bien sur le papier » (« La rationalisation », p. 197) : le sentiment d'effort et de résistance pourrait conduire à une véritable joie d'avoir pu exercer sa maîtrise et ses forces individuelles et d'avoir triomphé du monde matériel.

Cet effort s'oppose ainsi à tous les bas intérêts que la vie d'usine sollicite chez les ouvriers comme de possibles motivations : ces intérêts sont non seulement financiers, mais aussi psychologiques, et justifient la crainte qu'ont les chefs de donner plus de reconnaissance aux ouvriers, car « à côté de l'intérêt, il y a l'orgueil. Il est doux d'avoir des inférieurs ; il est pénible de voir des inférieurs acquérir des droits, mêmes limités, qui établissent entre eux et leurs supérieurs, à certains égards, une certaine égalité » (« La condition ouvrière », p. 257-258).

Le monde de l'entreprise dépeint dans *Par-dessus bord* obéit à la loi de l'individualisme, mais également au désir du bien commun que représente l'entreprise. Aussi une reconnaissance du « moi » n'exclut-elle pas la prise en compte de la communauté, même si les luttes d'intérêts individuels et d'amour-propre sont susceptibles d'élever la représentation que chacun a de lui-même. Le mensonge de Benoît à son père, lui faisant croire qu'Olivier voulait prendre sa place – ce qui provoquera sans doute son attaque –, la condition qu'il pose au banquier Ausange de prendre la tête de l'entreprise et sa jalousie à l'égard d'Olivier en sont autant de preuves. La rivalité entre Benoît et Olivier ne se transforme jamais en jalousie mortifère. Le plus novateur prend la place : il agit pour lui-même mais aussi pour un groupe d'employés (les cadres). La mythologie scandinave et l'épisode de Hödhr qui tua son frère Baldr guidé par Loki ont une signification allégorique : « Ce drame comme il ressort de la structure même du poème est la clé de voûte de l'histoire du monde par cet événement la médiocrité de l'âge actuel est devenue sans remède », déclare le professeur (III, p. 95). La réplique est d'autant plus forte qu'elle intervient dans l'épisode de jalousie qui oppose Mme Alvarez à Mme Bachevski, la première reprochant à la seconde d'avoir eu des contacts directs avec la clientèle. Face au mal sans remède que constitue l'individualisme triomphant, comment le monde du travail saurait-il être préservé de la gangrène ?

## C. La place des sentiments

### 1. Insensibilité ou hypersensibilité ?

Virgile s'inscrit dans la tradition d'une pensée épicurienne : pour ce courant de la philosophie antique, le sage doit atteindre l'ataraxie, un équilibre idéal entre désirs et besoins fondé sur une connaissance physique des lois de la nature doublée d'une connaissance introspective. Le travail repose lui-même sur une capacité de fournir des efforts et sur des savoirs précis qui mêlent la maîtrise technique aux sciences de la vie et de la terre. C'est pourquoi il est à la fois un modèle d'ascèse philosophique et un moyen de parvenir à cette absence de troubles qui définit l'ataraxie. Ainsi, en bon épicurien, Virgile fait-il l'éloge de l'homme qui, vivant du travail des champs, ne se soucie pas des troubles et des inquiétudes de la guerre, lui « qui a pu connaître les causes des choses et qui a mis sous ses pieds toutes les craintes, et l'inexorable destin, et le bruit de l'avare Achéron ! » (II, p. 102). Loin du tumulte des guerres, l'agriculteur éprouve par son travail le sentiment de l'ataraxie, car il « ne voit autour de lui ni indigents à plaindre miséricordieusement ni riches à envier. Les fruits que donnent les rameaux, ceux que donnent d'elles-mêmes les bienveillantes campagnes, il les cueille sans connaître ni les lois d'airain ni le forum insensé ni les archives du peuple » (II, p. 102-103). Le travail des champs permet ainsi de connaître ce sentiment suprême, celui du sage, qui a réussi à chasser le déséquilibre des passions (argent, ambition, guerre…) grâce à un équilibre trouvé avec le monde.

Weil montre d'abord une certaine méfiance à l'égard des sentiments et de la sensiblerie : « la réalité de la vie, ce n'est pas la sensation, c'est l'activité – j'entends l'activité et dans la pensée et dans l'action » (« Lettre à S. Gibert », p. 73). Pourtant, l'expérience du travail transforme son rapport à la sensibilité. Elle ressent une joie certaine au moment des grèves du printemps 1936 : « Vous ne doutez pas, je pense, des sentiments de joie et de délivrance indicible que m'a apportés ce beau mouvement gréviste. Les suites seront ce qu'elles pourront être. Mais elles ne peuvent effacer la valeur de ces belles journées joyeuses et fraternelles » (« Lettres à V. Bernard », p. 132). Surtout, c'est une autre forme de sensibilité, plus humaine et plus profonde, que découvre Weil, en s'attachant aux travailleurs et en se montrant attentive au sort des plus faibles, comme celui des ouvriers polonais, qui « se doutent qu'un jour ou l'autre vous pourrez être de nouveau contraint de renvoyer quelques-uns d'entre eux, devant le chef de service qui serait chargé ce jour-là de vous désigner tel ou tel comme étant moins utile que ses camarades. […] Me jugerez-vous encore ultra-sensible si je vous dis que j'imagine cela très bien et que cela me fait mal ? » demande-t-elle dans sa « Lettre à V. Bernard » (p. 122). Certes, le travail nécessite de l'ouvrier une forme d'insensibilité à l'égard des mouvements dans l'usine, mais cette indifférence a son corolaire, celui d'une compassion et d'une sensibilité plus authentique à l'égard du camarade qui partage sa souffrance.

En revanche, chez Vinaver, les sentimentaux – principalement Fernand, Olivier et Margerie – sont jetés « par-dessus bord ». Le personnage de Benoît, lui, résiste car il est, selon les termes des notes préparatoires de Vinaver, un « stratège de glace » dénué de sentiment. Ausange le décrit ainsi lorsqu'il démet Olivier de ses fonctions pour consentir au prêt financier demandé par l'entreprise :

> [...] vous êtes mon cher un patron pour temps paisibles donc une condition que nous mettons à la souscription de ce prêt c'est la remise des pouvoirs à Benoît qui nous paraît être plus méchant que vous or il nous faut un méchant bonhomme qui aime mordre
>
> (*Par-dessus bord*, III, p. 103)

L'insensibilité de Benoît se mesure aux rapports qu'il entretient avec son père et avec ses conquêtes féminines. En effet, alors même que le docteur Temple a placé Dehaze sous respiration artificielle et que ce dernier est bien réveillé, Benoît suggère de le débrancher au motif du coût des soins : « Et le jour où nous ne pourrons plus allonger ces deux cents billets par jour ? » (III, p. 85). Lorsque Olivier apprend la décision de son frère, ce sont en revanche les sentiments qui s'expriment : « Tu l'assassines une deuxième fois » (III, p. 105). Quant aux femmes, Benoît entretient à leur égard l'attitude d'un consommateur insensible, aux désirs illimités : non seulement on entend Margerie le lui reprocher (« Moi ça m'est pas du tout égal que tu fasses l'amour avec les autres », II, p. 43), mais l'union finale annoncée avec et par Jenny est avant tout une « opportunité » (VI, p. 248), celle de créer une entreprise encore plus grande. Pour réussir au travail, tout sentiment doit ainsi disparaître, et Benoît se conforme à l'ancien proverbe anglais : *business is business*.



## 2. Travail et vie intime

On observe dans les œuvres au programme un certain débordement de l'univers du travail sur la sphère privée. Dans *Les Géorgiques*, dès lors que le travail se fonde sur une harmonie avec la nature, cette harmonie se prolonge dans l'espace domestique. Ainsi, par temps de pluie, le laboureur peut s'occuper chez lui de ses outils, par exemple lorsqu'il « martèle le dur tranchant du soc émoussé », qu'il s'occupe d'aiguiser « des pieux et des échalas fourchus », ou qu'il lui reste à « tantôt tresser une molle corbeille avec la baguette des ronces, tantôt griller les grains au feu, tantôt les broyer avec une pierre » (I, p. 54). Mais le travail qui apporte la sérénité apporte aussi la douceur et la paix du ménage, comme en témoigne l'harmonie conjugale : « charmant par ses chansons l'ennui d'un long labeur, sa compagne fait courir un peigne crissant sur les toiles, ou cuire la douce liqueur du moût aux flammes de Vulcain, et écume avec des feuilles l'onde du chaudron qui bout » (I, p. 56). Le sentiment d'un travail harmonieusement accompli conduit même à des fêtes, lorsque les laboureurs donnent « tour à tour de gais festins entre eux » (*ibid.*) et contribuent à la dignité et à la décence du foyer du bouvier : « Cependant ses enfants câlins suspendus à son cou se disputent ses baisers ; sa chaste demeure observe la pudicité » (II, p. 104).

Simone Weil n'a pourtant pas manqué de relever le caractère dangereusement perméable de la frontière qui sépare l'intimité et le travail. La pénibilité du travail empiète sur la sphère privée des ouvriers et apparaît comme la cause de rapports brutaux au sein des couples et des familles :

> [...] le morne épuisement du travail d'usine laisse un vide qui demande à être comblé et ne peut l'être que par des jouissances rapides et brutales, et la corruption qui en résulte est contagieuse pour toutes les classes de la société. La corrélation n'est pas évidente à première vue, mais pourtant il y a corrélation [...].
>
> (*La Condition ouvrière*, « Expérience de la vie d'usine », p. 249)

Mais Weil approfondit la complexité des rapports entre intimité et travail en montrant que tout sentiment intime disparaît à l'usine, puisqu'on ne peut jamais avoir le sentiment d'y être chez soi : « l'ouvrier sent qu'il n'y est pas chez lui. Il y reste étranger » (« Expérience de la vie d'usine », p. 236). Le chez-soi suppose en effet non seulement un lien de sécurité avec l'environnement que l'usine ne saurait garantir, mais aussi un sentiment de liberté à l'égard d'un espace qu'on peut s'approprier. Ce sentiment est rendu impossible par l'impression d'exclusion que produit l'usine :

> [...] une cuisinière dit « ma cuisine », un jardinier dit « ma pelouse », et c'est bien ainsi. [...] l'organisation sociale parfaite serait celle qui par l'usage de ce moyen et des autres moyens donnerait ce sentiment à tous les êtres humains. Un ouvrier, sauf quelques cas trop rares, ne peut rien s'approprier par la pensée dans l'usine.
>
> (*La Condition ouvrière*, « Expérience de la vie d'usine », p. 236)

Aussi, les occupations d'usine de 1936 ne peuvent résoudre un problème qui est avant tout moral, car la solution n'est pas d'ordre matériel : elle est dans la possibilité d'exercer dans son espace de travail une maîtrise intellectuelle et spirituelle.

Dans *Par-dessus bord*, c'est le personnage de Jaloux qui exploite les représentations de l'intimité, en cherchant à valoriser le « chez nous » dans sa maquette publicitaire pour « Mousse et Bruyère » : « L'expression "chez nous" établit d'un coup le lieu sacré le foyer l'intimité » (V, p. 195). Pourtant, il s'agit de deux formes différentes d'intimité, car même au sein d'un foyer, la toilette intime doit rester de l'ordre du privé :

ainsi, le travail de Jaloux consiste à prétendre offrir de l'intimité domestique en vendant en réalité du papier hygiénique. Finalement, même la manière dont la chambre à coucher de Benoît et Margerie apparaît montre une dégradation de l'espace intime : non seulement le couple n'y fait plus l'amour, mais l'activité de la sphère privée est réduite, selon Margerie, à la triade « Manger travailler dormir » (II, p. 69).

## D. Le tissu relationnel

### 1. La *cura*, fondement d'une éthique de la considération

Le terme *cura*, dont dérive l'anglais *care*, n'apparaît pas moins de trente-six fois dans *Les Géorgiques*. S'il désigne le soin, le souci et la préoccupation qui guident l'esprit au travail, il sert néanmoins, dans le tableau de la peste du Norique qui touche les animaux, à la fin du livre III, à caractériser une certaine considération à l'égard de la vulnérabilité et de la souffrance animales, imposant à l'agriculteur de devenir aussi un soignant, quitte à devoir, dès les premiers signes, pratiquer un abattage contraint. Virgile suscite la pitié et exhorte ainsi à accorder de l'attention aux chevaux ou aux taureaux en faisant un tableau clinique des effets de l'épizootie sur le bétail. Il veut montrer par là que les animaux ne sont pas simplement des instruments ou des produits du travail, mais que leur souffrance affecte les hommes de façon égale à celle que produirait une souffrance humaine : « […] les yeux sont enflammés, la respiration tirée du fond de la poitrine, appesantie parfois d'un gémissement ; un long hoquet tend le bas des flancs ; un sang noir coule des naseaux ; la langue sèche presque sur la gorge qu'elle assiège » (III, p. 139). Le vin est inutile pour soigner ces chevaux :

> […] ranimés, ils brûlaient de toutes les fureurs, et dans les angoisses de la mort (dieux, inspirez de meilleures pensées à ceux qui sont pieux et réservez cet égarement à vos ennemis !) ils déchiraient eux-mêmes à belles dents leurs membres en lambeaux.
>
> (*Les Géorgiques*, III, p. 139)

Aussi est-il indispensable, parce qu'il existe un lien entre les hommes et les bêtes qui ne peut se réduire à une instrumentalisation, d'intégrer le travail de médecine vétérinaire à celui d'éleveur ou de laboureur, afin de ne pas être confronté à une pitié qui déchire l'âme humaine.

L'usine, elle aussi, ne pourra être transformée qu'à partir du moment où les directeurs et les chefs reconnaîtront les travailleurs comme des individus blessés et feront preuve de sollicitude à l'égard de leur vulnérabilité, comme on peut le remarquer dans les « Lettres à Victor Bernard ». Avant toute réforme, il faut reconnaître l'infériorité à laquelle les ouvriers sont condamnés, et c'est pourquoi Simone Weil propose « d'établir une boîte à suggestions concernant non plus la production, mais le bien-être des ouvriers » (p. 102), qui serait d'abord une preuve de reconnaissance car elle « constituerait une invitation formelle de la part de la direction, et puis, rien qu'à voir la boîte dans l'atelier, on aurait un peu moins l'impression de compter pour rien » (*ibid.*). Ceux qui sont privés de parole à l'usine, même s'ils ne mettent aucune suggestion dans la boîte, pourraient néanmoins constater qu'on accorde de l'attention à ce qu'ils pourraient dire, s'ils le voulaient. Weil met elle-même en application cette éthique de l'attention en refusant, finalement, d'aller visiter des logements ouvriers pour son étude : « il faudrait des considérations bien puissantes pour m'amener à risquer de blesser des gens qui, lorsqu'on les blesse, doivent se taire et même sourire » (p. 131).

La prise en compte du bien-être des employés n'est pas absente de la réflexion de *Par-dessus bord*. La dimension familiale de l'entreprise avait cette fonction rassurante et protectrice, qui s'incarnait dans la relation de confiance des employés. Le *care* venait d'en haut, du *pater familias* incarné par Fernand Dehaze. En disparaissant, cette structure laisse *a priori* les employés amputés symboliquement de ce qui faisait leur assise. En leur insufflant une nouvelle énergie, Benoît leur redonne une sorte de solidité mentale et une nouvelle confiance. Les nouvelles méthodes managériales leur apprennent à être plus forts.

De manière parallèle, Michel Vinaver donne pour nom au club de jazz *L'Infirmerie* : le lieu est d'abord un refuge pour des êtres que l'histoire a blessés. Alex, marqué par la Shoah et son expérience d'Auschwitz, y forme une communauté qui tente d'exorciser sa vulnérabilité. En témoignent aussi les musiciens noirs, Art et Butch, qui y pratiquent le *free jazz*. Or le jazz appartient aux musiques nées dans la communauté noire-américaine, marquée par l'esclavage et le travail forcé. Alex y fait référence, lorsqu'il guide les musiciens dans l'improvisation, en leur rappelant les sévices infligés aux travailleurs noirs : « On vous pend sec sec on vous fait avaler du sable très éclaté on reprend plus rachitique il ne reste que le squelette même plus il faut rester là-dessus on est presque bon là vous savez » (III, p. 76). Alex ravive ainsi les plaies d'une mémoire d'esclaves pour tenter de les guérir en les transformant en une revanche musicale.

## 2. Former une communauté ?

Lorsque Virgile écrit *Les Géorgiques*, Octave apparaît politiquement comme un homme fort qui a pu mettre un terme à une succession de guerres. Reste alors à reformer et à consolider une nation déchirée, et le travail agricole est un moyen d'établir un rapport à la terre d'Italie et de réactiver des valeurs et des liens communautaires. Il faut d'abord ranimer les sentiments d'appartenance à une communauté archaïque, en mobilisant la figure des différents fondateurs de Rome : « Telle est la vie que menèrent jadis les vieux Sabins, telle fut celle de Rémus et de son frère. Ainsi grandit sans doute la vaillante Étrurie ; ainsi Rome devint la merveille du monde » (II, p. 104). Participer à la vie active, c'est faire perdurer le lien d'une grande et noble lignée qui remonte aux premiers colons de l'Italie.

La place que prend peu à peu la spiritualité dans *La Condition ouvrière* révèle l'importance pour Weil de transformer l'univers du travail en une communauté plus authentique, à condition d'avoir la possibilité de mettre de la pensée dans le travail et de la spiritualité dans le lien collectif qui unit le monde ouvrier. La joie est possible dans l'usine : « L'usine devrait être un lieu de joie, un lieu où, même s'il est inévitable que le corps et l'âme souffrent, l'âme puisse aussi pourtant goûter des joies, se nourrir de joies » (« Expérience de la vie d'usine », p. 241). À cet égard, l'image des églises est importante : on sait que leur construction a été le fruit de compagnonnages et de confréries, où maîtres d'œuvre et ouvriers partageaient le même sens du devoir commun. L'image de l'église fait plusieurs fois irruption dans « Condition première d'un travail non servile » : s'il était possible d'inonder l'usine de lumière, comme l'est une cathédrale, alors tout se réfléchirait, y compris la conscience de l'ouvrier dans la matière qu'il transforme et dans l'objet qu'il produit. Ainsi, le modèle que Simone Weil propose est celui d'une forme de camaraderie spirituelle, identique aux communautés et aux confréries des bâtisseurs d'église.



Pourtant, s'il est souhaitable de former une communauté au travail, il y a peut-être danger à vouloir faire de cette communauté une famille. Dans *Par-dessus bord*, Dehaze avait dès le début comparé la vie de l'entreprise à une famille, sans savoir – ironie tragique – tout le malheur qu'elle lui apporterait : « merci d'être venus si nombreux comme à l'accoutumée à notre petite et sympathique réunion que je me permettrai d'appeler une réunion de famille tant il est vrai que ceux qui travaillent quarante heures par semaine ensemble forment une authentique communauté » (I, p. 32). Surtout, la fin de la pièce et le mariage d'Alex révèlent le caractère pernicieux de cette communauté. Son union avec Jiji permet à l'idée de famille de se perpétuer dans l'entreprise, comme le déclare Benoît : « Lubin ne disparaît pas entièrement puisque son gendre crée chez nous le service merchandising » (VI, p. 237) ; et comme le confirmera Young : « Vous entrez dans une grande famille United Paper Company est implantée dans soixante et un pays et partout le même esprit de famille » (VI, p. 250) ; d'un autre côté, cette confusion de la famille et de l'entreprise s'exprime chez Alex par un sentiment de glissement : « Je dis je tombe en avant » (VI, p. 239). En effet, il s'agit non seulement pour lui de rentrer dans les normes, mais aussi d'abandonner l'espace de liberté que représentait *L'Infirmerie*, avec son *free jazz* et ses *happenings*, pour une nouvelle communauté, à la fois conjugale et professionnelle, dont l'effroi ne peut se dire qu'avec les termes d'une chute mortelle :

> [...] je rebondis de paroi en paroi j'entre dans la vie normale la vie normale qui m'était interdite je n'ai pas résisté à la tentation ah paysage hallucinant la langue à l'air les yeux ouverts les narines dilatées ah si vous saviez ce que ça dégage mais le jeu est joué adieu lumière
>
> (*Par-dessus bord*, VI, p. 239)

Les « narines dilatées » viennent ici rappeler qu'il tombe le nez dans la « merde », à travers un mariage qui l'unit désormais autant au papier-toilette qu'à Jiji.

## III. Penser au travail

Pourquoi travaille-t-on ? La question porte aussi bien sur la légitimation du travail que sur sa finalité : les œuvres au programme s'accordent pour montrer l'impasse d'une réponse matérialiste et insistent plutôt sur la possibilité qu'offre le travail de trouver, sinon de chercher, une réponse plus spirituelle, voire métaphysique.

### A. L'épreuve du réel

#### 1. L'exigence de réalisme

Si *Les Géorgiques* sont d'abord un poème serti de références mythologiques et de périphrases élaborées, le souci de réalisme ne fait cependant pas défaut : il donne du crédit au caractère didactique du poème, qui ne doit pas manquer d'apporter aussi des leçons pratiques. Virgile entend en effet aborder tous les aspects du travail agricole, mentionner tous les outils, rendre compte de toutes les pratiques. La nature est foisonnante, et le poème doit en énumérer les composantes, en nommer et en étudier chaque parcelle : « séduits par notre sujet nous le parcourons dans tous ses détails./ C'est assez parler des grands troupeaux ; reste la seconde partie de ma tâche : traiter des troupeaux porte-laine et des chèvres au long poil » (III, p. 127).

L'usine est aussi, chez Simone Weil, une rencontre avec le réel ; mais, elle analyse avant tout, en philosophe, les effets du principe de réalité sur l'esprit et les facultés intellectuelles. D'abord parce que la confrontation à la vie d'usine l'a confrontée aussi à certaines limites du langage : « Peut-être, plus tard, les mots justes me viendront-ils : maintenant, il me semble qu'il me faudrait pour traduire ce qui importe un autre langage » (« Lettre à A. Thévenon », p. 49). Le langage est le principal outil de travail d'une intellectuelle, qui doit penser le monde et en rendre compte au moyen de mots, de concepts, de notions ; or l'épreuve de l'usine bouleverse toute possibilité d'adéquation ou de justesse du langage par rapport à une réalité du travail qui oscille entre le silence et la démesure. Pour Simone Weil, c'est donc une remise en question du fonctionnement même de ses facultés intellectuelles.

Ce bouleversement la conduit alors à une autoanalyse : « Je n'ai pas à me justifier [...] d'avoir éprouvé dans cette situation une souffrance intolérable, j'ai seulement à essayer d'en déterminer exactement les causes » (« Lettres à V. Bernard », p. 125) ; mais elle entraîne aussi une conversion du regard et une transformation du sentiment de soi :

> Cette expérience, qui correspond par bien des côtés à ce que j'attendais, en diffère quand même par un abîme [...]. Elle a changé pour moi non pas telle ou telle de mes idées (beaucoup ont été au contraire confirmées), mais infiniment plus, toute ma perspective sur les choses, le sentiment même que j'ai de la vie.
>
> (*La Condition ouvrière*, « Lettre à A. Thévenon », p. 50)



Repousser les limites de l'esprit et de ses préjugés est alors ce qui motive Weil à vouloir, après le travail d'usine, chercher à pratiquer une activité agricole ; elle évoque ainsi sa rencontre avec un couple de paysans :

> Il se trouve que par eux [...] je pourrais peut-être pénétrer dans la vie des champs, car je ne puis pas me mêler aux paysans par la même méthode que je me suis mêlée aux ouvriers. Je pense que quand on a été ouvrière, il faut au moins devenir aussi paysanne, pour que l'expérience ait un sens [...].
>
> (*La Condition ouvrière*, « Lettre à B. Souvarine », p. 141)

Chercher toujours la rencontre avec le principe de réalité et le contact avec la matière apparaît ainsi comme une véritable démarche philosophique.

Enfin, on pourrait trouver que Michel Vinaver jette le réalisme « par-dessus bord » : la fantaisie, la farce, le burlesque et l'euphorie qui caractérisent l'atmosphère de la pièce, quand elle ne baigne pas dans la mythologie ou la tragédie, semblent bien éloignés du souci de réalité. Pourtant, le prosaïsme ou la grossièreté ne nous font pas seulement rire : ils sont aussi des moyens de ramener personnages et spectateurs au réel et à la quotidienneté. Les Enquêtrices, dans une section quasi centrale de la pièce, participent au retour du réel refoulé : « La dernière fois que vous êtes allé à la selle combien de feuilles avez-vous utilisées les avez-vous doublées les avez-vous pliées en deux » (IV, p. 117). La scène amuse, d'abord, mais ce travail de chiffrage et de statistiques – à qui s'adresse-t-il ? aux spectateurs ? – nous confronte autant à la réalité par son objet, la toilette intime, que par sa finalité ou par les méthodes employées : le réalisme avec lequel Vinaver traite les enquêtes de marché et leur caractère ingrat nous confronte à une réalité du travail parfois plus dérangeante que le voile levé sur notre hygiène.

## 2. Une pensée du temps appauvrie ?

Dans *Les Géorgiques*, le travail impose de penser au futur, et cette pensée est valorisée dans la mesure où elle repose sur l'observation et la connaissance des signes offerts par la nature. Aux préceptes épicuriens d'un rapport au monde fondé sur l'appréhension des lois physiques s'ajoutent les éléments de croyances traditionnelles. Par exemple, le laboureur devra prêter attention aux astres pour fonder des prévisions météorologiques, la lune et le soleil étant des indices infaillibles du temps à venir. La lune est traitée avant le soleil : « Et pour que nous puissions connaître à des signes certains les chaleurs, et les pluies, et les vents précurseurs du froid, le Père lui-même a déterminé ce qu'annonceraient les phases de la lune » (I, p. 59). Elle est ainsi considérée comme un signe donné par Jupiter pour organiser le travail des champs en fonction des prévisions du temps. Le soleil vient ensuite, car ses indications sont d'autant plus nobles qu'il est une représentation du dieu Apollon : « Le soleil ! qui oserait le traiter d'imposteur ? Lui, qui nous avertit souvent que d'obscurs tumultes nous menacent et que couvent sourdement la trahison et les guerres » (I, p. 65). Comme il le fait régulièrement, Virgile élève le travail des champs à la dignité de l'exercice militaire, voire politique : en effet, il faut rappeler qu'Apollon intervint lui-même, selon les Romains, pendant la bataille d'Actium en 31 av. J.-C., pour apporter la victoire à Octave, triomphateur et pacificateur de l'Italie. Ainsi, observer le soleil apporte une garantie à la prévision du futur : « le bleu sombre annonce la pluie ; la couleur feu, les Eurus » (*ibid.*) ; les vents et les pluies arriveront si l'on y aperçoit des taches. Aussi, la pensée du temps n'est pas appauvrie mais au contraire enrichie par des fondements à la fois physiques et métaphysiques : l'observation du présent s'enracine dans un passé mythologique et annonce un futur certain pour l'agriculteur.

À l'usine, au contraire, la marque la plus probante de l'aliénation des ouvriers réside dans un appauvrissement de leur pensée du temps. De manière générale, les facultés intellectuelles subissent autant de dommages que le corps : « Le corps est parfois épuisé, le soir, au sortir de l'usine, mais la pensée l'est toujours, et elle l'est davantage » (« Expérience de la vie d'usine », p. 231). À quoi tient cet appauvrissement, sinon à une attention excessive des gestes que l'on accomplit sur le moment, mais qui rend finalement toute pensée du temps impossible ? « [n]e croyez pas qu'on puisse rêver à autre chose en le faisant, encore moins réfléchir. Non, le tragique de cette situation, c'est que le travail est trop machinal pour offrir matière à la pensée, et que néanmoins il interdit toute autre pensée » (« Lettre à S. Gibert », p. 71).

Dans *Par-dessus bord*, c'est le personnage du professeur au Collège de France, M. Onde, qui apporte un éclairage, grâce à la mythologie, sur le temps qui passe : « je n'ai jamais douté que tout système mythologique signifie quelque chose aide la société qui le pratique à s'accepter à être fière de son passé confiante dans son présent et son avenir » (III, p. 82). Alors que l'univers de l'entreprise connaît un moment de blocage, au futur incertain, la culture mythologique peut apparaître comme un moyen d'enrichir une pensée du temps dont le monde du travail est privé.

## B. Valeurs du travail

### 1. Rémunérations et richesses

On mesure communément la valeur du travail au bénéfice financier qu'on retire de son produit : n'est-il pas cependant pernicieux de limiter son évaluation à ce type de rémunération ?

Dès l'époque de Virgile, l'accumulation de richesses et de capitaux est jugée avec sévérité par les philosophes, et *Les Géorgiques* s'en font l'écho. Il faut rappeler d'abord que les domaines agricoles d'Italie sont les propriétés de riches citoyens, habitant généralement à Rome et faisant exploiter et fructifier leurs terres par une main-d'œuvre locale ; rappelons ensuite que chercher à accroître ses richesses est considéré comme un défaut des Orientaux auquel les Italiens ne doivent pas céder. Aussi Virgile veut-il inciter ses concitoyens à ne pas penser le travail dans la seule perspective d'un appât du gain. C'est pourquoi il défend, dès le livre II, une agriculture qui ne doit pas devenir une industrie : « Fais l'éloge des vastes domaines, cultives-en un petit » (II, p. 97). Il s'emploie lui-même, au livre IV, à louer le vieillard de Tarente qui, ne possédant que « quelques arpents d'un terrain abandonné et dont le sol n'était ni docile aux bœufs de labour, ni favorable au bétail, ni propice à Bacchus », avait cependant planté légumes, fleurs, verveines et pavot : « avec ces richesses, il s'égalait, dans son âme, aux rois ; et quand, tard dans la nuit, il rentrait au logis, il chargeait sa table de mets qu'il n'avait point achetés » (IV, p. 152). Les vertus de frugalité et d'autosuffisance viennent ainsi légitimer le travail et permettent des satisfactions que l'argent ne saurait apporter.

Dans *La Condition ouvrière*, Simone Weil montre que la rémunération est doublement humiliante. Elle l'est d'abord parce que l'appât du gain est la seule motivation de l'ouvrier, ce qui participe à sa dégradation. Mais le tableau qu'elle fait du moment où l'ouvrier vient chercher sa rémunération a quelque chose de plus humiliant encore :

> On défile comme un troupeau, devant le guichet, sous l'œil des contremaîtres. On ne sait pas ce qu'on touchera : il y aurait toujours à faire des calculs tellement compliqués que personne ne s'en sort, et il y a souvent de l'arbitraire. Impossible de se défendre du sentiment que ce peu d'argent qu'on vous passe à travers le guichet est une aumône.
>
> (*La Condition ouvrière*, « La vie et la grève des ouvrières métallos », p. 158)

L'humiliation tient à la fois au dispositif, mélange d'anonymat et de rabaissement à la grégarité, à l'impossibilité d'évaluer soi-même la rémunération que l'on mérite, opération qui consiste pourtant à échanger de la force de travail contre de la monnaie, et à l'impression de recevoir l'aumône : cette dernière est un don charitable et non une rémunération, un don accordé non à des ouvriers mais à des nécessiteux, ce qui participe à nier le travail accompli et sa valeur.

Michel Vinaver, dans *Par-dessus bord*, insiste sur le fonctionnement de l'entreprise dans un monde emporté par la logique capitaliste plus que sur la place de l'argent. Pour autant, l'argent n'est pas exclu du propos, loin s'en faut : la présence de plusieurs scènes où intervient le banquier Ausange rappelle que l'entreprise repose sur des dividendes, sur des investissements et sur la valeur que revêt le risque de l'endettement. Mais à côté du fonctionnement financier ainsi représenté, Vinaver interroge la valeur problématique de certains objets, à l'image des tabatières anciennes de Dehaze. Dehaze les a acquises et collectionnées au fil du temps ; il en a fait l'objet d'une vénération. Mais il songe à les revendre à Toppfer, l'antiquaire chez lequel il les a achetées, et c'est à cette occasion qu'il découvre que Toppfer n'a pas été très loyal à son égard, en enjolivant l'histoire de ces tabatières ; devant elles, il fera un infarctus. Plus tard, Margerie refusera de les vendre et voudra plutôt y consacrer une thèse. Les tabatières cristallisent ainsi plusieurs types de travail (artisanat, commercialisation, devoir de mémoire) : la valeur du travail ne se mesure-t-elle pas à la manière dont il persiste à exister à travers l'histoire ?

## 2. Les mirages de la productivité

Trouver dans *Les Géorgiques* les prémices d'une pensée écologique, critique de la monoculture, ne serait pas un contresens. Dans le livre I, à travers une personnification de la terre, Virgile réclame du repos pour « les champs épuisés » par la monoculture : « une récolte de lin brûle la campagne, une récolte d'avoine la brûle, et les pavots la brûlent imprégnés du sommeil Léthéen » (I, p. 42-43). Il propose deux solutions : la jachère (« Tes blés une fois coupés, tu laisseras la campagne se reposer pendant un an et, oisive, se durcir à l'abandon », I, p. 42) et la polyculture (« C'est ainsi qu'en changeant de productions les guérets se reposent, et que la terre qui n'est point labourée ne laisse pas d'être généreuse » I, p. 43). Le repos de la terre est ainsi à mettre sur le même plan que le repos de l'agriculteur : il en va non seulement d'une certaine reconnaissance, mais d'un maintien de l'harmonie dans le *cosmos*.

Le même mirage de la productivité est dénoncé par Simone Weil. Dans « La condition ouvrière », trois arguments sont avancés pour montrer qu'elle ne peut être une finalité du travail. Le premier fait appel à la logique, pour révéler le caractère absurde de la productivité qui dénature et dégrade l'idée même du travail : « Cette dernière erreur est entretenue par une certaine confusion de langage. On parle sans cesse, actuellement, de la production. Pour consommer, il faut d'abord produire, et pour produire il faut travailler » (« La condition ouvrière », p. 253). Le cercle est donc infernal : pour consommer plus, il faut travailler plus et gagner plus ; mais pour consommer plus, il faut aussi accroître la production, et donc travailler plus. La loi de la productivité fait du travail une machine encore plus infernale aux effets de cadence toujours plus intenses.

Le deuxième argument est socio-économique : produire plus impose une loi de concurrence, à laquelle chaque société ne peut répondre qu'en produisant autant, voire plus, qu'une société ou une nation concurrentes. Weil renvoie ainsi dos à dos le productivisme américain, de type tayloriste, et le productivisme soviétique qui prétend libérer le peuple russe ; et qu'il s'agisse de blé ou de production militaire, l'effet d'un accroissement de la productivité revient à participer économiquement à une guerre, car ces deux productions « servent pour une part à être consommé[e]s, et pour une part, soit à la guerre, soit à cette lutte analogue à la guerre qu'on appelle concurrence » (« La condition ouvrière », p. 255).

Enfin, la critique de la productivité est fondée sur l'argument du bien-être : la qualité de vie dépend d'une écologie qui permettrait de mieux respirer. Si tous les pays appliquaient un principe de réduction de la production, si toutes les industries du monde baissaient leur régime, non seulement les patrons ne perdraient pas d'argent car la concurrence baisserait proportionnellement, mais encore, « des milliers et des milliers d'ouvriers pourraient enfin respirer, jouir du soleil, se mouvoir au rythme de la respiration, faire d'autres gestes que ceux imposés par des ordres » (« La condition ouvrière », p. 256).

*Par-dessus bord* montre aussi, historiquement, le passage d'un développement paisible de l'entreprise (« tu connais mon affaire moyenne paisible roulant sans à-coups [...] se développant régulièrement de cinq à dix pour cent par an », dit Dehaze à Ausange ; I, p. 23) à un développement contraint et forcé par la concurrence d'une multinationale, soit deux types d'évolution qui se distinguent en vertu de critères moraux.

## C. Une activité gagnée par la déraison ?

### 1. De la répartition au morcellement

La répartition du travail apparaît chez Virgile comme un certain modèle, illustré au livre IV par le monde des abeilles, que les hommes devraient imiter. Elles fournissent en effet un « effervescent travail » grâce à une rigoureuse séparation des tâches en fonction d'un « pacte conclu » (IV, p. 154), « chacune dans son emploi » (IV, p. 155) : certaines « veillent à la subsistance » ; d'autres « mont[ent] la garde » ; d'autres, « restées dans les enceintes de leurs demeures », transforment le pollen ; « d'autres font sortir les adultes, espoir de la nation ; d'autres épaississent le miel le plus pur et gonflent les alvéoles d'un limpide nectar » (IV, p. 154). Cette société du travail, qui est le point culminant des *Géorgiques*, prend ainsi les allures d'une organisation idéalisée par la rationalisation.

Mais, selon Simone Weil, il n'en est pas de même à l'usine, où la division des tâches prive l'homme d'un rapport direct et conscient avec le monde matériel. Le travail, en se spécialisant, n'a que des effets pernicieux : il ne cesse de créer des intermédiaires entre le monde et l'homme, et ne permet pas à ce dernier de se trouver une place dans un univers où tout est interchangeable.

La création d'une chaîne d'intermédiaires prive le travail d'un rapport à sa finalité : comment peut-on être conscient du sens à donner à son travail – la possibilité de transformer la matière selon un projet – si, dans les faits, il s'agit simplement de participer à une chaîne dont on ne connaît ni l'idée préalable, ni la réalisation finale ?

> Tout est intermédiaire dans cette existence, tout est moyen, la finalité ne s'y accroche nulle part. La chose fabriquée est un moyen ; elle sera vendue. Qui peut mettre en elle son bien ? La matière, l'oubli, le corps du travailleur, son âme elle-même, sont les moyens pour la fabrication. La nécessité est partout, le bien nulle part.
>
> (*La Condition ouvrière*, « Condition première d'un travail non servile », p. 263)

D'autre part, la taylorisation, modèle américain de la répartition des tâches, est appelée à tort « rationalisation », terme trompeur « parce qu'il semble indiquer que l'organisation actuelle du travail est celle qui satisfait toutes les exigences de la raison, une organisation rationnelle du travail devant nécessairement répondre à l'intérêt de l'ouvrier, du patron et du consommateur » (« La rationalisation », p. 202). Cette nouvelle répartition des tâches ne peut être appelée *rationnelle*, dans la mesure où tout enjeu éthique en est absent : Simone Weil en donne pour preuve l'interchangeabilité des ouvriers, qui contrevient à la considération individuelle en réifiant les êtres et en les réduisant au statut de pièces mécaniques, au point que la plus grande confusion règne quant à l'identité des ouvriers et des pièces, qui « circulent avec leurs fiches, l'indication du nom, de la forme, de la matière première ; on pourrait presque croire que ce sont elles qui sont les personnes, et les ouvriers qui sont des pièces interchangeables » (« Expérience de la vie d'usine », p. 232-233).

*Par-dessus bord* traite aussi de la répartition des tâches, mais de manière comique : l'entreprise est une machine à multiplier les intermédiaires et à les priver de toute responsabilité à l'égard de la production ou de la rentabilité de l'entreprise. À lire simplement la litanie des fonctions occupées dans la liste des personnages de la pièce, on est pris par le vertige, par le malaise et par le rire : « *P.-D.G.* », « *directeur général adjoint* », « *directeur commercial* », « *directeur administratif* », « *chef du service administration des ventes* », « *directeur des achats* », etc. Tout le monde est ainsi chef d'une manière ou d'une autre, mais lorsque la pièce commence sur la crise des stocks chez Ravoire et Dehaze, plus personne n'est responsable :

> PASSEMAR. – Ça n'est pas moi qui fabrique moi j'achemine
> [...]
> GRANGIER, *entrant.* – Ce n'est pas à l'usine d'anticiper les fluctuations de la demande que je sache
>
> (*Par-dessus bord*, I, p. 18-19)

Sous les apparences d'une distribution organisée des postes à responsabilité, l'entreprise ne crée finalement qu'une série d'intermédiaires qui désincarne toute possibilité de maîtriser la production.

COMPARAISON

## 2. Travailler à perdre la raison ?

Le travail, chez Virgile, doit faire preuve de rationalité : les facultés de l'homme – raison, mémoire, mesure – doivent y être employées. Pourtant, Bacchus, dieu du vin qui enivre et fait déraisonner les hommes, occupe une place essentielle dans le livre II, où il est invoqué : « Jusqu'ici j'ai chanté les guérets et les constellations du ciel ; maintenant c'est toi, Bacchus, que je m'en vais chanter, et, avec toi, les plants des forêts et les fruits de l'olivier si lent à croître » (II, p. 73). Aussi convient-il d'honorer Bacchus en se prêtant aux rites grecs qui donnaient lieu à des spectacles d'où le délire n'était pas exclu : « les paysans Ausoniens, race envoyée de Troie, jouent à des vers grossiers, en riant à gorge déployée, prennent de hideux masques d'écorce creusée, t'invoquent, Bacchus, par des chants d'allégresse, et suspendent en ton honneur au haut d'un pin des figurines d'argile » (II, p. 95-96). Pour que le travail de la vigne soit productif, il faut ainsi joindre à la raison des pratiques moins mesurées.

L'usine est un espace gagné par la déraison, à l'image des *Temps modernes*, le film de Chaplin que Simone Weil dit avoir beaucoup admiré.

Tout y devient mécanique, et l'absurdité gagne même le langage. À plusieurs reprises, Weil relate des conversations auxquelles la rationalité fait défaut, notamment entre deux ouvrières :

> Une autre, bonne camarade et affectueuse, qu'on interroge sur sa famille. « Vous avez des gosses ? – Non, heureusement. C'est-à-dire, j'en avais un, mais il est mort. » Elle parle d'un mari malade qu'elle a eu huit ans à sa charge. « Il est mort, heureusement. » C'est beau, les sentiments, mais la vie est trop dure…
>
> (*La Condition ouvrière*, « La vie et la grève des ouvrières métallos », p. 158)

La vie d'usine, transformant les sentiments humains, ici à l'égard de la mort des proches, conduit aussi à une transformation des normes ou des convenances du langage, et la déshumanisation se reflète dans un discours qui confine à l'absurde.

L'absurdité vient aussi de toute la machinerie qui structure l'activité de l'usine. Pourtant, la pensée de Weil n'est pas anti-technicienne. Les machines ne sont pas indignes de l'homme puisqu'elles sont d'abord un produit de son esprit. Mais leur utilisation est absurde, et c'est elle qui doit gagner en moralité ou, selon l'image de *La Condition ouvrière*, en « souplesse », même si le terme est assez vague. Weil rêve ainsi d'ateliers où « se trouveraient des machines automatiques extrêmement souples, qui permettraient de satisfaire dans une large mesure les besoins industriels de la région. Les ouvriers, tous très hautement qualifiés, passeraient le meilleur de leur temps au réglage. La distance entre ouvrier et ingénieur tendrait à s'effacer de manière que les deux fonctions puissent peut-être être assumées par un seul homme » (« Lettre à J. Lafitte », p. 147).

Dans *Par-dessus bord*, le non-sens affleure fréquemment : les tableaux apparaissent d'abord sans lien entre eux, et le passage d'un univers à l'autre, sur le même espace scénographique, participe d'une perte de repères. L'humour aussi a quelque chose d'absurde. Pourtant, cet humour peut également prendre la forme d'un travail, consistant à conjurer le caractère tragique et lui-même absurde du monde que la pièce représente. Lorsque, dans le troisième mouvement, Alex et Jiji évoquent les stéréotypes juifs, « les épaules voûtées » ou « les doigts un peu crochus » (III, p. 88), ces propos, qui doivent être considérés comme ironiques, ont pour fin de réinstaurer un lien de séduction, fondé sur le partage de l'humour, entre les deux personnages, alors qu'Alex a évoqué le destin de ses parents, victimes de la Shoah.

## D. L'inconscient au travail

### 1. La place de l'amour et du désir

L'amour ne semble pas avoir sa place au travail, comme le montre Virgile. *Les Géorgiques* célèbrent les abeilles qui n'ont pas besoin de s'accoupler : « Ce qui te paraîtra surtout admirable dans les mœurs des abeilles, c'est [...] qu'elles n'énervent pas languissamment leur corps au service de Vénus, et qu'elles ne mettent pas leurs petits au monde avec effort » (IV, p. 156). Virgile parle en épicurien, qui cherche l'ataraxie et voit d'abord dans le travail un modèle de maîtrise de soi, face auquel les fureurs de Vénus sont un danger. Contrairement aux abeilles, les taureaux et les chevaux sont enclins à céder aux pulsions sexuelles, qui affaiblissent leur vigueur, ce pourquoi il convient « d'écarter Vénus et les aiguillons de l'amour aveugle » (III, p. 122-123). Les bêtes elles-mêmes doivent ainsi être protégées des mêmes troubles de la conscience qui peuvent s'emparer de l'esprit des hommes. Il faut préserver bêtes et êtres humains de ce délire amoureux, plein de *furor*, qui pousse Orphée à transgresser l'ultime interdit, alors qu'il a réussi à fléchir les dieux d'en bas, en se retournant vers Eurydice.

On peut retrouver une semblable mise en garde chez Simone Weil : l'amour lui « paraît comporter un risque plus effrayant encore que celui d'engager aveuglément sa propre existence ; c'est le risque de devenir l'arbitre d'une autre existence humaine, au cas où on est profondément aimé » (« Lettre à S. Gibert », p. 74-75). Au fond, l'amour répéterait les phénomènes de domination et de dépendance qu'on trouve à l'usine. Face à cela, écrira plus loin Weil qui valorise le travail sur soi par rapport aux sentiments, « il faut se discipliner » (*ibid.*, p. 76).

Le désir, lui, a dans *La Condition ouvrière* un statut plus complexe. Il est en effet nécessaire d'en faire la composante d'une nouvelle forme de travail, car le désir s'opposerait aux tâches mécaniques, qui ne laissent rien à désirer en raison de leur caractère répétitif : « La ressemblance est l'impossibilité de désirer une chose autre que celle qu'on possède, d'orienter l'effort vers l'acquisition d'un bien » (« Condition première d'un travail non servile », p. 262). Mais ce désir doit être moral, voire métaphysique, car il faut désirer ce qui fait notre humanité – notre capacité d'élévation intellectuelle et spirituelle par rapport au monde matériel – et non le superflu que le travail cherche à produire, que ce soit par l'intensité de la productivité, par le fétichisme de l'objet ou par les suppléments du *merchandising* que Weil compare à un crime : « Toute la publicité, toute la propagande, si variée dans ses formes, qui cherche à exciter le désir du superflu dans les campagnes et parmi les ouvriers doit être regardée comme un crime » (*ibid.*, p. 278-279).

On peut trouver dans *Par-dessus bord* une représentation caricaturale de ces suppléments de désirs, en particulier dans les échanges entre

COMPARAISON

Mme Lépine et Lubin au quatrième mouvement, alors que les sociétés concurrentes de papier-toilette rivalisent de cadeaux pour vendre leur marchandise. Sur Mme Lépine qui propose à ses clients le concours Softies et qui assure « ils y vont ils veulent tous gagner l'Opel Rekord » (IV, p. 114), Lubin renchérit par un voyage dans les îles Baléares, puis propose une lampe comme cadeau de Noël pour écouler le stock, « une promotion sans précédent avec en cadeau pour vous cette magnifique lampe de style qui deviendra l'ornement de votre salon il suffit que votre commande soit le double de la moyenne des derniers six mois » (IV, p. 181-182). La valeur des choses, et donc du travail, est ainsi perdue, dès lors qu'on la remplace par toutes les séductions du superflu, entraînant non seulement une illimitation des désirs du consommateur mais aussi une illimitation des stratégies de *marketing* et de vente.

## 2. Le dépassement d'une condition tragique

Est-il possible de trouver un sens au travail ? Une telle question exige de prendre en compte, dans les œuvres au programme, des aspects métaphysiques et métapsychologiques : peut-on trouver dans le travail une consolation, voire un dépassement de notre finitude ou de notre angoisse de la mort ?

Dans *Les Géorgiques*, ce dépassement concerne tout à la fois le travail de l'agriculteur et le travail du poète. Le livre IV culmine en effet avec la pratique de la *bugonia*, rite qui est accompli pour redonner vie aux abeilles par la mort des bœufs :

> Alors, prodige soudain et merveilleux à dire, on voit, parmi les viscères liquéfiés des bœufs, des abeilles bourdonner qui en remplissent les flancs, et s'échapper des côtes rompues, et se répandre en des nuées immenses, puis convoler au sommet d'un arbre et laisser pendre leur grappe à ses flexibles rameaux.
>
> (*Les Géorgiques*, IV, p. 176)

La mort peut donc servir de principe régénérateur, et la *bugonia* apparaît comme un don de vie. Avec le même souci de la description que lorsqu'il s'agissait de vignes ou de blé, Virgile explique comment sacrifier le veau et conserver sous sa peau le souffle vital qui fera vivre les abeilles : « on lui bouche, malgré sa résistance, les deux naseaux et l'orifice de la respiration, et [...] on lui meurtrit les viscères pour les désagréger sans abîmer la peau » (IV, p. 162). Le travail prend alors une dignité exceptionnelle, puisqu'il s'agit à la fois de créer la vie et de participer à la conservation du monde.

Mais le travail du poète connaît lui aussi une récompense qui dépasse la *dignitas*, cette reconnaissance que doit chercher le sage dans la vie privée et dans la vie publique : écrire permet d'acquérir une forme d'immortalité. Non seulement Virgile fait descendre du ciel les Muses pour ennoblir le travail (« C'est moi qui le premier, si ma vie est assez longue, ferai descendre les Muses du sommet Aonien pour les conduire avec moi dans ma patrie », III, p. 110), mais la route qui lui est promise, en sens inverse, peut le mener vers un royaume divin qui immortalisera son nom : « Il me faut tenter une route où je puisse moi aussi m'élancer loin de la terre et voir mon nom vainqueur voler de bouche en bouche » (*ibid.*). Ainsi le travail met-il en jeu bien plus qu'une satisfaction d'ici-bas : il permet au poète de dépasser sa finitude.

On trouvera chez Simone Weil un souci du même ordre : parler du travail et penser le travail sont les moyens de conjurer l'oubli dans lequel la « condition ouvrière » est tragiquement appelée à disparaître. Évoquant l'ouvrier, Weil écrit : « Les pièces ont leur histoire ; elles passent d'un stade de fabrication à un autre ; lui n'est pour rien dans cette histoire, il n'y laisse pas sa marque, il n'en connaît rien » (« Expérience de la vie d'usine », p. 236-237) ; elle surenchérit plus loin : « Sa vie même sort de lui sans laisser aucune marque autour de lui » (p. 237). *La Condition ouvrière* trouve son sens dans cette lutte contre l'oubli et dans un désir de laisser les marques vivantes du travail ouvrier que le monde industriel, non content de briser des vies, condamnait à disparaître.

Dans *Par-dessus bord*, ce dépassement est représenté par le travail intellectuel de doctorat que souhaite accomplir Margerie, celui de la commémoration des tabatières qui fascinaient son beau-père, Dehaze. Le travail de mémoire est tourné en dérision par Benoît, qui dit à propos de son frère :

> Olivier veut faire de Ravoire et Dehaze un monument consacré à la mémoire de son père et de son grand-père avec pour résultat probable qu'il n'y aura plus de Ravoire et Dehaze dans quelques mois sinon dans le souvenir attendri de quelques bons vieux employés d'ailleurs au chômage
>
> (*Par-dessus bord*, III, p. 90)

Mais quel sens pourrait avoir un travail qui ne porterait plus la trace de ceux qui l'ont accompli ? Margerie, elle, refuse non seulement de vendre les tabatières de son beau-père (« Je sens bien que tu es décidé à les vendre et moi je suis décidée à les garder », dit-elle à Benoît, IV, p. 123), mais elle décide aussi d'en faire l'objet d'une thèse qui prolongera leur existence : « je vais écrire une thèse sur le rôle des petits objets précieux dans l'évolution politique de la cour entre 1740 et 1769 et je la présenterai pour mon Ph.D. à l'université de Berkeley » (III, p. 98). La transformation de ces objets en œuvre intellectuelle leur donne ainsi à la fois sens et existence par-delà la mort.

# IV. Le travail comme art, l'art comme travail

La revalorisation du travail ne passe-t-elle pas par l'abolition des frontières qui le séparent habituellement du monde intellectuel et des pratiques artistiques ? Le travail a tout d'une science, et même d'un art : représenter le travail dans la littérature ou la philosophie devient alors un geste de reconnaissance poétique, mais aussi politique.

## A. Revalorisation de la notion

### 1. Déconstruire l'opposition du travail et de la pensée

On pourrait recourir à la définition que l'anthropologue Claude Lévi-Strauss (1908-2009) donnait du bricolage, celle d'une « science du concret », dans son essai *La Pensée sauvage* (1962) : il soulignait par là qu'il est possible de revaloriser certaines activités en montrant qu'elles répondent à un savoir spécifique. *Les Géorgiques* sont ainsi une revalorisation du travail agricole par la perspicacité de l'observation et par le juste emploi des termes techniques. Décrire le travail avec des mots précis est une façon non seulement de lui donner de la dignité, mais aussi de montrer que l'exercice de précision, de dénomination et de description est un travail aussi important que la précision du geste d'un semeur :

> Une fois les boutures plantées, il reste à ramener bien souvent la terre autour des ceps, à la bêcher sans cesse avec de durs bidents ou à travailler le sol sous le soc qu'on enfonce [...] ; puis, à disposer les lisses roseaux, les baguettes dépouillées de leur écorce, les échalas de frêne et les fourches solides [...].
>
> (*Les Géorgiques*, II, p. 94)

De même, on voit dans *La Condition ouvrière* combien l'opposition du travail manuel et du travail intellectuel constitue un frein ou un blocage à toute transformation, mais qu'il est possible d'éduquer le monde ouvrier à la même maîtrise des machines que celle exercée par les régleurs. À partir du moment où l'ouvrier aurait de la machine et des tâches qu'il doit accomplir une véritable connaissance, qui lui permettrait notamment de comprendre la finalité de son travail, une réelle égalité pourrait advenir :

> Si les étudiants, les jeunes paysans, les jeunes ouvriers se représentaient d'une manière tout à fait précise, aussi précise que les rouages d'un mécanisme clairement compris, les différentes fonctions sociales comme constituant des préparations également efficaces pour l'apparition dans l'âme d'une

même faculté transcendante, qui a seule une valeur, l'égalité deviendrait une chose concrète.

(*La Condition ouvrière*, « Condition première d'un travail non servile », p. 277)

Weil appelle ainsi à déconstruire, au sein de l'entreprise, l'opposition structurante du travail intellectuel et du travail manuel.

Dans *Par-dessus bord*, plusieurs personnages incarnent la perméabilité de la frontière qui sépare habituellement le monde intellectuel, celui de la contemplation esthétique, et l'univers du travail : c'est le cas de Dehaze, qui collectionne les tabatières mais s'adonne aussi à la peinture ; c'est celui de M. Onde, qui apporte une lumière sur le fonctionnement de l'entreprise grâce à ses connaissances mythologiques ; c'est surtout celui de Passemar, qui est à la frontière de plusieurs mondes : celui de l'entreprise où il est employé, celui des cours qu'il suit auprès de M. Onde et celui de l'écriture théâtrale, à tel point que la pièce que nous lisons apparaît plusieurs fois comme l'invention de Passemar, conformément au fonctionnement poétique de la métalepse. Il déclare ainsi, après une chorégraphie des danseurs : « Décidément je vais supprimer ces intermèdes qui grèvent inutilement le coût de la production […] non pas ça je ne veux pas de ça j'ai horreur de ça arrêtez tout de suite » (IV, p. 118).

COMPARAISON

## 2. L'attention : une contemplation active

Porter attention à la nature ne se limite pas à la soigner : il s'agit de trouver du plaisir et de l'intérêt à la contemplation. Comme Virgile l'écrit : « Il plaît de regarder le Cytore ondoyant sous le buis et les bois sacrés de l'arbre à poix de Naryce ; il plaît de voir des champs qui n'ont jamais été exposés aux hoyaux et à l'industrie de l'homme. Même les forêts stériles, au sommet du Caucase, […] donnent chacune ses produits » (II, p. 98). Observer la nature procure en effet le plaisir d'y trouver toutes les possibilités qu'elle recèle ; l'esprit peut ainsi voir, comme en acte, ce qui n'est contenu qu'en puissance : « Les saules sont fertiles en tiges souples, les ormes en frondaisons ; le myrte et le cornouiller, bon à la guerre, en solides javelots ; les ifs sont tordus en arcs Ituréens » (II, p. 99). La contemplation n'est donc pas passive : le travail de l'esprit fait d'emblée apparaître tout ce que le travail de l'homme pourrait tirer des ressources de la nature.

Simone Weil, en une formule ramassée qu'on retiendra, écrit : « L'attention est la seule faculté de l'âme qui donne accès à Dieu » (« Condition première d'un travail non servile », p. 275). C'est pourquoi il faut substituer une forme d'attention à une autre. À l'usine, il faut faire attention à tout : attention à ne pas produire d'incidents, attention à respecter la cadence, attention à ne pas s'endormir… Cette attention ou vigilance n'est qu'une forme d'instinct de survie ; Weil appelle alors à une nouvelle forme d'attention, notamment dans « Condition première d'un travail non servile », où le terme apparaît plus de vingt fois.

Puiser dans les pratiques antiques, celles que décrivait déjà Virgile, permettrait de renouveler les façons de travailler et d'être en présence, par la grâce du geste, d'une vérité supérieure selon laquelle le travail est un don de vie, une manière de dépasser la mort ou l'inertie de la matière :

> Mais celui qui est en train de semer peut s'il le veut porter son attention sur cette vérité sans l'aide d'aucun mot, à travers son propre geste et le spectacle du grain qui s'enfouit. S'il ne raisonne pas autour d'elle, s'il la regarde seulement, l'attention qu'il porte à l'accomplissement de sa tâche n'en est pas entravée, mais portée au degré le plus haut d'intensité. Ce n'est pas vainement qu'on nomme attention religieuse la plénitude de l'attention. La plénitude de l'attention n'est pas autre chose que la prière.
>
> (*La Condition ouvrière*, « Condition première d'un travail non servile », p. 270)

L'attention peut ainsi apporter une lumière et faire rayonner celui qui l'accomplit. Dans *Par-dessus bord*, M. Onde, le professeur auprès duquel Passemar cherche des explications aux luttes que se livrent les entreprises, parle de lui comme d'un étudiant au rayonnement mystérieux : « savez-vous pourquoi je vous ai abordé un jour après mon cours ? Vous me faisiez mal aux yeux les taupes supportent mal le soleil » (III, p. 82). Par sa volonté de comprendre le monde et par son désir de penser le monde du travail en artiste, par – en un mot – son attention, Passemar apparaît comme une sorte de *deus ex machina*, tirant les ficelles du spectacle qui se déploie sous nos yeux. Son aura est celle d'un créateur qui s'interroge sur les moyens à mettre en œuvre pour parfaire sa création.

## B. L'ouvrier et l'artiste

### 1. La fabrique des images, entre élévation et manipulation

Dans *Les Géorgiques*, recourir à des comparaisons, notamment mythologiques, est un moyen pour Virgile de donner de la valeur au travail des champs. Ainsi, il tisse un lien entre l'activité de l'éleveur et celle des héros ou des dieux, comme le montre l'exemple des chevaux : « Tel Cyllare dompté par les rênes de Pollux d'Amyclée, et tels, célébrés par le poète grec, les chevaux de Mars attelés deux par deux et ceux qui traînaient le char du grand Achille ; tel aussi, à l'arrivée de son épouse, Saturne lui-même » (III, p. 116). La comparaison entre le marin et le paysan appartient à cette même expression d'élévation du travail des champs ; tous deux ont en commun une connaissance du ciel et des constellations, mais éprouvent également le bonheur d'avoir accompli une traversée, de la mer pour le marin et d'un été laborieux pour les paysans : « L'hiver aux bons génies les régale et chasse leurs soucis. Ainsi quand les carènes chargées ont enfin touché le port, les matelots joyeux mettent sur les poupes des couronnes » (I, p. 56). Toutes ces images ont pour fonction d'ennoblir un travail habituellement dévalorisé.

Chez Simone Weil, c'est la comparaison entre le « pain » et le travail ouvrier qui sert à élever la dignité de ce dernier. Parler du travail comme de la production du pain revient à lui accorder une dimension religieuse. Non seulement le pain est considéré comme un besoin, non comme un superflu, mais il est l'image d'une spiritualité partagée, à la fois parce que le Christ a miraculeusement multiplié les pains, et parce que le pain est l'image de son corps. Weil affirme ainsi que « [l]e peuple a besoin de poésie comme de pain. Non pas la poésie enfermée dans les mots ; celle-là, par elle-même ne peut lui être d'aucun usage. Il a besoin que la substance quotidienne de sa vie soit elle-même poésie » (« Condition première d'un travail non servile », p. 267). L'image du pain permettrait de porter un autre regard sur le travail : le pain rassasie notre corps, mais aussi notre « faim de finalité » (*ibid.*) en étant Corps du Christ ; dans un univers où le travail occuperait la même fonction, tout homme pourrait accéder à cette complétude de l'esprit et du corps.

Pourtant, Michel Vinaver nous montre aussi les dangers qu'il peut y avoir à mettre de trop belles images sur la réalité du travail, notamment lorsqu'il s'agit de produire du papier hygiénique. Le personnage de Jenny a tout d'une prophétesse au langage ampoulé, venue annoncer le temps du *merchandising* : en même temps que du papier-toilette, elle cherche à vendre du rêve, ou, selon les termes de Jack, de la « vibration affective » :

JENNY. – Vous vendez un produit distant abstrait
JACK. – Sans aucune vibration affective

(*Par-dessus bord*, IV, p. 113)

Le travail de Jenny et de son acolyte Jack consiste ainsi à faire d'un objet quotidien une prétendue œuvre d'art. Mais le discours de Jenny est séducteur, et capable de métamorphoser un objet industriel et hygiénique en un morceau de nature fleurie, « Mousse et Bruyère ». La publicité est une consécration de cette transformation par le travail des images, comme le montre la maquette que propose Jaloux : le papier-toilette y a disparu, au profit d'un tableau champêtre, trop idyllique pour ne pas être caricatural :

> C'est toute la famille réunie dans le petit jardin sauvage qui est comme une oasis dans l'appartement [...] c'est la famille française typique et idéale le jeune cadre ou ingénieur assez sportif l'épouse moderne et les deux enfants et que disons-nous ? « MAINTENANT VIRGULE CHEZ NOUS AUSSI IL Y A MOUSSE ET BRUYÈRE »

(*Par-dessus bord*, V, p. 194)

Le travail, dans le monde moderne, conjoint alors deux formes d'art, devenus inséparables à en croire Vinaver : il ne suffit plus de savoir produire un objet, il faut dorénavant maîtriser l'art des illusions, de la manipulation cynique par les mots et les images, pour l'imposer sur un marché.

## 2. La *poiesis* : une production réfléchie

Il est légitime de se demander si *Les Géorgiques* ne sont pas autant une célébration du travail poétique qu'un éloge du travail des champs. On peut justifier ce rapport en rappelant d'abord que Virgile reprend et adapte au monde romain certaines pratiques de la poésie alexandrine : dans ses années de jeunesse et de formation, il a été influencé par le mouvement des *novi poetæ*, un groupe de poètes qui privilégient notamment le travail de composition (*labor limæ*), rappelant l'importance d'une organisation réfléchie – que les Grecs nommaient *poiesis* – dans l'élaboration du poème. Ce travail du style n'est pas sans rappeler l'art de l'architecture, et Virgile montre au début du livre III les liens qui unissent l'activité du bâtisseur et celle du poète, en imaginant le temple qui s'élèvera dans Mantoue, sa ville natale, pour honorer à la fois César et ses propres *Géorgiques* d'avoir ennobli la terre d'Italie. Ce temple est construit et décrit par le travail d'écriture, selon le procédé de l'*ekphrasis* : au lieu de célébrer directement tous les succès de l'Italie sur le monde, il bâtit ce temple imaginaire dans lequel ils sont représentés et il célèbre leur représentation.

Le livre IV révèle également toutes les finesses d'un travail qu'on peut comparer au sertissage, à la marqueterie ou à la joaillerie : l'histoire d'Orphée, véritable modèle pour les poètes car il pouvait lui-même, par son simple chant, faire se mouvoir les pierres et les arbres, est évoquée par Protée, qui est un *vates* (terme qui en latin désigne le devin et le poète), au cours d'un épisode qui prend lui-même place dans l'histoire d'Aristée, elle-même introduite dans l'éloge des abeilles. Ainsi, Virgile dresse un parallèle entre exploit de héros (Aristée), poésie et travail d'apiculteur, toutes activités qui contribuent à la création du « miel aérien, présent céleste » (IV, p. 145), car les paroles du poète sont douces et nourrissantes comme peut l'être le fruit du travail des abeilles.

Chez Simone Weil, la nécessité d'introduire de la compréhension dans l'univers de l'usine est une condition pour transformer la nature et la finalité du travail. C'est pourquoi elle recourt elle-même à la notion de poésie pour justifier l'opposition entre travail servile et travail émancipateur :

> Une certaine subordination et une certaine uniformité sont des souffrances inscrites dans l'essence même du travail et inséparables de la vocation surnaturelle qui y correspond. Elles ne dégradent pas. Tout ce qui s'y ajoute est injuste et dégrade. Tout ce qui empêche la poésie de cristalliser autour de ces souffrances est un crime.
>
> (*La Condition ouvrière*, « Condition première d'un travail non servile », p. 278)

Mettre de la « poésie » dans le travail ne consiste nullement à le transformer en rêve mais à y introduire de la pensée et de la spiritualité, et ainsi pouvoir se retrouver dans l'objet que l'on a produit, d'où l'image du miroir qu'emploie Weil : « Si ces objets mêmes ne se transforment pas en miroirs de la lumière, il est impossible que pendant le travail l'attention soit orientée vers la source de toute lumière » (« Condition première d'un travail non servile », p. 269). La nécessité de la réflexion doit ainsi s'entendre au double sens du terme : avoir réfléchi à ce que l'on produit, mais aussi avoir la possibilité d'y retrouver son projet, comme en un miroir.

L'écrivain peut également être rapproché de l'artisan dans la mesure où il produit un *texte*, terme dont l'étymologie appartient au champ du textile et qui se confond, en latin, avec l'activité de tisser. Le travail de l'auteur ressemble ainsi à celui du tisserand ou du tapissier qui sait l'art d'entrecroiser les fils et de constituer des motifs. Le titre *Par-dessus bord* annonce la présence d'un motif, comme le montrent les carnets préparatoires de Vinaver qui séparent les éléments entre les jeteurs et les jetés : c'est Benoît qui jette son père Fernand par-dessus bord, c'est aussi Mme Bachevski ou Lubin qui sont jetés, la société qui est rejetée par Alex et Jiji, et de manière plus générale les anciennes manières de travailler et la confiance qu'on rejette.

Mais ce motif structurant du jet se dissémine aussi à travers ceux du rejet et de la déjection : Benoît est un rejeton par rapport à Olivier ; on jette le papier hygiénique, qui sert lui-même aux déjections ; et ce que le corps déverse et que Vinaver, dans ses carnets préparatoires, appelait aussi le « magma », le capitalisme veut en tirer profit en le transformant en « diamants » selon Peyre ou en « or noir » selon Passemar (IV, p. 138). Cependant, on se souviendra également que le père d'Alex est mort à Auschwitz, « mort au fond d'un chiotte » (III, p. 78) alors qu'il faisait ses besoins : « Ils ont abattu mon père avec plusieurs autres malades alors qu'ils chiaient dans les feuillées ils trouvaient que ça durait trop longtemps » (III, p. 87). Aussi ne faut-il pas négliger le rapport que le texte crée entre le motif de la « merde » et l'antisémitisme : les Juifs étaient eux-mêmes rejetés ; les camps de concentration et d'extermination les ont d'abord mis au travail forcé – et prétendument rationalisé – où ils étaient traités comme des excréments et où n'existait nul lieu pour l'hygiène. On n'oubliera pas, finalement, que le personnage jeté de l'usine « par-dessus bord », Mme Bachevski, l'est peut-être en raison d'un antisémitisme latent.

## C. Représenter le travail : un geste poétique et politique

### 1. Lever le rideau sur le monde du travail

*Les Géorgiques* permettent non seulement de lever un voile habituellement tendu sur le travail agricole, mais aussi de faire participer le lecteur à cet univers, par des évocations et des connaissances mythologiques. Par exemple, protéger les vaches des taons est un devoir qui n'a pas habituellement droit de cité en poésie, et Virgile évoque la déesse Junon pour mobiliser les souvenirs littéraires de son lecteur lorsqu'il doit traiter de cet « insecte furieux, dont le bourdonnement aigu épouvante et fait fuir des troupeaux entiers dans les bois [...]. C'est ce monstre qui servit jadis d'instrument à l'horrible colère de Junon, lorsqu'elle médita la perte de la génisse, fille d'Inachus » (III, p. 119). Un sujet aussi trivial acquiert d'autant plus de dignité que Virgile est ici très allusif : il se dispense de préciser quelle fut cette colère de Junon et le rôle de cette génisse, faisant appel aux compétences culturelles et à la coopération de son lecteur.

L'originalité de Simone Weil tient en grande partie à l'intégration, au sein d'une réflexion philosophique, de deux éléments qui n'en font généralement pas partie : le récit et l'individualité de l'expérience. En effet, la philosophie bannit communément la narration, pour privilégier l'expression de vérité générale, et exclut le « moi » auquel elle préfère l'universalité et l'impersonnalité. Qu'apporte cette transformation dans la pratique du travail philosophique ? Elle permet d'abord de mettre en valeur des expériences singulières qui sont bien éloignées de l'exercice habituel de la philosophie. Weil a conscience du risque de sa pratique : « Il est difficile d'être cru quand on ne décrit que des impressions. Pourtant on ne peut décrire autrement le malheur d'une condition humaine » (« Expérience de la vie d'usine », p. 238). C'est donc à ce travail de réhabilitation du récit de soi, dans toute sa singularité, que s'attelle Weil, non sans craindre qu'on lui reproche d'exagérer la situation et de ne pas chercher une certaine objectivité (« si quelqu'un [...] raconte ensuite ce qu'on y éprouve, on pourra facilement contester la valeur de son témoignage », *ibid.*, p. 239) ; au contraire, pour elle, l'expérience individuelle est une occasion d'enrichir notre point de vue sur le travail à partir d'un récit singulier, car « chaque condition malheureuse parmi les hommes crée une zone de silence où les êtres humains se trouvent enfermés comme dans une île. Qui sort de l'île ne tourne pas la tête » (*ibid.*). Aussi le récit d'une expérience singulière impose-t-il de tourner la tête : il ne s'agit plus d'aborder le travail avec un regard tourné vers les concepts de la tradition philosophique, mais de le baisser pour prendre en compte les impressions individuelles de l'ouvrier, ce qui aura pour effet d'élever le propos philosophique.

Représenter le travail au théâtre rompt aussi avec une tradition ancestrale, qui a privilégié l'espace domestique, dans la comédie, et l'espace du pouvoir, dans la tragédie. La création de Vinaver, qui intègre comédie et tragédie dans un spectacle total, choisit aussi pour cadre un univers à la frontière de l'intimité et de l'administration, en multipliant les espaces où le travail se dissémine. Du comptoir des ventes de Mme Lépine, où Lubin est tour à tour commercial et père de famille, à la chambre à coucher de Benoît et Margerie en passant par le salon-atelier de Dehaze ou par *L'Infirmerie* d'Alex, *Par-dessus bord* nous montre que le travail est une composante de nos vies, auxquelles la pièce tend un miroir.

## 2. Faire du travail un tableau sensible

C'est enfin en faisant du travail un tableau, au sens pictural du terme, que le lecteur ou le spectateur peut percevoir l'univers du travail avec le plus de sensibilité. Dans *Les Géorgiques*, ce tableau prend une dimension synesthésique, c'est-à-dire qu'il met le lecteur en présence d'une multiplicité de sensations qui lui fait, par exemple, prendre conscience du bonheur et de l'ataraxie que connaît l'agriculteur lorsque la douceur du temps se joint au plaisir du travail accompli pour donner lieu à une harmonie totale.

Cette participation de toutes les sensations peut ainsi être perçue au petit matin :

> Mais quand l'été riant à l'appel des Zéphyrs enverra dans les clairières et les pacages l'un et l'autre troupeau, parcourons les fraîches campagnes aux premiers feux de Lucifer, dans la nouveauté du matin et le givre des prairies, quand la rosée si agréable au bétail perle sur l'herbe tendre.
>
> (*Les Géorgiques*, III, p. 129)

Tout concourt alors à faire de l'expérience d'une nature bienfaitrice la véritable récompense, et Virgile, en utilisant une exhortation (« parcourons »), entraîne non seulement son destinataire, Mécène, mais tout lecteur, à vivre cette plénitude de sensations. Le moment du soir offre lui aussi les délices d'un accord entre les sons, la vue et les impressions de l'air, « au coucher du soleil, quand la fraîcheur du soir tempère l'air, quand la lune verseuse de rosée ranime les clairières, quand le rivage retentit des chants de l'alcyon et les buissons de ceux du chardonneret » (III, p. 130). C'est alors le travail du poète, dans l'harmonie des différentes touches qu'il apporte au tableau, qui vient prolonger le travail champêtre : les Romains appelaient *suavitas* ce travail poétique qui soumet le style à une recherche de la sensibilité.

Chez Simone Weil, faire appel à la sensibilité des lecteurs pour modifier le regard qu'ils portent sur le travail passe par la surimpression de deux tableaux, celui de l'asphyxie que produit la vie d'usine, auquel elle

COMPARAISON

superpose celui, rêvé, d'une respiration. Tout commence en effet dans l'étouffement : « Il n'y a que des bruits métalliques, des roues qui tournent, des morsures sur le métal ; des bruits qui ne parlent pas de nature ni de vie » (« Expérience de la vie d'usine », p. 225).

Pourtant, peu à peu, l'ouvrière rêve qu'elle maîtrise la machine sur laquelle elle travaille :

> On est perdu dans cette grande rumeur, mais en même temps on la domine, parce que sur cette basse soutenue, permanente et toujours changeante, ce qui ressort, tout en s'y fondant, c'est le bruit de la machine qu'on manie soi-même. On ne se sent pas petit comme dans une foule, on se sent indispensable.
>
> (*La Condition ouvrière*, « Expérience de la vie d'usine », p. 225)

Le caractère onirique de l'image se mêle ainsi à l'utopie sociale d'une pratique renouvelée du travail : non seulement le tableau fait rêver, mais son inscription dans un cadre ouvrier montre que ce rêve s'appuie sur la réalité.

Michel Vinaver, de son côté, offre au spectateur un tableau d'autant plus sensible qu'à la dimension picturale se joint une forme de chorégraphie. Ce que la dramaturgie classique appellerait plus communément « acte » prend chez Vinaver le nom de « mouvement », terme qui introduit la grâce d'une danse dans l'univers du travail, condamné à tourner en rond. À quoi s'ajoute la musique, qui offre une basse continue à la succession des tableaux et des personnages, qui semblent pris comme dans une danse : la valse des personnages fait remplacer Benoît par Olivier auprès de Margerie ; le monde de l'entreprise envoie aussi valser « par-dessus bord » certains des personnages ; des danseurs enlèvent Passemar dans une chorégraphie joyeuse et inquiétante… On ne sait s'il faut se réjouir ou pleurer, mais le mouvement qui anime le monde du travail nous montre qu'il est une puissance et une dynamique, ce qui doit nous laisser des raisons d'espérer.

## Conclusion

Au terme de ce développement, un point commun se dégage des trois œuvres au programme : tout travail est une occasion d'entretenir une dialectique. Il permet en effet de « dialoguer » – et de réfléchir aux conditions du meilleur dialogue possible – avec le reste des hommes, avec la matière à laquelle il nous confronte, avec soi-même et avec toute forme d'autorité ou d'idéologie qui structure notre monde.

Cette dialectique présente souvent un aspect irréconciliable : elle reste alors un combat dont l'issue a tout d'une tragédie, même – et surtout – quand cette tragédie n'a pas de fin, vouée à une répétition indéfinie et aliénante. Mais si l'on préfère voir cette dialectique comme un débat et non comme un combat, il devient possible de redéfinir plus humainement les termes du dialogue : l'attention, la considération et la revalorisation donnent alors un sens non seulement à notre travail, mais à notre existence et à notre humanité.

# CINQUIÈME PARTIE

## Méthodologie : épreuves d'écrit et d'oral aux concours d'entrée des grandes écoles scientifiques

*par Corinne von Kymmel,*
*mise à jour par Didier Pourquié*

## I. GÉNÉRALITÉS CONCERNANT LES ÉPREUVES ÉCRITES

Les grandes écoles publient chaque année non seulement une « notice » qui récapitule le fonctionnement et le contenu de chaque épreuve, mais aussi les rapports des jurys portant sur les épreuves des années précédentes. Vous pouvez consulter la plupart de ces documents officiels à partir des liens proposés sur le site http://www.scei-concours.fr.

| Banque d'épreuves | Durée | Exercices | Coefficient de français le plus élevé à l'écrit | Coefficient de mathématiques le plus élevé à l'écrit |
|---|---|---|---|---|
| ENS/X (Polytechnique)/ ESPCI | 4 heures | Dissertation | 6 (X)<br>8 (ENS) | 9 (X)<br>6 (ENS) |
| Concours commun Mines-Ponts/ Mines-Télécom | 3 heures | Dissertation | 5 | 5 |
| Centrale-Supélec | 4 heures | Résumé (1200 mots → 200 mots) + Dissertation (1800 mots maximum) | 17 | 17 |
| CCINP/E3A | 4 heures | Résumé (de 700 à 900 mots → 100 mots), + Dissertation | 9 | 14 |
| A-BCPST | 3 heures | Dissertation | 5 | 4 |
| G2E (BCPST) | 3 heures 30 | Dissertation | 5 | 5 |
| PT (Français A) | 4 heures | Dissertation | 17 | 9 |

## II. LE RÉSUMÉ À L'ÉCRIT DES CONCOURS CENTRALE-SUPÉLEC ET CCINP

### A. Quels textes pour quels résumés ?

Les supports textuels sont issus de textes généralement argumentatifs organisés autour d'une thèse, mais des textes explicatifs ou descriptifs sont parfois également proposés. Votre premier travail consistera donc à qualifier l'enjeu du texte, son énonciation globale et son lien avec le thème de l'année : la structure du résumé en dépend.

Les textes du concours Centrale-Supélec (MP/PC/PSI) contiennent environ 1200 mots : vous devez les résumer en 200, ±10 % ; ceux de la banque CCINP en contiennent entre 700 et 900 : vous devez les résumer en 100 mots, ±10 %. D'autres concours (classes PT, ATS...) présentent des formats différents mais sachez que, systématiquement, les jurys, très attentifs, sanctionnent sévèrement toute forme de non-respect du nombre de mots attendus dans les résumés.

## B. Les enjeux de l'exercice

### 1. Un exercice technique

Grâce au résumé, le jury mesure votre aptitude à rendre compte de la pensée d'autrui. Formuler celle-ci de manière personnelle, sans modifier ni interpréter le texte, sans le tronquer ni le compléter, voilà l'enjeu principal de cette épreuve. Il s'agit en effet de proposer une réduction du propos de l'auteur du texte, sans aucune mention de ce que vous pensez de ce contenu. Cette réduction reformulée doit se plier à ce que dit l'auteur : s'il utilise la première personne du singulier, vous devez l'utiliser ; si son texte est polémique, le vôtre doit l'être ; s'il sollicite des exemples concrets, votre texte doit les rappeler ; s'il emploie des images ou des métaphores, vous devez les retranscrire... Le jury examine ainsi votre capacité de reproduire l'esprit du texte, mais aussi sa progression et son équilibre.

> ✓ **Le mot du jury (CCINP)**
> « Il s'agit de saisir la thèse et le raisonnement d'un texte – en s'appuyant sur ses liens logiques [...] afin de mieux appréhender la pensée de l'auteur – et de restituer de manière fidèle l'essentiel de son argumentation dans une langue correcte. »

### 2. Un exercice de communication

L'épreuve est aussi une épreuve de français : pour restituer correctement et brièvement un texte écrit par un autre que soi, il faut savoir parfaitement manier la langue. Reformuler le texte avec vos propres mots, c'est ainsi veiller à rendre compte aussi précisément que possible des idées développées par l'auteur : il faut donc éviter de procéder par extraction, raccourci, choix d'une information au détriment d'une autre... Plus largement, le jury est très attentif à vos compétences en matière d'expression et de syntaxe, et les correcteurs valorisent l'usage d'un lexique dense et précis : considérez que le jury doit pouvoir extrapoler le texte de départ en lisant votre résumé.

## C. Méthode de travail

### 1. La première lecture

– La première lecture du texte doit se faire sans prendre de notes : il s'agit de vous concentrer sur le propos que tient l'auteur, sur le contenu comme sur l'enjeu global du texte.

– Une fois cette lecture achevée, vous devez pouvoir formuler en une ou deux phrases tout au plus un résumé synthétique du texte, au brouillon. Cette reformulation minimale vous permet de rendre compte de la thèse proposée par l'auteur ou du point principal qu'il développe, ainsi que de la structure générale du texte. Vous pourrez ensuite revenir régulièrement à ce premier compte rendu, afin de garder à l'esprit l'essentiel du texte et de vérifier au fur et à mesure la validité des étapes du résumé que vous construirez.

### 2. Étapes de travail

Avec les deux points de départ que constituent le texte et le résumé synthétique, vous allez progressivement construire votre propre résumé.

– Lisez une deuxième fois le texte pour dégager les étapes de la pensée développée par l'auteur. Repérez les connecteurs logiques et les techniques d'enchaînement (l'opposition, l'addition, la concession…), et examinez la valeur relative de chaque passage du texte : s'agit-il de la thèse, d'un argument, d'un exemple, d'une digression ? L'enjeu est ici de cerner la dynamique du propos.

– Après cette deuxième lecture, examinez la place qu'occupe chaque étape dans le texte en veillant à respecter l'équilibre du cheminement proposé par l'auteur. Cette mise en évidence de la structure fine du propos deviendra le plan de votre résumé, et vous conduira notamment à décider de la longueur à accorder à chaque sous-ensemble dégagé. Autrement dit, la progression du texte de départ délimite le résumé à construire, par l'intermédiaire d'un schéma qui s'organise en fonction des idées du texte et non en fonction des paragraphes choisis par l'auteur. Une idée de votre résumé pourra ainsi reproduire plusieurs paragraphes ; et, à l'inverse, il est parfois nécessaire de scinder un long paragraphe de l'auteur en plusieurs étapes du résumé.

> ✓ **LE MOT DU JURY (Centrale-Supélec)**
> « La copie, destinée au lecteur particulier qu'est le correcteur, ne doit pas être le lieu de l'élaboration de la pensée mais celui de la mise en forme. Le résumé […] devrait être entièrement rédigé au brouillon puis, le nombre de mots une fois vérifié, recopié. ».

– Il ne vous reste alors plus qu'à élaborer vos propres phrases pour transformer ce parcours raisonné en résumé rédigé. Pour ce faire, appuyez-vous sur votre schématisation, mais aussi sur votre premier résumé synthétique : l'exercice d'écriture des phrases du résumé résulte d'un va-et-vient constructif entre le texte de départ et votre compte rendu technique. La construction du résumé doit en outre proposer un texte dont la structure reproduit celle du texte initial sans la calquer, et un lexique qui témoigne de votre aptitude à reformuler élégamment la pensée de l'auteur sans la trahir.

## 3. Quelques décisions à prendre

– **La subjectivité :** l'auteur du texte apparaît parfois dans les choix énonciatifs. Comme vous devez vous substituer à lui, vous ferez les mêmes choix (première personne du singulier, utilisation des temps verbaux, lexique plus ou moins orienté par l'émotion ou l'idéologie...).

– **L'équilibre :** votre résumé doit exactement reproduire le mouvement du texte initial. Si l'auteur répète plusieurs fois une idée, vous devez la répéter. S'il fait une digression, vous devez la reproduire. S'il se contente d'une allusion, vous devez rendre compte de l'allusion. S'il accorde beaucoup d'importance à un exemple, vous devez lui accorder la même importance, etc.

– **Les exemples :** les exemples n'ont pas tous une importance similaire dans le texte. C'est la dimension relative de chaque ensemble qui doit vous guider : si l'exemple n'existe qu'au détour d'une phrase, vous pouvez ne pas en parler dans le résumé ; en revanche, si l'exemple structure le texte ou s'il est une étape nécessaire de l'argumentation, vous devez le restituer. Enfin, si l'auteur propose une citation, vous devez examiner son intérêt dans le propos général. Quoi qu'il en soit, ne choisissez pas de reproduire arbitrairement un exemple plutôt qu'un autre : choisir, c'est s'engager et rompre avec la neutralité exigée par l'exercice. Encore une fois, c'est l'équilibre de votre propos qui sera mesuré par le jury.

> ✓ **Le mot du jury (CCINP)**
>
> « Le candidat ne doit pas simplifier les contenus de l'extrait mais tenter d'en rendre les nuances. Il lui appartient néanmoins de savoir distinguer l'important – et d'abord l'indispensable – de l'accessoire et surtout d'expliciter de façon neuve – sans reprise littérale, montage de citations, traduction synonymique ou démarquage syntaxique – les idées principales et leur enchaînement. »

– **La reformulation :** reformuler le texte peut sembler difficile. Tous les synonymes ne se valent pas, et il n'est pas question de remplacer artificiellement un mot par un autre. C'est le bon sens qui doit ici vous orienter : choisissez des hyperonymes ou termes génériques pour remplacer des énumérations, utilisez des synonymes pour montrer que vous avez compris le texte en profondeur, mais conservez les mots irremplaçables. Cette année, par exemple, *le travail* est un concept qui peut paraître banal, compris de tous, et qui, par conséquent et dans tous les cas, appelle des précisions, des reformulations, des nuances – entre « métier » ou « emploi », mais aussi « tâche », « réalisation », « études », « apprentissage », « collaboration », « épreuve », « peine », voire « asservissement » ou « esclavage », chaque expression devra être soigneusement pesée.

## D. Rédaction et vérification

Après le travail au brouillon, il faut recopier le résumé en choisissant une progression en plusieurs paragraphes. Dans un texte de 100 mots environ, on attend ainsi généralement deux paragraphes (trois au maximum), tandis qu'un résumé de 200 mots environ pourra contenir trois ou quatre paragraphes (mais pas davantage, même si le texte initial en contient parfois sept ou huit) : chaque passage à la ligne doit être motivé par la progression logique du résumé proposé.

Enfin, veillez à reporter sur votre copie le nombre total de mots de votre résumé : pour cela, vous devez scrupuleusement suivre la consigne imposée (ajouter une barre oblique tous les vingt ou cinquante mots, indiquer le total…). Évitez surtout une erreur de comptage des mots : le jury reste perplexe face à des scientifiques qui ne savent pas calculer et se montre sévère à leur égard.

✓ **Le mot du jury (Centrale-Supélec)**

« Les paragraphes doivent apparaître sans aucune ambiguïté sur la copie [...]. Toutefois, ce découpage n'a pas de sens s'il n'est soutenu, de paragraphe en paragraphe et à l'intérieur de ceux-ci, par des articulations logiques explicites et appropriées. »

# III. La dissertation

## A. Enjeux de l'exercice

### 1. Une dissertation sur programme

Entièrement rédigée, la dissertation, ou « composition française », est un exercice codifié et spécifique. Elle s'appuie sur le programme : vous devez montrer que vous avez compris les enjeux soulevés par le thème général qui a été étudié en classe (*le travail* cette année), les liens entre ce thème et les œuvres, ainsi que les éléments de convergence entre ces ouvrages du programme. Par conséquent, la dissertation doit être envisagée comme l'art d'organiser vos connaissances à partir d'un problème donné – elle est moins le lieu d'un étalage de culture générale que celui d'une réflexion méthodique ordonnée à partir de savoirs attendus.

✓ **Le mot du jury (CCINP)**

« Le candidat doit conduire une démonstration qui l'amène à formuler une réponse à la question posée par le libellé du sujet. Il est attendu que la copie dialogue constamment avec ledit sujet, qu'elle s'explique avec la thèse de l'énoncé, qu'elle se positionne clairement par rapport au problème. Il faut nécessairement "arriver quelque part". »

### 2. Une dissertation de philosophie

La dissertation vous demande une réflexion d'ordre philosophique, puisqu'elle s'appuie sur un thème particulier et sur au moins une œuvre philosophique. Le thème convoque des concepts précis que vous devez maîtriser et reconnaître dans le sujet proposé. D'ailleurs, c'est la connaissance des concepts qui conduit à interroger correctement le sujet, à en trouver les nuances, les limites mais aussi les prolongements : « Il s'agit bien de défendre une idée, et non de traiter un thème » (A-BCPST) dans cette composition rédigée.

### 3. Une dissertation de français

Au-delà de sa dimension philosophique, la dissertation s'appuie sur une lecture extrêmement précise des œuvres qui figurent au programme de l'année, et ce corpus constitue la base de données servant à illustrer les arguments conceptuels. Autrement dit, les idées développées dans la dissertation sont accompagnées d'exemples extraits des œuvres au programme, et aucune référence extérieure n'est automatiquement valorisée (il est même préférable de les éviter complètement dans le cadre de la dissertation du concours Centrale) : dans les concours qui les acceptent, notez bien que seules les références jugées très pertinentes et enrichissantes dans le cadre du traitement du sujet proposé seront appréciées.

✓ **LE MOT DU JURY (ENS/X)**

« Le jury ne saurait [...] trop insister sur l'importance que revêt l'analyse du sujet et la construction de l'introduction pour donner des fondations solides à la dissertation et montrer d'emblée au correcteur que l'on accepte le principe de l'exercice et les efforts qu'il requiert. »

## B. Le travail au brouillon : du sujet au problème

Le brouillon est essentiel, même si le temps de travail est bref. C'est au brouillon que vous vérifierez l'équilibre de votre propos et du recours aux œuvres, comme la logique progressive de la démonstration mise en place. Un tiers du temps de travail au moins doit donc être consacré à ce seul brouillon.

### 1. Le sujet

Le sujet se compose d'une citation suivie d'une consigne. Ce sont les concepts soulevés par la citation qu'il faut mettre au service de la réflexion menée à partir du programme ; et la consigne vous demande généralement d'examiner en quoi la citation éclaire votre lecture des œuvres, même s'il arrive qu'elle soit plus précise et qu'elle propose une piste de travail. L'erreur serait évidemment de la confondre avec une problématique livrée clé en main. Quoi qu'il en soit, il faut *a priori* considérer que le propos tenu dans la citation est toujours au moins partiellement validé dans les œuvres – avant de réfuter éventuellement un aspect du sujet, il faut l'explorer à l'aide du programme. Enfin, chaque sujet est unique : il ne s'agit pas de plaquer artificiellement sur une citation nouvelle un cours ou un corrigé de devoir fait en classe à partir d'une autre citation.

> ✓ **LE MOT DU JURY (ENS X)**
> Les candidats doivent « viser un développement nerveux qui va à l'essentiel après avoir pris tout le temps et l'espace nécessaires pour analyser le sujet ».

Pour mieux cerner le contenu et l'enjeu de ce sujet, procédez par étapes successives, avec rigueur. D'abord, vous devez repérer les mots clés qui vous paraissent importants en ce qu'ils structurent la citation et vous renvoient au thème de l'année – c'est une phase d'analyse, pendant laquelle vous allez définir et délimiter ces termes essentiels en utilisant le programme. Ensuite, il faut examiner les liens logiques et conceptuels qui font jouer ces termes clés les uns par rapport aux autres : y a-t-il opposition ? addition ? nuance ? complémentarité ? etc. Enfin – c'est la phase de synthèse indispensable –, vous devez reformuler le sujet en une ou deux phrases : cette reformulation permet de montrer l'enjeu principal du sujet et met en valeur les relations établies entre les termes clés.

## 2. La problématisation

À partir de la citation et de sa reformulation, il faut trouver ce qui pose problème dans le sujet, autrement dit ce que l'auteur de la citation considère comme évident, et qui ne correspond pas nécessairement à votre lecture précise des œuvres au programme.

> ✓ **LE MOT DU JURY (A-BCPST)**
> La « construction de la problématique s'appuie sur le repérage de discordances, entre l'énoncé et le programme, et entre les notions clés de l'énoncé ».

Dans cette phase essentielle, vous devez donc poser une question à partir de laquelle pourra se déployer la réflexion de la dissertation ; cette question unique rassemble des interrogations diverses auxquelles le sujet peut inviter à penser, et doit être formulée de manière à induire une réponse du type : « Oui… jusqu'à un certain point. » Enfin, cette question doit prendre en compte non seulement les termes clés, mais aussi les relations entre les termes que l'étude du sujet a mis en évidence durant la phase d'exploration et de reformulation de la citation. Si la citation oppose deux notions liées au programme (par exemple, cette année, le travail face aux employeurs ou face à sa signification), c'est l'ensemble {termes clés + opposition entre ces termes} qu'il faut prendre en considération pour formuler une seule problématique.

✓ **Le mot du jury (CCMP)**

« Il ne s'agit pas de faire se succéder quatre ou cinq questions en s'éloignant de plus en plus de l'essentiel, jusqu'à parvenir à un thème vague, mais au contraire de circonscrire avec précision le sujet. La problématique doit soulever un problème, non être la reprise sous forme interrogative des données de la citation. »

## C. Le plan

La phase de reformulation du sujet débouche sur un problème à résoudre. Pour construire le plan de résolution de ce problème, vous disposez d'une base de données unique mais riche : le programme, représenté par le thème développé dans les œuvres. Cet ensemble constitue un réservoir de preuves pour votre démonstration. Concrètement, vous allez résoudre le problème posé à l'aide d'arguments issus de votre connaissance du thème, arguments eux-mêmes illustrés par des exemples tirés des œuvres.

Quel plan choisir ? Les jurys de concours acceptent toute démonstration efficace en deux ou trois points – même si le développement en trois parties est clairement valorisé par rapport à celui qui oppose de façon brutale deux blocs apparemment contradictoires. Pour travailler, il est donc dans un premier temps utile de valider la citation par un recours organisé aux œuvres. Ce n'est qu'ensuite que vous pourrez montrer que la citation proposée n'est que partiellement confirmée dans les œuvres au programme : la deuxième, puis la très recommandée troisième partie, vous conduiront à apporter des nuances ainsi que des compléments afin d'explorer la totalité du sujet face à toutes les possibilités du programme. C'est pourquoi d'ailleurs chaque grande partie explore la totalité du sujet.

✓ **Le mot du jury (CCMP)**

« Le développement comporte idéalement trois grandes parties (si un plan en deux grandes parties est possible, il parvient rarement à proposer un tour complet de la question, en dépassant l'aporie liée au débat entre la thèse et l'antithèse), elles-mêmes divisées en deux ou trois sous-parties. Ces parties et sous-parties doivent être visibles dès le premier coup d'œil de votre correcteur. »

En fin de compte, il faut considérer que le sujet pose un problème que le développement de la dissertation résout. Le développement est donc une démonstration cohérente qui, d'argument en argument et d'exemple en exemple, conduit d'un problème posé en introduction à sa résolution présentée en conclusion.

## D. Rédaction de la dissertation

### 1. Un préalable indispensable : bien écrire

Une dissertation est entièrement rédigée, et ne comporte pas de titres ou de sous-titres destinés à mettre le plan en évidence : il faut donc maîtriser la langue française et les subtilités des termes liés au programme pour proposer un travail efficace.

Par ailleurs, la calligraphie et l'orthographe comptent dans l'appréciation – un devoir agréable à lire et qui manie correctement la langue sera valorisé, alors qu'un devoir illisible, rempli d'erreurs d'orthographe, de syntaxe ou de lexique sera pénalisé.

> ✓ **LE MOT DU JURY (G2E)**
>
> « Maintenir un niveau de langue soutenu permet de gagner en précision pour cerner les notions [...]. Veiller à la correction grammaticale, notamment la ponctuation qui en fait partie, permet de mieux maîtriser l'enchaînement logique des idées. »

### 2. L'introduction

L'introduction comporte des étapes quasi immuables qu'il convient de respecter : elle est une accroche qui doit mettre en valeur le développement à venir.

– L'amorce générale, très brève (deux à trois lignes) permet d'introduire le thème et la citation. Elle doit être précise, efficace, mais moins ancrée dans l'actualité éphémère présentée par les médias que dans une pensée globale liée aux concepts. Il est également inutile de remonter à une préhistoire mythique (« De tout temps, tous les hommes... »), de même qu'il est souvent peu judicieux de commenter longuement une citation-prétexte uniquement destinée à valoriser votre culture générale.

– Accompagnée de sa source, la citation doit ensuite être intégralement reproduite, en une ou plusieurs étapes : recopiez-la sans en omettre aucun élément et proposez sa reformulation pour montrer au jury que vous avez compris de quoi il est question.

> ✓ **LE MOT DU JURY (CCMP)**
>
> « L'introduction est un moment très important du devoir. C'est elle qui donne sens et raison d'être à tout le développement. Elle a pour rôle de faire la jonction entre le sujet (la citation) et les œuvres. »

– La reformulation est suivie de la problématique, présentée sous forme de phrase affirmative ou sous la forme d'une question. Attention ici : de nombreux candidats aux concours ne savent pas construire une phrase interrogative indirecte. Entraînez-vous donc pour éviter les erreurs syntaxiques ou privilégiez la phrase interrogative directe, beaucoup plus simple à élaborer. Cela est d'autant plus important que la problématisation est une étape essentielle dans la dissertation.

– Il faut ensuite rappeler les œuvres au programme, dans l'ordre chronologique si vous vous contentez de les énumérer, ou dans un ordre logique si vous les accompagnez d'une brève proposition indiquant leur principale relation avec le sujet.

**VERS LA RÉUSSITE : les étapes de l'introduction**
Une amorce, le sujet et sa reformulation, une problématique, le rappel des œuvres et l'annonce des grandes parties du développement.

– L'introduction se termine par l'indispensable annonce du plan : de manière très claire, vous y indiquez les pistes que vous allez explorer, sans entrer toutefois dans le détail des sous-parties.

### 3. La conclusion

La conclusion répond clairement au problème posé en introduction. Pour ce faire, elle reprend les résultats intermédiaires de la démonstration, sans résumer longuement le développement ni se contenter de reproduire les titres des grandes parties. Cette reprise s'achève par une ou deux phrases générales qui énoncent la réponse apportée par le programme à la question soulevée par le sujet.

Autrement dit, la « conclusion doit permettre, après avoir dressé un bilan de la démonstration, de répondre à la problématique dégagée en introduction » (CCMP).

**VERS LA RÉUSSITE : la conclusion est un bilan**
Comme un C.Q.F.D. mathématique, elle matérialise l'aboutissement de votre démonstration.

Notez qu'il est souvent utile de rédiger au brouillon la conclusion juste après l'introduction : ainsi, on évite les répétitions et surtout, on prépare le projet de résolution du problème posé. Lorsque la conclusion est rédigée avant la mise au propre, on peut en effet éviter les digressions dangereuses, et il est possible de mieux travailler ensuite la progression du propos dans le développement. Enfin, une conclusion rédigée à l'avance peut toujours être modifiée à la dernière minute, ou être recopiée très rapidement si le temps vient à manquer à la fin de l'épreuve.

### 4. Le développement

Le développement doit être bien rédigé et construit. Alliant étroitement les arguments et les exemples, une grande partie se présente généralement de la façon suivante :

– § 1 : une annonce rapide de l'axe développé (il n'est pas nécessaire d'annoncer les sous-parties) ;

✓ **LE MOT DU JURY (Centrale-Supélec)**
« La rigueur doit régner également au sein des parties, qui ne sauraient en aucun cas développer des idées contradictoires, mêler thèse et antithèse. À leur échelle se reproduit une démarche argumentative ordonnée, à laquelle la distribution thématique des idées est rarement propice. Chaque paragraphe doit être clairement, explicitement rattaché au sujet, comme une étape de sa discussion. »

– § 2 : sous-partie 1 : un argument, un ensemble d'exemples exploités (tirés d'au moins deux œuvres), un bilan partiel ;

– § 3 : sous-partie 2 : transition avec la sous-partie précédente, puis construction identique au § 2 ;

– § 4 (s'il y a trois sous-parties) ;

– § final : un bilan intermédiaire qui facilitera la transition vers la grande partie suivante. Ce bilan, indispensable, utilise les mots du sujet et les relie à l'étape du problème que la grande partie vient de développer.

Chaque étape du développement doit être travaillée selon trois niveaux : elle doit être complète, elle doit permettre de faire progresser la réflexion à l'intérieur d'une grande partie, et elle doit faire référence au sujet que traite l'ensemble de la dissertation.

**✓ Le mot du jury (CCMP)**

Qui « dit dialogue dit, au fil du développement, reprise des termes du sujet, que le candidat peut même mettre entre guillemets, pour montrer que la construction de son raisonnement s'appuie bien sur les termes de la citation proposée ».

Les arguments proposés doivent être très précisément induits par le sujet et par le thème au programme. Pour ce qui est des exemples, il faut penser à confronter systématiquement les œuvres les unes aux autres. Autrement dit, chaque argument est suivi de références aux textes, constituées de citations ou du rappel d'un épisode précis : les citations « confèrent à la copie une indéniable valeur ajoutée, lorsqu'elles sont pertinentes, contextualisées et analysées pour êtres mises en rapport avec l'argument et le sujet » (A-BCPST). D'ailleurs, les citations comme les allusions doivent toujours être commentées afin de montrer comment elles servent l'argument. S'il n'est pas nécessaire de convoquer toutes les œuvres du programme pour chaque argument, il est en revanche utile de faire dialoguer les ouvrages aussi régulièrement que possible : par exemple, les opinions subjectives concernant *le travail* apparaissent dans chaque œuvre, mais elles ne s'appuient pas toujours sur une même délimitation précise de cette notion, d'autant qu'on ne peut confondre l'ouvrière Simone Weil avec le pâtre des *Géorgiques* ou avec la réalité peinte par Vinaver. Autant dire qu'il faut recourir à des exemples extraits de deux œuvres au moins pour chaque argument. Et, corrélativement, « une copie ne doit jamais oublier d'articuler précisément et clairement l'exemple et l'argument » (X-ENS) : il s'agit de faire progresser le raisonnement d'un argument à l'autre, et non d'une œuvre à l'autre : chaque argument doit convoquer des œuvres différentes en montrant leur convergence relative, et il n'est pas question de consacrer un paragraphe à chaque œuvre.

**✓ Le mot du jury (A-BCPST)**

« [C]ertains cheminements sont plus efficaces, c'est-à-dire plus convaincants, que d'autres. Il est ainsi en général plus opérant de démontrer d'abord la validité de l'énoncé, car on conteste à meilleur escient ce qu'on a compris. Les sujets qui appellent une discussion en première partie sont le plus souvent paradoxaux. »

De fait, le programme est à la fois riche et vaste : il faut au maximum choisir les exemples dans les œuvres recommandées, et non dans d'autres œuvres, qu'elles soient des mêmes auteurs ou qu'elles soient issues de votre culture générale – il n'est pas indispensable, à propos du *travail*, de citer Marx ou Durkheim, voire le *Journal d'usine* de Weil. En outre, à Centrale, l'« argumentation doit obligatoirement reposer sur les œuvres du programme, prises comme cadre de la réflexion ; elle ne doit pas faire appel à d'autres références qui seraient, par définition, hors sujet. D'autre part, aucune œuvre ne doit être laissée de côté, chacune doit être prise en compte dans l'argumentation » : l'exercice ne consiste ni en une rédaction de culture générale ni en une accumulation d'opinions individuelles subjectives.

Veillez à accorder la même importance à chacune des œuvres du programme, en équilibrant avec attention le nombre et la qualité des références que vous proposez. Aucune œuvre ne doit être privilégiée, aucune œuvre ne doit être en retrait, et chaque œuvre doit apparaître au moins une ou deux fois dans chaque grande partie.

**VERS LA RÉUSSITE : un sujet, un programme, des œuvres**

La parfaite connaissance du contenu des œuvres et votre aisance à circuler d'un ouvrage à l'autre en établissant des liens signifiants en fonction du thème au programme sont les préalables indispensables à la réflexion déployée dans la dissertation.

Enfin, les grandes parties doivent s'enchaîner logiquement : elles constituent des étapes successives de la résolution du problème, et doivent par conséquent approfondir progressivement la réflexion pour aboutir à une conclusion précise et définitive. Il faut donc soigner la rigueur des enchaînements logiques et valider chaque idée par un retour systématique au sujet. De même, le bilan d'une grande partie gagne à être formulé à l'aide de la citation proposée par le sujet – vous montrez ainsi que vous êtes *en train de* résoudre le problème posé.

## IV. PRÉPARER LES ÉPREUVES DE L'ORAL

De nombreux concours ne proposent pas d'oral de « français ». Toutefois, au-delà de certaines épreuves spécifiques qui s'appuient notamment sur des entretiens de motivation construits à partir de dossiers, on peut considérer globalement trois formes d'épreuves que vous pouvez rencontrer et qu'il faut avoir préparées durant les deux années de classes préparatoires aux grandes écoles pour espérer les réussir convenablement.

## A. Concours Mines-Télécom

D'une durée totale de 25 minutes, cette épreuve, qui mesure « les motivations et compétences pour le métier d'ingénieur » des candidats, combine deux exercices : d'abord, le candidat examine 3 objets iconographiques (2 cartes - 5 minutes de préparation puis 5 minutes d'exposé - complétées ensuite par une troisième carte - 1 minute de préparation et 2 minutes d'exposé) : il s'agit d'évaluer « les possibilités qu'une technologie spécifique peut offrir afin de répondre [...] à un grand enjeu du monde contemporain ». La suite de l'entretien permet au candidat de développer ses idées et d'évoquer « son parcours, ses centres d'intérêt, ses projets professionnels ».

> ✓ **Le mot du jury (Mines-Télécom)**
> « Le jury appréciera particulièrement l'authenticité du candidat, sa spontanéité et ses forces de conviction. »

## B. Concours commun Mines-Ponts

L'épreuve est composée de 30 minutes de préparation et d'environ 30 minutes de passage : 5 à 7/8 minutes pour l'analyse, 12 à 15 minutes pour le commentaire (afin d'atteindre environ 20 minutes d'exposé) et environ 10 minutes d'entretien.

L'étudiant doit d'abord travailler sur un texte d'idées récent (postérieur à 1950) de 650 à 750 mots : il s'agit non seulement d'en présenter le contenu par le biais d'une reformulation habile, mais surtout d'en matérialiser la structure et la progression : il ne s'agit donc en rien d'un résumé, mais bien au contraire d'un propos en surplomb, mettant en évidence des articulations logiques au service de la présentation d'une idée. Cette première partie permet au candidat de montrer sa capacité de s'approprier la pensée d'autrui pour en montrer les rouages, les enjeux et l'efficacité relative.

Puis, dans un deuxième moment, l'étudiant doit extraire l'un des thèmes essentiels du texte (qu'il s'agisse d'une phrase saillante ou d'une idée structurante), le problématiser, et construire pour proposer sa résolution une démonstration sous la forme d'un « commentaire personnel » (ou « développement personnel ») qui tient de la dissertation : une progression en deux ou trois parties dynamiques permet alors de résoudre le problème posé en introduction et de compléter ainsi la réflexion initiée par le texte. Les exemples peuvent quant à eux être issus des domaines de la pensée et/ou de l'actualité, mais il est nécessaire de choisir également plusieurs

> ✓ **Le mot du jury (Mines-Ponts)**
> « Pour penser par soi-même, il faut savoir s'appuyer sur la pensée des autres. Les références culturelles nombreuses et variées permettent de ne pas rester prisonnier de l'actualité ou de préjugés, de donner de la profondeur à sa réflexion, de mettre en perspective les positions des uns et des autres. »

exemples culturels, à exploiter judicieusement. L'élaboration d'une conclusion est ensuite essentielle pour préciser l'aboutissement auquel la réflexion est parvenue.

Enfin, un entretien d'une dizaine de minutes permet au jury d'apprécier la justesse de l'argumentation, en invitant le candidat à préciser sa pensée ou à la poursuivre en l'approfondissant.

## C. Concours X (Polytechnique) et ESPCI

La durée de l'épreuve est répartie en une préparation de 45 minutes et un passage d'une trentaine de minutes (2 à 3 minutes pour le résumé, 12 à 13 minutes pour la réflexion articulée et 10 à 12 minutes pour l'entretien).

Le candidat doit d'abord procéder au résumé d'un texte d'une page, issu d'époques extrêmement variées, de l'Antiquité à nos jours, et posant des réflexions sur la littérature, la philosophie, la science, l'économie, la sociologie… Ce texte en prose est choisi pour « sa capacité de provoquer la réflexion », comme le rappellent les rapports du jury. Le résumé à construire (pensez à le rédiger autant que possible au brouillon !) adopte les codes du résumé de l'écrit (cf. *supra*, II), dure entre deux et trois minutes, et reproduit la pensée de l'auteur en conservant les particularités de son énonciation. Il est précédé d'une brève introduction de moins d'une minute, visant à rappeler le nom de l'auteur ou de l'autrice, la source du texte, son thème et ses enjeux ainsi que certaines particularités de ton ou de construction.

> ✓ **LE MOT DU JURY (X/Polytechnique)**
>
> « Les meilleures notes ont […] pu saluer des résumés fidèles au texte mais finement reformulés, ainsi que des réflexions structurées et nourries de références pertinentes, ayant fait l'objet d'une réelle appropriation, réflexions qui débouchaient enfin sur des véritables échanges. »

Ensuite, le candidat présente une réflexion articulée, sous la forme d'une brève dissertation orale qui prend appui sur les thèmes essentiels du texte (qu'il s'agisse d'une phrase particulièrement importante ou d'un thème aisément identifiable), problématise cette pensée puis résout ce problème posé dans le cadre d'un plan progressif et rigoureux : les exemples doivent y servir judicieusement les arguments, et doivent rapidement dépasser les simples références à une actualité contingente – cette épreuve valorise en effet non seulement la capacité d'organiser sa pensée, mais également la culture du candidat. Autrement dit, comme dans une dissertation écrite, il s'agit de proposer une pensée structurée dont les étapes progressives conduisent à une conclusion claire, le tout en s'appuyant sur des exemples essentiellement culturels, exploités en fonction des arguments qu'il s'agit d'étayer. Notez que, comme dans le cadre de l'oral Mines-Ponts, les exemples issus des programmes sont absolument prohibés (donc, en 2023, vous ne construirez pas d'arguments importants autour du « travail », de « l'enfance » ou de « la force de vivre ». De même vous ne vous référerez pas aux ouvrages et aux auteurs de ces différents programmes).

Enfin, la dernière phase de cette épreuve consiste en un entretien au cours duquel le candidat est appelé à préciser et à développer sa compréhension du texte résumé ainsi que sa démarche dissertative.

## D. Quelle préparation pour les oraux ?

Outre le travail que vous effectuez avec vos professeurs durant les deux années de classes préparatoires aux grandes écoles, il est judicieux de poursuivre votre formation culturelle personnelle : documentez-vous très régulièrement sur l'actualité, nationale et internationale, générale mais aussi scientifique et technique, lisez le plus possible d'ouvrages variés ou d'articles de revues (on trouve aujourd'hui sur Internet des articles signés par des universitaires et des spécialistes renommés), intéressez-vous au monde dans lequel vous vivez, aux idées qui circulent, aux innovations de tous ordres, et pensez à conserver vos cours d'histoire, de français et de philosophie du lycée pour vous les approprier. Face au flux d'informations dont vous êtes les destinataires au quotidien, interrogez-vous sur la valeur de la pensée, apprenez à construire des réflexions qui se dégagent des banalités et des opinions communes, dépassez les simples points de vue qui se contentent de suivre les idées générales ou de les combattre sans arrière-plan, et fuyez le prêt-à-penser des réseaux sociaux qui ne s'appuient que sur la subjectivité de communications peu fiables. Il s'agit finalement d'apprendre à prendre position de façon raisonnée et consciente face à ce monde dans lequel vous allez vous épanouir dans l'ingénierie ou la recherche : si vous vous impliquez dans l'acquisition de vos connaissances et si vous circulez aisément dans ce que le monde vous offre, vous aurez à votre portée les atouts de la réussite.

SIXIÈME PARTIE

# Corrigés de dissertations et de résumés

*par Didier Pourquié*

## I. DISSERTATION RÉDIGÉE

***[Le plan, les titres ainsi que les éléments entre crochets n'apparaissent que pour indiquer les différentes étapes de la rédaction du devoir : ils ne doivent pas figurer dans une copie.]***

**SUJET 1**

« Dans la société capitaliste, le travail est la cause de toute dégénérescence intellectuelle, de toute déformation organique. Comparez le pur-sang des écuries de Rothschild, servi par une valetaille de bimanes, à la lourde brute des fermes normandes, qui laboure la terre, chariote le fumier, engrange la moisson » (Paul Lafargue, *Le Droit à la paresse* [1880], Mille et une Nuits, 1994, p. 11-12).

Dans quelle mesure votre lecture des trois œuvres au programme vous permet-elle de souscrire à cette affirmation ?

N.B. : le cadre du sujet, « la société capitaliste », n'interdit pas d'exploiter *Les Géorgiques*. Virgile l'un des premiers, notamment dans le livre II, dénonce les dérives d'une société marchande qui s'est éloignée du sain travail des champs pour œuvrer à la recherche du profit.

### PLAN

**I. Certes, en servant le capital, le travail peut contribuer à gâter l'humanité**

1. Le travail peut user et abîmer les corps
2. Le travail peut faire souffrir et abîmer l'esprit
3. Le travail peut faire déchoir de l'humanité

**II. Mais cette dégénérescence peut s'interpréter à l'inverse comme un arrachement à notre animalité**

1. Se soumettre au rythme artificiel du travail pour se soustraire aux lois de la nature
2. L'usure et le sacrifice du corps comme la signature d'une participation réjouissante à l'effort collectif
3. En suspendant la pensée, le travail nous libère de nos angoisses

**III. Faute de pouvoir humaniser la quête du profit, il faudrait humaniser le travail**

1. Être attentif aux exigences du corps et de l'esprit du travailleur
2. Intéresser le travailleur au sens et au produit de son travail
3. Intégrer le travailleur au processus décisionnel

## INTRODUCTION

***[Amorce]*** Dans *De la démocratie en Amérique*, Tocqueville observe que l'ouvrier qui répète toujours le même geste « devient chaque jour plus habile et moins industrieux, et l'on peut dire qu'en lui l'homme se dégrade à mesure que l'ouvrier se perfectionne [1] ». S'exprime ici le regret de voir l'intelligence abaissée au niveau d'une activité mécanique et de voir l'homme contracter des automatismes qui l'éloignent de sa nature humaine.

***[Citation du sujet]*** Dans ces mots, le philosophe de la politique libérale rejoint étonnamment l'un des apôtres du socialisme français, Paul Lafargue, qui, dans *Le Droit à la paresse*, déplore l'évolution du travail : « Dans la société capitaliste, le travail est la cause de toute dégénérescence intellectuelle, de toute déformation organique. Comparez le pur-sang des écuries de Rothschild, servi par une valetaille de bimanes, à la lourde brute des fermes normandes, qui laboure la terre, chariote le fumier, engrange la moisson. »

***[Analyse des termes du sujet]*** Selon Lafargue, le système capitaliste valorise le profit. Il incite à obtenir du travail plus que le nécessaire, encourage l'accumulation du capital au détriment de ceux qui ne possèdent pas les moyens de production. Il partage ainsi la société entre les possédants, la classe bourgeoise et les malheureux qui s'épuisent à la tâche sans en tirer bénéfice. C'est la raison pour laquelle le travail serait à l'origine du flétrissement général de l'espèce humaine. La comparaison qui valorise l'animal (« le pur-sang ») au détriment du paysan (« la lourde brute ») est provocatrice : elle vise à condamner le labeur infâme qui ravale l'homme au-dessous de la bête. ***[Problématisation]*** Mais jusqu'à quel point pouvons-nous dire que le travail nous détruit et nous abêtit ? N'est-il pas au contraire ce qui nous élève ? Pouvons-nous le condamner, voire l'abolir, s'il répond à une nécessité ? Existe-t-il un seuil de dénaturation du travail auquel nous devrions rester vigilants ?

***[Problématique]*** En se mettant au service du profit, le travail a-t-il avili notre espèce ?

***[Rappel des œuvres au programme]*** En nous appuyant sur *Les Géorgiques* de Virgile, sur *La Condition ouvrière* de Simone Weil et sur *Par-dessus bord* de Michel Vinaver, ***[Annonce du plan. Première partie]*** nous verrons tout d'abord que, certes, en servant le capital, le travail peut contribuer à gâter l'humanité, ***[Deuxième partie]*** mais que cette dégénérescence peut s'interpréter à l'inverse comme un arrachement à notre animalité. ***[Troisième partie]*** Nous examinerons alors si, faute de pouvoir humaniser la quête du profit, il ne faudrait pas humaniser le travail lui-même.

1. Alexis de Tocqueville, *De la démocratie en Amérique*, t. II, partie II, chap. XX, GF-Flammarion, 1981, p. 199.

## [I. Certes, en servant le capital, le travail peut contribuer à gâter l'humanité]

*[Rappel de la partie I]* Au premier abord, il semble que le constat de Paul Lafargue se trouve confirmé : le travail peut contribuer à gâter l'humanité.

### *[1. Le travail peut user et abîmer les corps]*

*[Argument 1]* En effet, le travail use et abîme les corps. Avec l'ère capitaliste, les propriétaires des outils de production exigent de leur personnel un surcroît de travail pour augmenter leurs bénéfices. *[Exemple 1]* Pour Simone Weil, les cadences infernales imposées par le souci de rentabilité altèrent la santé des travailleurs : « Vous savez que le pédalage exigé par les presses est quelque chose de très mauvais pour les femmes ; une ouvrière [...] n'a pas pu obtenir d'être mise ailleurs que sur les presses. Maintenant, elle est enfin ailleurs qu'aux machines, mais la santé définitivement démolie » (p. 78-79). Cette altération de la santé s'étend au-delà du temps passé à l'usine et se traduit par de la léthargie : « Physiquement aussi, sombrer, en dehors des heures de travail, dans une demi-somnolence est une grande tentation » (p. 52). C'est une violence qui est faite directement à la santé des travailleurs. *[Exemple 2]* Dans l'Antiquité, Virgile était sensible à la nécessité de préserver l'intégrité des corps, et en particulier celle des animaux qui sont les partenaires du berger. Aussi met-il en garde ce berger contre le risque de négliger l'hygiène des bêtes pour ne se préoccuper que du lait qu'elles produisent : « La hideuse gale s'attaque aux brebis [...] quand la sueur mal lavée reste collée à leurs corps tondus et que les ronces épineuses ont écorché leur peau » (III, p. 135). Ordre est ainsi donné de prendre soin de ses bêtes ; nulle exigence de productivité ne saurait prévaloir sur cette nécessité. *[Exemple 3]* Il est donc bien vrai que le travail peut nuire à la santé et, dans la pièce de Michel Vinaver, c'est à travers le personnage de Jiji que l'on devine la nocivité du travail, notamment quand elle déclare n'avoir aucun goût pour l'effort : « ALEX. – Comme ça t'aimes rien faire/ JIJI. – Oui faire en général j'aime pas trop » (p. 80). La paresse de Jiji n'apparaît pas scandaleuse dans cette galerie de portraits où les personnages sont presque tous aliénés par le travail. À l'inverse, son désir de ne rien faire semblerait presque relever d'une saine résolution.

### *[2. Le travail peut faire souffrir et abîmer l'esprit]*

*[Argument 2]* Non seulement le travail peut abîmer la santé, mais il peut faire souffrir. *[Exemple 1]* Selon Virgile, le travail ne peut s'envisager sans douleur ; il pense notamment à la souffrance de l'animal que l'on contraint à travailler : « je veux dès lors voir le taureau commencer de gémir sous le poids de la charrue » (I, p. 41). Si le poète incite à préserver la santé des bêtes, il se montre moins sensible à la douleur

CORRIGÉS

qu'elles peuvent éprouver, tant que le corps n'est pas abîmé et que l'animal continue de produire le travail demandé. ***[Exemple 2]*** Il apparaît en effet que la souffrance qu'on inflige, loin d'être un regrettable corollaire du travail, est, du point de vue du patronat, la seule façon d'obtenir des résultats efficaces, comme l'explique Ausange, le banquier de *Par-dessus bord*, qui finance les entreprises les plus rentables : « une condition que nous mettons à la souscription de ce prêt c'est la remise des pouvoirs à Benoît qui nous paraît être plus méchant que vous or il nous faut un méchant bonhomme qui aime mordre » (p. 103). Le bon chef, c'est celui qui fait souffrir les hommes et les femmes qui travaillent sous ses ordres. La souffrance est le signe que la force de travail est rationnellement exploitée. ***[Exemple 3]*** Mais, du point de vue des travailleurs, cette souffrance est telle qu'elle leur impose le sommeil de la réflexion, comme l'écrit Simone Weil : « D'une manière générale, la tentation la plus difficile à repousser, dans une pareille vie, c'est celle de renoncer tout à fait à penser : on sent si bien que c'est l'unique moyen de ne plus souffrir ! » (p. 51-52). Pour la philosophe, il y aurait, au-delà du simple objectif de rentabilité par l'exploitation de la force de travail, le souci d'endormir le cerveau des travailleurs pour les rendre plus dociles et moins aptes à la colère. On voit bien combien le travail peut alors flétrir l'intelligence et anéantir la conscience.

### *[3. Le travail peut faire déchoir de l'humanité]*

***[Argument 3]*** Ainsi, quand les corps s'abîment et que les cerveaux se flétrissent dans les efforts imposés, le risque est que le travailleur soit déchu de son statut d'homme. ***[Exemple 1]*** Dans *Les Géorgiques*, malgré le respect que les animaux lui inspirent, Virgile laisse entendre que le travail du paysan ne saurait se confondre tout à fait avec celui du bétail qu'il soumet. Aucun homme ne devrait accomplir le travail des bêtes de somme pour lesquelles il emploie un langage spécifique : « entraîne-les quand ils sont encore de petits veaux, et engage-toi dans la voie du dressage [...], attelle-les deux par deux [...] et force-les à marcher de front » (III, p. 120). Le poète conseille le paysan ; le paysan dresse le bétail. La grandeur de l'homme des champs, c'est précisément qu'il échappe à la contrainte, qu'il est libre de son labeur. ***[Exemple 2]*** Mais, selon Simone Weil, dans la société capitaliste, les conditions de travail de l'ouvrier le réduisent à n'être qu'un outil entre les mains du patronat, un outil qu'on peut user, détruire et abandonner. Le phénomène est irrémédiable, car la perte de son emploi achève de condamner le travailleur à cette déchéance : « il descend, degré par degré, abandonné de Dieu et des hommes, [...] une pente qui [...] le mènera en fin de compte non seulement à la mort lente, mais tout d'abord à une déchéance sans fond » (p. 114). Le bilan est accablant : loin d'être cette essence qui fonde notre humanité, le travail devient au contraire ce qui nous en arrache. Cela ne concerne-t-il que les ouvriers aux mains du patronat ? ***[Exemple 3]*** Non pas, car, même si le sort de Benoît, le nouveau patron de l'entreprise dans *Par-dessus bord*, semble nettement plus enviable, il fait les frais de son appétit de pouvoir et de rentabilité. C'est pourquoi Margerie, sa femme, lui déclare posément que son travail et ses ambitions corrompent sa personnalité tout entière au point de le rendre méprisable : « mais toi tu deviens tous les jours un petit peu plus manager un peu plus con » (p. 69). En s'identifiant à sa fonction, l'homme a oublié qui il était. Il perd tout lien avec la personne qui avait su autrefois séduire la femme qu'il a épousée – autre forme de déchéance.

***[Conclusion partielle]*** Le travail, quand il se met au service du seul profit, peut avoir de terribles conséquences, tant sur le plan physique que sur le plan intellectuel. Notre moralité peut en être elle-même si affectée et si corrompue que nous pouvons déchoir de notre humanité. ***[Connecteur et annonce de la partie II]*** Mais cette dégénérescence peut s'interpréter à l'inverse comme un arrachement à notre animalité.

## [II. Mais cette dégénérescence peut s'interpréter à l'inverse comme un arrachement à notre animalité]

### *[1. Se soumettre au rythme artificiel du travail pour se soustraire aux lois de la nature]*

***[Argument 1]*** En effet, on peut considérer que le choix délibéré de se soumettre au rythme artificiel du travail répond à une volonté de se soustraire aux lois de la nature. ***[Exemple 1]*** Pour Virgile, le laboureur se soustrait aux lois de la nature par l'artifice du travail de la terre : « n'aie point honte de saturer d'un gras fumier le sol aride, ni de jeter une cendre immonde par les champs épuisés » (I, p. 43). Ce choix résolu de contrevenir à l'ordre imposé par la nature en enrichissant ou en irriguant les sols, par exemple, fait la joie du paysan qui retire bien vite les fruits de ses efforts. ***[Exemple 2]*** Comme le paysan de Virgile, Simone Weil a une certaine expérience du travail de la terre, de son rythme imposé, de ses efforts alternés : « Longtemps avant de travailler en usine, j'avais appris à connaître le travail des champs : foins – moisson – battage – arrachage des pommes de terre (de 7 h du matin à 10 h du soir...), et malgré des fatigues accablantes j'y avais trouvé des joies pures et profondes » (p. 174). Il ne faudrait donc pas confondre la rationalisation du travail avec l'asservissement. Ne pas se contenter de subir les contraintes imposées par la nature, mais décider de les dominer par des activités concertées peut procurer une satisfaction réelle, sans faire déchoir l'homme pour autant. ***[Exemple 3]*** Dans *Par-dessus bord*, il arrive même que les personnages reconnaissent éprouver une certaine satisfaction dans leur travail. C'est le cas de Cohen qui, pourtant, n'est guère heureux de la tournure des événements au moment où son patron Fernand Dehaze sombre dans le coma et où Benoît prend le pouvoir. Mais dans le cinquième mouvement de la pièce, il semble se réjouir des nouvelles formes de travail mises en place, et qui visent, précisément, à améliorer la rentabilité : « Je vous dirai que je suis plus heureux maintenant le travail est plus intéressant » (p. 188).

*[2. L'usure et le sacrifice du corps comme la signature d'une participation réjouissante à l'effort collectif]*

*[Argument 2]* Même si le rythme de travail imposé par « la société capitaliste » est rude, l'usure et le sacrifice du corps peuvent être perçus comme la signature d'une participation réjouissante à l'effort collectif, et il n'y a pas lieu de s'en affliger. *[Exemple 1]* Dans *Les Géorgiques*, les abeilles s'activent et se sacrifient pour sauver la ruche du pillage. Cette dépense extrême est un don de soi à la valeur supérieure que représente la société : « Plus elles verront leurs trésors épuisés, plus elles mettront d'ardeur à réparer leurs pertes » (IV, p. 159). Virgile consacre de nombreux vers à ces abeilles qui semblent animées d'un enthousiasme indéfectible et dont les nations humaines seraient bien avisées de s'inspirer. *[Exemple 2]* Si Simone Weil, quant à elle, récuse la logique de la rentabilité qui écrase les corps, elle plébiscite cependant le travail et la fatigue qu'il engendre contre la paresse des nantis qui, comme Gide, se satisfont des sensations « pour les sensations » (p. 73) et sont les dupes de la vie : « Car la réalité de la vie, ce n'est pas la sensation, c'est l'activité – j'entends l'activité et dans la pensée et dans l'action. Ceux qui vivent de sensations ne sont, matériellement et moralement, que des parasites par rapport aux hommes travailleurs et créateurs qui seuls sont des hommes » (*ibid.*). Si elle récuse la logique du profit qui abîme inutilement les travailleurs, la philosophe ne rejette pas l'effort organisé de l'entreprise et ce qu'il peut supposer de saine fatigue. *[Exemple 3]* Encore faut-il apprécier cette fatigue pour ce qu'elle est, et non en faire un argument à retourner contre le travailleur. Il faut avoir l'impudence de Benoît, dans *Par-dessus bord*, pour s'autoriser à réduire le personnel sous le prétexte de la fatigue liée au travail, comme il le fait avec Mme Bachevski, qu'il licencie sans préavis au nom de tous les efforts qu'elle a accomplis pour l'entreprise : « Vous avez été un serviteur dévoué et ardent de la maison » (p. 207), voilà pourquoi « nous avons décidé de vous offrir le loisir et le repos que vous avez bien gagnés sans qu'il vous soit nécessaire d'attendre encore quatre ans » (p. 206). Mais ce cynisme n'est peut-être pas constitutif de la « société capitaliste », puisque du temps de Fernand Dehaze les employés ont encore le sentiment que leur fatigue au travail peut être reconnue comme un mérite respectable.

*[3. En suspendant la pensée, le travail nous libère de nos angoisses]*

*[Argument 3]* Cette fatigue peut aussi avoir des effets bénéfiques sur le travailleur car, en suspendant sa pensée, le travail le libère de ses angoisses et de ses peines. *[Exemple 1]* On le voit dans *Les Géorgiques*, avec le cas d'Aristée qui arrête de pleurer sur la perte de ses ruches pour accomplir un exploit. Il reçoit de sa mère l'ordre de soumettre Protée,

mission qui, pour lui, est autant une étape pour retrouver ses abeilles et redonner du sens à son existence qu'un travail de force qui le détourne du chagrin de sa solitude : « Quand tu l'auras pris, emploie la force brutale et serre-le dans des liens : c'est l'unique moyen, en les brisant, de rendre vaines ses ruses » (IV, p. 168). De fait, la mission est longue et difficile, tant Protée déploie d'ingéniosité dans ses multiples métamorphoses ; mais l'objectif à atteindre soulage le berger de toutes ses peines. ***[Exemple 2]*** Simone Weil pour sa part admet que le travail en usine peut être très bénéfique du moment que l'effort soit pleinement conscient et consenti par le travailleur : « je suis capable de me soumettre avec joie et avec le maximum de bonne volonté à toute discipline nécessaire à l'efficacité du travail, pourvu que ce soit une discipline humaine » (p. 174). Si la condition est remplie, alors le travail procure un sentiment assez positif pour effacer les angoisses du travailleur. ***[Exemple 3]*** Michel Vinaver traite cet effacement de l'angoisse sur le mode parodique, notamment avec l'intervention du psychosociologue qui interroge une femme sur ses impressions lors de la défécation, activité envisagée comme un travail désinhibant : « – Vous poussiez ? – À peine j'avais alors un désir – Pouvez-vous le formuler ? – M'anéantir – Mais encore – Baisser la garde moi qui suis toujours à guerroyer » (p. 173-174). Le bénéfice du travail, quel qu'il soit, pourrait donc être de lever certains blocages psychologiques.

***[Conclusion partielle]*** Le travail de l'homme *travaille* l'homme et l'oblige à dépasser sa condition naturelle. Il peut en tirer la joie de se sentir partie prenante de la grande communauté humaine et la force de dépasser ses propres angoisses. ***[Connecteur et annonce de la partie III]*** Au fond, dans la société capitaliste, c'est moins le travail que la quête du profit qui serait l'origine de la déchéance de l'homme. Faute de pouvoir humaniser cette quête, il faudrait alors humaniser le travail.

## [III. FAUTE DE POUVOIR HUMANISER LA QUÊTE DU PROFIT, IL FAUDRAIT HUMANISER LE TRAVAIL]

### *[1. Être attentif aux exigences du corps et de l'esprit du travailleur]*

***[Argument 1]*** Cette humanisation doit alors passer par l'attention à prêter aux exigences du corps et de l'esprit du travailleur. ***[Exemple 1]*** Les conseils que Virgile adresse au paysan prennent en considération les besoins de la nature, sa partenaire obligée, notamment les besoins du troupeau à protéger des rigueurs de l'hiver : « Pour commencer, je prescris qu'on laisse les brebis brouter leur herbe dans de douces étables, jusqu'au retour de l'été et de ses frondaisons » (III, p. 127). La prescription poétique enjoint l'attention scrupuleuse au confort des bêtes qui ne travailleront à produire du bon lait qu'à la condition qu'on respecte leurs besoins. ***[Exemple 2]*** Le parallèle est permis avec le respect dû aux hommes. C'est effectivement en se mettant à l'écoute des ouvriers que l'on obtiendra d'eux le meilleur travail, ainsi que Simone Weil le suggère dans ses lettres à Victor Bernard, directeur technique des usines Rosières. Elle-même, à l'usine, se montre particulièrement attentive aux douleurs de ses camarades : « Car ces souffrances, je ne les ressens pas comme miennes, je les ressens en tant que souffrances des ouvriers, et que moi, personnellement, je les subisse ou non, cela m'apparaît comme un détail presque indifférent » (p. 79-80). La philosophe se persuade qu'en rendant le patron sensible aux besoins de ses hommes, il sera en mesure d'humaniser leur travail. ***[Exemple 3]*** Et si, dans *Par-dessus bord*, le personnage de Benoît apparaît aussi détestable, c'est précisément parce qu'il nie ses employés comme individus pensants et refuse de les écouter : « J'aime bien discuter avec vous Cohen mais pour l'instant taisez-vous et faites ce que je vous dis » (p. 72). Benoît est l'archétype du patron tout entier animé par sa propre réussite, et donc totalement insensible à la détresse des autres. Il donne par contraste une idée claire de ce que pourrait être un travail rendu plus humain.

### *[2. Intéresser le travailleur au sens et au produit de son travail]*

***[Argument 2]*** Mais il ne suffit pas d'être attentif aux besoins des travailleurs pour humaniser le travail, il faut aussi les intéresser au sens et au produit de leur labeur. ***[Exemple 1]*** Ainsi, dans *Les Géorgiques*, chacun doit avoir une idée précise du motif de ses efforts, il n'en sera que meilleur à la tâche et il ne sera nullement menacé de « dégénérescence intellectuelle ou de déformation organique », pour reprendre les mots de Paul Lafargue. Le laboureur qui soigne les arbres sait non seulement qu'il tirera des fruits de son verger, mais encore qu'il participera à l'harmonie universelle : « Nourris donc le gras olivier agréable à la Paix » (II, p. 97). Par cette phrase, Virgile résume tous les sens du travail : il contribue à nourrir l'humanité et organise la société autour d'objectifs communs qui tendent à la pacifier. ***[Exemple 2]*** Il en va de même pour Simone Weil, selon qui les subordonnés doivent « se rendre compte dans quelle mesure les ordres correspondent à une nécessité » (p. 182). Non seulement il faut intéresser le travailleur au sens de son travail, mais il doit se sentir à l'usine comme chez lui : « Rien n'est si puissant chez l'homme que le besoin de s'approprier [...] les lieux et les objets parmi lesquels il passe sa vie » (p. 236) ; aussi, « l'organisation sociale parfaite serait celle qui [...] donnerait ce sentiment à tous les êtres humains » (*ibid.*). L'humanisation du travail requerrait donc que les hommes se familiarisent aussi bien avec leurs outils de travail qu'avec le produit de leur travail. ***[Exemple 3]*** On trouve même, chez Michel Vinaver, un moment heureux où chacun propose à la même hauteur des noms pour la création du nouveau papier-toilette. Si elle n'était si grotesque, la scène au cours de laquelle les membres du personnel contribuent tour à tour à inventer le nouveau produit de l'entreprise serait presque un moment de grâce. Elle est en tout cas inédite. Chacun peut avoir pour la première fois le sentiment de participer à un moment décisif : « – Papidou – Papirêve – Dourésist – Adam et Ève », etc. (p. 154-155). Au moins, l'espace de quelques minutes, « *assis ou allongés sur le tapis* » (p. 153), les différents chefs de service – chef de produit, chef des ventes, chef de service étude de marché et chef de service administration des ventes – deviennent créatifs et prennent possession de leur produit.

### *[3. Intégrer le travailleur au processus décisionnel]*

***[Argument 3]*** Humaniser le travail pourrait aller jusqu'à intégrer les travailleurs au processus décisionnel. ***[Exemple 1]*** C'est du moins ce que suggère Simone Weil. Plus encore que d'éveiller l'intérêt de l'ouvrier à son entreprise – son cadre, sa production, ses outils de travail –, elle suggère qu'il participe à l'arbitrage des décisions : « Que partout où les patrons invoquent comme motif de résistance la nécessité de boucler le budget, les ouvriers établissent une commission de contrôle des comptes » (p. 169). Les décisions patronales ne sauraient être absolument souveraines et arbitraires : « Il faudrait d'autre part que les ouvriers connaissent et comprennent les nécessités auxquelles la vie de l'usine est soumise. Ils pourraient ainsi contrôler et apprécier la bonne volonté des chefs » (p. 87). Le travail s'humanise dès lors qu'il prend du sens, et il ne prend du sens que si l'on permet au travailleur d'orienter les choix de l'entreprise. ***[Exemple 2]*** Dans *Les Géorgiques*, les paysans ne semblent pas exposés à la confiscation de leur pouvoir décisionnel. Ils sont toujours présentés comme maîtres de leurs choix et de leur outil de travail. Virgile, pourtant, les incite à ne pas se soumettre sans réfléchir à des ordres ou des suggestions extérieures. Le travailleur de la terre a un droit souverain sur le sens de ses efforts : « Que personne, si avisé qu'il soit, ne te persuade de retourner la terre encore raidie du souffle de Borée » (II, p. 92). Il se trouve toujours des individus susceptibles de s'immiscer dans le travail des autres, et l'homme des champs doit veiller à rester en prise avec l'orientation de son propre métier. ***[Exemple 3]*** Le conseil vaut encore aujourd'hui, dans un monde gouverné par le capital. Dans *Par-dessus bord*, cette spoliation du pouvoir de décision se produit dans l'hypocrisie. Ainsi, les conseillers en *marketing* Jack et Jenny prétendent séduire le personnel de Dehaze en lui donnant l'impression qu'il peut enfin participer au processus promotionnel : « Vous aider à définir vos objectifs établir votre stratégie élaborer vos plans » (p. 116). En réalité, c'est une illusion : les décisions ont déjà été prises, les employés ne prennent aucune part effective dans les orientations économiques de leur entreprise. On cherche simplement à endormir leur vigilance pour obtenir d'eux des efforts plus soutenus, et améliorer ainsi la productivité et la rentabilité.

## CONCLUSION

Ni la lecture de *La Condition ouvrière* ni celle de *Par-dessus bord* ne paraissent donner tort à la colère de Paul Lafargue : dans la société capitaliste, le travail peut en effet dégrader l'humanité en l'épuisant, en la faisant souffrir, en corrompant ses aptitudes intellectuelles et sa moralité. Mais cette société, en cherchant l'amélioration du profit, ne fait que prolonger une rationalisation du travail qui s'exprime déjà dans *Les Géorgiques*. Le travail rationalisé peut être envisagé comme une solution pour échapper à la rigueur des lois naturelles, donner du sens à l'effort collectif et libérer l'homme de ses angoisses. Cela n'est réalisable qu'à la condition d'humaniser toute forme d'organisation du travail. S'il est impossible de moraliser l'esprit du capitalisme, dont l'objectif est de courir après le profit, il est en revanche envisageable de rendre le travail moins dégradant pour le corps et l'esprit, en étant attentif aux besoins des travailleurs, en intéressant les hommes au sens de leurs efforts et en leur confiant un pouvoir d'initiative. Ainsi, le travail ne serait pas un motif de déchéance ; il serait au contraire un motif d'élévation en épargnant à l'homme la torture bien plus certaine évoquée par Kant dans ses *Réflexions sur l'éducation* : « Il est [...] faux de s'imaginer que si Adam et Ève étaient demeurés au Paradis, ils n'auraient rien fait d'autre que d'être assis ensemble, chanter des chants pastoraux, et contempler la beauté de la nature. L'ennui les eût torturés tout aussi bien que d'autres hommes dans une situation semblable [1]. »

1. Emmanuel Kant, *Réflexions sur l'éducation*, trad. A. Philonenko, Vrin, 1987, p. 110.

## II. PLANS DE DISSERTATIONS

**SUJET 2**

« Le pire travail est celui que le chef vient troubler ou interrompre. La plus malheureuse des créatures est la bonne à tout faire, quand on la détourne de ses couteaux pour la mettre au parquet » (Alain, *Propos*, « Heureux agriculteurs » [1922], Gallimard, « Bibliothèque de la Pléiade », 1956, t. I, p. 430).

Dans quelle mesure votre lecture des œuvres au programme éclaire-t-elle ce propos ?

**ANALYSE DES TERMES DU SUJET :** Le travail s'inscrit dans la durée : il est une logique, un cheminement, une succession d'étapes et d'actions qui ont un commencement et une fin. Aussi réclame-t-il attention et concentration pour être mené à son terme. Briser cette continuité, c'est briser l'effort et, du même coup, la volonté. Une fois suspendu l'enchaînement de ses causes et de ses effets, le travail ne procure plus aucune joie. Alain ne dit pas dans l'exemple de « la bonne à tout faire » qu'il y aurait des tâches plus nobles que d'autres (la cuisine plutôt que le cirage), mais que la discontinuité des missions, imposée par la hiérarchie, menace le sens même du travail. Pourtant, à l'inverse, ne peut-on craindre une discordance trop prononcée entre la continuité du travail et la nature toujours changeante de la vie et de son rythme ? Ne s'expose-t-on pas à lier le travailleur à sa mission et à le rendre incapable de s'ouvrir à la diversité du monde ? Ne l'assimile-t-on pas ainsi à la machine aveugle qu'il est censé dominer ? Ne réduit-on pas sa pensée à la seule étendue de sa tâche en lui ôtant le recul nécessaire pour en évaluer le sens et l'utilité ?

**PROBLÉMATIQUE :** Le sens et le plaisir du travail sont-ils ruinés quand des injonctions extérieures introduisent de la discontinuité dans nos tâches ?

CORRIGÉS

### I. CERTES, LE PIRE TRAVAIL SEMBLE « CELUI QUE LE CHEF VIENT TROUBLER OU INTERROMPRE »

#### *1. La discontinuité abîme le plaisir du travail*

Pour Simone Weil, l'interruption soudaine de l'activité réclamée par un supérieur s'accompagne d'un sentiment d'humiliation : « Voilà le contremaître. Qu'est-ce qu'il va me dire ? "Arrêtez." J'arrête. [...] J'attends un ordre. Au lieu d'un ordre, il vient une sèche réprimande [...]. "Dès qu'on vous dit d'arrêter, il faut être debout pour aller sur une autre machine. On ne dort pas, ici" » (p. 155). L'infantilisation du discours est de nature à tuer le goût du travail. On retrouve ce même dégoût chez Virgile, qui conte les malheurs d'Aristée : après la destruction de ses ruches pour lesquelles il prodiguait tant d'amour et de soin, le berger se désespère et supplie sa mère de détruire le peu qui lui reste, car il n'a plus envie de travailler : « Va, continue, et, de ta propre main, arrache mes fertiles vergers, porte dans mes étables un feu ennemi, et détruis mes moissons » (IV, p. 164). Au niveau de l'entreprise, chez Michel Vinaver, les changements soudains d'attribution des postes peuvent avoir un effet également dévastateur : ils ruinent la confiance, les relations professionnelles et le plaisir d'être occupé à sa fonction. Mme Bachevski en est la victime, et sa collègue en profite : « N'oubliez pas que j'ai occupé vos pantoufles il y a quelques années je connais la clientèle/ MME ALVAREZ. – Si monsieur Fernand vous a déplacée pour me mettre à votre place il avait de bonnes raisons ah mais lâchez-moi » (p. 93).

### *2. La discontinuité ôte le sens du travail par son caractère aléatoire*

Chez Virgile, ce sont les animaux nuisibles, les parasites, les forces naturelles qui ruinent parfois le travail des paysans : « Et cependant, en dépit de tout ce mal que les hommes et les bœufs se sont donné pour retourner la terre, ils ont encore à craindre l'oie vorace, les grues du Strymon, l'endive aux fibres amères et les méfaits de l'ombre » (I, p. 45). Le sens du travail disparaît dans cette interruption imprévisible des efforts, ce que M. Onde, dans la pièce de Michel Vinaver, illustre par l'aléatoire des combats que mène le dieu Odin : « Odin marche avec son armée contre les Vanes mais ceux-ci résistent et défendent leur pays tantôt un camp tantôt l'autre semble emporter la victoire chacun dévaste les terres de l'autre et ils se font des dommages cruels » (p. 34). Aucun effort, aussi déterminé soit-il, ne garantit le succès d'une entreprise. Pour Simone Weil, cela se ressent très durement sur la chaîne de montage, chaque fois qu'un contremaître intervient pour perturber la concentration de l'ouvrier : « Mais le pire attentat, celui qui mériterait peut-être d'être assimilé au crime contre l'Esprit, qui est sans pardon, s'il n'était probablement commis par des inconscients, c'est l'attentat contre l'attention des travailleurs » (p. 279). Le geste arrêté brusquement par la voix d'un sous-chef symbolise la perte de sens de toute activité.

### *3. En anéantissant la volonté, ces interruptions ruinent les effets du travail*

Virgile montre que la nature est la partenaire du paysan autant que son adversaire, car elle peut s'opposer quotidiennement aux efforts accomplis dans les champs : « Si avec le hoyau tu ne fais pas une guerre assidue aux mauvaises herbes, [...] tu en seras réduit à contempler le gros tas d'autrui et à secouer, pour soulager ta peine, le chêne dans les forêts » (I, p. 47). Autrement dit, ces « mauvaises herbes » peuvent le décourager au point de le réduire à se nourrir de glands. Mais ce qui vaut pour le petit travailleur des champs vaut aussi pour les patrons. Victor Bernard perçoit les avertissements de Simone Weil sur les conditions du travail en usine comme une menace pesant sur sa mission de directeur, et pour cela il refuse de la croire – c'est du moins ainsi qu'elle l'interprète : « Votre argument [...], c'est l'impossibilité où vous seriez de me croire sans perdre du même coup presque tout stimulant pour le travail » (p. 97). Dans *Par-dessus bord*, les ajustements incessants auxquels doit se soumettre Lubin pour convaincre les commerçants de se fournir avec la marchandise Dehaze le rendent de moins en moins efficace. À la fin de la pièce, son discours face à Mme Lépine se détourne de sa mission et se concentre sur le mariage de sa fille : « Dans un petit mois j'espère que mon épouse sera sortie de clinique maintenant qu'elle va savoir que la petite est casée » (p. 215).

**TRANSITION** : Cependant, quoique ces interruptions gâtent tous les aspects du travail, il est possible d'en tirer des leçons.

## II. NÉANMOINS, CES PERTURBATIONS DU TRAVAIL PEUVENT ÊTRE RICHES D'ENSEIGNEMENTS

### *1. Ces perturbations nous obligent à renouer avec l'aléatoire de l'existence*

C'est faute de savoir en tirer cette leçon que les patrons se sentent menacés par le Front populaire et le mouvement ouvrier, lesquels introduisent de l'incertitude dans les perspectives rationnelles de leur entreprise. Ils ont peur et en conçoivent de la haine, car ils ont trop à perdre, comme l'explique A. Detœuf dans sa réponse à Simone Weil : « abandonner leur entreprise, leur raison d'être, leur milieu social, tout ce qui est, pour eux, l'existence » (p. 191). Quant au personnage de Passemar, dans *Par-dessus bord*, malgré le recul que pourrait lui donner son statut de dramaturge, il hésite sur la leçon à tirer : « Mon propos est simplement ceci l'absorption de la moyenne entreprise où je suis moi-même un cadre moyen par une puissante société américaine est-ce un bien ? Est-ce un mal ? Je ne sais pas » (p. 33). À force de vouloir gommer l'aléatoire dans le travail, la société capitaliste nous rend inapte au changement. Pourtant, chez Virgile, la leçon est simple : quand les vaches portent des petits, les priorités du travail changent. « Alors cessent les soins à donner aux pères, et commencent ceux à donner aux mères » (III, p. 119). Se tenir prêt au changement ne remet nullement en question la mission du travailleur.



### *2. Ces perturbations peuvent nous délivrer d'un asservissement à la monotonie de la tâche*

Chez Virgile, la dégénérescence des cultures, même les plus surveillées, nous incite à un renouvellement des techniques, à nous extraire de l'habitude pour approfondir le travail : « J'ai vu des semences, choisies à loisir et examinées avec beaucoup de soin, dégénérer pourtant, si chaque année on n'en triait à la main les plus belles » (I, p. 50). Quant à Simone Weil, si elle reconnaît que les perturbations dans la monotonie du travail sont une cause de contrariété, elle écrit aussi que « [l]e changement produit du soulagement » (p. 228) ; que « [l]a monotonie d'une journée […] est mélangée de mille petits incidents qui peuplent chaque journée et en font une histoire neuve » (p. 230) ; et que « [c]ertains incidents, au cours du travail, procurent, il est vrai, de la joie » (p. 231). Chez Michel Vinaver, aussi caricaturaux soient-ils, les conseillers en *marketing* délivrent le personnel de l'entreprise de ses inhibitions et de ses habitudes de travail, notamment en l'obligeant à poser un œil neuf sur le produit de l'entreprise : « JENNY. – Pour commencer vous allez souffrir OK ?/ JACK. – Claude qu'est-ce que c'est le cul ? » (p. 135). D'abord réticent, chacun se prête finalement au jeu.

### *3. En nous redirigeant vers d'autres tâches, ces perturbations autoriseraient un recul salutaire sur nous-mêmes et nos missions*

Certes, Simone Weil n'en est guère convaincue parce que le travail en usine épuise au point que la pensée s'en trouve anesthésiée : « Conserver la lucidité, la conscience, la dignité qui conviennent à un être humain, c'est possible, mais c'est se condamner à devoir surmonter quotidiennement le désespoir » (p. 176). Mais, dans *Les Géorgiques*, le paysan est un homme libre qui ne perd jamais de vue le sens de son travail. Qu'un changement survienne, il sera même le bienvenu : « Si d'aventure une pluie froide retient le cultivateur chez lui, il peut faire à loisir bien des ouvrages qu'il lui faudrait plus tard hâter par un ciel serein » (I, p. 54). La poésie virgilienne trouve aussi une confirmation dans les mythes. La lamentation d'Aristée interrompt le travail des Nymphes, qui filent les toisons de Milet, ainsi que le récit de Clymène contant les ruses de Mars contre Vulcain ; mais c'est pour mieux leur rappeler que leur mission est d'intervenir en faveur du dieu mineur qu'elles protègent : « Vite, répond la mère, amène-le, amène-le vers nous : il a le droit de toucher le seuil des dieux » (IV, p. 165). Dans *Par-dessus bord*, la leçon est plus ambiguë. Est-ce que le tour surprenant que prend la carrière d'Alex, qui renonce à son métier de musicien pour entrer chez Dehaze, correspond à une prise de conscience salutaire ? La métaphore de la chute, qui illustre son témoignage, en ferait douter : « Je dis je tombe en avant […] Pas en chute libre ce serait monotone je rebondis de paroi en paroi j'entre dans la vie normale la vie normale qui m'était interdite » (p. 239).

**TRANSITION :** S'il est donc possible de tirer une expérience positive des interruptions du travail, il n'en demeure pas moins que seul le travail auquel on consent conserve tout son sens.

## III. Au fond, seul le travail librement choisi garde du sens en dépit des perturbations extérieures

### *1. Le travail librement choisi peut supporter l'aléatoire des tensions entre les intérêts et le travailleur*

Pour Virgile, le travail du paysan procède nécessairement d'une volonté libre puisque, par nature, il obéit à sa libre appréciation. Avant toute action, l'examen s'impose : « Vaut-il mieux planter la vigne sur des collines ou dans une plaine ? c'est ce que tu dois d'abord examiner » (II, p. 89). Selon Simone Weil, en revanche, la liberté du travailleur est très mince, puisqu'il sait que l'offre d'emploi est rare et qu'il doit alors se soumettre aux procédés les plus productifs, qui sont rarement les plus faciles à supporter. Mais, pour la philosophe, il est possible de concilier la productivité avec des conditions supportables : « On peut poser en principe qu'on peut résoudre leur contradiction par un compromis en trouvant un moyen terme, tel que ne soient pas entièrement sacrifiés ni les uns ni les autres » (p. 201). Et dans *Par-dessus bord*, s'il n'est pas simple pour Passemar de choisir librement la conduite de sa carrière, c'est parce qu'elle est prise en étau entre la modestie de ses ambitions (« la frénésie d'arriver au sommet à tout prix j'avoue qu'elle n'est pas dans mon tempérament », p. 149), la volonté de ne pas perdre son travail et la place que lui impose Benoît : « Je fais de vous un assistant chef de produit » (p. 150).

### *2. Le travail librement choisi peut être interrompu parce qu'on en connaît le sens ; il n'est que suspendu*

Selon Simone Weil, le travail librement choisi devrait nécessairement échapper à la monotonie, « car il est certain que la monotonie du travail commence toujours par être une souffrance. Si on arrive à s'y accoutumer, c'est au prix d'une diminution morale » (p. 217). Voilà pourquoi, dans *Par-dessus bord*, jusqu'à ce qu'on le persuade que son fils Olivier complote pour lui prendre sa place, Fernand Dehaze est un patron heureux, qui peut interrompre chaque jour la peinture à laquelle il travaille. C'est une activité qui n'est liée par aucune rentabilité, qui ne subit pas d'autre exigence que le plaisir : « Dehaze. – Vous posez admirablement bien ce soir mademoiselle si vous saviez combien il est agréable de travailler dans ces conditions » (p. 66). Mais, chez Virgile, l'interruption peut être le fait du travailleur lui-même quand il comprend que continuer la tâche ordinaire n'a plus de sens. C'est le cas quand le berger repère des bêtes malades : « hâte-toi : réprime le mal avec le fer, avant que l'affreuse contagion ne se glisse parmi le troupeau sans défense » (III, p. 137). La mise à mort de ses bêtes est douloureuse, mais la certitude de sauver ainsi le troupeau est une consolation qui a du sens.

### *3. Le travail librement choisi peut être interrompu parce qu'il s'insère dans un monde qu'il nous aide à comprendre*

Pour Simone Weil, voilà ce que devrait idéalement être le travail d'usine : « Tous les bruits ont un sens, tous sont rythmés, ils se fondent dans une espèce de grande respiration du travail en commun à laquelle il est enivrant d'avoir part » (p. 225). Naturellement, ce n'est pas ce que son expérience lui a révélé, mais il n'est pas interdit d'espérer que cette harmonie entre le travail et la « respiration » des hommes, cette mutuelle compréhension, puisse se réaliser. Dans *Par-dessus bord*, l'activité universitaire de M. Onde peut être interrompue par la curiosité de Passemar, précisément parce qu'elle participe à la compréhension du monde, et qu'en cela elle mérite d'être partagée : « je n'ai jamais douté que tout système mythologique signifie quelque chose aide la société qui le pratique à s'accepter à être fière de son passé confiante dans son présent et son avenir » (p. 82). Selon Virgile, les interruptions, les obstacles dans le travail nous aident à comprendre le monde. Jupiter fait commencer le travail au moment où il lui impose paradoxalement des obstacles, ceci afin que nous cherchions par nous-mêmes les richesses contenues dans le sol : « son but était, en exerçant le besoin, de créer peu à peu les différents arts, de faire chercher dans les sillons l'herbe du blé et jaillir du sein du caillou le feu qu'il recèle » (I, p. 45).

## SUJET 3

« Le "bonheur", la "joie" du travail est la façon humaine de goûter le simple bonheur de vivre que nous partageons avec toutes les créatures vivantes, et c'est même la seule manière dont les hommes puissent tourner avec satisfaction dans le cycle de la nature, entre la peine et le repos, le travail et la consommation, avec la tranquille et aveugle régularité du jour et de la nuit, de la vie et de la mort. Fatigues et labeurs trouvent leur récompense dans la calme assurance que celui qui a bien travaillé à la sueur de son front continuera de faire partie de la nature dans ses enfants et les enfants de ses enfants » (Hannah Arendt, *Condition de l'homme moderne* [1958], trad. Georges Fradier, Pocket, « Agora », 1983, chap. III, p. 153).

Dans quelle mesure votre lecture des œuvres au programme éclaire-t-elle ce propos ?

**ANALYSE DES TERMES DU SUJET :** Pour Arendt, la vie est le règne de la nécessité. Elle ne favorise pas la singularité ou la différence, mais bien plutôt la régularité, la répétition, la multiplication du semblable. C'est à cette condition qu'elle se maintient et se perpétue. L'activité humaine n'en est que le reflet. Au prix de « fatigues et labeurs », les hommes se confrontent à la nature pour en extraire leur subsistance et, en situation d'interdépendance, reproduisent tous les aspects du cycle vital. Il n'est pas question de s'en désoler, au contraire : inscrite par son travail dans « le cycle de la nature », avec tout ce que cela suppose de monotonie, l'humanité entre en résonance avec la vie et en retire du « bonheur » et de la « joie ». L'*animal laborans* atteindrait ainsi l'harmonie, seule capable d'assurer la pérennité du bonheur humain. Mais le travail peut-il garantir cette satisfaction d'appartenir au cycle naturel ? Ne peut-il être perçu au contraire comme l'effort pour nous en arracher ? N'est-il pas de ce fait à l'origine de nos peines ? Et, s'il est réellement le reflet du cycle universel, ne nous réduit-il pas au désespoir en gommant notre singularité ?

**PROBLÉMATIQUE :** En signant notre appartenance à la périodicité de la vie, le travail nous rend-il heureux ?

CORRIGÉS

## I. CERTES, LE TRAVAIL PEUT NOUS RENDRE HEUREUX EN SATISFAISANT NOTRE INSCRIPTION DANS LE CYCLE NATUREL

### *1. Bonheur de la répétition au travail, écho du cycle vital*

Chez Virgile, l'activité répétitive des abeilles qui butinent et repoussent sans cesse les frelons est un travail heureux, comme le suggère le parfum que dégage le produit de leur travail : « C'est un effervescent travail, et le miel embaumé exhale l'odeur du thym » (IV, p. 154). En 1935, Simone Weil laisse encore penser qu'il est possible de croire au bonheur dans le travail répétitif, comme le suggère le questionnaire adressé aux ouvriers des usines Rosières en vue de la publication d'un article dans *Entre nous*, « journal d'usine » : « Dites aussi si [...] vous pouvez passer des heures à travailler machinalement, presque sans vous en apercevoir, en pensant à autre chose, en vous perdant dans des rêveries agréables » (p. 83). Et il est possible que, dans la pièce de Michel Vinaver, l'enthousiasme dont fait preuve Lubin chaque fois qu'il répète le même discours auprès de Mme Lépine ne soit pas feint : « Quelque chose aujourd'hui à vous présenter de sensationnel » (p. 11).

### *2. Bonheur du repos qui signe le travail accompli*

Le cycle vital appelle des moments de repos. Pour Simone Weil, ce repos est bon quand il permet de se remettre des « souffrances liées aux nécessités du travail ; celles-là, on peut être fier de les supporter » (p. 227). Dans *Par-dessus bord*, il en va de même pour le patron : Fernand Dehaze goûte au repos après le travail en exerçant ses talents pour la peinture : « PASSEMAR. – [...] monsieur Fernand fait de la peinture le soir en rentrant chez lui il paraît qu'il se défend » (p. 22). Et, selon Virgile, ce bonheur est partagé aussi bien par les abeilles heureuses de la journée bien remplie (« un sommeil bien gagné s'empare de leurs membres las », IV, p. 156) que par le paysan après de longs mois de labeur : « l'hiver, le cultivateur se repose » (I, p. 56). Le poète lui-même, dans le livre IV, évoque le soulagement qu'il prendra à « la fin de [s]es peines » (IV, p. 151) – notamment celles qu'il aura éprouvées à composer son ouvrage. Il envisage même un labeur plus reposant : chanter « l'art d'embellir et d'orner les fertiles jardins, et les roseraies de Pestum qui fleurissent deux fois l'an » (*ibid.*).

### *3. Bonheur d'appartenir à la grande société de l'*animal laborans

Si Virgile recourt au pluriel quand il exhorte le peuple des champs à s'atteler à la tâche, c'est entre autres pour revivifier la joie d'appartenir à cette société des travailleurs : « Au travail donc, ô cultivateurs ! apprenez les procédés de culture propres à chaque espèce » (II, p. 75). Pour Simone Weil, il ne devrait pas en être autrement ; le travail est ce qui unit fraternellement les hommes : « une usine, cela doit être [...] un endroit où on se heurte durement, douloureusement, mais quand même joyeusement à la vraie vie » (p. 57) ; « Mais le meilleur de tout, c'est de se sentir tellement des frères... » (p. 168). Dans *Par-dessus bord*, on s'aperçoit que, quoique concurrents acharnés jusqu'à la haine, Benoît et Young s'estiment mutuellement pour appartenir à une catégorie supérieure de travailleurs : « YOUNG. – Vous avez fait un travail vraiment professionnel vous devez réussir j'ai pensé que nous pourrions vous et moi parler un peu de l'avenir » (p. 212).

### *4. Bonheur de trouver du sens dans la logique du cycle universel*

Surtout, le travail doit permettre de comprendre, en l'intériorisant, la marche du monde et d'éloigner la peur. C'est ce qu'écrit Virgile : « Heureux qui a pu connaître les causes des choses » (II, p. 102). Pour Simone

Weil, voilà ce que devraient idéalement vivre les travailleurs : « Tous les bruits ont un sens, tous sont rythmés, ils se fondent dans une espèce de grande respiration du travail en commun à laquelle il est enivrant d'avoir part » (p. 225). Cette respiration universelle serait le consentement tacite accordé à la logique du cycle universel. Mais, on le découvre chez Michel Vinaver, ce sens peut être artificiellement créé par les publicitaires, comme l'explique le concepteur-rédacteur nommé Jaloux. La compréhension du bonheur se réduit alors à celui de consommer : « L'approche créative consiste à créer le problème en affirmant à notre consommateur qu'il est malheureux et en lui expliquant pourquoi » (p. 192).

**TRANSITION :** Même si le travail peut nous rendre heureux en nous inscrivant dans le cycle naturel, force est de constater qu'il peut aussi corrompre l'harmonie de notre lien à la nature.

## II. CEPENDANT, LE TRAVAIL NE NOUS GARANTIT PAS TOUJOURS CETTE SATISFACTION D'APPARTENIR AU CYCLE NATUREL

### *1. Corruption du cycle vital par le travail*

Virgile, quoique attentif à la nature, n'en est pas moins conscient du caractère artificiel du travail. Le laboureur contrarie les dispositions initiales de la nature : « jamais la religion n'a défendu de détourner le cours des ruisseaux, de border la moisson d'une haie, de tendre des pièges aux oiseaux, d'incendier les broussailles et de plonger dans une onde salutaire un troupeau de moutons bêlants » (I, p. 54). Selon Simone Weil, la rationalisation à l'extrême des cadences de travail contrarie le rythme naturel et abîme les travailleurs. Sachant qu'« il y a des normes de vitesse, établies par des bureaucrates impitoyables » (p. 71), on en arrive à des cadences « impossibles à atteindre, même pour de bonnes ouvrières, vu que le chronométrage se fait en dépit du bon sens » (p. 65). En décalage avec le rythme naturel, les hommes s'épuisent. Voilà pourquoi, dans la pièce de Michel Vinaver, Olivier Dehaze s'inquiète pour son père : « Papa vous avez les traits tirés vous devriez décrocher quelques jours prendre un long week-end à la campagne » (p. 64).

CORRIGÉS

### *2. Le travail comme rupture avec la nature et comme perte du sens*

Virgile préconise de perturber l'ordre naturel au nom de l'efficacité, notamment quand les abeilles « délaissent leurs ruches froides » : « enlève leurs ailes aux rois ; les rois restant tranquilles, personne n'osera prendre son essor ni arracher du camp les enseignes » (IV, p. 150-151). Parce qu'elle répond à la seule loi de la productivité, la mutilation infligée efface jusqu'au sentiment de cruauté. Mais, pour Simone Weil, la rupture avec l'ordre naturel est plus terrible encore, puisqu'elle transforme les hommes en simples instruments : « Comme ce n'est pas naturel à un homme de devenir une chose, et comme il n'y a pas de contrainte tangible, pas de fouet, pas de chaînes, il faut se plier soi-même à cette passivité » (p. 162). La rationalisation du travail conduit certains ingénieurs à établir une équivalence entre les machines et les êtres vivants, ce que dénonce la philosophe : « Les machines [...] ne se reproduisent pas [...], ne forment pas des espèces, ne se suffisent pas » (p. 138). Si les hommes deviennent des machines, alors c'est le sens même de leur humanité qui disparaît. C'est un fait parfaitement assimilé par les nazis. Dans *Par-dessus bord*, Alex explique comment, pour démoraliser les prisonniers juifs, les Allemands les contraignent à des activités dépourvues de logique et de sens : « les hommes ont été conduits à une ancienne fabrique de bonbons là on les a fait décharger d'un wagon des sacs de ciment et les recharger dans le même wagon sous les coups de matraque » (p. 102-103).

### *3. Le travail comme effacement de la singularité individuelle dans « le cycle de la nature »*

L'époque antique se soucie moins de l'individu que du groupe, de la nation et de son chef. En admirant le travail des abeilles, Virgile nous invite à imiter l'effacement de l'individualité dans les lois organiques de la nature : « Tant que ce roi est sauf, elles n'ont toutes qu'une seule âme [...], elles [...] lui font un bouclier de leurs corps à la guerre et s'exposent aux blessures pour trouver devant lui une belle mort » (IV, p. 157). Mais, pour Simone Weil, il n'y a aucune grandeur dans cette disparition de la singularité individuelle ; c'est au contraire l'anéantissement de la valeur humaine : « Qu'est-ce qu'on est ? Une unité dans les effectifs du travail. On ne compte pas. À peine si on existe » (p. 162). Dans *Par-dessus bord*, on voit que cet effacement s'opère par une contamination insidieuse à partir d'un certain âge. Ainsi Margerie s'afflige-t-elle que les étudiants, sitôt entrés dans le monde du travail et de l'ambition professionnelle, renoncent à leur individualité propre pour se fondre dans la foule des carriéristes : « Aussitôt quittée l'université ils devenaient des petits managers puants qui ne pensent plus à autre chose que manage their business » (p. 69).

**TRANSITION :** Il semble ainsi que la garantie d'entrer en résonance avec le cycle naturel ne puisse faire l'économie de l'unicité du sujet.

## III. Au fond, pour promettre le bonheur, le travail doit résonner avec le cycle vital sans abolir l'unicité du sujet

### *1. Un travail à l'écoute du corps et de son rythme*

Virgile ne prétend pas que le travail doive être partout identique à celui de l'Italie. L'homme fruste de Scythie, en résonance avec le rude climat de son pays, chasse avec barbarie, emporte le cerf avec « une clameur de joie » et, malgré le froid, mène « une vie tranquille » (III, p. 132). Quant à Simone Weil, elle estime que les chefs sont capables de se mettre à la portée des ouvriers et de les entendre : « Qui sait s'ils ne pourraient pas faire aussi preuve d'ingéniosité dans l'organisation de conditions de travail plus humaines ? » (p. 85). Dans la pièce de Michel Vinaver, il semble néanmoins que, si la véritable attention au corps et à son rythme est impossible au sein de l'entreprise, elle puisse exister au sein de la création artistique. Jiji participe à une improvisation en piscine où la plus grande liberté est laissée aux comédiens : « les acteurs peuvent faire des choses n'importe lesquelles pourvu que ça entre dans les temps entre le début et la fin d'une action » (p. 99).

### *2. Un travail qui permette de concilier la singularité de chacun parmi ses semblables*

Que le travail puisse y parvenir, Virgile n'en doute pas. Le travail agricole est avant tout un travail solitaire qui préserve la singularité de l'homme en lui évitant de se fondre dans la multitude des hommes âpres au gain et aux séductions des biens matériels : « Ô trop fortunés, s'ils connaissaient leurs biens, les cultivateurs ! Eux qui, loin des discordes armées, voient la très juste terre leur verser de son sol une nourriture facile » (II, p. 99). Si, en revanche, Simone Weil n'a pas les mêmes certitudes, elle sait reconnaître l'humanité unique qui se dégage d'une attitude amicale et compatissante au travail : « En face de moi un soudeur […] ; chaque fois que la douleur me contracte le visage, il m'envoie un sourire triste, plein de sympathie fraternelle, qui me fait un bien indicible » (p. 58). Dans *Par-dessus bord*, c'est sur cette illusion du respect de la singularité de chacun que mise l'entreprise de Benoît, afin de masquer cyniquement qu'elle ne s'en préoccupe jamais. D'où la mise en scène destinée à faire valoir Lubin, que la direction remercie cependant : « BENOÎT. – C'est au premier chef pour fêter notre ami Lubin que nous sommes réunis aujourd'hui venez Lubin venez près de moi Lubin » (p. 234).

### *3. Un travail à l'écoute de l'action personnelle inscrite dans le cycle universel*

Pour Virgile, le cultivateur est un homme d'initiative inscrit dans la périodicité de la nature. Il plante des arbres qui, quand ils ont assez

CORRIGÉS

grandi, lui fournissent sans qu'il ait besoin d'intervenir tous les fruits qu'il désire en fonction des saisons : « Et les hommes hésiteraient à planter des arbres et à y consacrer leurs soins ! » (II, p. 98). Le souhait de Simone Weil serait non pas que soit abolie la mécanisation du travail, phénomène inséparable de la modernité, mais qu'elle ne soit pas subordonnée à une rationalisation des tâches sans rapport avec la réalité : « Les machines doivent, au lieu de séparer l'homme de la nature, lui fournir un moyen d'entrer en contact avec elle et d'accéder quotidiennement au sentiment du beau dans toute sa plénitude » (p. 144). Mais pour M. Onde, dans la pièce de Michel Vinaver, cette perspective semble impossible, parce que l'ordre des dieux qui rythmait le monde s'est lui-même atrophié dans la médiocrité : « Ce que la société divine a gagné en efficacité elle l'a perdu en puissance morale et mystique elle n'est plus que l'exacte projection des bandes ou des États terrestres dont le seul souci est de gagner et de vaincre » (p. 190).

**SUJET 4**

« Une fois que l'homme originaire eut découvert qu'il avait entre les mains – littéralement parlant – l'amélioration de son sort sur la terre par le travail, il ne pouvait lui être indifférent qu'un autre travaillât avec ou contre lui. L'autre prit pour lui la valeur de ce compagnon de travail avec qui il était utile de vivre en commun » (Sigmund Freud, *Malaise dans la culture* [1930], trad. P. Cotet, R. Lainé et J. Stute-Cadiot, PUF, 2000, p. 41).

Dans quelle mesure votre lecture des œuvres au programme éclaire-t-elle ce propos ?

**ANALYSE DES TERMES DU SUJET :** Par ces deux phrases, comme en témoigne notamment l'usage du passé simple, Freud résume le grand récit de l'humanité. Il y a un avant, celui de « l'homme originaire », et un après, celui de la conscientisation du travail comme moyen d'orienter positivement sa destinée. Mais là n'est pas l'essentiel pour Freud. La conscientisation est double : elle s'enrichit de la reconnaissance de l'autre, soit comme auxiliaire (« compagnon »), soit comme adversaire (« contre lui »). La seconde phrase insiste sur la conséquence induite par le franchissement de cette étape : l'édification de la société humaine avec, implicitement, les lois qui rendent possible la vie « en commun ». L'interprétation freudienne de la geste humaine assigne au travail un rôle fondateur auquel se mesure « la valeur » de chacun. Mais le travail est-il un bon étalon pour évaluer autrui ? Comprendre la valeur des hommes à travers leur utilité au travail ne remet-elle pas en cause l'importance de l'humain dans les rapports sociaux ? Œuvrer à l'amélioration du sort collectif ne risque-t-il pas de transformer le fait de collaborer en asservissement mutuel au travail ?

**PROBLÉMATIQUE :** Autrui s'évalue-t-il à l'aune de la contribution qu'il apporte au travail de chacun ?

CORRIGÉS

## I. Certes, je peux mesurer la valeur de l'autre selon sa contribution à mon travail

### *1. Cette valeur se mesure aux obstacles dressés devant mon travail*

Pour Virgile, le laboureur doit apprécier paradoxalement la qualité de la vache, partenaire du travail de la terre, à la résistance qu'elle oppose au travail : « Il ne me déplairait pas [...] qu'elle refusât le joug, qu'elle eût parfois la corne farouche » (III, p. 114). La valeur des travailleurs se mesure aussi à la puissance de leurs adversaires. Ainsi en est-il des abeilles, qui combattent avec une énergie désespérée les hommes qui veulent prendre leur miel : « Car leur colère dépasse toute mesure : si on les offense, elles font des piqûres venimeuses, laissent leurs dards invisibles dans les veines auxquelles elles se sont fixées, et rendent l'âme » (IV, p. 158). Dans *Par-dessus bord*, Benoît, conscient de la valeur de l'obstacle que représente son frère dans la réalisation de ses projets, s'entoure d'une force vive musclée, comme Cohen le signale à Dehaze, le patron : « ils forment un clan monsieur Fernand un clan autour de monsieur Benoît je ne mettrais pas ma main au feu qu'ils ont vis-à-vis de vous une pleine et entière loyauté » (p. 56). Pour Simone Weil, l'obstacle, notamment celui du contremaître qui perturbe la concentration dans le travail, peut être décourageant, mais il peut également être stimulant : « Pendant qu'on s'ingénie, qu'on fait effort, qu'on ruse avec l'obstacle, l'âme est occupée d'un avenir qui ne dépend que de soi-même. Plus un travail est susceptible d'amener de pareilles difficultés, plus il élève le cœur » (p. 231).

### 2. *À plus forte raison, cette valeur se mesure par la contribution de l'autre à mon travail*

Dans *Les Géorgiques*, les abeilles concourent toutes à la survie de la ruche. La valeur des autres se mesure ainsi à leur implication dans le travail collectif : « prévoyant la venue de l'hiver, elles s'adonnent l'été au travail et mettent en commun les trésors amassés » (IV, p. 154). Simone Weil, elle, se prend à rêver d'une contribution de chacun dans le travail : « l'idéal [serait] la coopération pure » (p. 112), écrit-elle. Et elle va plus loin en soulignant l'importance que revêtent les signes d'humanité dans cette mutualisation des efforts : « Et à travers tout ça un sourire, une parole de bonté, un instant de contact humain ont plus de valeur que les amitiés les plus dévouées » (p. 61). Dans la pièce de Michel Vinaver, les personnages peuvent apprécier la valeur de leurs collaborateurs dans une entreprise en situation de crise. Ainsi Mme Alvarez, la directrice administrative, quand une rupture de stock est annoncée, se soucie-t-elle de la coopération de chacun pour sortir de l'impasse et demande-t-elle « [u]n peu d'esprit de coopération » (p. 19).

### 3. *Et c'est bien cette coopération qui, en retour, valorise mon travail*

Virgile est conscient de la valeur de Mécène, son inspirateur et destinataire, sans qui, peut-être, son talent de poète ne pourrait s'exercer : « Et toi, viens à mon aide et parcours avec moi la carrière commencée, ô ma gloire, ô toi à qui je dois la plus grande part de ma renommée, Mécène, déploie nos voiles » (II, p. 75). À l'usine, la coopération implique l'acceptation de la hiérarchie des tâches. Simone Weil n'a pas de problème avec cela, elle accepte complètement son rôle de simple exécutante, à condition que les ordres soient compris par l'ouvrier et lui permettent d'exprimer sa pensée : « quand les ordres confèrent une responsabilité à celui qui les exécute, exigent de sa part les vertus de courage, de volonté, de conscience et d'intelligence qui définissent la valeur humaine [...], la subordination est une chose belle et honorable » (p. 123). Dans *Par-dessus bord*, cette coopération peut cependant être un jeu de dupes, à moins qu'on ne prenne au premier degré les mots de Jack, le conseiller *marketing* : « quand vous allez briefer l'agence enfoncez-leur bien dans la tête qu'il ne suffit pas d'avoir tout bien analysé il faut qu'ils vivent la situation avec une grande intensité » (p. 184). Autrement dit, pour que le personnel collabore entièrement au redressement économique de l'entreprise, il faut lui donner le sentiment que son travail est pris en haute estime.

**TRANSITION :** Mais, quoique je puisse apprécier l'autre à l'aune de sa contribution au travail, je peux également le déprécier en le soumettant à un travail ingrat.

## II. MAIS FAIRE CONTRIBUER L'AUTRE À MON TRAVAIL PEUT TOUT AUSSI BIEN CONDUIRE À LE DÉVALORISER

### *1. Je peux le réduire à n'être qu'un exécutant docile et sans conscience*

Dans la pièce de Michel Vinaver, certains personnages comme Dutôt n'ont que peu de considération pour les autres, qu'ils traitent comme de purs instruments de rentabilité : « Je m'en torche de vos notes de service moi il me faut la camelote » (p. 18). Cette instrumentalisation est très mal vécue par les ouvriers, selon Simone Weil, car elle les humilie et les contraint à renoncer à l'exercice de leur intelligence : « Ainsi la pensée se rétracte. Ce repliement sur le présent produit une sorte de stupeur » (p. 229). Même dans *Les Géorgiques*, bien qu'il représente les abeilles d'Aristée comme le bien le plus précieux, le poète encourage à les traiter sans ménagement dès qu'elles s'éloignent de leur mission : « Mais quand les essaims volent sans but, jouent dans le ciel, dédaignent leurs rayons et délaissent leurs ruches froides, tu interdiras à leurs esprits inconstants ce jeu si vain » (IV, p. 150).

### *2. Je peux le faire souffrir au lieu d'améliorer son sort*

Simone Weil juge sévèrement le régime de travail auquel sont soumis les ouvriers, régime qui tient pour rien la valeur des hommes derrière leur machine : « chaque souffrance physique inutilement imposée, chaque manque d'égard, chaque brutalité, chaque humiliation même légère semble un rappel qu'on ne compte pas et qu'on n'est pas chez soi » (p. 237). Mais la souffrance se rencontre aussi dans les sphères supérieures de la direction, comme le montre Michel Vinaver. La contribution à l'entreprise à laquelle Benoît soumet Olivier ne peut qu'humilier le frère qui se voit écarté de toutes les décisions importantes : « la gestion du personnel est désormais confiée à mon frère Olivier il pourra l'assumer avec d'autant plus de soin qu'il se trouve libéré de la responsabilité de l'usine » (p. 132). Le poète Virgile, conscient pour sa part du mal que le paysan peut infliger aux arbustes, donne des directives strictes. Les plants étant ses « sujets », on doit veiller à ne pas les faire souffrir en les transplantant : « Mais le cultivateur vigilant [...] cherche un terrain semblable pour y [...] disposer ensuite son plant, de peur que les sujets, brusquement transplantés, ne puissent pas oublier leur mère » (II, p. 89).

### *3. Je peux l'asservir à un travail dont il ne peut s'arracher*

Dans les injonctions de Virgile, il y a comme la menace d'une déchéance promise à celui qui n'exécute pas le travail exigé : « si tu n'épouvantes à grand bruit les oiseaux, si la serpe en main tu n'élagues l'ombrage qui recouvre ton champ, [...] tu en seras réduit [...] à secouer, pour soulager ta peine, le chêne dans les forêts » (I, p. 47). Autrement dit, s'il n'observe pas les consignes, le paysan s'expose à manger des glands, comme les cochons. Il est en quelque sorte asservi à sa tâche. Pour Simone Weil, c'est dans cet asservissement qu'il faut chercher la première cause de sa souffrance : « L'ouvrier ne souffre pas seulement de l'insuffisance de la paie. Il souffre [...] parce qu'il est réduit à une espèce de servitude » (p. 198). Dans *Par-dessus bord*, cette servitude est illustrée par le récit mythologique de M. Onde. Le piège du fil invisible que destinent les dieux au petit loup Fenrir parce qu'ils savent qu'il finira par les dévorer peut être vu comme une métaphore de l'asservissement au travail : « Bien entendu le loup ne peut se dégager plus il se défend plus le fil se tend » (p. 188).

**TRANSITION** : Si en asservissant autrui je l'avilis, en l'engageant au contraire dans une coopération authentique je le valorise.

## III. IL N'Y AURAIT DONC DE COOPÉRATION ACCEPTABLE QUE CELLE QUI VALORISE L'AUTRE

### *1. Estimer la valeur d'autrui suppose qu'il contribue à un travail valorisant...*

Certes, dans la pièce de Michel Vinaver, la valorisation d'autrui peut n'être qu'un moyen de l'exploiter, de l'instrumentaliser. Ainsi, pour obtenir le meilleur de Passemar, Benoît n'hésite pas à flatter ses compétences en lui faisant miroiter un poste enviable : « vous êtes un élément valable et tout le monde n'a pas la bosse du marketing » (p. 150). Mais, dans *Les Géorgiques*, le poète estime que sa valeur artistique sera jugée par ceux qu'elle sert et qui participent ainsi, indirectement, à son travail de création : les dieux. « Mince est le sujet, mais non mince la gloire, si des divinités jalouses laissent le poète chanter et si Apollon exauce ses vœux » (IV, p. 145). Le travail est en effet, pour Simone Weil, ce qui permet de valoriser l'homme et de l'élever : « À mon avis le travail doit tendre, *dans toute la mesure des possibilités matérielles*, à constituer une éducation » (p. 119) ; or « pour élever quelqu'un, enfant ou adulte, il faut d'abord l'élever à ses propres yeux » (p. 90), ce qui implique que les patrons doivent reconnaître la valeur des hommes qui travaillent pour eux.

### *2. … et que je sois en mesure d'entendre sa voix dans la rumeur du travail*

Selon Simone Weil, dans le temps du travail, rien n'a plus d'importance que l'humanité des autres, parce que c'est elle qui améliore le sort commun : « Et à travers tout ça un sourire, une parole de bonté, un instant de contact humain ont plus de valeur que les amitiés les plus dévouées parmi les privilégiés grands ou petits » (p. 61). Dans *Par-dessus bord*, Lubin, épuisé par les soucis professionnels et familiaux, s'efforce de faire entendre sa propre voix, espérant susciter la compassion de Cohen : « C'est que vous comprenez ma femme est au bout du rouleau » (p. 159) et « [s]ur le plan du travail je pète le feu la faute n'est pas la mienne si les ventes baissent » (p. 160). Chez Virgile, le paysan doit être à l'écoute de lui-même et de ses besoins futurs. Le cultivateur solitaire a en effet le souci de celui qu'il sera dans les temps difficiles, et il travaille dur au moment des moissons pour nourrir et rendre heureux son autre, le moi de l'hiver : « Pendant les froids, les laboureurs jouissent d'ordinaire du fruit de leurs travaux en donnant tour à tour de gais festins entre eux » (I, p. 56).

### *3. Le plus important serait d'inventer ensemble un travail commun qui soit en lui-même une amélioration du sort humain*

Simone Weil croit à l'amélioration du sort des travailleurs face à la machine : « L'esprit que je désire susciter, c'est précisément cet esprit de collaboration » (p. 113), écrit-elle dans *La Condition ouvrière.* Dans la pièce de Michel Vinaver, cet espoir semble plus mince – du moins est-il évoqué sur le mode parodique quand le chef *marketing*, Jack, expose l'amélioration du sort humain comme objectif de la collaboration des personnels de l'entreprise : « oui il est agréable de chier et Ravoire et Dehaze peut rendre ça encore plus agréable » (p. 185). Quoi qu'il en soit, semble dire Virgile, le travail à inventer doit estimer les désirs de l'autre, il doit respecter la fureur indomptable du loup, du lynx ou de la cavale que n'arrêtent « ni les freins des hommes, ni les fouets cruels » (III, p. 124).

**SUJET 5**

« Pour échapper à l'ennui, l'homme, ou bien travaille au-delà de ce qu'exigent ses besoins normaux, ou bien il invente le jeu, c'est-à-dire le travail qui n'est plus destiné à satisfaire aucun autre besoin que celui du travail pour lui-même » (Friedrich Nietzsche, *Humain, trop humain* [1878], trad. Robert Rovini, Gallimard, « Folio Essais », 1988, I, § 611, p. 320).

Dans quelle mesure votre lecture des trois œuvres au programme vous permet-elle de souscrire à cette affirmation ?

**ANALYSE DES TERMES DU SUJET :** Selon Nietzsche, l'homme a inventé le travail pour subvenir à ses besoins. Mais, ce faisant, il s'habitue à son invention à tel point qu'il succombe à l'ennui dès qu'il cesse de travailler : première fatalité. Un nouveau besoin surgit ainsi, qui l'incite à travailler au-delà de la satisfaction de ses besoins premiers et qui l'enferme dans un cercle vicieux : seconde fatalité. Autre remède à l'ennui, le jeu ne serait qu'une activité sans autre but qu'elle-même, une invention autotélique, un travail pour rien. Mais le travail est-il cette invention censée nous arracher à l'ennui qui nous accable dès qu'il cesse ? Sommes-nous tenus par l'habitude de travailler au-delà de nos besoins ? Le jeu peut-il être compris comme l'absurde avatar du travail ? Travail et jeu ne sont-ils pas plutôt ce qui nous sociabilise et donne un sens à notre existence ?

**PROBLÉMATIQUE :** Est-ce que nous jouons et travaillons sans mesure pour nous divertir de l'ennui, cette fatalité née de l'habitude de travailler ?

## I. TRAVAIL ET JEU SEMBLENT LES INÉVITABLES RESSOURCES POUR COMBATTRE L'ENNUI GÉNÉRÉ PAR L'INACTION

### *1. Nous nous sommes habitués au travail au point de ne plus supporter l'inaction*

*Les Géorgiques* n'expriment pas de nostalgie particulière pour l'âge d'or, époque prétendument heureuse. Nous sommes sortis de « la vie que menèrent jadis les vieux Sabins » (II, p. 104) ; Virgile s'en réjouit. Une ère nouvelle est venue, « et voici qu'il est temps de détacher du joug les cols fumants des chevaux » (II, p. 105). Le travail s'est imposé comme une évidence il y a bien longtemps, au point qu'il définit l'humanité, selon Simone Weil : « travailleurs et créateurs [...] seuls sont des hommes. J'ajoute que ces derniers, qui ne recherchent pas les sensations, en reçoivent néanmoins de bien plus vives, plus profondes, moins artificielles et plus vraies que ceux qui les recherchent » (p. 73) dans l'oisiveté. Dans la pièce de Michel Vinaver, le personnage de Jiji détone dans le paysage, au point qu'elle pourrait passer pour un parasite, une aberration au sein de la société. Ce qu'elle aime : « être sur le ventre sucer une paille ou bien [s]e balancer [...] [s]ur une jambe » (p. 80-81).

### *2. Nous combattons donc l'ennui avec le travail et le jeu*

Rien n'est pire que l'oisiveté et, dans *Par-dessus bord*, M. Onde raconte comment le dieu Loki la combat par le jeu, en s'amusant au détriment des autres : « Loki est un personnage fourmillant d'idées malin et sans scrupule aimant faire le mal pour s'amuser » (p. 93). Simone Weil semble faire écho à cette angoisse liée à l'ennui, ce « cauchemar » où nous plongerait l'oisiveté : « Il n'est pas bon [...] que le chômage soit comme un cauchemar sans issue » (p. 241). Autrement dit, pour échapper à la hantise de l'inaction, il faut se résoudre à s'occuper. Chez Virgile, cela peut passer par le jeu même s'il s'agit avant tout de se concilier les divinités qui président à la fécondité : « les paysans Ausoniens, race envoyée de Troie, jouent à des vers grossiers, en riant à gorge déployée » (II, p. 95-96) ; et même les mauvais sujets, les conspirateurs et les cupides, ne peuvent se résoudre à l'inaction, comme en témoignent leurs fâcheuses activités : « l'un conspire la destruction d'une ville et de malheureux pénates, pour boire dans une gemme et dormir sur la pourpre de Sarra ; l'autre enfouit ses richesses et couve l'or qu'il a enterré » (II, p. 103).

### *3. Mais ces remèdes à l'ennui nous accablent à leur tour*

Simone Weil souligne que le travail, surtout quand il est parcellaire et répétitif, ne met personne à l'abri de « l'ennui qui s'en dégage » (p. 50). Virgile, pour sa part, ne recommande que le travail strictement nécessaire, car il est le seul à nous satisfaire. Qui cherche à gagner plus que sa part s'enferme dans le cercle vicieux du superflu, lequel appelle d'autres besoins et ne nous rassasie jamais, comme il en va des patrons accablés par les richesses de leur « haute demeure dont les superbes portes vomissent tous les matins un énorme flot de clients venus pour les saluer » (II, p. 99-100). Dans la pièce de Michel Vinaver, le personnage de Margerie, qui jouit d'une bonne situation matérielle au sein de la famille Dehaze, tente d'échapper à l'ennui de son mariage en trompant Benoît avec son frère, Olivier. Mais même le jeu de la séduction tourne court. Quand arrive le moment du passage à l'acte, l'adultère échoue : « Je suis terriblement soûle mais ça ne fait rien on va dormir ensemble ça ne fait rien n'est-ce pas si on ne fait pas l'amour ? » (p. 182).



**TRANSITION** : Cependant, le travail et le jeu semblent moins avoir été inventés pour combattre l'ennui qu'engendre l'inaction que pour combattre celui qui résulte de notre perpétuelle insatisfaction.

## II. MAIS TRAVAIL ET JEU SEMBLENT PLUTÔT INVENTÉS POUR COMBATTRE L'ENNUI NÉ DE L'INSATISFACTION DE NOS DÉSIRS

### *1. C'est moins l'inaction que nos appétits qui nous incitent à travailler et à jouer*

On peut en effet retourner la phrase de Nietzsche et constater avec Virgile que le laboureur est animé par un désir qui est moins effroi devant l'ennui de l'inaction qu'appétit pour l'activité, qui promet des résultats passant largement ses besoins : « Pour lui, point de relâche, qu'il n'ait vu l'année regorger de fruits, [...] et son sillon se charger d'une récolte sous laquelle s'affaissent ses greniers » (II, p. 103-104). Le paysan ressemble ainsi à ces « abeilles de Cécrops [qui] sont tourmentées d'un désir inné d'amasser » (IV, p. 155). Simone Weil a bien compris que la volonté de s'activer n'est pas une manière d'échapper à l'inaction, mais une aspiration à satisfaire de nouveaux besoins : « le désir du superflu est par lui-même illimité » (p. 278). Dans *Par-dessus bord*, on assiste à une mise en abyme où Passemar, un des personnages, monte la pièce qui se joue devant les spectateurs sans parvenir à contrôler l'activité débordante des danseurs qui, en occupant l'espace, expriment le désir incoercible de satisfaire leur art, le besoin d'agir pour exister en tant qu'artistes. Comme le dit Passemar, « ces danseurs n'ont rien à faire en ce moment ici *(les danseurs ont entrepris leur action)* ça a tout l'air d'une occupation délibérée du plateau » (p. 132).

### 2. *Mais l'appétit des possédants engendre l'ennui sinon la souffrance du travail pour les autres*

Le problème, dans une société capitaliste, c'est que l'appétit de ceux qui détiennent les moyens de production tend à asservir le travailleur, sinon à l'exclure quand il n'est plus en mesure de satisfaire la logique de rentabilité. Simone Weil le constate : « un homme de quarante ans ne pouvait plus trouver d'embauche, parce qu'on le considérait comme déjà usé, vidé, et impropre pour la production à la cadence actuelle » (p. 213). Le patron de l'entreprise ne montre ainsi pas plus de pitié que le propriétaire de la ruche, dans *Les Géorgiques*, n'en témoigne à l'égard du chef des abeilles qui aura été le moins performant : « livre à la mort celui qui t'a paru le plus faible, afin qu'il ne soit pas un fardeau inutile » (IV, p. 150). Dans la pièce de Michel Vinaver, le phénomène d'asservissement au travail par l'appétit du patronat est devenu d'une telle évidence que Reszanyi, le psychosociologue, en reprend l'image pour comparer les familles qui défèquent en souffrant de celles qui défèquent en éprouvant du plaisir : « ceux pour qui l'acte d'évacuer ses excréments est une servitude nous les appellerons les opprimés et ceux pour qui il constitue une libération nous les appellerons les libérés » (p. 170).

### 3. *Nous trouvons plus de sens dans le jeu que dans le travail ou l'inaction*

D'après Simone Weil, le travail est dépourvu de sens pour l'ouvrier qui ignore « quelle part ce qu'il est en train de faire a dans la fabrication de l'usine » (p. 242). Il est comme l'enfant à qui l'on ordonne d'enfiler des perles : il n'obéit que « parce qu'il craint un châtiment et espère un bonbon » (*ibid.*). En d'autres termes, puisqu'on ne donne pas au travailleur de motif clair à son activité, il en assimile alors les règles comme celle d'un jeu – jeu pénible et humiliant au cours duquel il convient d'échapper aux chausse-trapes tout en espérant une récompense. Chez

Virgile, les divinités n'ont pas besoin de travailler, et pourtant elles s'occupent plutôt que de sombrer dans l'ennui de l'oisiveté ; elles filent la laine, chantent, se racontent les amours de Mars et de Vulcain : « des Nymphes filaient les toisons de Milet [...], elles déroulent la laine molle de leurs fuseaux » (IV, p. 164-165). Dans la pièce de Michel Vinaver, les divinités n'ont pas davantage besoin de travailler. Voilà pourquoi le quasi invincible Baldr recourt au jeu pour éviter l'oisiveté, comme le raconte M. Onde : « Baldr et les Ases s'amusèrent ainsi lui se tenait au milieu de la cour du palais et tous les autres lui jetaient des pierres mais cela ne lui faisait aucun mal » (p. 92).

**TRANSITION :** Quoique le travail et le jeu puissent nous aider à combattre l'insatisfaction de nos désirs, ils semblent surtout avoir été inventés pour combattre l'ennui de l'homme seul face à lui-même.

## III. AU FOND, TRAVAIL ET JEU COMBATTENT SURTOUT L'ENNUI DE L'HOMME FACE À LUI-MÊME

### *1. Travail et jeu m'obligent à aller au-delà de mes besoins en reconsidérant autrui*

Dans *Les Géorgiques*, « de puissantes lois » (IV, p. 154) lient les abeilles entre elles. Elles ne s'ennuient jamais parce qu'elles œuvrent toutes pour les autres. « Les unes, en effet, veillent à la subsistance, et, fidèles au pacte conclu, se démènent dans les champs » (*ibid.*). Dans *Par-dessus bord*, les nécessités du travail en entreprise obligent à prendre en compte autrui, même si on le déteste. « COHEN. – J'ai remarqué madame Bachevski que depuis quelques jours madame Alvarez vous salue/ MME BACHEVSKI. – Disons que moi je la salue et qu'elle répond effectivement à mon salut » (p. 187). Faute d'établir un vrai lien fraternel, le travail oblige les individus à faire preuve de politesse et de respect les uns vis-à-vis des autres. Simone Weil affirme que le travail authentique n'exprime pas une volonté de fuir l'inaction mais est un principe unificateur. Idéalement, « [l']usine pourrait combler l'âme par le puissant sentiment de vie collective – on pourrait dire unanime – que donne la participation au travail d'une grande usine » (p. 225).

### *2. Le travail m'oblige à m'inscrire dans une société liée par la nécessité*

Selon Virgile, le travail des Cyclopes organise la société qu'ils composent autour de la répartition des tâches : « [L]es uns, armés de soufflets en peau de taureaux, reçoivent et restituent les souffles de l'air ; les autres plongent dans un bassin l'airain qui siffle » (IV, p. 155). En organisant la société, le travail abolit ainsi l'ennui qui résulte de l'inaction en confiant à chacun un rôle social précis. Selon Grangier, le « chef planning fabrication » dans la pièce de Michel Vinaver, cette organisation du travail apparaît à tous comme nécessaire au sein de l'entreprise ; et, quand

CORRIGÉS

l'entreprise disparaît, l'ennui du désœuvrement et de la colère est à craindre : « et les gens c'est jamais très joli quand il n'y a plus de boîte pour leur donner le sentiment qu'ils font quelque chose en commun » (p. 61). Mais c'est parce que le travail est le premier moyen de faire société que, selon Simone Weil, les théoriciens de la rentabilité souhaitent en réformer les règles. Taylor, pour éviter une dangereuse fraternisation des travailleurs, s'est ingénié à « détruire la solidarité ouvrière au moyen des primes et de la concurrence » (p. 216).

### *3. Travail et jeu m'épargnent l'ennui de me confronter à ma solitude*

Au fond, s'il est un ennui que le travail et le jeu cherchent avant tout à combattre, c'est celui de la solitude. Virgile le montre avec le mythe d'Aristée. Pour briser cette solitude dans laquelle l'a plongé le fléau qui le prive de ses abeilles, le berger doit s'imposer une lourde tâche, soumettre Protée lui-même, comme le lui explique Cyrène, sa mère : « C'est lui, mon fils, qu'il te faut d'abord prendre et enchaîner, pour qu'il t'explique complètement la cause de la maladie et lui donne une fin favorable » (IV, p. 167-168). Et, de fait, cette difficile mission réussit : elle lui permet de reconstituer ses ruches et de rompre avec sa solitude. Pour Simone Weil, c'est au sein même de l'entreprise que le travail devrait nous arracher à cet ennui accablant. Si elle témoigne ne pas avoir eu le loisir de constater cet effet, idéalement, à l'usine, « [o]n ne se sent pas petit comme dans une foule, on se sent indispensable » (p. 225). Dans le cinquième et avant-dernier mouvement de *Par-dessus bord* s'engage un quasi-dialogue de sourds entre Mme Alvarez et Cohen. Quand le chef comptable s'adresse à sa collègue, il lui déclare : « Je vous dirai que je suis plus heureux maintenant le travail est plus intéressant » (p. 188). Pense-t-il au nouveau « dispositif automatique pour le contrôle des écarts » (p. 189) ? Se réjouit-il que désormais Mme Bachevski et Mme Alvarez condescendent à se saluer ? Une lecture optimiste de la pièce pourrait nous laisser penser qu'une entreprise où les gens se tolèrent rend l'humaine condition moins tragiquement solitaire.

## SUJET 6

« Contrairement à tout ce qu'on dit, en philosophie classique et contemporaine, les hommes ne sont pas les seuls à travailler. Nous ne sommes jamais si exceptionnels. Les animaux travaillent, les organismes vivants aussi. Je veux dire que la vie travaille » (Michel Serres, *Le Parasite*, Grasset, 1980, p. 159).

Votre lecture des trois œuvres au programme vous permet-elle de souscrire à ce propos ?

**ANALYSE DES TERMES DU SUJET :** Conscient d'envisager une définition nouvelle du travail, Michel Serres insiste sur l'originalité de sa formule, qui en contredirait la conception purement anthropologique. Non, le travail n'est pas ce qui distingue l'homme des autres créatures ; non, il ne le consacre pas comme une exception dans le domaine du vivant, car ce qui caractérise le vivant, précisément, c'est qu'il travaille. L'extrait ne dit pas à quoi, mais il nous est loisible de l'imaginer : tout organisme lutte pour sa propre survie, il combat ce qui le met en danger – le froid, la faim, les intempéries, la maladie et, surtout, les autres. Il œuvre aussi à se reproduire, à pérenniser son espèce, à conquérir de nouveaux espaces, à s'imposer dans la nature. Au fond, quand Serres déclare que « la vie travaille », il insiste sur un fait quasi tautologique : la vie, par elle-même, *est* travail. Mais cette conception annule-t-elle pour autant la spécificité du travail humain qui transforme la nature pour satisfaire des besoins ? qui procède à la division des tâches en vue d'un projet commun ? qui obéit à des règles artificielles et consensuelles ? qui organise la société autour de contrats ?

**PROBLÉMATIQUE :** Si le travail caractérise l'ensemble des créatures vivantes, peut-on dire encore qu'il est une spécificité humaine ?

## I. CERTES, LE TRAVAIL NE SERAIT PAS L'APANAGE DE L'HOMME MAIS CELUI DU VIVANT

### *1. La nature travaille tout entière à sa conservation*

Virgile montre que les animaux travaillent à se conserver eux-mêmes, choisissant les meilleurs endroits pour se nourrir et s'abriter des prédateurs : « les chèvres paissent dans les bois et sur les sommets du Lycée, broutant des ronces épineuses […] ; et d'elles-mêmes, ayant de la mémoire, elles rentrent au bercail, y ramènent leurs petits » (III, p. 128-129). Dans *Par-dessus bord*, la nature travaille à l'insu de la conscience à la conservation des corps. Il en va ainsi de Fernand Dehaze qui, après une attaque, continue à vivre en étant probablement en état de mort cérébrale, comme l'indique le docteur Temple : « après six semaines de coma […] [s]es reins son appareil nutritionnel fonctionnent parfaitement » (p. 86). Selon Simone Weil, à l'usine l'instinct de survie rétracte la pensée « sur un point du temps pour éviter la souffrance » (p. 235) et

CORRIGÉS

réduit l'homme à un réflexe d'autoconservation qui l'« empêche alors de sentir la présence d'autres êtres humains qui peinent eux aussi tout près ; il est presque impossible de ne pas devenir indifférent et brutal » (p. 235).

### *2. Ce travail du vivant est sensible : il fatigue et régénère*

Chez Virgile, les végétaux, s'ils ne sont pas greffés par l'homme, ne produisent pas toujours de fruits, mais la vie travaille en eux et ne les rend pas moins solides : « Les arbres qui s'élèvent d'eux-mêmes aux bords de la lumière sont inféconds, il est vrai, mais ils croissent, épanouis et forts, parce que leur vertu naturelle tient au sol » (II, p. 75-76). De même le souffle vital œuvre sans cesse chez les animaux. Ainsi, épuisé par son combat, le taureau vaincu, « quand il a rassemblé sa vigueur et rétabli ses forces » (III, p. 124), retourne-t-il au troupeau pour le reconquérir – « [t]elle la vague » qui « se creuse », « puis, roulant vers la terre se brise », « et retombe » en bouillonnant (*ibid.*). Pour Simone Weil, ce travail du vivant explique l'endurance de l'homme, mais aussi ses limites : « un ouvrier ne produit pas plus en dix-sept heures qu'en quinze heures, parce que son organisme est plus fatigué et qu'automatiquement il va moins vite » (p. 212). Et, dans *Par-dessus bord*, c'est en s'appuyant sur cette idée que le vivant travaille et s'épuise que Benoît s'autorise à mettre Mme Bachevski à la retraite anticipée : « vous avez combien d'années dans la maison ? Trente-neuf ans ? C'est magnifique nous en avons discuté avec Grangier et nous avons décidé de vous offrir le loisir et le repos que vous avez bien gagnés sans qu'il vous soit nécessaire d'attendre encore quatre ans » (p. 206).

### *3. Et même quand l'homme n'est pas au travail, la vie travaille en lui*

Dans la pièce de Michel Vinaver, le cœur de Fernand Dehaze continue de battre obstinément après son AVC, comme l'explique le docteur Temple : « Pour l'instant on ne peut rien dire nous l'avons mis en réanimation à présent le cœur bat normalement » (p. 70). Mme Bachevski s'étonne de cette opiniâtreté : « quand on lui pince la jambe [...] [i]l la retire » (p. 72-73). Le phénomène exaspère Benoît, qui ne peut achever sa conquête du pouvoir au sein de l'entreprise tant que son père vit. Virgile, pour sa part, raconte comment la perte d'Eurydice dissout la volonté d'Orphée ; mais la vie continue de travailler en lui, qui erre « à travers les glaces hyperboréennes » (IV, p. 174) et qui a la force de prononcer, bien que décapité, le nom de l'aimée : « "Eurydice !" criaient encore sa voix et sa langue glacée » (IV, p. 175). Mais, selon Simone Weil, l'usine épuise le travailleur et, quand il rentre chez lui, la vie qui circule dans ses veines ne fait que lui rappeler ses souffrances à venir, comme en témoignent les « visages contractés par l'angoisse de la journée à traverser et les yeux douloureux dans le métro du matin ; la fatigue profonde, essentielle » (p. 240).

**Transition** : Mais, même si la vie tout entière « travaille » à sa propre conservation, il n'en reste pas moins que l'homme a inventé le travail comme processus artificiel.

## II. Mais l'homme fait du travail un effort organisé, différent du processus naturel

### *1. La conscientisation du travail est un fait humain*

Dans *Les Géorgiques*, le poète rappelle que le travail, s'il résulte de la volonté divine, est un fait humain qui s'affranchit du cycle naturel : « alors vinrent les différents arts. Tous les obstacles furent vaincus par un travail acharné et par le besoin pressant en de dures circonstances » (I, p. 46-47). Pour Simone Weil, cette conscientisation du travail humain a engendré un système qui fait oublier jusqu'à l'existence de notre appartenance au monde naturel : « tous les sens participent à un univers où rien ne rappelle la nature, où rien n'est gratuit, où tout est heurt, heurt dur et en même temps conquérant, de l'homme avec la matière » (p. 225-226). Dans *Par-dessus bord*, on perçoit à quel point la conscientisation du travail comme fait humain procède d'un effacement de la mémoire et du cycle naturel. L'intervention du conseiller en *marketing* Jack Donahue s'emploie à faire table rase de l'histoire même de l'entreprise : « c'est un problème vraiment excitant parce qu'il faut partir de zéro complètement » (p. 111), « remuer des tonnes d'idées reçues d'inhibitions toute cette caillasse stérile » (p. 116).

### *2. Cette conscientisation s'accompagne d'une organisation artificielle du travail*

Virgile explique, par exemple, que planter une vigne suppose une suite d'actions coordonnées : « Une fois les boutures plantées, il reste à ramener bien souvent la terre autour des ceps, à la bêcher sans cesse [...] ; puis, à disposer les lisses roseaux, les baguettes dépouillées de leur écorce, les échalas de frêne » (II, p. 94). Pour le poète, le travail se pense et s'organise comme une *ars*, avec des règles qui peuvent être formulées et transmises. Selon Simone Weil, l'usine est le comble de l'artificialisation du travail, très loin de la pulsation naturelle du vivant, et elle dénonce les excès de ce « travail parcellaire – à la tâche – organisation purement bureaucratique des rapports entre les divers éléments de l'entreprise, les différentes opérations du travail » (p. 50). La pièce de Michel Vinaver, elle aussi, dénonce, mais sur le mode satirique, cette organisation du travail qui déteint sur l'existence tout entière, laquelle se décline à son tour sur une imperturbable cadence : « Margerie. – Manger travailler dormir/ Benoît. – Faire l'amour/ Margerie. – Deux fois par semaine » (p. 69-70).

### *3. Ce travail organisé va bien au-delà des besoins du vivant*

Chez Virgile, déjà, le travail de l'homme comme aspiration à dépasser les besoins vitaux doit lui-même inspirer les bêtes : « le premier travail de ton cheval sera de voir l'ardeur et les armes des guerriers en lutte, de supporter le son des trompettes » (III, p. 121). Pour Simone Weil, l'artificialisation de la vie générée par le travail correspond à la volonté de satisfaire des besoins qui vont bien au-delà de ce qu'exige le travail du vivant : « Il n'y a donc aucune limite à l'augmentation de la production en intensité » (p. 213). Cela débouche sur des aberrations : « Mais la rationalisation de Ford consiste non pas à travailler mieux, mais à faire travailler plus » (p. 211). *Par-dessus bord* tourne en dérision ces excès en montrant l'absurdité sinon la sottise d'un travail qui s'organise pour passer du besoin primaire auquel répond le papier-toilette à une multiplication de sa consommation : il faut « [y] imprimer de petits textes instructifs » (p. 202) ; on suggère d'y écrire : « Informez-vous au hasard de vos selles » (*ibid.*).

**TRANSITION :** Pourtant, quel que soit le degré de sophistication du travail que l'homme met en place, c'est encore la nature qui est à l'œuvre dans tout travail organisé.

## III. FINALEMENT, DERRIÈRE L'EFFORT ORGANISÉ, C'EST ENCORE LA NATURE QUI TRAVAILLE EN NOUS

### *1. Le travail humain est, de manière souterraine, animé par l'instinct de vie, voire de survie*

Dans *Les Géorgiques*, le travail humain est lui-même traversé par l'instinct de vie. Il est porté notamment par la puissance universelle de l'amour : « Oui, toute la race sur terre et des hommes et des bêtes, ainsi que la race marine, les troupeaux, les oiseaux peints de mille couleurs, se ruent à ces furies et à ce feu ; l'amour est le même pour tous » (III, p. 124). Selon Simone Weil, c'est parce que le patronat sait parfaitement que cet instinct de vie anime les ouvriers qu'il peut les exploiter à l'extrême. Il se sert de leur énergie comme d'une énergie naturelle : « Que reste-t-il aux ouvriers ? Il leur reste l'énergie qui permet de faire un mouvement, l'équivalent de la force électrique ; et on l'utilise exactement comme on utilise l'électricité » (p. 218). Dans la pièce de Michel Vinaver, Benoît croit à la survie du groupe, qu'il assimile dans une certaine mesure à la sienne, et il est prêt à tous les sacrifices, en particulier en taillant dans le personnel : « le redressement est encore possible mais il exige une attitude absolument nouvelle partir de zéro vivre une aventure avec tout ce que cela comporte de rigueur de don de soi » (p. 90).

### *2. Mais le travail humain dévoie cet instinct vital en pulsion de domination ou de destruction*

Virgile déplore ce détournement des efforts humains qui, plutôt que de chercher à satisfaire les besoins nécessaires, obliquent vers le désir de conquête : « des villes voisines, rompant les traités qui les lient, prennent les armes ; Mars impie sévit dans tout l'univers » (I, p. 69). Pour Simone Weil, il y a un dévoiement regrettable des ambitions humaines qui, au lieu d'orienter le travail vers la vie, le tourne vers la destruction : « La rationalisation a surtout servi à [...] cette industrie doublement de luxe qu'est l'industrie de guerre, qui non seulement ne bâtit pas, mais détruit » (p. 215). Dans *Par-dessus bord*, l'exemple de l'activité militaire nazie sert à dénoncer le même fait qui, au bout du compte, nie la nature humaine. On le découvre dans les scènes de la pièce où le ton parodique cède la place à la gravité, notamment dans ce passage où Alex raconte à Jiji le sort réservé à son père : « Ils ont abattu mon père avec plusieurs autres malades alors qu'ils chiaient dans les feuillées ils trouvaient que ça durait trop longtemps » (p. 87).

### *3. L'idéal serait d'harmoniser le travail humain avec le vivant qui travaille en nous*

À la fin des *Géorgiques*, le travail d'Aristée se confond avec le cycle vital et le culte rendu aux dieux dans une harmonie universelle qui régénère la nature : « Alors, prodige soudain et merveilleux à dire, on voit, parmi les viscères liquéfiés des bœufs, des abeilles [...] se répandre en des nuées immenses » (IV, p. 176). Simone Weil se prend à espérer qu'une harmonie du travail et de l'humaine nature puisse se réaliser un jour, comme elle le confie au chef d'entreprise, Victor Bernard : « Une de vos phrases m'a fait longtemps rêver ; c'est celle où vous parlez de contacts plus intimes entre l'usine et moi qui pourraient peut-être être organisés un jour » (p. 126). Mais, si l'on en croit M. Onde, dans la pièce de Michel Vinaver, cette harmonie semble désormais impossible : « Cet abaissement du plafond souverain condamne le monde entier dieux et hommes à n'être que ce qu'il est puisque la médiocrité n'y résulte plus d'accidentelles imperfections mais de limites essentielles » (p. 190).

## III. Résumés corrigés

### Résumé de type Centrale-Supélec

#### *Le Travail en miettes* de Georges Friedmann

Nulle part mieux qu'au travail de l'homme contemporain ne s'applique le concept d'« aliénation » (*Entfremdung*) mis par Hegel au cœur de son système et repris par Marx. Ce sont les principaux signes de cette aliénation que nous tenterons de rassembler à la fin de cette étude, tels qu'ils ressortent des observations sur les tâches très spécialisées dont elle s'est efforcée de suivre les contours et l'évolution.

Tout d'abord, le travail est *dépersonnalisé.* Le Scientific Management, en s'appliquant à la production de série, a constamment tendu à simplifier et standardiser les tâches, à resserrer la hiérarchie des qualifications et, parallèlement, l'échelle des salaires [...] L'O.S. [1] voit chaque jour qu'il y a quantité de tâches semblables, quasi identiques à la sienne, ni meilleures ni pires. Évidemment, pour l'ouvrier qui vit quotidiennement ces tâches, elles revêtent des colorations parfois variées, des différences internes que nous ne méconnaissons pas et sur lesquelles des recherches de psychologie industrielle ont attiré l'attention. Mais, quelle que soit l'importance de ces différences au regard de l'ouvrier, leur impact sur ses attitudes et réactions dans l'atelier, il constate qu'au regard de la Direction, elles paraissent très petites, négligeables et, en conséquence, il a l'impression d'être « interchangeable ». Il s'ensuit que se développe chez lui le sens d'un anonymat parmi une masse de travailleurs, renforcé encore par le défaut d'intégration morale à une entreprise où il n'a [...] ni participation aux décisions, ni responsabilité. Ce sentiment est, de plus, accentué par l'absence quasi totale de liens personnels avec les cadres, sinon avec les supérieurs immédiats (chefs d'équipe et contremaîtres) et par la similitude ou l'identité de l'enveloppe de paie que reçoit chaque ouvrier, à la fin de la semaine ou de la quinzaine.

Chez l'ouvrier spécialisé, saisi dans le corset de fer de l'O.S.T. [2], la dépersonnalisation s'accompagne souvent de la conscience de ne *jamais pouvoir achever* une tâche, de ne jamais pouvoir, en prenant du recul, se dire qu'il a réalisé quelque chose, lui-même, et qu'il l'a bien fait. Il manifeste parfois des sentiments de fierté collective lorsque, par exemple, l'entreprise a « sorti » un modèle nouveau, qui a du succès et nous en avons observé quelques signes en écoutant des ouvriers de certaines grandes firmes françaises discuter entre eux devant des stands du Salon de l'Automobile. Mais, à vrai dire, de tels cas semblent rares dans les conditions socio-économiques actuelles et elles ne peuvent servir de substitut à un sentiment de réalisation et d'achèvement, qui serait fréquemment éprouvé dans l'atelier même, sur le poste de travail.

1. O.S. : Ouvrier spécialisé.
2. O.S.T. : Organisation scientifique du travail.

Tous les traits de l'aliénation sont intimement mêlés ; imbriqués les uns dans les autres, ils réagissent les uns sur les autres. Un travail dépersonnalisé, toujours inachevé est aussi un travail *dépourvu de participation.* L'Organisation scientifique, par ses doctrinaires les plus conscients aussi bien que par ses vulgarisateurs empiriques, s'est efforcée, d'un continent à l'autre, et cela s'est vu dans les branches les plus diverses de l'activité industrielle, commerciale, administrative des nations évoluées et des pays « sous-développés », de préparer l'exécution des tâches de manière à interdire l'appel aux aptitudes et besoins les plus profonds de l'individu. La séparation de la pensée et de l'exécution, principe qu'elle applique constamment et dont elle fait l'indispensable condition du progrès technique et des hauts rendements, se solde par la non-participation de l'individu à son travail. [...]

Sur ce point, l'opposition entre les méthodes des organisateurs et les conclusions des sciences humaines, appliquées au travail, est brutale : le technicien, voyant essentiellement dans l'homme un *instrument*, s'ingénie à ce que tout soit pour lui préparé à l'avance, afin qu'il fonctionne le plus rapidement et le plus efficacement ; le psychologue et le sociologue, eux, insistant sur la présence fondamentale d'un besoin de participation chez l'individu au cours du travail, recommandent d'organiser celui-ci dans des conditions telles que la personnalité du travailleur soit engagée et, autant que possible, développée, épanouie à travers cette activité.

L'absence des conditions permettant de satisfaire ces tendances profondes est un des principaux aspects de l'aliénation de l'homme contemporain dans le travail. [...] Ce besoin *sur le plan social*, doit pouvoir s'exprimer et se satisfaire par la participation à la gestion et à la direction de l'entreprise, dont les diverses modalités, sous la pression du mouvement syndical, s'inscrivent d'ores et déjà dans l'histoire contemporaine des relations industrielles. Or les institutions actuelles, telles, en France, les comités d'entreprises, ne fonctionnent pas, pour des raisons que des enquêtes spéciales ont bien décrites, dans des conditions qui assurent réellement l'engagement psychologique de la masse des travailleurs. La plupart d'entre eux demeurent aliénés par rapport à leur travail. Celui-ci représente simplement un moyen pénible, parfois même épuisant et abrutissant, souvent dépourvu de sens et d'intérêt pour recevoir périodiquement une enveloppe de paie d'un certain montant. Mais l'obtention du salaire, bien que jouant économiquement un rôle vital, n'implique ni n'entraîne la participation morale de l'ouvrier aux activités ainsi rémunérées. [...] [L]orsqu'il est effectué dans certaines conditions qui le dégradent et le vident de toute substance, le travail est, à l'égard de qui le subit, comme s'il était la privation de travail.

Cette perte de substance des tâches industrielles que provoque leur éclatement dans les cadres imposés par l'Organisation scientifique, entraîne nécessairement, de la part de l'opérateur, un *manque d'intérêt* pour son travail. Ayant reconnu la diminution du contenu intrinsèque (et de la variété) de celui-ci, l'O.S.T. en se réadaptant, a tenté d'orienter l'ouvrier spécialisé vers des satisfactions extérieures à la tâche, sortes de compensations que lui offre l'environnement physique et social : la lumière, la couleur des murs et machines, la cantine, les relations plus détendues avec les camarades et supérieurs immédiats, etc. Chacune des mesures sous-jacentes est bonne, en soi. Mais leur ensemble tend à consacrer l'abandon de toute revalorisation du travail en miettes. Le transfert de *l'accent*, désormais *mis sur ce qui n'est pas le travail lui-même*, doit être compté parmi les aspects de l'aliénation. Les modernes Services du Personnel, dans leur pratique courante, note à ce propos Douglas McGregor, considèrent « le travail comme une sorte de punition que les gens doivent subir afin de pouvoir trouver ailleurs leur satisfaction. »

Georges Friedmann, *Le Travail en miettes* [1956],


### Observation préalable

Friedmann fait allusion à l'O.S.T., l'Organisation scientifique du travail, dont l'objectif est d'augmenter la productivité et d'améliorer les rendements de l'entreprise. Le taylorisme, dont on connaît une illustration cinématographique avec *Les Temps modernes* de Chaplin, en est la traduction.

### Résumé synthétique

L'activité industrielle, en parcellisant les tâches, éloigne l'ouvrier de sa participation aux décisions de l'entreprise et ôte du sens à son activité. Améliorer son cadre de travail n'y change rien : c'est une diversion qui renforce au contraire l'aliénation du travailleur.

### Construction du texte

**I.** (§ 1) **Le travail nous aliène pour plusieurs raisons.** La notion hégélienne d'aliénation se prolonge chez Marx et convient parfaitement à la situation actuelle dans l'industrie.

(§ 2) **Première raison : l'uniformisation du travail.** La production de masse induit la simplification du travail (« simplifier et standardiser les tâches »), l'uniformisation des fonctions (« resserrer la hiérarchie des qualifications ») et des tâches (« semblables », « quasi identiques »). ***Certes***, les ouvriers sont conscients qu'il existe des nuances entre les tâches de chacun (« des colorations parfois variées », « des différences internes »), ***mais*** ces nuances sont invisibles à la Direction (« très petites », « négligeables »). ***Conséquence :*** l'ouvrier a le sentiment d'être fondu dans la masse, d'être anonyme, « interchangeable », d'autant qu'il est tenu éloigné de la hiérarchie, qu'on ne le fait pas participer aux décisions de l'entreprise et qu'il reçoit le même salaire que les autres.

**II.** (§ 3 à 6) **Deuxième raison : l'inachèvement du travail.** (§ 3) L'ouvrier ne voit qu'une partie du processus de fabrication ; il ne voit pas l'aboutissement de son travail (« la conscience de ne *jamais pouvoir achever* une tâche »). ***Certes***, il peut s'enorgueillir d'avoir contribué à la réalisation d'un produit qui rencontre du succès (« fierté collective »),

***mais*** ces cas rares ne compensent pas le sentiment d'inachèvement. (§ 4) Ce sentiment est aggravé par le fait que l'O.S.T., dans un souci de rendement, met tout en œuvre pour empêcher l'ouvrier de réfléchir au sens de son travail (« la séparation de la pensée et de l'exécution »), (§ 5) ce qui va à l'encontre des préconisations des sociologues et des psychologues, selon lesquelles la contribution au travail est indispensable à l'épanouissement de l'individu. (§ 6) ***Mais***, malgré cette incitation, rien n'est mis sérieusement en place (« les comités d'entreprise [...] ne fonctionnent pas »). ***Conséquence :*** l'ouvrier ne voit pas le sens de son travail, d'où ce paradoxe : il subit un sentiment de « privation de travail ».

**III.** (§ 7) **Consécration du travail en miettes.** ***Autre conséquence*** de l'aliénation au travail : le désintérêt pour le travail. ***Certes***, l'O.S.T. a pris en compte cette disparition du sens du travail pour l'ouvrier et a cru trouver une solution dans l'amélioration de son cadre de travail. ***Mais***, au lieu de résoudre le problème, elle le confirme (elle « tend à consacrer l'abandon de toute revalorisation du travail en miettes ») en créant une diversion qui ne s'attaque pas au problème clé de la parcellisation des tâches : autre aspect de « l'aliénation ». Le travail est ***donc*** vécu comme une punition.

### CONSEILS MÉTHODOLOGIQUES

- La construction du résumé ne peut reconduire les sept paragraphes du texte, car l'exercice de type Centrale-Supélec en admet quatre au maximum. C'est l'organisation du sens qui doit donc décider de la répartition des parties. Mais cela ne vous dispense en rien de respecter les proportions du texte.
- Il n'y a guère d'exemples dans le texte. L'allusion à Hegel et à Freud n'est pas nécessaire.
- Pour éviter de reprendre les initiales O.S.T., calque trop voyant d'une formule du texte, on peut opter pour *taylorisme.* L'emploi d'O.S.T. est possible néanmoins et devrait compter pour un mot.

CORRIGÉS

## RÉSUMÉ EN 215 MOTS

Aujourd'hui particulièrement, le travail nous aliène. Pour commencer, l'industrialisation banalise les fonctions et nivelle les compétences. Les nuances entre les tâches n'étant pas discernées par la hiérarchie, l'ouvrier se perçoit comme remplaçable, anonyme, constat qu'entretiennent l'absence de relations avec les cadres, l'éloignement des processus / décisionnels et l'uniformité des salaires.

Il souffre également de ne jamais voir l'aboutissement de ses efforts : aucune réussite commerciale de l'entreprise ne saurait suppléer à la frustration éprouvée quand il travaille. Plus encore, les théoriciens et les agents de l'efficience industrielle ont tout fait pour ne / pas l'intéresser aux activités de l'entreprise, ce en quoi ils s'opposent aux expertises universitaires qui insistent sur la nécessité sociologique et psychologique de susciter cet intérêt. Mais, bien que l'ouvrier doive contribuer à l'administration des industries, aucune instance en place ne le lui permet effectivement. / Privée de contenu, son activité ne saurait être justifiée par le seul salaire : le travailleur se sent, paradoxalement, frustré de son travail.

Conscients du problème, les tayloristes ont amélioré le cadre de fonctionnement dans lequel s'exerce ce travail, mais cet effort, aussi positif soit-il, ne questionne pas le / morcellement des activités ; il l'entérine au contraire et contribue à l'aliénation du travailleur.

## Résumé de type CCINP

### *Propos* d'Alain

J'ai connu un homme d'âge, et grand ami de la nature, qui avait juré qu'on ne toucherait pas à un seul arbre de son parc. Or j'ai vu un tronc de platane qui repoussait le mur de clôture, dessinant une sorte de tour fendillée. D'autres arbres attaquèrent le toit de la maison et firent voler les tuiles. Firent voler, c'est une façon de parler, car le végétal procède imperceptiblement. Un brin d'herbe commence la ruine d'un mur. L'homme passe autant de journées à élaguer qu'à planter, autant à sarcler qu'à semer. Les plantes ne cessent de mener leur assaut tranquille. Comme chacun a pu voir dans les champs délaissés par la guerre ; après les coquelicots, ce fut le tour des marguerites ; l'herbe effaçait déjà ces ornements éphémères, et parmi l'herbe, on apercevait le petit plant des charmes, des hêtres, des chênes, des pins ; la forêt revenait. Darwin eut l'idée d'enclore quelques mètres d'un pâturage ; il y vit pousser des arbres. Si l'on disait donc que la nature végétale travaille pour nous, on parlerait mal ; elle travaille selon elle, non selon nous. Nous avons à conquérir et à reconquérir le blé, le chou et le haricot. La terre végétale est elle-même une chose fabriquée. Le paysan sait très bien ces choses-là. Il compte en travail. Il obéit pour commander. Il se fait l'attentif serviteur de sa servante la vache.

J'ai plus appris à la queue des vaches qu'en roulant dans le train express. Sur mes dix ans, au temps des vacances, je menais souvent une précieuse vache laitière. La bête aux pieds tournants, comme dit Homère, allait son train ; dès que je la poussais de ma baguette, elle montrait les cornes. On peut tout inventer, excepté de faire aller une vache plus vite qu'elle ne veut. À l'autre extrême on peut tout inventer, excepté de faire *La Jeune Parque* en un mois. Un opéra veut deux ou trois ans ; et, même à ce régime, il ne s'en trouve pas un de bon sur cent. La civilisation est au pas de vache.

L'auto roule ; l'avion bourdonne. L'obus va encore plus vite ; et la tape de la mélinite, même à travers l'air fait sentir une prodigieuse puissance en un moment, non gouvernable. La vapeur non plus n'est pas gouvernable, ni le torrent. Une mine de charbon qui brûle, souvent on la laisse, car il faut des heures et des heures de menu travail si on veut l'éteindre. Que de transports et que de précautions si on a juré de faire brûler le charbon où il faut et comme il faut ! La vapeur d'eau lance des débris volcaniques, et souffle même toute une ville en un instant. Si l'on veut dresser ce terrible serviteur, il faut lui forger des chaînes, qui sont chaudières, tuyaux, cylindres, pistons, bielles. L'ajustage se fait au pas de vache. L'explosif est fabriqué au pas de vache, si l'on compte tout. Seulement nous voyons en un instant l'effet du travail humain, concentré et retardé. La somme d'un million de coups de marteau est volcanique. Un enfant, en posant le doigt sur un bouton, fait partir une torpille, et dresse en l'air une tour d'eau de cent mètres ; mais si vous mesurez par cet effet la puissance d'un enfant, vous mesurez mal. Cette puissance n'est pas physique, elle est politique. Vous avez obtenu d'un millier d'hommes, par persuasion, qu'ils travaillent longtemps sans voir l'effet. Vous donnez à l'enfant le commandement de cette armée de travailleurs à retardement. Il n'en est pas moins vrai que l'homme est nu et réduit à ses propres muscles et à son propre courage, comme Hercule.

L'idée d'obtenir un résultat sans travail est séduisante. Celui qui roule en auto se plaît à ces forces obéissantes ; mais le travail des mines, que ce soit fer, pétrole ou charbon, n'a rien du travail de prince. Aux travaux de base, tout homme est paysan ; tout homme mène une lutte difficile contre des forces qui n'ont point égard à lui ; et ce monde n'est point tendre. Dire que Dieu donne la pâture aux petits des oiseaux, c'est une idée d'enfant. L'oiseau ne cesse de travailler, à grande dépense de vitesse ; et par chance il récupère quelquefois en nourriture l'énorme dépense du vol ; en fait les couvées périssent presque toutes. Et que les lis ne travaillent ni ne filent, c'est une autre idée d'enfant ; car le lis, comme toutes les plantes, travaille chimiquement à conserver et à reproduire son être, et il est borné là ; il ne fait que lis et encore lis. Tisser une chemise est de l'homme ; et c'est bien autre chose que de tisser sa propre chair. Une chemise signifie un excédent ; et évidemment les travaux humains, ingénieux et divisés, produisent un excédent. Mais brûler l'excédent à toute vitesse, ce n'est que montrer une puissance politique, et exactement dissiper le travail d'autrui. Le muscle reste muscle. Et c'est bien une idée d'enfant de vouloir forcer le pas de la vache. La vache montre les cornes. Attention !

Alain, *Propos*, « Le pas de la vache », Gallimard, « Bibliothèque de la Pléiade », 1956, t. I, p. 1154-1156.



## Observation préalable

Les textes d'Alain sont à première vue d'une grande clarté, souvent parce qu'ils partent d'une observation très concrète. Ils sont en réalité difficiles, ne serait-ce que parce qu'ils recourent rarement aux connecteurs entre les paragraphes et les phrases. Il faut donc avant tout retrouver la logique générale qui préside à l'enchaînement des idées, ici en particulier entre le deuxième et le troisième paragraphe.

## Résumé synthétique

Forts de nos réalisations techniques, nous prétendons maîtriser la nature ; en réalité, nous restons individuellement toujours aussi faibles, car la nature est indifférente à nos efforts et peut très bien se retourner contre nous quand nous voulons lui imposer notre rythme.

Construction du texte

**I.** (§ 1) ***Constat*** **: il est difficile de dominer la nature.** ***Observation :*** La végétation travaille sans cesse (« tronc de platane qui repoussait », « d'autres arbres attaquèrent » et « firent voler ») contre les efforts de l'homme pour la domestiquer. ***Conséquence :*** l'homme doit à son tour travailler infiniment pour la contenir (« élaguer », « planter », « sarcler », « semer »). ***Mais***, dès qu'il s'arrête, la nature reprend ses droits (« champs délaissés par la guerre », enclos de Darwin). ***Bilan :*** l'homme se soumet autant à la nature que la nature se soumet à lui.

**II.** (§ 2 et 3) ***Thèse :*** **le travail nous renvoie à nos limites.** (§ 2) ***Deux observations :*** a) il est impossible d'accélérer le pas d'une vache, sinon elle menace (« elle montrait les cornes ») ; b) il est impossible de créer un chef-d'œuvre artistique en un temps bref (« faire *La Jeune Parque* en un mois »). ***Bilan comparatif :*** on ne peut forcer le rythme de la nature, pas plus que celui des créations humaines. (§ 3) ***Certes***, nos productions techniques (« auto », « avion », « obus », « mélinite [1] ») nous transmettent le sentiment d'une puissance telle qu'elles en viennent à ressembler aux phénomènes naturels (« vapeur », « torrent », feu de la « mine de charbon qui brûle ») en ce qu'ils ne sont pas maîtrisables. ***Mais*** ces productions résultent d'efforts conjoints innombrables (« un million de coups de marteau »), eux-mêmes soumis au rythme lent de la nature. ***Rejet d'une objection :*** croire que lancer un missile d'une simple pression sur un bouton démontre une puissance physique est une illusion ; cette puissance n'est que « politique ». ***Énoncé de la thèse :*** l'homme en tant que tel est faible (« réduit à ses propres muscles et à son propre courage »).

**III.** (§ 4) ***Conclusion*** **: il faut rester modeste face au travail de la nature.** ***1er conseil :*** il ne faut pas croire qu'on peut obtenir quelque chose sans travailler ; ***2e conseil :*** il ne faut pas oublier que tout effort suppose une confrontation primordiale avec la nature (« Aux travaux de base, tout homme est paysan ») ; ***3e conseil :*** il ne faut pas oublier que la nature elle-même travaille sans cesse et durement (« les couvées périssent presque toutes ») : penser autrement, c'est se leurrer (« une autre idée d'enfant ») ; ***4e conseil :*** détruire nos productions (« excédent ») n'étant pas une preuve de force effective mais une simple question de politique, il faut se garder d'accélérer puérilement le rythme de la nature sous peine d'en être puni (« La vache montre ses cornes. Attention ! »).

1. Explosif très puissant.

## Conseils méthodologiques

▪ Le résumé, très bref, interdit l'exploitation des exemples. Tout au plus évoquera-t-on succinctement l'image de la vache laitière et de son rythme inaltérable pour la confronter aux réussites artistiques qui, elles aussi, ont leur rythme et obéissent au temps long de la création.

▪ L'absence de connecteurs logiques dans le texte d'Alain n'exonère pas d'en disposer de très explicites dans le résumé : au contraire, c'est ainsi qu'on rend au texte sa cohérence.

▪ Le *je* du texte ne mérite pas d'être reproduit dans le résumé : sa présence n'implique pas un engagement idéologique fort. Il introduit surtout des exemples, de brefs témoignages.

### Résumé en 107 mots

Nous passons notre temps à contenir une nature indifférente à nos constructions et qui menace de les détruire : elle nous / soumet autant que nous la soumettons.

En effet, le bétail impose son rythme, comme la création du chef-d'œuvre / impose le temps long ; et, quoique nos inventions puissent être immaîtrisables, comme les forces naturelles, et qu'elles résultent d' / un ouvrage patient et acharné, elles ne nous rendent ni physiquement ni moralement plus forts.

Certes, on aimerait puérilement tout / réaliser sans effort, mais nos activités primaires nous confrontent toujours à la nature, qui œuvre à sa survie et se / révolte dès que nous en exigeons davantage.

## Rappel

On appelle *mot* toute unité typographique signifiante séparée d'une autre par un espace ou un tiret.

Exemples :

— *c'est-à-dire* = 4 mots ;

— *j'espère* = 2 mots ;

— *après-midi* = 2 mots, mais *aujourd'hui* = 1 mot ;

— *socio-économique* = 1 mot, puisque les deux unités typographiques n'ont pas de sens à elles seules ;

— *a-t-il* = 2 mots, car *t* n'a pas une signification propre.

Attention : un pourcentage, une date, un sigle = 1 mot.

SEPTIÈME PARTIE

# Répertoire de citations

*par Corinne von Kymmel*

Pour chaque item proposé dans cette partie, des citations issues des trois ouvrages au programme se font écho : ces regroupements commentés peuvent constituer une base pour le fichage des idées portant sur le travail, en donnant à observer des thèmes communs développés dans les trois œuvres simultanément. Puisque les œuvres et le thème sont étudiés tout au long de ce manuel, les citations présentées sont volontairement non accompagnées de leur contextualisation. Dans une dissertation, il va toutefois de soi que les citations doivent toujours être présentées dans leur contexte, car celui-ci valide l'exploitation de ces citations au service des arguments et du sujet.

## I. COMMENCER UN TRAVAIL

### A. Projets

#### *1. Des débuts passionnés*

▪ MARGERIE. – [...] avec mon Olivier on va monter dans le cœur de San Francisco sous le signe de la Pompadour un institut de beauté comme un défi français à toutes ces usines sans âme où la beauté est débitée à la chaîne

(*Par-dessus bord*, VI, p. 241)

▪ Une terre noire, et grasse sous le soc qu'on enfonce, et dont le sol est friable (car c'est le résultat que nous cherchons à obtenir en labourant) est presque toujours excellente pour les blés : en nulle autre plaine tu ne verras plus de taureaux ramener à pas lents plus de chariots au logis.

(*Les Géorgiques*, II, p. 86)

▪ [« Lettres à Victor Bernard »] J'ai une grande ambition, mais à laquelle j'ose à peine penser, tant elle est difficile à réaliser : ce serait, après cette série de papiers, d'en faire une autre [...] sur la création de la science moderne par les Grecs ; histoire merveilleuse, et généralement ignorée même des gens cultivés.

(*La Condition ouvrière*, p. 129-130)

Le travail peut apparaître comme un projet non encore réalisé, mais qui porte les ambitions de celui qui en rêve : entre la construction contre un système connu, la connaissance du socle à partir duquel le travail peut se déployer et le rêve de l'innovation, les directions sont presque innombrables.

### 2. *Le travail, une aventure*

▪ [« Expérience de la vie d'usine »] Il faut changer la nature des stimulants du travail, diminuer ou abolir les causes de dégoût, transformer le rapport de chaque ouvrier avec le fonctionnement de l'ensemble de l'usine, le rapport de l'ouvrier avec la machine, et la manière dont le temps s'écoule dans le travail.

(*La Condition ouvrière*, p. 241)

▪ Je ne me dissimule pas en mon for intérieur combien il est difficile de vaincre mon sujet par le style et de donner du lustre à de minces objets. Mais [...] il me plaît d'aller par ces cimes, où nulle roue avant moi n'a jamais laissé de traces sur la douce déclivité de Castalie.

(*Les Géorgiques*, III, p. 127)

▪ BENOÎT. – [...] partir de zéro vivre une aventure avec tout ce que cela comporte de rigueur de don de soi parce que le potentiel de ce marché est immense [...] parce que nous avons des atouts qui doivent nous permettre de battre les Américains à leur propre jeu moi ça me passionnerait de me jeter dans cette aventure-là et je me crois capable de réussir

(*Par-dessus bord*, III, p. 90)

Envisager le travail avant son accomplissement, c'est se donner une ambition positive, qu'elle soit comme chez Weil d'ordre moral, social ou politique, qu'elle soit exaltante comme chez Virgile ou innovante comme chez Vinaver. Dès lors, ouvert sur un avenir non défini à l'avance, le travail devient une aventure dynamique.

## B. Projections

### 1. *Temporalité*

▪ Je puis te rappeler une foule de préceptes des anciens, si tu n'y répugnes pas et ne dédaignes pas de connaître de menus détails.

(*Les Géorgiques*, I, p. 49)

▪ BENOÎT. – Je veux que nous jetions un torrent d'idées sur le tapis projetons-nous à dix ans à vingt ans [...] Parce que le long terme c'est demain

(*Par-dessus bord*, V, p. 201)

▪ [« La vie et la grève des ouvrières métallos »] Allons-nous enfin assister à une amélioration effective et durable des conditions du travail industriel ? L'avenir le dira ; mais cet avenir, il ne faut pas l'attendre, il faut le faire.

(*La Condition ouvrière*, p. 172)

Un travail à accomplir se définit toujours par rapport à un socle passé (les « préceptes des anciens » mentionnés par Virgile), qui sert de point d'ancrage pour une projection dans un avenir que les auteurs présentent sous une forme imagée en insistant sur son pouvoir d'attraction.

### *2. Arrière-plan*

▪ [« Lettres à Auguste Detœuf »] Longtemps avant de travailler en usine, j'avais appris à connaître le travail des champs [...], et malgré des fatigues accablantes j'y avais trouvé des joies pures et profondes.

(*La Condition ouvrière*, p. 174)

▪ La Lune elle-même a mis dans son cours les jours favorables à tels ou tels travaux.

(*Les Géorgiques*, I, p. 54)

▪ BENOÎT. – Ma société n'est pas à vendre
YOUNG. – Je sais bien mais je pensais que ça pouvait être utile pour vous de savoir in the back of your mind que nous disposons de moyens considérables pour aider une société française à se développer surtout si elle voit loin avec des plans de grande envergure et des difficultés à trouver les ressources nécessaires sur le plan national qui inévitablement est un peu étroit n'est-ce pas ?

(*Par-dessus bord*, V, p. 213)

Le socle du travail à accomplir se trouve dans un cadre auquel il faut prêter attention pour rendre ce travail productif : Weil établit une analogie entre le « travail des champs » qu'elle connaît et la perspective du travail « en usine », Virgile se réfère aux cycles lunaires prévisibles qui scandent le calendrier et l'Américain Young rappelle aux Français de Ravoire et Dehaze que l'argent est indispensable pour que le travail devienne rentable.

### *3. Cibles*

▪ Si tes préférences vont à la guerre [...], le premier travail de ton cheval sera de voir l'ardeur et les armes des guerriers en lutte, de supporter le son des trompettes, de se faire au gémissement d'une roue lorsqu'on tire un chariot, et d'entendre à l'étable le cliquetis des freins [...].

(*Les Géorgiques*, III, p. 121)

▪ PASSEMAR. – [...] dans la crise actuelle il faut bien admettre que le seul théâtre qui fasse des recettes est un théâtre qui répond à la demande d'un public qui est le public de la société de consommation alors il faut lui offrir le produit qu'il désire

(*Par-dessus bord*, IV, p. 118)

▪ [« Deux lettres à Jacques Lafitte »] Il n'y a plus de public éclairé, il n'y a [...] que des spécialistes à culture étroitement limitée, et des gens sans culture. Il est facile, en s'y prenant bien, de passionner le public pour une thèse, mais à condition de faire appel à tout autre chose qu'à la réflexion.

(*La Condition ouvrière*, p. 149)

Organiser un travail, c'est poser dès le début un lien entre le projet, l'effort à faire et le résultat à obtenir. C'est pourquoi il est nécessaire d'adapter le travail à son enjeu (chez Virgile, le cheval de guerre ne doit pas être élevé comme un cheval de trait) et de s'adapter aux cibles visées, même si elles ne correspondent pas à un idéal (Passemar constate l'omnipotence du « public de la société de consommation » et Weil regrette la « culture étroitement limitée » du public auquel elle voudrait s'adresser).

## II. Une indéniable dimension humaine

### A. Priorité accordée au travailleur [1]

#### *1. Responsabilités*

▪ Olivier. – [...] je me sens dans l'obligation de prendre la présidence pour assurer la continuité dans un esprit de fidélité à tout ce que papa a entrepris

(*Par-dessus bord*, III, p. 76)

▪ [« Lettres à Victor Bernard »] Je me demande si vous vous rendez compte de la puissance que vous exercez. C'est une puissance de dieu plutôt que d'homme. Avez-vous jamais pensé à ce que cela signifie, pour un de vos ouvriers, d'être renvoyé par vous ?

(*La Condition ouvrière*, p. 113)

▪ Quel art fait les grasses moissons ; sous quel astre, Mécène, il convient de retourner la terre et de marier aux ormeaux les vignes ; quels soins il faut donner aux bœufs, quelle sollicitude apporter à l'élevage du troupeau ; quelle expérience à celle des abeilles économes, voilà ce que maintenant je vais chanter.

(*Les Géorgiques*, I, p. 37)

Malgré son opportunisme ambitieux, Olivier Dehaze présente la succession de Fernand comme une obligation morale, tandis que Weil rappelle aux dirigeants la portée de leur pouvoir. Seul Virgile envisage cette responsabilité sous un angle purement positif – celui qui accepte de résoudre les problèmes posés par les différentes dimensions du travail est aussi celui qui peut réussir à travailler pour le bien de tous.

1. Dans cette partie du manuel, les commentaires des citations emploient le substantif « travailleur » dans un sens neutre. Ce terme y désigne simplement « celui qui travaille, celui qui accomplit un travail », sans aucune connotation politique ou morale.

### *2. Le travailleur, matière première du travail*

▪ [« Un appel aux ouvriers de Rosières »] […] je viens vous demander de bien vouloir prendre une plume et du papier, et parler un peu de votre travail.

(*La Condition ouvrière*, p. 81)

▪ [Au sujet des abeilles] Toutes se reposent de leurs travaux en même temps, toutes reprennent leur travail en même temps.

(*Les Géorgiques*, IV, p. 155-156)

▪ YOUNG. – […] on prendra les grandes décisions ensemble mais you're on your own la société que nous achetons ça n'est pas les machines ni les bâtiments ni les produits it's the people ce sont les gens c'est vous tous que nous voulions c'est vous que nous avons c'est vous vous

(*Par-dessus bord*, VI, p. 250)

La parole du travailleur exécutant est rarement prise en compte, alors qu'il est un rouage essentiel du travail : cyniquement, Young développe son ambition en y incluant tous les employés de Ravoire et Dehaze, mais Virgile se pose en observateur d'un fonctionnement quasi autonome et Weil s'intéresse au point de vue des ouvriers – prendre en compte l'être humain dans le travail, c'est rappeler qu'il y occupe le rôle principal.

### *3. Des compétences distinctes*

▪ PASSEMAR. – […] à neuf ans j'avais composé une pièce en un acte qui s'appelle *La Révolte des légumes* mais il fallait vivre alors ç'a été cette petite annonce jeune licencié ès lettres présentant bien et ils m'ont embauché chez Ravoire et Dehaze

(*Par-dessus bord*, I, p. 16)

▪ Pour moi, si, bientôt à la fin de mes peines, je ne pliais mes voiles, et n'avais hâte de tourner ma proue vers la terre, peut-être chanterais-je l'art d'embellir et d'orner les fertiles jardins, et les roseraies de Pestum qui fleurissent deux fois l'an.

(*Les Géorgiques*, IV, p. 151)

▪ [« Lettre à Simone Gibert »] De nos jours, il est presque impossible d'entrer dans une usine sans certificat de travail – surtout quand on est, comme moi, lent, maladroit et pas très costaud.

(*La Condition ouvrière*, p. 70)



Le travail exige toujours un regard spécifique : dans l'Antiquité, Virgile peut exercer son art sur de multiples thèmes de commande et, au XX$^{e}$ siècle, Weil évoque la compatibilité entre le diplôme et l'emploi, tandis que Passemar, chez Vinaver, établit le lien entre le travail de l'écrivain et le travail en entreprise. Ainsi, la compétence du travailleur est toujours prise en compte dans la qualité de l'exécution de son travail.

## B. Répartitions fonctionnelles

### *1. Attribution des rôles*

▪ [...] avant de fendre avec le fer une campagne inconnue, qu'on ait soin d'étudier [...] ce que donne ou refuse chaque contrée. Ici les moissons viennent mieux ; là, les raisins ; ailleurs les fruits des arbres et les herbages verdoient d'eux-mêmes.

(*Les Géorgiques*, I, p. 41)

▪ BENOÎT. – [...] je suis tenté de procéder sur votre personne à un dépoussiérage Passemar [...] Je fais de vous un assistant chef de produit ceci aura le caractère d'un stage autrement dit vous vous jetez à l'eau et au bout du compte si vous avez cassé la baraque une nouvelle possibilité de carrière vous est ouverte [...] en cas d'échec je vous remets à votre poste de toute façon ça ne pourra vous faire que du bien

(*Par-dessus bord*, IV, p. 149-150)

▪ [« Lettres à Victor Bernard »] On est très mal placé en haut pour se rendre compte et en bas pour agir.

(*La Condition ouvrière*, p. 97)

Prendre en compte les compétences de chacun est une nécessité, puisque tout travail entre dans une chaîne d'emplois, de responsabilités et de résultats. Virgile en déduit que le travail de la terre diffère en fonction de la localisation des cultures, Benoît teste sur Passemar une modification de poste de travail et Weil constate que cette transposition relève de données complexes, qui doivent notamment tenir compte des hiérarchies existantes.

### *2. Spécialisations*

▪ [...] les abeilles de Cécrops sont tourmentées d'un désir inné d'amasser, chacune dans son emploi. Les plus vieilles sont chargées du soin de la place, de construire les rayons, de façonner les logis dignes de Dédale ; les plus jeunes rentrent fatiguées, à la nuit close, les pattes pleines de thym [...].

(*Les Géorgiques*, IV, p. 155)

▪ PASSEMAR. – Ça n'est pas moi qui fabrique moi j'achemine

(*Par-dessus bord*, I, p. 18)

▪ [« Trois lettres à Albertine Thévenon », au sujet de l'organisation d'une entreprise] C'est inhumain : travail parcellaire – à la tâche – organisation purement bureaucratique des rapports entre les divers éléments de l'entreprise, les différentes opérations du travail.

(*La Condition ouvrière*, p. 50)

Les hiérarchies dans le domaine du travail induisent une répartition des tâches à accomplir, mais cette répartition – qui peut se faire en fonction des compétences spécifiques de chaque travailleur – est souvent au XX^e^ siècle le lieu d'un isolement du travailleur, assigné à un seul travail, et qui ne peut donc évoluer d'un poste à l'autre.

### *3. Compétition*

▪ [« La rationalisation »] Ford dit ingénument qu'il est excellent d'avoir des ouvriers qui s'entendent bien, mais qu'il ne faut pas qu'ils s'entendent trop bien parce que cela diminue l'esprit de concurrence et d'émulation indispensable à la production.

(*La Condition ouvrière*, p. 216)

▪ COHEN. – Monsieur Olivier est le patron
MME BACHEVSKI. – Mais c'est monsieur Benoît qui est sur la brèche
MME ALVAREZ. – De quoi s'occupe-t-il sur sa brèche ? D'attiser les intrigues d'aggraver les divisions

(*Par-dessus bord*, III, p. 95)

▪ [À propos des abeilles] [...] si on les offense, elles font des piqûres venimeuses, laissent leurs dards invisibles dans les veines auxquelles elles se sont fixées, et rendent l'âme dans la plaie qu'elles font.

(*Les Géorgiques*, IV, p. 158)

La répartition exclusive du travail (II.B.2.) semble dans une certaine mesure entrer en contradiction avec l'implication de tous les travailleurs dans l'entreprise (II.A.2.). En réalité, elle est surtout le point de départ d'une rivalité féroce entre les travailleurs, chacun cherchant à outrepasser l'autre jusqu'à parfois l'éliminer. Weil souligne même qu'il s'agit dans certaines usines d'une politique volontaire visant à accroître les profits.

## III. Optimiser le travail

### A. Innover pour agir

#### 1. *Oser l'innovation*

▪ Toi aussi, grande Palès, et toi, ô mémorable, nous te chanterons, pâtre de l'Amphryse, et vous, forêts et rivières du Lycée. Les autres sujets de poèmes qui auraient charmé les esprits oisifs sont maintenant trop connus. [...] Il me faut tenter une route où je puisse moi aussi m'élancer loin de la terre et voir mon nom vainqueur voler de bouche en bouche.

(*Les Géorgiques*, III, p. 109-110)

▪ [« Un appel aux ouvriers de Rosières »] Ils montrent beaucoup d'ingéniosité [...], vos chefs. Qui sait s'ils ne pourraient pas faire aussi preuve d'ingéniosité dans l'organisation de conditions de travail plus humaines ? La bonne volonté ne leur manque sûrement pas.

(*La Condition ouvrière*, p. 85-86)

▪ BENOÎT. – [...] le redressement est encore possible mais il exige une attitude absolument nouvelle partir de zéro vivre une aventure avec tout ce que cela comporte de rigueur de don de soi parce que le potentiel de ce marché est immense parce qu'il y a plus de place qu'il n'en faut et pour nous et pour les Américains parce que nous avons des atouts qui doivent nous permettre de battre les Américains à leur propre jeu

(*Par-dessus bord*, III, p. 90)

Envisager le travail comme une aventure (I.A.2.) implique une vision prospective des actions à accomplir, et surtout des perspectives innovantes : au-delà de l'ingéniosité à mettre en œuvre (Weil), il est ainsi nécessaire d'accepter de se lancer dans des directions inédites afin d'en récolter des fruits nouveaux (sous la forme, par exemple, du « nom vainqueur » recherché par Virgile).

#### 2. *Vers l'évolution des tâches*

▪ YOUNG [à Benoît]. – Vous avez fait un travail vraiment professionnel vous devez réussir j'ai pensé que nous pourrions vous et moi parler un peu de l'avenir

(*Par-dessus bord*, V, p. 212)

▪ [« La rationalisation »] C'est là le véritable problème, le problème le plus grave qui se pose à la classe ouvrière : trouver une méthode d'organisation du travail qui soit acceptable à la fois pour la production, pour le travail et pour la consommation.

(*La Condition ouvrière*, p. 201)

▪ [...] tes ordres, Mécène, ne sont pas faciles à exécuter. Mais sans toi mon esprit n'entreprend rien de haut. [...] Bientôt pourtant je me préparerai à dire les ardentes batailles de César et à faire vivre son nom pendant autant d'années qu'il s'en est écoulé depuis l'origine première de Tithon jusqu'à César.

(*Les Géorgiques*, III, p. 113-114)

Le travail envisagé comme projet, à travers une projection vers l'avenir, doit alors s'adapter à des perspectives nouvelles : il s'agit chez Vinaver de projeter le travailleur vers ce qui lui reste à faire, chez Weil de prendre en compte l'intégralité du cycle de production, et chez Virgile de corréler la commande à son exécution. Dans les trois œuvres, le travail n'est pas statique – il se transforme en fonction de l'évolution du cadre dans lequel il se situe.

### 3. *Apprendre et progresser*

▪ [« Lettre à Simone Gibert »] [...] vous pouvez apprendre beaucoup plus que vous ne croyez. D'abord à travailler : tant qu'on est incapable de travail suivi, on n'est bon à rien dans aucun domaine.

(*La Condition ouvrière*, p. 75)

▪ Au travail donc, ô cultivateurs ! apprenez les procédés de culture propres à chaque espèce ; adoucissez, en les cultivant, les fruits sauvages ; que vos terres ne restent pas en friche.

(*Les Géorgiques*, II, p. 75)

▪ BENOÎT. – [...] oui nous allons cesser de rester assis pour adopter une attitude bondissante la seule possible devant le défi qui nous est fait la seule qui me plaise aussi

(*Par-dessus bord*, IV, p. 131)

Pour que le travail puisse s'adapter à des circonstances évolutives sans toutefois perdre de vue le projet initialement présenté, c'est le travailleur qui doit en premier lieu s'adapter : il lui faut accroître ses connaissances pour parfaire ses compétences. Autrement dit, il s'agit d'apprendre à travailler de manière toujours plus efficace en exerçant une volonté consciente.

## B. Organiser le travail

### *1. De la réflexion à l'action*

▪ [Comparaison entre les abeilles et les cyclopes] Ainsi, quand les Cyclopes se hâtent de forger les foudres avec des blocs malléables, les uns, armés de soufflets en peau de taureaux, reçoivent et restituent les souffles de l'air ; les autres plongent dans un bassin l'airain qui siffle ; l'Etna gémit sous le poids des enclumes ; eux lèvent de toutes leurs forces et laissent retomber leurs bras en cadence, et, avec la tenaille mordante, tournent et retournent le fer [...].

(*Les Géorgiques*, IV, p. 154-155)

▪ [« Lettres à Victor Bernard »] En ce qui concerne les usines, la question que je me pose, tout à fait indépendante du régime politique, est celle d'un passage progressif de la subordination totale à un certain mélange de subordination et de collaboration, l'idéal étant la coopération pure.

(*La Condition ouvrière*, p. 112)

▪ BATTISTINI. – Chacune des cent soixante-quatorze idées de noms qui sont sorties du brainstorm a été passée au crible la liste s'est réduite à six finalistes que nous avons testés [...] le nom qui de loin est sorti en tête est Mousse et Bruyère avec un score de trente-huit pour cent

(*Par-dessus bord*, IV, p. 182-183)

Le travail est par nature lié à l'action qu'il faut accomplir : tout travail *est* une transformation du réel ou *aboutit à* une transformation du réel. Mais l'efficacité à long terme de cette activité est sous-tendue par la nécessité d'une réflexion plus théorique, qui en prépare l'exécution : les Cyclopes organisent leurs tâches de manière optimisée, les commerciaux de Vinaver s'attellent à l'exercice du *brainstorming* et Weil réfléchit à la répartition des tâches en fonction du résultat à atteindre.

### *2. La logique d'une action organisée*

▪ BENOÎT. – [...] pratiquement que me proposez-vous comme action ?
JACK. – L'action Ben ça se déroule comme une pelote de laine à partir du moment où il y a une vision

(*Par-dessus bord*, IV, p. 115)

▪ [« Un appel aux ouvriers de Rosières »] Tout ce qu'on peut faire provisoirement, c'est d'essayer de tourner les obstacles à force d'ingéniosité ; c'est chercher l'organisation la plus humaine compatible avec un rendement donné.

(*La Condition ouvrière*, p. 86)

▪ Tes blés une fois coupés, tu laisseras la campagne se reposer pendant un an et, oisive, se durcir à l'abandon ; [...] grâce à l'alternance, le travail fourni par la terre est facile [...]. C'est ainsi qu'en changeant de productions les guérets se reposent, et que la terre qui n'est point labourée ne laisse pas d'être généreuse.

(*Les Géorgiques*, I, p. 42-43)

La rationalisation du travail est un point crucial de son organisation : « à partir du moment où il y a une vision », il est en effet nécessaire de matérialiser une dynamique utile, fondée sur une mise en œuvre de l'« ingéniosité » qui tient compte des données connues : ainsi, chez Virgile, l'ingéniosité de la jachère permet un renouvellement de l'enrichissement du sol, qui prépare une production tout aussi « généreuse » dans les années qui suivent que dans l'année de référence.

### 3. Le travail, un processus engagé dans la durée

▪ Une fois les boutures plantées, il reste à ramener bien souvent la terre autour des ceps, à la bêcher sans cesse avec de durs bidents ou à travailler le sol sous le soc qu'on enfonce, à diriger parmi les vignobles les taureaux récalcitrants ; puis, à disposer les lisses roseaux, les baguettes dépouillées de leur écorce, les échalas de frêne et les fourches solides, pour que la vigne, forte de ces appuis, apprenne à mépriser les vents et à grimper d'étage en étage jusqu'au sommet des ormes.

(*Les Géorgiques*, II, p. 94)

▪ [« La rationalisation »] [Le] grand souci [de Taylor] était d'éviter toute perte de temps dans le travail. Cela montre tout de suite quel était l'esprit du système. Et pendant vingt-six ans il a travaillé avec cette unique préoccupation.

(*La Condition ouvrière*, p. 206)

▪ COHEN. – La vie n'est faite que de petits progrès qui s'ajoutent

(*Par-dessus bord*, V, p. 189)

Le travail n'est presque jamais instantané : c'est un processus au long cours, qui peut se découper en micro-tâches successives, qui prend en compte le temps de la réalisation de chaque étape et qui additionne ces résultats pour en tirer la production attendue. La rentabilité augmente alors si chaque étape est optimisée en elle-même et par rapport au projet d'ensemble.

## C. S'adapter

### *1. Une adaptation nécessaire*

▪ [« Lettre à Boris Souvarine à propos de Jacques Lafitte »] Je pense que quand on a été ouvrière, il faut au moins devenir aussi paysanne, pour que l'expérience ait un sens ; il n'y a pas que les villes au monde.

(*La Condition ouvrière*, p. 141)

▪ DEHAZE. – [...] depuis octobre je travaille à perte j'ai le choix réduire mes dépenses ou au contraire les augmenter investir en promotion en publicité

(*Par-dessus bord*, I, p. 24)

▪ Si d'aventure une pluie froide retient le cultivateur chez lui, il peut faire à loisir bien des ouvrages qu'il lui faudrait plus tard hâter par un ciel serein [...].

(*Les Géorgiques*, I, p. 54)

Les étapes du travail ne s'enchaînent pas systématiquement selon un seul schéma organisationnel : il faut parfois penser à des bifurcations de processus qui permettent d'optimiser le parcours. Qu'il s'agisse de se demander combien d'expériences différentes il faut accumuler pour connaître un sujet ou combien d'argent il faut investir, le résultat est toujours une adaptation du travail au cadre et aux circonstances. Le travail est un processus évolutif.

### *2. S'adapter aux circonstances*

▪ Souvent, jour et nuit, et tout un mois sans interruption, le troupeau paît et va dans de vastes déserts, sans trouver nul abri : tant l'étendue de la plaine est grande. Le bouvier africain emmène tout avec lui [...] ; c'est ainsi que revêtu des armes de ses pères, le vaillant Romain poursuit sa route sous un énorme fardeau, établit son camp et se présente en colonne devant l'ennemi dont il a devancé l'attente.

(*Les Géorgiques*, III, p. 130)

▪ MME BACHEVSKI. – [...] je ne donne plus satisfaction ?
GRANGIER. – Vous travaillez splendidement
BENOÎT. – Mais vous êtes attachée à certaines méthodes et attitudes anciennes
SAILLANT. – Et vient un âge où il est difficile
GRANGIER. – Sinon impossible
SAILLANT. – De se recycler ce qui n'est pas du tout un reproche

(*Par-dessus bord*, V, p. 206-207)

■ [« La rationalisation »] Il y a [...] plusieurs méthodes de rationalisation, et chaque chef d'entreprise les applique à sa manière. Mais elles ont toutes des points communs et se réclament toutes de la science, en ce sens que les méthodes de rationalisation sont présentées comme des méthodes d'organisation scientifique du travail.

(*La Condition ouvrière*, p. 195)

Poser que le travail est un processus évolutif, c'est observer les variables qu'il faut prendre en compte pour optimiser les résultats à atteindre. Ainsi, Virgile s'intéresse à la géographie et aux climats, les nouveaux cadres de Ravoire et Dehaze se méfient de l'attachement aux traditions soutenu par leur directrice des achats et Weil s'interroge sur le cadre scientifique des évolutions à mettre en œuvre.

### *3. S'adapter à un travail donné*

■ BENOÎT. – [...] il y a une chose qui est terminée je ne vous le demande pas je vous le dis ce sont les chamailleries entre certains d'entre vous tout ce grenouillage de couloirs ça n'a plus de place dans la maison pour la bonne raison que nous n'avons pas trop de temps et d'énergie pour l'œuvre à accomplir

(*Par-dessus bord*, IV, p. 131)

■ [« Deux lettres à Jacques Lafitte »] L'organisation du travail doit réaliser la combinaison de l'ordre et de la liberté. Les machines doivent, au lieu de séparer l'homme de la nature, lui fournir un moyen d'entrer en contact avec elle et d'accéder quotidiennement au sentiment du beau dans toute sa plénitude.

(*La Condition ouvrière*, p. 144)

■ Ceux que tu veux former aux soins et aux besoins de la campagne, entraîne-les quand ils sont encore de petits veaux, et engage-toi dans la voie du dressage, tandis que leur humeur est docile encore et leur jeune âge facile à plier.

(*Les Géorgiques*, III, p. 120)

La volonté d'optimiser l'organisation du travail exige non seulement une connaissance des cadres et des processus, mais également une visualisation des progrès à réaliser : réduire la compétition sans pour autant l'éliminer, fusionner l'ordre et la liberté ou préparer le travail à partir de données (ici, les veaux) malléables sont autant d'activités qui, tout en faisant pleinement partie du travail, améliorent son résultat par la prise en compte de ses éléments initiaux variables.

# IV. Le travail au bord de l'esclavage

## A. Répartitions illogiques

### 1. *Interchangeabilité*

▪ Que tes vignobles ne soient pas tournés vers le soleil couchant ; ne plante pas le coudrier parmi tes vignes ; ne tire pas la pointe des surgeons ni ne casse des plants au sommet de l'arbre […] ; ne blesse pas d'un fer émoussé les rejetons ; ne greffe pas entre les intervalles des oliviers sauvages.

(*Les Géorgiques*, II, p. 91)

▪ [« La vie et la grève des ouvrières métallos »] On se plaint d'un travail trop dur ou d'une cadence impossible à suivre, on s'entend brutalement rappeler qu'on occupe une place que des centaines de chômeurs prendraient volontiers.

(*La Condition ouvrière*, p. 161)

▪ BENOÎT. – Je ne vous ai pas présenté André Saillant depuis lundi notre controller voici madame Alvarez qui tient l'administration vous dépendrez maintenant de monsieur Saillant et voici notre chef comptable monsieur Cohen vous aussi monsieur Cohen dépendrez de monsieur Saillant

(*Par-dessus bord*, IV, p. 127)

La volonté de spécialiser le travail (II.B.1. et II.B.2.) peut conduire à des absurdités. Ainsi, une trop grande spécialisation, même si elle est envisagée dans l'objectif d'une amélioration du rendement (Virgile), peut aboutir à des comparaisons inefficaces (Weil) ou même à l'interchangeabilité des rôles, le travailleur devenant une simple donnée dont on s'empare pour penser au processus plus qu'à l'être humain (Vinaver).

### 2. *Indécidabilité*

▪ Et cependant, en dépit de tout ce mal que les hommes et les bœufs se sont donné pour retourner la terre, ils ont encore à craindre l'oie vorace, les grues du Strymon, l'endive aux fibres amères et les méfaits de l'ombre.

(*Les Géorgiques*, I, p. 45)

▪ PASSEMAR. – […] il n'est pas exclu que je réussisse à aller jusqu'au terme des vingt-trois ans qu'il me reste à courir mais là où je suis sceptique c'est quand j'entends le président de la United dire qu'avec la fusion rien ne va changer on dit ça mais on sait que tôt ou tard tout va changer pour le meilleur ou pour le pire ? Qui le saurait ?

(*Par-dessus bord*, VI, p. 253-254)

▪ [« Lettres à Victor Bernard »] Même avec les nouveaux salaires, vous continuez à gagner un peu plus qu'un mouleur, j'imagine ? En dernière analyse, rien d'essentiel n'a changé. Quant à l'avenir, personne ne sait ce qu'il apportera, ni si la victoire ouvrière actuelle aura constitué en fin de compte une étape vers un régime totalitaire communiste, ou vers un régime totalitaire fasciste, ou (ce que j'espère, hélas, sans y croire) vers un régime non totalitaire.

(*La Condition ouvrière*, p. 134)

Il n'y a jamais de véritable certitude dans le travail, qui est toujours en mouvement et s'oriente en fonction d'un objectif dont le succès dépend de circonstances parfois aléatoires. Dans cette perspective, les menaces (Virgile) ne peuvent être définitivement éliminées et, surtout, l'avenir peut devenir de moins en moins prévisible, laissant la place à un désarroi confus (Vinaver et Weil) dans lequel aucune décision n'apparaît véritablement solide.

### *3. Hiérarchies d'exploitation*

▪ [« Lettres à Auguste Detœuf », conversation entre deux patrons entendue dans le train] « Voilà qu'on reparle du contrôle de l'embauche et de la débauche. Dans les mines, on met des commissions paritaires, oui, avec les représentants ouvriers à côté du patron. Vous vous rendez compte ? On ne va plus pouvoir prendre et renvoyer qui on veut ? [...] »

(*La Condition ouvrière*, p. 184)

▪ Mme Alvarez. – Évidemment ce n'est pas la peine de s'attendre chez les gens de l'usine à la moindre initiative

(*Par-dessus bord*, I, p. 20)

▪ Le Père des dieux lui-même a voulu rendre la culture des champs difficile, et c'est lui qui le premier a fait un art de remuer la terre, en aiguisant par les soucis les cœurs des mortels et en ne souffrant pas que son empire s'engourdît dans une triste indolence.

(*Les Géorgiques*, I, p. 45)

La distinction entre ceux qui dirigent et ceux qui travaillent est assez systématique, quelle que soit la civilisation observée : dès l'Antiquité, les agriculteurs accusent Jupiter de « rendre la culture des champs difficile » et, au XX^e^ siècle, à partir d'une conception qui doit beaucoup aux réflexions issues du marxisme et confrontées à l'évolution du capitalisme, la rupture apparaît définitive entre des dirigeants inhumains et des travailleurs exploités.

## B. Un travail destructeur

### *1. Pénibilité et pression*

▪ BENOÎT. – Mon petit roseau il est temps de dormir
MARGERIE. – Manger travailler dormir

(*Par-dessus bord*, II, p. 69)

▪ Il y a encore, parmi les soins dus aux vignes, un autre travail, et qui n'est jamais épuisé : il faut en effet trois ou quatre fois l'an fendre tout le sol, et en briser éternellement les mottes avec le revers des bidents ; il faut soulager tout le vignoble de son feuillage.

(*Les Géorgiques*, II, p. 96)

▪ [« Lettre à Nicolas Lazarévitch »] [...] rien dans ma vie passée ne m'a préparée à ce genre d'efforts, et le découpage est, je crois, une des choses les plus dures qu'il y ait parmi les travaux de femmes.

(*La Condition ouvrière*, p. 65)

Le travail est, à la limite, considéré comme une forme de servitude à laquelle les travailleurs sont soumis. Incapables de s'en émanciper, ils ne pensent plus qu'à cette activité professionnelle qui occupe tout leur temps et exige de leur part une disponibilité psychique et physique extrême.

### *2. Le travailleur rejeté*

▪ PASSEMAR. – On dit que le taux de mortalité des gens à partir du moment où on les met à la retraite grimpe d'une façon vertigineuse

(*Par-dessus bord*, V, p. 208)

▪ [À propos des bœufs malades] [...] leurs flancs se détendent, leurs yeux inertes sont frappés de stupeur, et, sous le poids qui l'entraîne, leur cou flotte vers la terre. Que leur servent leur labeur et leurs bienfaits ? que leur sert d'avoir retourné avec le soc de lourdes terres ?

(*Les Géorgiques*, III, p. 139-140)

▪ [« La rationalisation »] La mort, évidemment, c'est l'extrême limite à ne pas atteindre, mais tant qu'on n'est pas mort au bout d'une heure de travail, c'est, aux yeux des patrons, qu'on pouvait travailler encore plus.

(*La Condition ouvrière*, p. 212)

La fin du travail est souvent peu glorieuse : soumis à la finitude de leur condition, les travailleurs s'acheminent moins vers leur liberté que vers leur disparition. Même si la mort « c'est l'extrême limite à ne pas atteindre », nombre de travailleurs semblent s'éteindre dès que leur travail s'arrête : leur activité devient en apparence vaine (Virgile) et leur

« retraite » abrège encore davantage leur existence. Il n'y aurait donc dans cette conception d'un travail mortifère aucune place pour un quelconque loisir : le travailleur n'obtiendrait aucun profit de son travail.

## V. L'ABOUTISSEMENT DU TRAVAIL

### A. Vanité du travail

#### *1. Inutilité*

▪ [Orphée] oubliant tout, hélas ! et vaincu dans son âme, il se tourna pour la regarder. Sur-le-champ tout son effort s'écroula, et son pacte avec le cruel tyran fut rompu [...].

(*Les Géorgiques*, IV, p. 173)

▪ BENOÎT. – [...] Passemar dans une entreprise dynamique quand on s'arrête de grimper on dégringole

(*Par-dessus bord*, IV, p. 149)

▪ [« Expérience de la vie d'usine »] [...] le fait qu'on n'est pas chez soi à l'usine, qu'on n'y a pas droit de cité, qu'on y est un étranger admis comme simple intermédiaire entre les machines et les pièces usinées, ce fait vient atteindre le corps et l'âme ; sous cette atteinte, la chair et la pensée se rétractent.

(*La Condition ouvrière*, p. 227)

Non seulement le travailleur semble ne pas pouvoir tirer profit de son travail (IV.B.2.), mais il est également confronté à l'inutilité apparente de tout son engagement, puisqu'il lui suffit de cesser momentanément son effort pour voir la totalité de son travail détruit : Orphée perd Eurydice pour un simple regard, Benoît Dehaze ne peut envisager sereinement l'avenir et Weil dénonce l'insupportable absence de liens entre l'usine et l'ouvrier, ce dernier demeurant un étranger sur son lieu de travail.

#### *2. La question morale*

▪ Ici-bas en effet le juste et l'injuste sont renversés, tant il y a de guerres par le monde, tant le crime revêt d'aspects divers. La charrue ne reçoit plus l'honneur dont elle est digne ; les guérets sont en friche, privés des laboureurs entraînés dans les camps ; et les faulx recourbées servent à forger une épée rigide.

(*Les Géorgiques*, I, p. 68)

CITATIONS

■ PASSEMAR. – [...] l'absorption de la moyenne entreprise où je suis moi-même un cadre moyen par une puissante société américaine est-ce un bien ? Est-ce un mal ? Je ne sais pas j'aimerais y voir plus clair

(*Par-dessus bord*, I, p. 33)

■ [« Lettres à Victor Bernard »] Qu'ai-je à défendre comme ouvrière d'usine, alors que je dois chaque jour renoncer à toute espèce de droits à l'instant même où je pointe à la pendule ? Je n'ai à y défendre que ma vie.

(*La Condition ouvrière*, p. 100-101)

Face à l'incertitude inhérente à l'accomplissement d'un travail dont le projet et l'aboutissement semblent dérisoires, voire illusoires, le travailleur finit par se demander jusqu'à quel point l'action même du travail relève d'une perspective morale. Virgile observe le renversement des valeurs, Vinaver insiste sur le flou des objectifs à atteindre et Weil en revient à l'opposition désormais essentielle entre le travail et la vie même. Ainsi, le travail qui n'est plus qu'un processus détaché de ses buts apparaît comme peu propice à un perfectionnement moral.

## B. Bénéfices du travail

### *1. Honneurs*

■ MME LÉPINE. – Tenez au nom de tous les clients de monsieur Lubin moi je voudrais dire que ça a été un honnête homme qui faisait son métier on s'était habitués à lui
BENOÎT. – Il a porté haut le drapeau de la société

(*Par-dessus bord*, VI, p. 237)

■ Mais ce cheval même, lorsque, appesanti par la maladie ou déjà ralenti par les ans, il a des défaillances, enferme-le au logis et sois indulgent à une vieillesse qui ne le déshonore pas.

(*Les Géorgiques*, III, p. 116)

■ [« Condition première d'un travail non servile »] Parfois il suffirait au travailleur d'étendre à toutes les choses sans exception son attitude à l'égard du travail pour posséder la plénitude de la vertu.

(*La Condition ouvrière*, p. 274)

Malgré la pénibilité et les incertitudes liées au travail, certains en retirent des fruits : la vieillesse et le départ à la retraite sont l'occasion d'un bilan qui honore le travail grâce aux vertus du travailleur (ce qui lui permet de porter une part de la réussite des travaux accomplis), et cette vertu est selon Weil transmissible à l'ensemble des domaines de l'existence. Les bienfaits du travail se propagent hors de son champ d'action lorsque le travailleur cesse d'être considéré comme tel pour retrouver sa pleine dimension d'être vivant.

### 2. *Satisfactions*

▪ Je me souviens ainsi d'avoir vu [...] un vieillard de Coryce, qui [...] avait planté des légumes espacés, que bordaient des lis blancs, des verveines et le comestible pavot ; avec ces richesses, il s'égalait, dans son âme, aux rois ; et quand, tard dans la nuit, il rentrait au logis, il chargeait sa table de mets qu'il n'avait point achetés.

(*Les Géorgiques*, IV, p. 152)

▪ COHEN. – Je vous dirai que je suis plus heureux maintenant le travail est plus intéressant

(*Par-dessus bord*, V, p. 188)

▪ [« La rationalisation »] La solution idéale, ce serait une organisation du travail telle qu'il sorte chaque soir des usines à la fois le plus grand nombre possible de produits bien faits et des travailleurs heureux.

(*La Condition ouvrière*, p. 200)

Les bienfaits du travail peuvent parfois être mesurés, ce qui donne au travailleur la pleine satisfaction d'une tâche accomplie : la joie du cultivateur apte à se nourrir des fruits de son travail, ou encore le bonheur énoncé par le chef comptable de chez Ravoire et Dehaze donnent à penser que des « travailleurs heureux » peuvent réaliser des « produits bien faits », par-delà toute concurrence, difficulté ou indécidabilité. Les hiérarchies s'effacent lorsque le travailleur peut profiter des bénéfices de son travail.

### 3. *Reconnaissance*

▪ M. ONDE. – Quelle ironie lorsque je me retourne en arrière la seule constante c'est ce sentiment de cheminement dans le noir avec peut-être une lueur falote intermittente mais qui ne s'est jamais laissé entièrement souffler je n'ai jamais douté que tout système mythologique signifie quelque chose aide la société qui le pratique à s'accepter à être fière de son passé confiante dans son présent et son avenir

(*Par-dessus bord*, III, p. 82)

▪ [« Deux lettres à Jacques Lafitte »] Il ne faut pas tendre à réduire indéfiniment la part du travail dans la vie humaine au profit d'un loisir qui ne satisferait aucune des hautes aspirations de l'homme [...], mais faire du travail un moyen pour chaque homme de dominer la matière et de fraterniser avec ses semblables sur un pied d'égalité.

(*La Condition ouvrière*, p. 144)

> ▪ [Grâce à la maîtrise des arts, donnée aux hommes par Jupiter] Tous les obstacles furent vaincus par un travail acharné et par le besoin pressant en de dures circonstances.
>
> (*Les Géorgiques*, I, p. 46-47)

La véritable satisfaction face au travail accompli est le produit d'une observation sans filtre de la réalité : celui qui peut bénéficier de son travail n'est ni celui qui en est devenu esclave, ni celui qui se contente d'une ambition aventureuse fantasmée. C'est au contraire celui qui, conscient des efforts indissociables du travail, conscient aussi de l'imperfection inhérente à toute forme de travail, sait en extraire la « lueur falote intermittente mais qui ne s'est jamais laissé entièrement souffler », celle d'une maîtrise du monde et d'une fraternité partagées, et celle finalement d'une nécessité vaincue par la force de la volonté.

# HUITIÈME PARTIE

## Lexique

*par Corinne von Kymmel*

Ce lexique expose des délimitations sommaires de termes liés au programme ; complétant les analyses précises de ces mots qui sont présentées dans les autres parties de ce manuel, il permet de mieux comprendre de nombreuses notions abordées dans les trois œuvres. Il a pour enjeu l'enrichissement et la justesse du vocabulaire à employer dans le cadre des dissertations et des résumés proposés aux concours, et présente cette année notamment des précisions portant sur les niveaux de langue, ainsi que sur les dimensions idéologiques liées à l'emploi des termes choisis.

*Les termes suivis d'un astérisque sont définis au sein même de ce lexique ; en italiques sont également signalées des notions connexes, que les termes définis permettent d'éclairer.*

**AGRICULTURE** : désignant l'activité de culture des champs et issue étymologiquement du latin *ager*, « champ » (ayant donné *agreste* ou *agraire*), l'agriculture est un travail* reposant sur la rencontre entre l'*agriculteur* (ou le *cultivateur*) et la terre. La *culture* des champs et l'*élevage* des animaux sont liés au domaine de l'*économie*. Ce mot savant, formé au Moyen Âge en français, occupe ainsi un champ différent de celui que délimite le concept de *paysan*, qui est lié plutôt à la vie dans un milieu *rural*.

**ALIÉNATION** : aujourd'hui fortement empreint d'une symbolique *marxiste*, ce substantif qualifie une dérive du travail* lorsque celui-ci est considéré comme déshumanisant : formé initialement à partir de *alienus*, « autre », il concurrence l'idée de « folie » tout en conservant son sémantisme d'origine, la « vente », la « renonciation » – un bien *aliéné* étant un bien auquel on renonce. Dans la perspective *marxiste*, l'aliénation désigne l'état dans lequel se trouve le *travailleur* lorsqu'il est dépossédé de lui-même, privé de ses droits humains essentiels et de ses libertés, par son activité au sein d'une société qui l'*exploite*.

**AUTOMATISATION** : dérivé de l'*automate* issu d'*automatos* (« qui se meut par lui-même »), ce terme date de la fin du XIX^e^ siècle : dans le domaine du travail*, et plus particulièrement dans l'industrie*, l'automatisation désigne le remplacement de la *main-d'œuvre* par la machine*. Par extension, au croisement entre l'économie et la psychologie, ce terme peut désigner un travail *machinal*, une action faite par l'ouvrier* et qui ne réclame pas de compétences* autres que celles de mouvements *mécaniques* réflexes.

**BOULOT** : relevant encore nettement aujourd'hui du lexique familier (même si le XXI^e^ siècle tend à le remplacer par l'anglicisme *job* lorsqu'il s'agit de se référer au métier*), le terme « boulot » a une origine très incertaine : peut-être rattaché à un arbre qui pousse vite, le *bouleau*, il aurait pu désigner le travail* des forestiers obligés de nettoyer régulièrement la forêt ; il a en revanche aussi désigné en argot, au début du XX^e^ siècle, les bagarres, ce qui le ferait dériver de *boulotter*, terme qui signifiait également « travailler » au XIX^e^ siècle. Quelle que soit cette origine populaire, elle est en tout cas liée à un travail pénible, peu satisfaisant et répétitif.

**CAPITALISME** : en soi, le capitalisme est plutôt un concept à valeur* économique, politique, voire philosophique. Son emploi dans le cadre de l'idéologie *marxiste* puis *communiste* en fait un terme qui qualifie un système de travail* fondé sur la recherche du *profit*. Dans ce cadre, soutenu par des *capitaux* financiers liés à la propriété privée des moyens de production*, il repose sur la volonté d'améliorer le *rendement* du travail accompli.

CHEF : généralement accompagné d'une expansion (*chef de service*, *chef des ventes*...), le chef est – comme son étymon *caput* l'indique – à la « tête » d'une structure. Disposant d'une *autorité* qui lui confère un pouvoir, il est le décisionnaire qui peut agir en *leader* ou simplement occuper une position dominante face aux autres *travailleurs* d'une entreprise, en assumant la responsabilité* d'une autorité jugée personnelle (sens attesté depuis le XVIIe siècle).

COMMERCE : contrairement à l'agriculture* qui met en contact le travailleur avec le produit de la terre, le commerce est l'activité économique qui permet l'échange de biens ainsi que l'échange de services, à l'aide de transactions généralement financières. Son participe présent *commerçant* a été substantivé au XVIIe siècle pour désigner les travailleurs qui pratiquent cette activité d'échanges *commerciaux*, tandis que le *commercial* (terme plus tardif) a, dès le début du XXe siècle, été affublé d'une valeur* péjorative, même si cet adjectif substantivé s'est depuis généralisé pour qualifier des travailleurs qui s'occupent du service des ventes dans une entreprise ainsi que des relations avec la clientèle.

COMPÉTENCE : emprunté durant le Moyen Âge à un nom latin signifiant « proportion, juste rapport », la compétence a très tôt dépassé le domaine juridique, où elle délimitait une répartition des pouvoirs judiciaires, pour désigner par extension un ensemble de connaissances acquises par le biais de l'expérience, autrement dit de la mise en œuvre effective d'une *capacité*, d'une *aptitude*. Aujourd'hui, la compétence est considérée comme l'atout principal du *travailleur* qui l'utilise pour exercer au mieux sa *profession* et son métier*, car elle lui permet d'augmenter sa *productivité* pour en obtenir un *bénéfice* substantiel.

COMPÉTITION : emprunté, dans son sens actuel de « rivalité » dans le domaine économique et industriel, à l'anglais *competition* (de même sens) au XVIIIe siècle, ce terme a pourtant pour origine *competere*, verbe latin signifiant « tendre vers un même point ». Ainsi, l'idée de collaboration fructueuse (sous-tendue par le préfixe *cum*, devenu *com* en français) en vue de la réalisation d'un objectif a laissé place, dans la langue postérieure à la révolution industrielle, à l'idée d'une réalisation nécessitant la mise en œuvre de puissances antagonistes.

EFFORT : dérivé de l'adjectif latin *fortis* signifiant « fort, courageux », l'effort matérialise l'*énergie* déployée par un être qui affronte toutes les formes de l'*adversité*, en démesurant son travail*. Orienté vers un objectif à atteindre coûte que coûte, l'effort requiert la mise en œuvre d'une action dont la violence physique ou psychique extrait l'individu d'une possible passivité en s'appuyant sur l'*endurance* et la *persévérance*, coûteuses en énergie personnelle.

EMPLOI : lié au sème de l'utilité, ce déverbal d'*employer* désigne l'utilisation de quelque chose avant de signifier, par extension, l'activité elle-même, et plus particulièrement l'activité professionnelle (où, en quelque sorte, l'*employeur* a besoin de l'*employé* pour la réalisation de l'emploi). Dès le XVII^e siècle, l'emploi est ainsi rétribué par un *salaire*, et indique une fonction occupée par un *employé* (un emploi d'ouvrier*, d'*agriculteur*, de *commerçant*...), même si l'usage du terme se spécialise progressivement vers les secteurs non industriels (un *employé* de bureau n'est pas un ouvrier d'usine).

**ÉPREUVE** : déverbal d'*éprouver* qui signifie à l'origine « mettre à l'épreuve » puis « *expérimenter* de manière personnelle », l'épreuve est d'abord liée à la souffrance, à une résistance qu'il faut dépasser, de manière plus intense encore que celle qu'exprime l'effort* : c'est ce qui la rend apte à conférer à celui qui « traverse l'épreuve » ou « réussit l'épreuve » une compétence* particulière, menant parfois à un *succès* (ou à un *échec*), notamment dans la réalisation d'une tâche* à accomplir dans le cadre du travail* ou d'un emploi*.

**FABRIQUER** : à l'origine, la *fabrication* concerne deux domaines qui se complètent : d'une part le travail* lui-même, à partir de *fabrica*, qui désignait « l'action de travailler », et d'autre part tout ce qui relève de l'*artisanat* ou de la *construction*, puisque fabriquer, c'est élaborer progressivement un objet, un meuble, une maison. Il s'agit dans ce cas plus précisément de *manufacture* (*manu facere* signifiant « fabriquer à la main »), ou de l'art de *façonner* (qui ajoute aux précédentes l'idée d'une forme à donner à l'objet *manufacturé* ou *fabriqué*), particulièrement dans le cadre des œuvres de Virgile et de Weil qui figurent au programme.

**FATIGUE** : dès les Temps modernes, ce déverbal de *fatiguer* signale l'abattement dû à des efforts* excessifs ou à un travail* *pénible*. Utilisé notamment pour évoquer l'état d'*épuisement* auquel sont acculés les criminels condamnés au bagne, il désigne aussi l'état d'usure d'un objet (un meuble *fatigué*). Aujourd'hui, son sens est plus restreint, se bornant souvent à matérialiser une *résistance* amoindrie ; néanmoins, il reste parfois lié au domaine médical, la fatigue étant envisagée alors comme le symptôme d'une maladie professionnelle.

**HIÉRARCHIE** : issu à l'origine de deux mots grecs, *hieros*, « sacré », et *arkhê*, « commandement », en langage ecclésiastique puis en théologie, ce terme se rapportait à l'*autorité* liée aux domaines du sacré. C'est au XIV^e siècle que le sens de ce substantif se déplace vers le domaine profane, en mettant l'accent sur tout ce qui relève des structures de commandement et d'obéissance. La hiérarchie permet d'instituer une place à chacun dans une chaîne de classification des compétences* et des emplois*, sens qui se fixe au XVIII^e siècle pour tout ce qui implique une échelle de valeurs*.

**INDUSTRIE** : d'*industria*, qui désignait une « *activité* », une « application », l'industrie voit son sens évoluer et se tourner vers l'idée de « production »* dès le XVI^e siècle, mais aussi celle d'une « circulation des richesses ». L'industrie est donc liée aux moyens efficaces, aux outils* employés dans le cadre de la *fabrication* ou du commerce* des biens. C'est à partir du XVIII^e siècle que l'industrie se spécialise vers les domaines de la technique* et de la *mécanique*, pour occuper l'espace des *usines* où travaillent les ouvriers* à partir des révolutions *industrielles* qui en accentuent la valeur* économique.

**LABOURER** : influencé par le *labeur* qui qualifie un « travail* pénible, un effort* *fatigant* ou une *activité éprouvante* », le verbe labourer désigne au Moyen Âge à la fois l'art de *travailler* la terre dans le cadre d'activités *agricoles*, et également l'activité *pénible*, l'effort lié à l'exercice même du travail. C'est seulement au XVIIe siècle que le terme s'est spécialisé dans le domaine des travaux champêtres en décrivant l'action de retourner la terre avec un outil* spécialisé pour tracer des sillons propres à recevoir des semis de plantes à *cultiver*.

**LOISIR** : ce substantif provient du verbe médiéval *loisir*, lui-même issu du latin *licere*, désignant ce qui « est permis ». L'ancien sens du loisir signale donc la possibilité laissée à quelqu'un d'agir à sa guise (*avoir le loisir de*), durant un temps non mesuré : c'est cette licence temporelle qui conduit au sens actuel de loisir comme une *distraction* menée hors du temps dévolu au travail*, mais sans la dimension péjorative accordée aujourd'hui à l'idée d'*oisiveté*. Le loisir relève d'une *disponibilité* libre, et non d'une *inactivité*.

**MACHINE** : contrairement à l'outil*, la machine, particulièrement liée à l'évolution de l'industrie*, est un objet fabriqué, un dispositif complexe qui, reposant généralement sur une forme d'automatisation* relative, permet d'augmenter le *rendement* d'une production* par une action de transformation d'énergie. À l'origine, la machine désigne souvent par analogie l'organisation structurée et autonome du corps humain, ce qui explique que dans l'*usine*, la machine travaille en relative autonomie, et voit parfois son fonctionnement seulement déclenché ou surveillé par l'ouvrier*.

**MANŒUVRE** : la manœuvre, substantif féminin, désigne dès l'origine un travail*, une activité, une opération menée pour faire aboutir un projet (par exemple une manœuvre permettant au *laboureur* de tracer un sillon droit ou de parfaire un demi-tour à accomplir avec sa charrue), ce qui spécialise progressivement le terme dans trois domaines : la navigation, la guerre, et surtout l'industrie* où la manœuvre qualifie l'usage spécialisé d'une machine*. En ce sens, le *manœuvre*, substantif masculin déverbal de *manœuvrer*, désigne dès le XVe siècle un travailleur manuel qui utilise un outil* ou une machine, et donc se voit démuni de tout sens de l'initiative ou de la réflexion théorique : le *manœuvre* accomplit un travail d'ouvrier* peu *qualifié*, exigeant des compétences* essentiellement *routinières* et *mécaniques*.

**MÉTIER** : initialement relié à son origine *ministerium* sans doute croisé avec *mysterium*, le métier désignait un service, des rites ou une célébration à connotation religieuse. Par extension, la notion de « service » est devenue une « fonction », voire une « occupation », toujours reliée à une institution, par exemple dans le domaine militaire, puis dans l'artisanat, où métier prend aussi la connotation du savoir-faire, de la compétence* nécessaire à son exercice. Si l'idée de rémunération du métier est médiévale (XIIIe siècle), sa définition sous la forme d'une *profession* que l'on exerce est plus récente (fin du XVIIe siècle) ; dans ce cadre, le métier désigne plutôt un exercice concret et la *profession* se définit plus administrativement (chez Weil, le métier d'ouvrier* correspond à plusieurs *professions* déployées dans l'*usine*).

**OISIF** : cet adjectif désigne celui qui ne fait rien, qui est *désœuvré*, au contraire de l'adjectif *actif*. L'inaction liée à l'*oisiveté* est également rattachée non seulement à l'immobilité, mais aussi à l'absence d'usage que l'on peut faire d'un objet ou d'une situation – est oisif celui qui est *improductif*, sans occupation, et par extension sans *profession*. L'oisif est généralement présenté de manière péjorative dans le monde contemporain, marqué par la nécessité sociale et économique du travail* qui a supplanté le monde de la *rente*, même s'il désigne aussi de manière positive l'individu qui n'a pas besoin de souscrire à l'obligation de *travailler* pour vivre.

**OUTIL** : lié étymologiquement à l'*ustensile* et à l'*utilité*, l'outil désigne initialement un instrument qui permet d'amplifier le geste humain afin d'améliorer le *rendement* ou l'efficacité d'un travail*. Par rapport à la machine* complexe et fonctionnant aujourd'hui souvent à partir d'une forme d'énergie électrique, l'outil peut être beaucoup plus simple et ne nécessite qu'une force *mécanique* pour être efficacement utilisé comme moyen d'action dédié à un travail précis – il est plus souvent associé au monde de l'agriculture* ou de l'*artisanat* qu'au monde de l'*usine* contemporaine.

**OUVRIER** : issu du latin *operarius* rattaché à tout ce qui touche au travail*, le mot « ouvrier » a toujours désigné celui qui travaille : dès le XII^e^ siècle, il a été employé pour qualifier celui qui opère un travail manuel rémunéré, et a eu pour cela des acceptions proches de celles de l'*artisan*. En revanche, les révolutions industrielles récentes ont spécialisé l'usage de ce mot – l'ouvrier, aujourd'hui, est toujours associé au monde de l'industrie* et de l'*usine*, se rapprochant ainsi, par exemple, du métier* de manœuvre*. À partir du XIX^e^ siècle, dans les réflexions marxistes concernant la « classe *ouvrière* », il est aussi synonyme du *prolétaire* (terme très marqué idéologiquement).

**PRODUCTION** : dans le domaine du travail*, le verbe *produire* désigne d'une part la création d'un objet, d'un bien ou d'une richesse qui n'existe pas auparavant, et d'autre part la *fabrication* de cet élément créé à l'aide d'un travail manuel, d'un outil* ou d'une machine*. Issu du latin *producere* qui signifiait « mener vers l'avant », il a également toujours (comme dans le domaine de la justice où il a d'abord été utilisé) une signification liée à la présentation, à la mise en avant de ce qu'il génère : le *produit*. La production est donc toujours assortie de l'idée d'une *productivité*, c'est-à-dire d'une observation du *rendement* de cette *fabrication* dans le domaine *industriel* et économique.

**RECONNAISSANCE** : ce concept, qui prend de l'importance dans le monde du travail* contemporain, désigne une légitimation de l'action accomplie, des résultats obtenus, de l'investissement engagé ou des compétences* employées, voire de la personne même, dans un cadre à la fois social, éthique et existentiel. Le besoin de reconnaissance devient dans tous les domaines de l'activité économique une demande fondamentale, posée comme réciproque évidente de l'exigence du *rendement* et de la prise de responsabilité* dans le cadre du travail.

**RESPONSABILITÉ** : issu du vocabulaire du droit, ce terme désigne d'abord une obligation, une charge : celui qui est *responsable* se porte garant de ceux qu'il représente dans le cadre d'un procès notamment ou, plus tard, dans un cadre politique, devant une assemblée. Passée dans le vocabulaire courant, et notamment dans le lexique du travail* et de l'*entreprise*, la responsabilité consiste encore aujourd'hui en une *réponse* assumée : *répondre de ses* *actes*, c'est en reconnaître explicitement la responsabilité, c'est en porter la charge.

TÂCHE : même si ce mot a pour origine *taxa*, qui désignait la taxe, autrement dit un produit financier, dès le début du Moyen Âge il a été utilisé pour évoquer un travail* imposé par autrui, et pour lequel on peut toutefois obtenir une rémunération. Cette idée morale du *devoir* d'un travail fastidieux et contraignant, assorti d'un effort* auquel on ne peut échapper, perdure jusqu'à aujourd'hui.

TECHNIQUE : issu du grec *tekhnè*, qui désigne la compétence* mise en œuvre dans un métier*, idée à laquelle s'ajoute celle de la *maîtrise* du processus de production*, le terme « technique » s'oppose aux termes grecs *phusis*, qui se référait à la nature, et *epistêmê*, qui avait trait au savoir. Activité humaine et concrète, spécialisée et habile, la technique est donc liée au savoir-faire qui peut conduire vers la conception ou l'utilisation de machines* ou d'outils* en vue d'une amélioration de la quantité ou de la qualité de la production.

TRAVAIL : issu de *trepalium*, qui désignait un instrument de torture à trois pieds mais aussi un instrument que l'on utilisait pour soumettre les bœufs et les chevaux récalcitrants, le mot « travail » a longtemps été assorti de l'idée de pénibilité et d'effort*. Ce n'est qu'au début du XV$^{e}$ siècle que ce terme a commencé à désigner une activité professionnelle rémunérée, se superposant quelque peu à métier*, dans un sens plus élargi toutefois, puisque le travail désigne finalement toute activité demandant une certaine quantité d'efforts généralement orientés vers un objectif préalablement fixé – ce qui implique que ce terme retrouve son sème de pénibilité lorsque l'objectif n'est pas explicite.

VALEUR : dès l'origine, ce terme est utilisé à la fois pour l'importance quasi morale accordée à un bien ou à un service (voire à une personne), et pour la mesure relative de cette importance (dans la pièce de Michel Vinaver, on peut par exemple parler de la distinction entre la valeur pécuniaire du papier-toilette chez Ravoire et Dehaze et sa valeur symbolique lorsqu'il est présenté dans son emballage bleu-blanc-rouge). Ainsi s'opposent des valeurs relatives au niveau, à la quantité ou à la qualité du travail* accompli et des valeurs absolues au niveau des *produits* élaborés.

# TABLE DES ENCADRÉS

## INTRODUCTION AU THÈME LE TRAVAIL



## PREMIÈRE PARTIE VIRGILE



## DEUXIÈME PARTIE WEIL



## TROISIÈME PARTIE VINAVER

# TABLE DES ILLUSTRATIONS

Cet ouvrage a été mis en pages par

<pixellence>

Achevé d'imprimer en mai 2022
par Normandie Roto Impression s.a.s., 61250 Lonrai
N° d'impression : 2202426
N° d'édition : L.01EHPN001128.N001
Dépôt légal : juin 2022

*Imprimé en France*